司法試験&予備試験

令和4年 短答 過去問題集

法律基本科目

民事系科目（民法、商法、民事訴訟法）

公法系科目（憲法、行政法）

刑事系科目（刑法、刑事訴訟法）

単年度版

JN111870

は　し　が　き

一　本書の特長

　　本書は、令和4年に実施された司法試験短答式試験の全問題及び予備試験短答式試験の法律基本科目全問題について、解答・解説を収録したものです。

　　本書が強く心掛けているのは、「過不足のない解説」を作成するという点です。そのため、本書の解説は、問題によって非常に短いものから長文のものまで多岐にわたります。たとえば、判例の判旨や条文の文言が直接問われたような問題では、端的な解説となっているものが多いですが、その一方、事例問題や見解問題では、正解にたどり着くために、解説がやや長文となっているものもあります。

　　本書を利用すれば、今年の過去問をテンポよく解き進めることができるでしょう。

二　司法試験短答式試験の結果を受けて

　　今年の司法試験短答式試験では、採点対象者 3,060 人中、合格者（短答式試験の各科目において、満点の 40%点［憲法 20 点、民法 30 点、刑法 20 点］以上の成績を得た者のうち、各科目の合計得点が 96 点以上の成績を得たもの）は 2,494 人となっており、昨年の短答式試験合格者数 2,672 人を 178 人下回りました。合格率は約 81.5%であり、昨年の合格率約 78.7%を約 2.8%上回る形となりました。

　　まず、最も注目されるのは「合格点」です。一昨年（令和2年）の合格点は、司法試験短答式試験が憲法・民法・刑法の3科目となった平成 27 年から見て、最も低い「93 点以上」でしたが、昨年（令和3年）は「99 点以上」、今年は「96 点以上」と推移しています。平成 29 年から令和元年までの合格点が「108 点以上」であったことからすれば、合格点はかなり低い水準にあるといえます。

　　次に、「合格率」を見ていきます。昨年の合格率は約 78.7%であり、平成 30 年から4年連続で 70%を超えていたところですが（平成 30 年は 70.5%、令和元年は 74.2%、令和2年は 76.2%）、今年の合格率は約 81.5%と、平成 27 年から見て初めて 80%台に到達し、最も高い合格率となりました。仮に、来年以降も今年と同水準の合格点が継続すると考えた場合、70%～80%以上の合格率も同様に維持されるものと考えられます。

　　それでは、科目別に見ていきます。まず、憲法科目の得点に関する全体の平均点についてですが、令和元年から順に、「30.5 点」（令和元年）→「35.6 点」（令和2年）→「34.2 点」（令和3年）→「31.6 点」（令和4年）と推移しています。そして、最低ライン（40%）未満の者の数は、令和元年から順に、「180 人」（令和元年）→「47 人」（令和2年）→「75 人」（令和3年）→「113 人」（令和4年）と推移しています。これらのデータから、今年の憲法科目の難易度は、令和元年からの直近4年間の中で、令和元年に次いで2番目に高かったものと思われます。

　　次に、民法科目の得点に関する全体の平均点については、平成 29 年改正民法が正面から出題されるようになった令和2年から順に、「43.8 点」（令和2年）→「48.9 点」（令和3年）→「47.3 点」（令和4年）と推移しています。そして、最低ライン（40%）未満の者の数は、令和2年から順に、「435 人」（令和2年）→「189 人」（令和3年）→「226 人」（令和4年）と推移しています。これらのデータから、今年の

民法科目の難易度は、令和2年からの直近3年間の中で2番目に位置するものと思われます。

　最後に、刑法科目の得点に関する全体の平均点についてですが、令和元年から順に、「31.4点」（令和元年）→「29.6点」（令和2年）→「34.3点」（令和3年）→「36.8点」（令和4年）と推移しています。そして、最低ライン（40％）未満の者の数は、令和元年から順に、「368人」（令和元年）→「376人」（令和2年）→「147人」（令和3年）→「67人」（令和4年）と推移しています。これらのデータから、今年の刑法科目の難易度は、令和元年からの直近4年間の中で最も易しかったものと思われます。

　以上より、例年と比較すると、今年の短答式試験は、憲法・民法科目がやや難しかった一方、刑法科目は、特に易しかったものと考えられます。

三　予備試験短答式試験の結果を受けて

　今年の予備試験短答式試験では、採点対象者12,882人中、合格者（270点満点で各科目の合計得点が159点以上）は2,829人となっており、昨年の短答式試験合格者数2,723人を106人上回りました。合格率は約21.9％であり、昨年の合格率約23.3％を約1.4％下回る形となりました。

　まず、「合格点」から見ていきますと、一昨年（令和2年）は「156点以上」であったのが、昨年（令和3年）は「162点以上」、今年は「159点以上」と推移し、ちょうど一昨年と昨年の中間に位置する形となりました。平成29年・平成30年の合格点がともに「160点以上」ですので、来年以降、合格点は「156点〜162点」の間で推移するものと思われます。

　次に、「合格率」を見ますと、今年は約21.9％となっており、予備試験が実施されるようになった平成23年から見て、2番目に次ぐ低さとなっています（最も合格率が低いのは、平成25年の約21.5％）。司法試験短答式試験の今年の合格率が約81.5％（採点対象者数：合格者数＝3,060：2,494）であったことと比べると、予備試験短答式試験は明らかに「落とすための試験」という意味合いが強い試験だといえます。

　また、受験者数・採点対象者数は、平成27年から微増傾向にあり、合格者数も同様に微増傾向にありましたが、一昨年（令和2年）は一転して、いずれも減少する形となりました。しかし、昨年（令和3年）はほとんど令和元年と同じ水準に戻り、今年の受験者数は、予備試験史上最も多い「13,004人」となり、一気に13,000人台に到達し、採点対象者も最も多い「12,882人」となりました。一昨年に大幅に下落した「受験率」（令和2年：約69.3％）も、今年は約80.5％と、例年どおりの水準に戻っています。来年以降も同様の受験率が維持されるものと考えられ、2,500〜2,800人前後の合格者数となることが予想されます。

　それでは、科目別に見ていきます。まず、憲法科目の得点に関する全体の平均点についてですが、令和元年から順に、「14.7点」（令和元年）→「21.5点」（令和2年）→「16.7点」（令和3年）→「19.8点」（令和4年）と推移しています。これらのデータから、今年の憲法科目の難易度は、令和元年からの直近4年間の中で、令和2年に次いで2番目に易しかったものと思われます。

行政法科目の得点に関する全体の平均点については、令和元年から順に、「12.1点」（令和元年）→「14.4点」（令和2年）→「10.7点」（令和3年）→「12.8点」（令和4年）と推移しています。これらのデータから、行政法科目の平均点は、他の科目と比べるとかなり低く（半分である15.0点を超えたことがない唯一の科目）、全受験生が苦手としている科目なのではないかと推察されます。今年の行政法科目の難易度は、令和元年からの直近4年間の中で、令和2年に次いで2番目に易しかったものと思われます。

　民法科目の得点に関する全体の平均点については、平成29年改正民法が正面から出題されるようになった令和2年から順に、「12.7点」（令和2年）→「17.3点」（令和3年）→「15.2点」（令和4年）と推移しています。これらのデータから、今年の民法科目の難易度は、令和2年からの直近3年間の中でちょうど中間に位置する程度のものと思われます。

　商法科目の得点に関する全体の平均点については、令和元年から順に、「14.2点」（令和元年）→「12.8点」（令和2年）→「16.0点」（令和3年）→「10.9点」（令和4年）と推移しています。これらのデータから、今年の商法科目の難易度は、令和元年からの直近4年間の中で最も高かったものと思われます。昨年の平均点と比較しますと、今年の平均点は約5点も減少しており、全受験生が昨年よりも2～3問正解できていないことを意味しています。

　民事訴訟法科目の得点に関する全体の平均点については、令和元年から順に、「17.8点」（令和元年）→「15.1点」（令和2年）→「14.6点」（令和3年）→「15.1点」（令和4年）と推移しています。これらのデータから、今年の民事訴訟法科目の難易度は、令和元年からの直近4年間の中で、例年どおりのものと思われます。

　刑法科目の得点に関する全体の平均点については、令和元年から順に、「14.5点」（令和元年）→「14.5点」（令和2年）→「17.3点」（令和3年）→「17.1点」（令和4年）と推移しています。これらのデータから、今年の刑法科目の難易度は、令和元年からの直近4年間の中で、昨年と同様やや易しめのものと思われます。

　刑事訴訟法科目の得点に関する全体の平均点については、令和元年から順に、「15.6点」（令和元年）→「13.5点」（令和2年）→「14.6点」（令和3年）→「15.9点」（令和4年）と推移しています。これらのデータから、今年の刑事訴訟法科目の難易度は、令和元年からの直近4年間の中で、数字上では最も易しいものとなりましたが、体感として、例年とあまり変わらなかったのではないかと推察されます。

　全体的に総括しますと、今年は、特に商法科目が難しかったものの、その他の科目は例年どおりか、やや易しかったものといえます。

四　おわりに

　本書が、法曹を目指す読者の皆様にとって一助となりますことを心よりお祈り申し上げます。

2022年7月吉日

株式会社　東京リーガルマインド
ＬＥＣ総合研究所　司法試験部

目 次

はしがき

参考文献

本書の効果的活用法

司法試験・予備試験　短答式試験の分析

民事系科目

公法系科目

刑事系科目

参考文献

民事系
民 法

内田貴「民法Ⅲ　債権総論・担保物権」（第4版）東京大学出版会 .... 内田Ⅲ
川井健「民法概論2（物権）」（第2版）有斐閣 川井2
窪田充見「家族法——民法を学ぶ」（第4版）有斐閣 .... 窪田
佐久間毅「民法の基礎1　総則」（第5版）有斐閣 佐久間1
佐久間毅「民法の基礎2　物権」（第2版）有斐閣 佐久間2
潮見佳男「民法（全）」（第3版）有斐閣 .... 潮見・全
潮見佳男「プラクティス民法　債権総論」（第5版補訂）信山社 .... 潮見・プラクティス
潮見佳男「新債権総論Ⅰ」信山社 .... 潮見・新債権総論Ⅰ
潮見佳男「新債権総論Ⅱ」信山社 .... 潮見・新債権総論Ⅱ
潮見佳男「新契約各論Ⅰ」信山社 .... 潮見・新契約各論Ⅰ
潮見佳男「新契約各論Ⅱ」信山社 .... 潮見・新契約各論Ⅱ
道垣内弘人「担保物権法」（第4版）有斐閣 .... 道垣内
中田裕康「債権総論」（第4版）岩波書店 .... 中田・債権総論
中田裕康「契約法」（新版）有斐閣 .... 中田・契約
二宮周平「家族法」（第5版）新世社 .... 二宮
松井宏興「債権総論」（第2版）成文堂 .... 松井・債権総論
松井宏興「担保物権法」（第2版）成文堂 .... 松井・担保物権
松岡久和「担保物権法」日本評論社 .... 松岡・担保物権
佐久間毅・石田剛・山下純司・原田昌和
　　LEGALQUEST「民法Ⅰ　総則」（第2版補訂版）有斐閣 .... ＬＱⅠ
石田剛・武川幸嗣・占部洋之・田髙寛貴・秋山靖浩
　　LEGALQUEST「民法Ⅱ　物権」（第4版）有斐閣 .... ＬＱⅡ
曽野裕夫・松井和彦・丸山絵美子
　　LEGALQUEST「民法Ⅳ　契約」有斐閣 .... ＬＱⅣ
前田陽一・本山敦・浦野由紀子
　　LEGALQUEST「民法Ⅵ　親族・相続」（第6版）有斐閣 .... ＬＱⅥ
司法研修所編「3訂　紛争類型別の要件事実—民事訴訟における攻撃防御の構造—」法曹会
　　.. 類型別
司法研修所編「新問題研究要件事実　付—民法（債権関係）改正に伴う追補—」法曹会 ... 新問研
鎌田薫・松岡久和・松尾弘編「新基本法コンメンタール　物権」日本評論社
　　... 新基本法コンメ・物権
鎌田薫・松本恒雄・野澤正充編「新基本法コンメンタール　債権1」日本評論社
　　.. 新基本法コンメ・債権1
鎌田薫・潮見佳男・渡辺達徳編「新基本法コンメンタール　債権2」日本評論社
　　.. 新基本法コンメ・債権2
松川正毅・窪田充見編「新基本法コンメンタール　親族」（第2版）日本評論社
　　.. 新基本法コンメ・親族
我妻榮・有泉亨・清水誠・田山輝明
　　「我妻・有泉コンメンタール民法—総則・物権・債権—」（第7版）日本評論社 ..... 我妻コンメ
潮見佳男・道垣内弘人編「民法判例百選Ⅰ　総則・物権」（第8版）有斐閣
　　.. 百選Ⅰ［第8版］［事件番号］
窪田充見・森田宏樹編「民法判例百選Ⅱ　債権」（第8版）有斐閣
　　.. 百選Ⅱ［第8版］［事件番号］
水野紀子・大村敦志編「民法判例百選Ⅲ　親族・相続」（第2版）有斐閣
　　.. 百選Ⅲ［第2版］［事件番号］
潮見佳男・道垣内弘人編「民法判例百選Ⅰ　総則・物権」（第7版）有斐閣
　　.. 百選Ⅰ［第7版］［事件番号］
中田裕康・窪田充見編「民法判例百選Ⅱ　債権」（第7版）有斐閣 ... 百選Ⅱ［第7版］［事件番号］
水野紀子・大村敦志編「民法判例百選Ⅲ　親族・相続」有斐閣 .... 百選Ⅲ［初版］［事件番号］
中田裕康・潮見佳男・道垣内弘人編「民法判例百選Ⅰ　総則・物権」（第6版）有斐閣
　　.. 百選Ⅰ［第6版］［事件番号］

公法系
憲 法

行 政 法

刑事系

刑　法

刑事訴訟法

その他

本書の効果的活用法

●問題ページ

令和4年 司法試験・予備試験／公法系／憲法

司 予	第7問	［配点3点］		実施日	／	／	／
	一			正誤			

憲法……………………………からウまでの各記述について、b……には1を、そうでない場合には2を……

上段には「解答した日」，下段には「正誤等」を○×△などで記入して，正確な理解を図ってください。

ア．………………由に含まれる。
　　………第2項は国外の関係を規律………ない。

イ．a．海外旅行の自由は、移転の自由に含まれる。
　　b．日本国の主権から離脱する自由として海外に移住し国籍を離脱する自由と、日本国の主権の保護を受けながら一時的に日本国外に渡航する自由とは異なる。

………………幸福追求権の一部分と……………的な移動ではなく、生……………。

●解説ページ

令和4年 司法試験・予備試験／公法系／憲法

司 予	第7問	一	憲法22条と海外旅行の自由	配 点	3点
			正解 1、2、2	部分点	2問正解で 部分点1点

ア 批判となっている

　aの見解は、22条2項の「外国に移住」する自由には一時的に外国へ旅行する自由も含まれ、海外旅行の自由は、22条2項によって保障されると解する立場（**22条2項説**、帆足計事件判決・最大判昭33.9.10／百選Ⅰ［第7版］〔105〕）である。

　aの見解は、その根拠・理由の1つとして、22条は国内に関連するものを1項に、国外に関連するものを2項にまとめて規定しているという形式上の理由を挙げているところ、このようなaの見解に対しては、22条1項を国内の関係、2項を国外の関係と捉えるのは形式的に過ぎるという、bの見解と同様の批判がなされている。よって、bの見解はaの見解の批判となっている。

【参考文献】憲法Ⅰ・463～464頁

イ 批判となっていない

　aの見解は、22条1項の「移転」の自由には居住所を変更する自由のみならず、旅行の自由も含まれ、旅行の自由は国の内外を問わず、22条1項によって保障されると解する立場（**22条1項説**）である。

　他方、bの見解は、「移住」（22Ⅱ）は「国籍を離脱する自由」とともに日本国の主権から離脱する意味を有するから、一時的な海外旅行はそれになじまないと解する立場である。しかし、この見解は、海外旅行の自由は、22条2項によって保障されると解する立場（22条2項説）に対する批判として適切であり、aの見解のように、海外旅行の自由は、22条1項によって保障されると解する立場に対する批判として適切ではない。よって、bの見解はaの見解の批判となっていない。

【参考文献】憲法Ⅰ・463～464頁

ウ 批判となっていない

　aの見解は、旅行が動き回る概念であり、居住所の変更を意味する「移転」（22Ⅰ）や、ある場所への定住を意味する「移住」（22Ⅱ）とも異なるため、旅行の自由は国の内外を問わず、幸福追求権の一部分として13条によって保障されると解する立場（**13条説**）である。

　他方、bの見解は、22条1項の「移転」の自由及び22条2項の「移住」する自由は、いずれも生活の本拠を決定することを保障するものであり、一時的な移動を保障するものではないと解する立場である。しかし、この見解は、aの見解の根拠・理由となるものであり、aの見解に対する批判として適切ではない。よって、bの見解はaの見解の批判となっていない。

【参考文献】憲法Ⅰ・464頁

以上より、正解はアから順に1、2、2となる。

全体の 正答率	58.5%	肢別の 正答率	ア	イ	ウ
			75.5%	73.6%	83.0%

本問で問われるテーマを記しています。

解説部分の末尾には，問題正答率又は各肢正答率を明確に表記！
（正答率は，本試験実施後に LEC 独自で行った出口調査を基準として算定しています。）

（難易度の基準）

◎	正答率 80％以上の問題
○	正答率 50％以上 80％未満の問題
△	正答率 20％以上 50％未満の問題
×	正答率 20％未満の問題

【民事系】

民　法

　　司法試験では、全37問が出題され、予備試験との共通問題は12問出題されました。例年どおり、各分野から満遍なく出題されており、家族法からも6問出題されています。また、今年の平均点は47.3点、最低ライン（40％）に到達しなかった受験生は226人でした。
　　予備試験では、全15問が出題されました。そのうち、予備試験オリジナル問題は3問出題され、地上権（第5問）、第三者のためにする契約（第10問）、遺言（第15問）に関する知識・理解を問う問題が出題されました。また、今年の平均点は15.2点でした。

（司法試験　難易度・テーマ・予備試験問題番号・ページ）

第1問	◎	未成年者	予備第1問	3
第2問	○	成年後見		5
第3問	○	意思表示		7
第4問	○	取消し	予備第2問	11
第5問	○	時効の援用		13
第6問	○	不動産物権変動		17
第7問	○	物権の混同		21
第8問	△	動産の引渡し	予備第3問	23
第9問	○	囲繞地通行権		27
第10問	○	共有	予備第4問	29
第11問	○	留置権	予備第6問	33
第12問	△	動産の先取特権・所有権留保特約		35
第13問	◎	債権質	予備第7問	39
第14問	○	抵当権		41
第15問	○	法定地上権の成否		43
第16問	◎	受領遅滞	予備第8問	45
第17問	△	履行の強制		49
第18問	○	債権者代位権		53
第19問	△	保証		57
第20問	△	譲渡禁止特約	予備第9問	61
第21問	○	弁済の目的物の供託		65

商　法

　今年の商法も、例年どおり、会社法を中心に全 15 問が出題されました。具体的には、会社法から 11 問、商法総則・商行為法から２問、手形・小切手法から２問出題されています。今年も、条文及び判例の知識・理解を問う問題を中心に出題されており、この点も例年と同様の傾向といえます。もっとも、今年の平均点は、直近４年間の中で最も低い 10.9 点であり、昨年から約５点もの下げ幅を記録しています。その原因の１つとしては、２つ以上の事柄が１つの肢の中で同時に問われる問題（複数の事柄の全てについて正確な知識がないと１つの肢の正誤が判断できない問題）が４問（第 17 問、第 21 問、第 23 問、第 29 問）も出題されていることが挙げられるでしょう。

（予備試験　難易度・テーマ・ページ）

民事訴訟法

　今年の民事訴訟法も、例年どおり、第一審手続に関する条文・判例の知識・理解を問う問題を中心に、各分野から満遍なく出題されています。問題形式としては、全 15 問が条文・判例の知識・理解を問う問題（条文・判例等の知識を用いて、具体的事例を適切に処理できるかを問う問題を含む）でした。民事訴訟法科目では、正しい（あるいは誤っている）肢を 2 つ選択させる形式の問題が多く出題される点に特徴があり、今年も 5 問出題されています（第 32 問、第 34 問、第 39 問、第 40 問、第 42 問）。これらの問題は、2 つのうち 1 つでも正解の肢を選択できれば部分点を得られることから、比較的点数を稼ぎやすい問題形式であるといえます。なお、今年の平均点は 15.1 点でした。

（予備試験　難易度・テーマ・ページ）

【公法系】

憲　法

　司法試験では、総論・人権分野から 13 問、統治分野から 7 問出題されました。例年どおり、総論・人権分野に出題バランスが傾いた形となっています。また、最高裁判所の判例に関する知識・理解を問う問題が 11 問、基本的事項に関する知識・理解を問う問題が 5 問、両者の融合問題が 1 問、見解問題（一方の見解が他方の見解の批判あるいは根拠となっているか否かを問う問題）が 3 問出題されており、昨年と同様、主に判例知識を問う問題が大きな比重を占めています。なお、今年の平均点は 31.6 点、最低ライン（40%）に到達しなかった受験生は 113 人でした。

　予備試験では、全 12 問が出題され、そのうち、予備試験オリジナル問題は 4 問出題されました（第 1 問、第 2 問、第 10 問、第 11 問）。出題分野及び問題数は、総論・人権分野から 8 問、統治分野から 4 問であり、昨年と同様、総論・人権分野に出題バランスが傾いた形となっています。また、今年の平均点は 19.8 点でした。

（司法試験　難易度・テーマ・予備試験問題番号・ページ）

（予備試験オリジナル問題　難易度・テーマ・ページ）

行政法

　今年の行政法も、例年どおり、全 12 問が出題されました。具体的には、行政作用法から4問、行政救済法から6問、行政組織法その他の分野から1問、各分野の融合問題が1問（第13問）出題されました。今年の平均点は 12.8 点であり、昨年の平均点（10.7 点）と比較すると約2点ほど点数は上がりましたが、それでもなお、他の科目に比べて平均点がかなり低いという傾向に変わりはなく（今年の行政法科目の平均点は、商法科目の平均点（10.9 点）に次いで2番目に低い点数）、以下の図表において難易度が「◎」の問題が1つもないことから、行政法科目を苦手とする受験生の多さがうかがえる結果となりました。

（予備試験　難易度・テーマ・ページ）

【刑事系】

刑　法

　司法試験では、総論分野から９問、各論分野から 10 問、両分野の融合問題が１問（第第５問）出題されました。例年どおり、総論分野では構成要件、違法性、責任、共犯等の分野から満遍なく出題され、各論分野では、個人的法益に関する罪を中心に、社会的法益・国家的法益に関する罪についても出題されています。今年の平均点は、36.8 点と高得点を記録しており、以下の図表において難易度が「◎」の問題が５つもあることから、今年の刑法科目は特に易しかったものと推察されます。なお、最低ライン（40％）に到達しなかった受験生は 67 人でした。

　予備試験では、全 13 問が出題されました。そのうち、予備試験オリジナル問題は３問出題され、背任罪（第４問）、共同正犯と幇助犯の区別の基準（第７問）、遺棄罪（第 12問）に関する理解が問われました。出題分野及び問題数は、総論分野から６問、各論分野から７問でした。また、今年の平均点は 17.1 点でした。

（司法試験　難易度・テーマ・予備試験問題番号・ページ）

第１問	○	故意・錯誤		321
第２問	○	わいせつ罪	予備第６問	325
第３問	○	詐欺罪の実行の着手		328
第４問	○	信用・業務に対する罪	予備第１問	333
第５問	○	被害者の同意		335
第６問	○	賄賂罪の保護法益		339
第７問	◎	共同正犯		343
第８問	◎	責任能力	予備第５問	347
第９問	○	「毀棄」「損壊」「傷害」の意義		351
第 10 問	◎	略取誘拐罪	予備第９問	355
第 11 問	○	共犯		359
第 12 問	○	状態犯・継続犯	予備第３問	363
第 13 問	○	文書偽造罪	予備第11問	367
第 14 問	○	過失	予備第10問	371
第 15 問	△	放火罪		375
第 16 問	○	違法性	予備第２問	379
第 17 問	△	罪数	予備第８問	383
第 18 問	◎	死者の占有		386
第 19 問	◎	名誉に対する罪		391
第 20 問	△	総合問題	予備第13問	394

（予備試験オリジナル問題　難易度・テーマ・ページ）

第４問	○	背任罪	399
第７問	◎	共同正犯と幇助犯の区別の基準	402
第 12 問	◎	遺棄罪	407

刑事訴訟法

　今年の刑事訴訟法も、例年どおり、全13問が出題されました。具体的には、捜査、公訴・公判、証拠法等の分野を中心に、基本的な条文・判例の知識・理解を問う問題が多く出題されています。出題分野及び問題数は、捜査から2問、公訴・公判から4問、証拠法から4問、各分野の融合問題（上訴からの出題も含む）が3問（第15問、第18問、第19問）でした。このように、各分野から満遍なく出題されているため、論文式試験で問われる知識のみならず、全体について体系的・横断的な知識の習得が求められているといえます。また、今年の平均点は15.9点でした。

（予備試験　難易度・テーマ・ページ）

以　上

民事系

司 第1問		実施日	／	／	／
予 第1問	［配点2点］	正誤			

　未成年者に関する次のアからオまでの各記述のうち、判例の趣旨に照らし正しいものを組み合わせたものは、後記1から5までのうちどれか。

　ア．未成年者が子を認知した場合、その未成年者の親権者は、認知を取り消すことができない。

　イ．営業を許された未成年者がした法律行為は、その営業に関しないものであっても、取り消すことができない。

　ウ．親権者の同意を得ずに契約を締結した未成年者は、成年に達するまでは、親権者の同意を得なければ、自らその契約を取り消すことができない。

　エ．親権者の同意を得ずに契約を締結した未成年者は、成年に達するまでは、親権者の同意を得なければ、自らその契約の追認をすることができない。

　オ．未成年者が、親権者の同意があると誤信させるために詐術を用いて契約を締結した場合、その契約は取り消すことができる。

1．ア　ウ　　2．ア　エ　　3．イ　エ　　4．イ　オ　　5．ウ　オ

司 第1問	未成年者	配点	2点
予 第1問	正解 2	部分点	―

ア ○ 認知をするには、父又は母が未成年者であるときであっても、その法定代理人の同意を要しない（**認知能力**、780）。これは、任意認知が身分上の法律行為であることから置かれた特別規定である。したがって、未成年者が子を認知した場合、その未成年者の親権者は、認知を取り消すことができない。よって、本肢は正しい。

イ × 一種又は数種の営業を許された未成年者は、**その営業に関しては、成年者と同一の行為能力を有する**（6Ⅰ）。他方、その営業に関しないものについては、別途、その法定代理人の同意を得なければならない（5Ⅰ本文）。したがって、営業を許された未成年者がした法律行為であっても、その営業に関しないものについては、取り消すことができる。よって、その営業に関しないものであっても、取り消すことができないとする点で、本肢は誤っている。

ウ × 未成年者が法律行為をするには、その法定代理人の同意を得なければならない（5Ⅰ本文）。そして、これに反する法律行為は、取り消すことができる（5Ⅱ）ところ、**行為能力の制限によって取り消すことができる行為**は、**制限行為能力者**又はその代理人、承継人若しくは同意をすることができる者に限り、取り消すことができる（120Ⅰ）。

　このように、制限行為能力者である未成年者自身も取消権者であるため、意思能力がある限り、成年に達するまでもなく、親権者の同意を得なくても、自らその契約を取り消すことができる。よって、成年に達するまでは、親権者の同意を得なければ、自らその契約を取り消すことができないとする点で、本肢は誤っている。

エ ○ 取り消すことができる行為の追認は、**取消しの原因となっていた状況が消滅し、かつ、取消権を有することを知った後**にしなければ、その効力を生じない（124Ⅰ）。これは、自由で正常な判断が可能な時期にならないと追認をすることができないという趣旨である。そして、追認をする者が制限行為能力者の場合には、その者が行為能力者となった後（未成年者の場合は、成年に達した後）でなければ、取消しの原因となっていた状況が消滅したとはいえない。

　もっとも、法定代理人が追認をするとき（124Ⅱ①）、又は**制限行為能力者の法定代理人の同意を得て追認をするとき**（124Ⅱ②）は、取消しの原因となっていた状況が消滅していない場合であっても、追認をすることができる。

　したがって、契約を締結した未成年者は、成年に達するまでは、親権者の同意を得なければ、自らその契約の追認をすることができない。よって、本肢は正しい。

オ × 制限行為能力者が行為能力者であることを信じさせるため詐術を用いたときは、その行為を取り消すことができない（21）。取引の安全を保護する趣旨である。そして、判例（大判明37.6.16）は、制限行為能力者が行為能力者であることを信じさせる場合のみならず、**未成年者が偽造の法定代理人の同意書を善意の相手方に交付してその同意を得ていると信じさせるような場合も、「詐術」に当たる**としている。よって、その契約は取り消すことができるとする点で、本肢は誤っている。

以上より、正しい肢はアとエであり、正解は2となる。

全体の正答率	88.7%		肢別の選択率	1	2	3	4	5
				9.4%	88.7%	1.9%	0.0%	0.0%

司 予	第２問 ―	［配点２点］	実施日	／	／	／
			正誤			

　成年後見に関する次のアからオまでの各記述のうち、正しいものを組み合わせたものは、後記１から５までのうちどれか。

　ア．成年被後見人が土地の贈与を受けた場合、その後見人は、その贈与を取り消すことができない。

　イ．成年被後見人ＡがＢの意思表示を受けた場合、Ａの後見人Ｃがその意思表示を知った後は、Ｂは、その意思表示をもってＡに対抗することができる。

　ウ．成年被後見人Ａが未成年者Ｂの法定代理人としてした行為は、Ａの行為能力の制限によっては取り消すことができない。

　エ．成年被後見人Ａがその財産を管理する後見人に対して権利を有するときは、Ａが行為能力者となった時又は後任の法定代理人が就職した時から法定の期間を経過するまでの間は、その権利について、時効は完成しない。

　オ．成年被後見人が協議上の離婚をするときには、その後見人の同意を得なければならない。

１．ア　ウ　　２．ア　オ　　３．イ　エ　　４．イ　オ　　５．ウ　エ

司	第2問	成年後見	配　点	2点
予	―	正解　3	部分点	―

ア ×　成年被後見人の法律行為は、「日用品の購入その他日常生活に関する行為」を除き、取り消すことができる（9）。この点について、成年被後見人が土地の贈与を受ける行為は、「日用品の購入その他日常生活に関する行為」には当たらない。また、成年被後見人については、未成年者の「単に権利を得、又は義務を免れる法律行為」の取消しを制限するような規定（5Iただし書）もない。したがって、後見人は、成年被後見人が受けた土地の贈与を取り消すことができる（120I）。よって、その後見人は、その贈与を取り消すことができないとする点で、本肢は誤っている。

イ ○　意思表示の相手方がその意思表示を受けた時に成年被後見人であったときは、その意思表示をもってその相手方に対抗することができない（98の2本文）。ただし、**相手方の法定代理人がその意思表示を知った後は、その意思表示をもってその相手方に対抗することができる**（98の2ただし書、同①）。したがって、Bは、Aの後見人CがBの意思表示を知った後は、その意思表示をもってAに対抗することができる。よって、本肢は正しい。

ウ ×　制限行為能力者が代理人としてした行為は、行為能力の制限によっては取り消すことができない（102本文）のが原則であるが、**制限行為能力者が他の制限行為能力者の法定代理人としてした行為**については、例外的に取り消すことができる（102ただし書）。本人（「他の制限行為能力者」）にその結果を負担させると、本人の保護という行為能力制度の目的が十分に達せられないおそれがあるし、本人が法定代理人を直接選任するわけではない以上、法定代理人が制限行為能力者であることのリスクを本人が引き受ける根拠もなく、本人を保護する必要があるからである。

　　したがって、成年被後見人Aが未成年者Bの法定代理人としてした行為は、Aの行為能力の制限によって取り消すことができる。よって、成年被後見人Aが未成年者Bの法定代理人としてした行為は、Aの行為能力の制限によっては取り消すことができないとする点で、本肢は誤っている。

エ ○　後見人と被後見人との間において後見に関して生じた債権は、後見が終了した時から5年間これを行使しないときは、時効によって消滅するのが原則である（875I・832I）。もっとも、被後見人が行為能力者とならない間に後見が終了した場合において、被後見人に後見人がないときは、**被後見人が行為能力者となった時又は後任の法定代理人が就職した時から5年を経過するまでの間は**、上記債権について、時効は完成しない（875I・832II）。よって、本肢は正しい。

オ ×　成年被後見人が協議上の離婚をするには、**その成年後見人の同意を要しない**（764・738）。成年被後見人の意思を尊重する趣旨である。よって、その後見人の同意を得なければならないとする点で、本肢は誤っている。

以上より、正しい肢はイとエであり、正解は3となる。

全体の正答率	62.3%	肢別の選択率	1	2	3	4	5
			17.0%	3.8%	62.3%	1.9%	15.1%

司予	第3問 [配点2点]	実施日	／	／	／
	─	正誤			

　　意思表示に関する次のアからオまでの各記述のうち、判例の趣旨に照らし正しいものを組み合わせたものは、後記1から5までのうちどれか。

　　ア．隔地者に対する意思表示は、相手方が了知するまでは効力を生じない。

　　イ．未成年者Aと契約を締結したBが、Aの法定代理人Cに対してその契約を追認するかどうかを確答すべき旨の催告をした。この場合において、CがBの定めた期間内に確答を発しないときは、Cは、その契約を取り消したものとみなされる。

　　ウ．心裡留保を理由とする意思表示の無効は、過失のある善意の第三者に対抗することができない。

　　エ．錯誤による意思表示は、その錯誤が表意者の重大な過失によるものであった場合において、相手方が表意者と同一の錯誤に陥っていたときは、取り消すことができない。

　　オ．相手方に対する意思表示について第三者が強迫を行った場合には、相手方がその事実を知ることができなかったとしても、その意思表示は取り消すことができる。

1．ア　イ　　2．ア　エ　　3．イ　ウ　　4．ウ　オ　　5．エ　オ

司	第3問	意思表示	配 点	2点
予	—	正解 4	部分点	—

ア ✕　意思表示は、その通知が相手方に到達した時からその効力を生ずる（97Ⅰ）。この規定は、隔地者に対する意思表示にも適用される。そして、「到達」したというためには、**意思表示の通知が相手方の了知可能な状態に置かれる必要がある。**了知とは、相手方が意思表示の存在を実際に知ることをいい、了知可能な状態とは、**相手方の支配圏内に通知が到達すること**である（最判昭43.12.17）。したがって、意思表示は、相手方の了知可能な状態に置かれれば、相手方が実際に了知しなくても、その効力を生ずる。よって、相手方が了知するまでは効力を生じないとする点で、本肢は誤っている。

イ ✕　制限行為能力者の相手方は、制限行為能力者が行為能力者とならない間においては、その法定代理人等に対し、その権限内の行為について、1か月以上の期間を定めて、その期間内にその取り消すことができる行為を追認するかどうかを確答すべき旨の催告をすることができる（**制限行為能力者の相手方の催告権、**20Ⅱ）。この場合において、法定代理人等がその期間内に確答を発しないときは、その行為を**追認したものとみなされる**（20Ⅱ・同Ⅰ後段）。催告を受けた者が確答を発しない場合において、その者が単独で追認できる場合（20ⅠⅡ参照）には「追認」したものとみなされ、その者が単独で追認できない場合（20ⅢⅣ参照）には「取消し」をしたものとみなされる。

　したがって、本肢において、CがBの定めた期間内に確答を発しないときは、Cは、その契約を追認したものとみなされる。よって、その契約を取り消したものとみなされるとする点で、本肢は誤っている。

ウ 〇　意思表示は、表意者がその真意ではないことを知ってしたときであっても、そのためにその効力を妨げられない（**心裡留保、**93Ⅰ本文）。ただし、相手方がその意思表示が表意者の真意ではないことを知り、又は知ることができたときは、その意思表示は、無効とする（93Ⅰただし書）。もっとも、心裡留保による意思表示の無効は、**善意の第三者に対抗することができない**（93Ⅱ）。この場合の第三者は、「善意」であれば足り、**無過失であることを要しない。**これは、心裡留保により虚偽の外観を作出した表意者の帰責性が大きいため、表示行為への信頼保護を優先して取引の安全を図るためである。したがって、心裡留保を理由とする意思表示の無効は、過失のある善意の第三者に対抗することができない。よって、本肢は正しい。

【参考文献】ＬＱⅠ・157頁

エ ✕　錯誤による意思表示は、その**錯誤が表意者の重大な過失によるものであった場合には、原則として、取り消すことができない**（95Ⅲ柱書）。軽率な表意者の錯誤でも意思表示を取り消すことができるとすると、取引の安全が害されるからである。もっとも、**相手方が表意者と同一の錯誤に陥っていたとき（共通錯誤、**95Ⅲ②）は、例外的に、**錯誤による意思表示を取り消すことができる。**

この場合には、意思表示が有効であるという相手方の信頼を保護する必要がないからである。よって、相手方が表意者と同一の錯誤に陥っていたときは、取り消すことができないとする点で、本肢は誤っている。

オ ◯　強迫による意思表示は、取り消すことができる（96Ⅰ）。そして、**相手方に対する意思表示について第三者が強迫を行った場合**においては、第三者が詐欺を行った場合と異なり、**相手方の善意・悪意や過失の有無を問わず、常にその意思表示を取り消すことができる**（96Ⅱ反対解釈）。これは、詐欺の場合、表意者は騙されたという点で軽率であるとの非難を免れないが、強迫の場合、表意者にそのような帰責性は認められず、表意者保護の必要性がより高いと考えられるからである。よって、本肢は正しい。

【参考文献】佐久間1・177頁

以上より、正しい肢はウとオであり、正解は4となる。

全体の正答率	52.8%

肢別の選択率	1	2	3	4	5
	5.7%	11.3%	7.5%	52.8%	20.8%

MEMO

司 第4問	［配点2点］	実施日	／	／	／
予 第2問		正誤			

取消しに関する次のアからオまでの各記述のうち、正しいものを組み合わせたものは、後記1から5までのうちどれか。

ア．取り消すことができる法律行為に基づく債務を保証した者は、その法律行為を取り消すことができない。

イ．被保佐人Aがした法律行為を法定代理人が追認したときは、Aは、以後、その法律行為を取り消すことができない。

ウ．Aが第三者Bの詐欺によってCに不動産を売る旨の意思表示をしたときは、その取消しは、B及びCの双方に対する意思表示によってする。

エ．被保佐人Aがした金銭の借入れが取り消された場合、Aは、それまでに借入金を賭博で費消していたときでも、借入金全額を貸主に返還する義務を負う。

オ．取消権は、取り消すことができる行為をした時から5年間行使しないときは、時効によって消滅する。

1．アイ　2．アエ　3．イオ　4．ウエ　5．ウオ

| 司 第4問 | 取消し | 配 点 | 2点 |
| 予 第2問 | 正解 1 | 部分点 | ― |

ア ○ 行為能力の制限によって取り消すことができる行為は、制限行為能力者又はその代理人、承継人若しくは同意をすることができる者に限り、取り消すことができる（120Ⅰ）。また、錯誤、詐欺又は強迫によって取り消すことができる行為は、瑕疵ある意思表示をした者又はその代理人若しくは承継人に限り、取り消すことができる（120Ⅱ）。この点について、**取り消すことができる法律行為に基づく債務を保証した者は、上記の取消権者のいずれにも当たらない**（大判昭20.5.21）。したがって、この者はその法律行為を取り消すことができない。よって、本肢は正しい。

イ ○ 取り消すことができる行為は、120条に規定する者が追認したときは、以後、取り消すことができない（122）。この点、被保佐人Aの法定代理人は、Aがした法律行為を追認することができる（124Ⅱ①）ところ、この法定代理人は、120条1項所定の「制限行為能力者」の「代理人」に当たる。したがって、被保佐人Aは、その法定代理人が追認したときは、以後、その法律行為を取り消すことができない。よって、本肢は正しい。

ウ × 取り消すことができる行為の相手方が確定している場合には、その取消し又は追認は、相手方に対する意思表示によってする（123）。
本肢において、Aは、その取消しの意思表示を「相手方」に対する意思表示によってすれば足りるところ、「相手方」とは、**「取り消すことができる行為の相手方」**を意味する。したがって、Aは、不動産を売る旨の意思表示の相手方であるCに対して、その取消しの意思表示をすれば足り、Bに対する意思表示は不要である。よって、その取消しは、B及びCの双方に対する意思表示によってするとする点で、本肢は誤っている。
【参考文献】LQⅠ・251頁

エ × 無効な行為に基づく債務の履行として給付を受けた者は、相手方に対して原状回復義務を負う（121の2Ⅰ）。「無効な行為」には、取り消すことができる行為が取り消されたことにより無効とされる場合（121）も含まれる。もっとも、**行為の時に制限行為能力者であった者は、その行為によって現に利益を受けている限度**において、返還の義務を負う（121の2Ⅲ）。給付の受領者の返還義務を現受利益（現存利益）に限定することで、給付の受領者を保護する趣旨である。
本肢において、被保佐人Aは借入金を賭博で費消している以上、Aに現受利益はない（大判昭14.10.26）。したがって、Aは、借入金全額を貸主に返還する義務を負わない。よって、Aは、借入金全額を貸主に返還する義務を負うとする点で、本肢は誤っている。
【参考文献】LQⅠ・252〜253頁

オ × 取消権は、追認をすることができる時から5年間行使しないときは、時効によって消滅する（126前段）。行為の時から20年を経過したときも、同様とする（126後段）。これらは、法律関係を早期に安定させる趣旨である。よって、取消権は、取り消すことができる行為をした時から5年間行使しないときは、時効によって消滅するとする点で、本肢は誤っている。

以上より、正しい肢はアとイであり、正解は1となる。

全体の 正答率	62.3%	肢別の 選択率	1	2	3	4	5
			62.3%	3.8%	30.2%	0.0%	3.8%

司予	第5問	［配点2点］	実施日	／	／	／
			正誤			

　　時効の援用に関する次のアからオまでの各記述のうち、判例の趣旨に照らし誤っているものを組み合わせたものは、後記1から5までのうちどれか。

　　ア．後順位抵当権者は、先順位抵当権の被担保債権の消滅時効を援用することができる。

　　イ．Aから甲土地上の建物を賃借しているBは、Aが取得時効に必要な期間、甲土地を占有している場合であっても、甲土地のAの取得時効を援用することができない。

　　ウ．甲土地に抵当権が設定されてその旨の登記がされた後、甲土地を譲り受けた者は、その抵当権の被担保債権の消滅時効を援用することができる。

　　エ．詐害行為取消権を行使された受益者は、取消債権者の被保全債権の消滅時効を援用することができる。

　　オ．主たる債務者が時効の利益を放棄した場合、保証人は主たる債務の消滅時効を援用することができない。

1．ア　ウ　　2．ア　オ　　3．イ　ウ　　4．イ　エ　　5．エ　オ

司	第5問	時効の援用	配　点	2点
予	—	正解　2	部分点	—

ア ✕　時効の援用権者は、「当事者（消滅時効にあっては、保証人、物上保証人、第三取得者その他権利の消滅について正当な利益を有する者を含む。）」（145）であるところ、判例（最判平11.10.21／百選Ⅰ［第8版］〔42〕）は、「先順位抵当権の被担保債権が消滅すると、後順位抵当権者の抵当権の順位が上昇し、これによって被担保債権に対する配当額が増加することがあり得るが、この配当額の増加に対する期待は、抵当権の順位の上昇によってもたらされる反射的な利益にすぎない」ことを理由に、**後順位抵当権者は、先順位抵当権の被担保債権の消滅時効を援用することができない**としている。したがって、後順位抵当権者は、「権利の消滅について正当な利益を有する者」（145かっこ書）には当たらず、「当事者」として、先順位抵当権の被担保債権の消滅時効を援用することはできない。よって、先順位抵当権の被担保債権の消滅時効を援用することができるとする点で、本肢は誤っている。

イ ◯　判例（最判昭44.7.15）は、敷地所有権を時効取得すべき者からその**敷地上の建物を賃借している建物賃借人**は、「右土地の取得時効の完成によって直接利益を受ける者ではないから、右**土地の所有権の取得時効を援用することはできない**」としている。したがって、本肢において、甲土地上の建物を賃借しているにすぎないBは、「当事者」（145）とはいえないので、甲土地のAの取得時効を援用することができない。よって、本肢は正しい。

ウ ◯　肢アの解説のとおり、時効の援用権者は、「当事者（消滅時効にあっては、保証人、物上保証人、**第三取得者**その他権利の消滅について正当な利益を有する者を含む。）」（145）である。そして、**担保不動産（抵当不動産等）の第三取得者は、被担保債権が消滅すれば担保権（抵当権等）の消滅を主張しうる関係にある**から、「当事者」として、担保不動産に係る被担保債権の消滅時効を援用することができる（145かっこ書）。したがって、本肢において、抵当不動産である甲土地を譲り受けた第三取得者は、その抵当権の被担保債権の消滅時効を援用することができる。よって、本肢は正しい。

エ ◯　判例（最判平10.6.22）は、「**詐害行為の受益者**は、詐害行為取消権行使の直接の相手方とされている上、これが行使されると債権者との間で詐害行為が取り消され、同行為によって得ていた利益を失う関係にあり、その反面、**詐害行為取消権を行使する債権者の債権が消滅すれば右の利益喪失を免れることができる地位にある**から、右債権者の債権の消滅によって直接利益を受ける者に当たり、右債権について**消滅時効を援用することができる**」としている。したがって、詐害行為取消権を行使された受益者は、取消債権者の被保全債権の消滅時効を援用することができる。よって、本肢は正しい。

オ ✕　時効の利益を受けるかどうかは、当事者の意思に委ねられており、当事者が完成した時効の利益を放棄するかどうかについても、当事者の意思に委ねられ

ている。そして、時効援用権者が複数ある場合には、各自が独立した時効の援用権・放棄権を有するから、**1人の時効の利益の放棄は、他の援用権者に直接の影響を及ぼさない**（大判昭6.6.4）。したがって、保証人は、主たる債務者が時効の利益を放棄した場合であっても、主たる債務の消滅時効を援用することができる。よって、主たる債務者が時効の利益を放棄した場合、保証人は主たる債務の消滅時効を援用することができないとする点で、本肢は誤っている。

【参考文献】佐久間1・438頁以下

以上より、誤っている肢はアとオであり、正解は2となる。

全体の正答率	64.2%

肢別の選択率	1	2	3	4	5
	11.3%	64.2%	1.9%	7.5%	15.1%

MEMO

司
予 第6問 ─ ［配点2点］

実施日	／	／	／
正誤			

　不動産物権変動に関する次のアからオまでの各記述のうち、判例の趣旨に照らし正しいものを組み合わせたものは、後記1から5までのうちどれか。

　　ア．Aがその所有する甲建物をBに売却した場合において、甲建物の保存登記が未了であったときは、Bは、自己名義の登記がなくても、所有権の取得を第三者に対抗することができる。

　　イ．甲土地を所有するAが死亡して子B及びCが相続し、BとCの遺産分割協議により甲土地はBの単独所有とされた。その後、Cが、甲土地につきCの単独所有とする登記をした上で、これをDに売却したときは、Bは、Dに対し、甲土地の単独所有権の取得を対抗することができない。

　　ウ．Aがその所有する甲土地にBのために地上権を設定し、その旨の登記がされない間に甲土地にCのために抵当権を設定してその旨の登記がされた後、Bの地上権の設定の登記がされた。この場合において、Cの抵当権が実行され、Dが甲土地を買い受けてその旨の登記がされたときは、Bは、Dに対し、地上権の取得を対抗することができる。

　　エ．Aがその所有する甲土地にBのために抵当権を設定し、その旨の登記がされた場合において、その登記をCがBの知らない間に不法に抹消したときは、Bは、再度登記がされない限り、抵当権の設定を第三者に対抗することができない。

　　オ．Aがその所有する甲土地を相続人Bに承継させる旨の遺言をして死亡した場合には、Bは、Bと共にAを相続したCに対し、登記がなくても、甲土地の単独所有権の取得を対抗することができる。

1．ア　ウ　　2．ア　オ　　3．イ　エ　　4．イ　オ　　5．ウ　エ

司	第6問	不動産物権変動	配 点	2点
予	―	正解　4	部分点	―

ア ✕　判例（最判昭57.2.18）は、「**不動産の取得については、右不動産が未登記で
あっても、民法177条の適用があり**、取得者は、その旨の登記を経なければ、
取得後に当該不動産につき権利を取得した第三者に対し、自己の権利の取得を
対抗することができない」としている。よって、Bは、自己名義の登記がなく
ても、所有権の取得を第三者に対抗することができるとする点で、本肢は誤っ
ている。

イ 〇　**相続による権利の承継**は、遺産の分割によるものかどうかにかかわらず、**法
定相続分（900、901）を超える部分については、登記、登録その他の対抗要件
を備えなければ、第三者に対抗することができない**（899の2 I）。したがって、
本肢において、遺産分割協議により甲土地はBの単独所有とされたが、その旨
の登記をする前に、Cが、甲土地につきCの単独所有とする登記をし、これを
Dに売却したときは、Bは、法定相続分を超える部分、すなわち甲土地の単独
所有権の取得をDに対抗することができない。よって、本肢は正しい。

　なお、法定相続分を超えない部分については、登記その他の対抗要件を備え
なくても、その権利の承継を第三者に対抗することができる（899の2 I反対
解釈、最判昭38.2.22／百選 I〔第8版〕〔59〕参照）。

ウ ✕　地上権の設定・移転等は、原則として、登記をしなければ第三者に対抗する
ことができない（177。例外として、建物所有目的の地上権について、借地借
家10 I 参照）。したがって、地上権を設定した後、その土地に抵当権が設定さ
れその旨の登記がされた場合、地上権者は、地上権設定登記をしていなければ、
抵当権者に地上権の設定を対抗することができない。

　そして、抵当権の実行により現れた買受人と抵当不動産の地上権者との関係
については、抵当権設定登記時を基準としてその優劣が判断される。すなわち、
**抵当権設定登記後に、地上権設定登記がされた場合には、地上権者は、抵当不
動産の買受人に地上権の取得を対抗することができない。**

　したがって、本肢において、抵当権設定登記後に地上権設定登記を具備した
Bは、抵当権の実行により甲土地を買い受けたDに対し、地上権の取得を対抗
することができない。よって、Bは、Dに対し、地上権の取得を対抗すること
ができるとする点で、本肢は誤っている。

　【参考文献】LQ II・201頁、新基本法コンメ・物権・233頁

エ ✕　判例（最判昭36.6.16）は、本肢と同様の事案において、**抵当権設定登記が
第三者による不法な抹消登記手続の申請により抹消された場合には、抵当権は
対抗力を失わない**旨判示している。このような場合には、権利者に帰責事由は
存在しないので、対抗力が失われるとすると権利者に酷だからである。よって、
Bは、再度登記がされない限り、抵当権の設定を第三者に対抗することができ
ないとする点で、本肢は誤っている。

オ ⊙　特定の財産を特定の相続人に承継させる旨の遺言（**特定財産承継遺言**、1014Ⅱ参照）は、特段の事情がない限り、**遺産の分割の方法を定めた遺言**（908Ⅰ）であり、何らの行為を要せずに、被相続人の死亡の時（遺言の効力の生じた時）に直ちに当該遺産が当該相続人に相続によって承継される（最判平3.4.19／百選Ⅲ［第2版］〔87〕）。そのため、他の共同相続人は、特定財産承継遺言に係る遺産について無権利であり、「第三者」（899の2Ⅰ）に当たらないので、**特定財産承継遺言により遺産を取得した者は、他の共同相続人に対し、登記なくしてその取得を対抗することができる。**よって、本肢は正しい。

以上より、正しい肢はイとオであり、正解は4となる。

全体の正答率	62.3%

肢別の選択率	1	2	3	4	5
	1.9%	7.5%	22.6%	62.3%	5.7%

MEMO

司予	第7問 [配点2点] 一	実施日	／	／	／
		正誤			

　物権の混同に関する次のアからオまでの各記述のうち、誤っているものを組み合わせたものは、後記1から5までのうちどれか。なお、次のアからオまでの各記述中の抵当権及び地上権は、いずれも登記がされているものとする。

　ア．Aが、その所有する甲土地に、Bのために第一順位の抵当権を、Cのために第二順位の抵当権をそれぞれ設定していた場合において、BがAから甲土地を買い受けたときは、Bの抵当権は消滅する。

　イ．Aがその所有する甲土地にBのために地上権を設定し、Bがこの地上権にCのために抵当権を設定していた場合において、Aが死亡し、BがAを単独相続したときは、Bの地上権は消滅する。

　ウ．Aがその所有する甲土地にB社のために地上権を設定し、B社がこの地上権にC社のために抵当権を設定していた場合において、B社とC社が合併したときは、C社の抵当権は消滅する。

　エ．Aが、その所有する甲土地に、Bのために抵当権を設定した後、Cのために地上権を設定していた場合において、CがAから甲土地の所有権の譲渡を受けたときは、Cの地上権は消滅する。

　オ．Aがその所有する甲土地にBのために地上権を設定し、Bが甲土地上に建築した乙建物をCに賃貸していた場合において、Aが死亡し、BがAを単独相続したときは、Bの地上権は消滅する。

1．アイ　　2．アオ　　3．イエ　　4．ウエ　　5．ウオ

司	第7問	物権の混同	配　点	2点
予	―	正解　1	部分点	―

ア ✕　同一物について所有権及び他の物権が同一人に帰属したときは、当該他の物権は、消滅する（179Ⅰ本文）。もっとも、その物又は当該他の物権が第三者の権利の目的であるときは、当該他の物権は消滅しない（179Ⅰただし書）。判例（大判昭8.3.18）は、**土地上に第一順位の抵当権を有する者が同土地の所有権を取得しても、同土地上に第二順位の抵当権者が存在する場合**は、「その物……が第三者の権利の目的であるとき」（179Ⅰただし書）に当たり、**第一順位の抵当権は混同により消滅しない**としている。よって、Bの抵当権は消滅するとする点で、本肢は誤っている。

イ ✕　肢アの解説のとおり、同一物について所有権及び他の物権が同一人に帰属したときは、当該他の物権は消滅するが、**その物又は当該他の物権が第三者の権利の目的であるときは、当該他の物権は消滅しない**（179Ⅰ）。本肢において、BがAを単独相続したことにより、甲土地の所有権と地上権がBに帰属しているが、Bの地上権はCの抵当権の目的となっているため、消滅しない。よって、Bの地上権は消滅するとする点で、本肢は誤っている。

ウ 〇　**所有権以外の物権及びこれを目的とする他の権利が同一人に帰属したときは、当該他の権利は、消滅する**（179Ⅱ前段）。本肢において、B社とC社が合併することにより、存続会社等が消滅会社の権利義務を包括承継するため（会社750Ⅰ等）、B社の地上権とこれを目的とするC社の抵当権は同一人に帰属することになる。したがって、C社の抵当権は、混同により消滅する。よって、本肢は正しい。

エ 〇　肢アの解説のとおり、同一物について所有権及び他の物権が同一人に帰属したときは、当該他の物権は消滅するが、その物又は当該他の物権が第三者の権利の目的であるときは、当該他の物権は消滅しない（179Ⅰ）。もっとも、**その物が第三者の他の権利の目的となっている場合であっても、他の物権を存続させる実益がない場合には、混同により他の物権は消滅する**。本肢において、CがAから甲土地の所有権の譲渡を受けたことにより、甲土地の所有権と地上権はCに帰属している。そして、甲土地はBの抵当権の目的となってはいるが、Cにおいて、甲土地の地上権を存続させる実益はないので、Cの地上権は、混同により消滅する。よって、本肢は正しい。

オ 〇　肢アの解説のとおり、同一物について所有権及び他の物権が同一人に帰属したときは、当該他の物権は消滅するが、その物又は当該他の物権が第三者の権利の目的であるときは、当該他の物権は消滅しない（179Ⅰ）。本肢においては、BがAを単独相続したことにより、甲土地の所有権と地上権がBに帰属しているところ、Bの地上権がCの抵当権の目的となっているような事案（肢イ参照）と異なり、地上権者であるBが建築した乙建物をCが賃借しているにすぎないから、「その物又は当該他の物権が第三者の権利の目的であるとき」とはいえない。したがって、Bの地上権は、混同により消滅する。よって、本肢は正しい。

以上より、誤っている肢はアとイであり、正解は1となる。

全体の正答率	64.2%		肢別の選択率	1	2	3	4	5
				64.2%	13.2%	18.9%	3.8%	0.0%

司	第8問		実施日	／	／	／
予	第3問	［配点2点］	正誤			

　動産の引渡しに関する次のアからオまでの各記述のうち、判例の趣旨に照らし正しいものを組み合わせたものは、後記1から5までのうちどれか。

　　ア．Aがその所有する絵画甲をBに預けたままCに売却した場合において、AがBに対して以後Cのために甲を占有すべきことを命じ、Bがこれを承諾したときは、Cは、甲の所有権の取得を第三者に対抗することができる。

　　イ．Aはその所有する登録済みの自動車甲をBに売却して現実に引き渡したが、登録名義はAのままであった。その後、Aが甲をCに売却し、登録名義をCに移転した場合、Bは、甲の所有権の取得をCに対抗することができる。

　　ウ．Aは、その所有する絵画甲をBに売却したが、甲の占有を継続し、以後Bのために占有する意思を表示した。その後、AはBへの売却の事実を知っているCに甲を売却し、現実に引き渡した。この場合、Cは、甲の所有権の取得をBに対抗することができる。

　　エ．Aはその所有する絵画甲をBに預けていたが、Bは、Aに無断で、Bが甲の所有者であると過失なく信じているCに甲を売却した。Bは甲の占有を継続し、以後Cのために占有する意思を表示した。その後AがBから甲の返還を受けた場合、CはAに対し、所有権に基づいて甲の引渡しを請求することができない。

　　オ．Aからその所有する絵画甲を預かり占有していたBが、Aから甲を購入した場合において、占有をBに移転する旨の意思表示がAB間でされたときは、Bは、甲の所有権の取得を第三者に対抗することができる。

1．ア　ウ　　2．ア　オ　　3．イ　ウ　　4．イ　エ　　5．エ　オ

司 第8問	動産の引渡し	配　点	2点
予 第3問	正解　5	部分点	―

ア ✕　動産に関する物権の譲渡は、その動産の「引渡し」がなければ、第三者に対抗することができない（178）。この「引渡し」には、現実の引渡し（182Ⅰ）だけでなく、簡易の引渡し（182Ⅱ）、占有改定（183）、指図による占有移転（184）も含まれる。そして、**指図による占有移転**は、代理人によって占有をする場合において、本人がその代理人に対して以後第三者のためにその物を占有することを命じ、その**第三者がこれを承諾すること**によってなされる。

　本肢において、指図による占有移転によりCが甲の所有権の取得を第三者に対抗するためには、代理人である「B」ではなく、第三者である「C」がこれを承諾しなければならない。よって、Bがこれを承諾したときは、Cは、甲の所有権の取得を第三者に対抗することができるとする点で、本肢は誤っている。

　【参考文献】佐久間2・131～132頁

イ ✕　動産に関する物権の譲渡は、その「動産」の引渡しがなければ、第三者に対抗することができない（178）。この点、公示方法としての登記・登録などの制度が用意されている動産については、178条の「動産」に含まれず、「引渡し」ではなくその登記・登録が物権変動の対抗要件となる。そして、**登録済みの自動車については、その登録が物権変動の対抗要件となる**（道路運送車両法5Ⅰ）。

　本肢において、Bは、登録済みの自動車甲の現実の引渡しを受けたとしても、その登録名義がCに移転した場合には、甲の所有権の取得をCに対抗することができない。よって、Bは、甲の所有権の取得をCに対抗することができるとする点で、本肢は誤っている。

　【参考文献】佐久間2・129～130頁

ウ ✕　肢アの解説のとおり、178条の「引渡し」には、占有改定（183）も含まれる。そして、**占有改定**は、代理人が自己の占有物を以後本人のために占有する意思を表示することによってなされる。

　本肢において、Cは、Bが甲について占有改定による引渡しを受けている以上、その後、甲について現実の引渡しを受けたとしても、178条により、甲の所有権の取得をBに対抗できないのが原則である。

　もっとも、例外的に、Cに即時取得（192）が成立すれば、Cは、甲の所有権の取得をBに対抗することもできるが、Cは、AがBに甲を売却した事実について悪意である以上、即時取得も成立しない。よって、Cは、甲の所有権の取得をBに対抗することができるとする点で、本肢は誤っている。

エ 〇　本肢において、CがAに対して、所有権に基づいて甲の引渡しを請求するためには、Cが甲の所有権の取得をAに対抗できることが前提となる。もっとも、Cは、無権利者であるBから甲を買い受けているため、Aに対し、甲の引渡し

を請求できないのが原則である。

　もっとも、例外的に、Cに即時取得（192）が成立すれば、Cは、甲の所有権の取得をAに対抗することができる。しかし、Cは、占有改定による引渡しを受けており、判例（最判昭35.2.11／百選Ⅰ［第8版］〔68〕）は、動産の「**譲受人が民法192条によりその所有権を取得しうるためには、一般外観上従来の占有状態に変更を生ずるがごとき占有を取得することを要し、かかる状態に一般外観上変更を来たさないいわゆる占有改定の方法による取得をもっては足らない**」としているため、即時取得は成立しない。したがって、CはAに対し、所有権に基づいて甲の引渡しを請求することができない。よって、本肢は正しい。

オ ◎　肢アの解説のとおり、178条の「引渡し」には、簡易の引渡し（182Ⅱ）も含まれる。そして、**簡易の引渡し**は、譲受人又はその代理人が現に占有物を所持する場合において、当事者の意思表示のみによってなされる。

　本肢において、現に甲を所持するBは、Aから甲を購入し、甲の占有をBに移転する旨の意思表示がAB間でされている。したがって、Bは、簡易の引渡しにより、甲の所有権の取得を第三者に対抗できる（178）。よって、本肢は正しい。

以上より、正しい肢はエとオであり、正解は5となる。

全体の正答率	41.5%

肢別の選択率	1	2	3	4	5
	9.4%	47.2%	0.0%	1.9%	41.5%

MEMO

司予	第9問 一	［配点2点］	実施日	／	／	／
			正誤			

　袋地（他の土地に囲まれて公道に通じない土地）である甲土地の所有者Aが、公道に至るために囲繞地（袋地を囲んでいる他の土地）であるB所有の乙土地を通行する権利（以下「囲繞地通行権」という。）を有する場合に関する次のアからオまでの各記述のうち、判例の趣旨に照らし誤っているものを組み合わせたものは、後記1から5までのうちどれか。

　ア．Aが乙土地を通行する場所及び方法は、Aのために必要であり、かつ、乙土地にとって損害が最も少ないものを選ばなければならない。

　イ．Aが乙土地上に通路を開設するためには、Bの承諾を得なければならない。

　ウ．甲土地の地上権者Cは、Bの承諾を得なくても、乙土地を通行することができる。

　エ．Aが甲土地をCから買い受けてその所有者となっていた場合には、Aは、その所有権移転登記がなくても、乙土地を通行することができる。

　オ．Aが甲土地に隣接する丙土地を買い取り、丙土地を通行して公道に至ることができるようになった場合でも、Aは乙土地について囲繞地通行権を有する。

1．ア　イ　　2．ア　エ　　3．イ　オ　　4．ウ　エ　　5．ウ　オ

司	第9問	囲繞地通行権	配　点	2点
予	－	正解　3	部分点	－

ア ○ 他の土地に囲まれて公道に通じない土地（袋地）の所有者は、公道に至るため、その土地を囲んでいる他の土地（囲繞地）を通行することができる（**囲繞地通行権**、210 I）。この場合には、通行の場所及び方法は、囲繞地通行権を有する者のために**必要**であり、かつ、囲繞地のために**損害が最も少ないもの**を選ばなければならない（211 I）。よって、本肢は正しい。

イ × 囲繞地通行権（210 I）を有する者は、必要があるときは、通路を開設することができる（211 II）。そして、囲繞地通行権は、地役権と異なり、**土地の有効な利用の調整を図るために法律上当然に認められる権利**であるので、通路の開設についても、**囲繞地の所有者の承諾を得る必要はない**ものと解されている。よって、Bの承諾を得なければならないとする点で、本肢は誤っている。

ウ ○ 地上権は、工作物又は竹木を所有するために他人の土地を使用することができる権利である（265）。そして、相隣関係の規定は、地上権者間又は地上権者と土地の所有者との間について準用される（267本文）。そのため、**袋地の地上権者は、囲繞地の所有者に対して、囲繞地通行権を主張することができる**（267本文・210）。したがって、甲土地の地上権者Cは、Bの承諾を得なくても、乙土地を通行することができる。よって、本肢は正しい。

エ ○ **袋地の所有権を取得した者は、その所有権移転登記を経由しなくても、囲繞地の所有者に対して、囲繞地通行権を主張することができる**（最判昭47.4.14）。なぜなら、相隣関係の規定は、相隣接する不動産相互間の利用の調整を目的とする規定であって、不動産取引の安全保護を図るための公示制度とは関係がないからである。したがって、本肢において、Aは、甲土地の所有権移転登記がなくても、乙土地を通行することができる。よって、本肢は正しい。

オ × 囲繞地通行権は、袋地の所有者が公道に至るために、法律上当然に認められる権利である。そのため、**袋地の所有者が他の土地の所有権を取得し、その土地を通行して公道に至ることができるようになった場合**には、当初の袋地はもはや「他の土地に囲まれて公道に通じない土地」（210 I）ではなくなるので、**囲繞地通行権は消滅する**ものと解されている。したがって、本肢において、Aが丙土地を買い取り、丙土地を通行して公道に至ることができるようになった場合には、Aは乙土地について囲繞地通行権を失う。よって、Aは乙土地について囲繞地通行権を有するとする点で、本肢は誤っている。

【参考文献】川井2・150頁

以上より、誤っている肢はイとオであり、正解は3となる。

全体の正答率	73.6%		肢別の選択率	1	2	3	4	5
				5.7%	1.9%	73.6%	1.9%	17.0%

司 第10問	［配点2点］	実施日	／	／	／
予 第4問		正誤			

　　A、B及びCが甲土地を各3分の1の割合で共有している場合に関する次のアからオまでの各記述のうち、判例の趣旨に照らし正しいものを組み合わせたものは、後記1から5までのうちどれか。

　　ア．甲土地がDによって不法に占有されている場合には、Aは、Dに対し、甲土地の不法占有によりA、B及びCが被った損害の全部の賠償を請求することができる。

　　イ．AがB及びCの同意を得ずに農地である甲土地の宅地造成工事を完了した場合には、原状回復ができるときであっても、Bは、甲土地の原状回復を請求することができない。

　　ウ．AがBに対する甲土地の管理費用の支払義務を履行しないまま1年が経過したときは、Bは、相当の償金を支払ってAの持分を取得することができる。

　　エ．甲土地について現物分割の方法により共有物の分割をした場合には、Aは、その分割によってA所有とされた部分につき、単独所有権を原始取得する。

　　オ．AがBに対して甲土地の管理費用の支払請求権を有するときは、現物分割の方法により甲土地につき共有物の分割をするに際し、Bに帰属すべき部分をもって、その弁済に充てることができる。

1．ア　イ　　2．ア　オ　　3．イ　エ　　4．ウ　エ　　5．ウ　オ

司 第10問	共有	配 点	2点
予 第4問	正解　5	部分点	―

ア ✕　判例（最判昭51.9.7）は、共有物の侵害に対し、各共有者は、共有持分の割合に応じて損害賠償請求権を行使することができ、その**割合を超えて請求をすることは許されない**としている。共有物が金銭債権に変じた場合には、その金銭債権は持分割合に応じた分割債権として各共有者に帰属することになる（427）からである。

　したがって、本肢において、Aは、Dに対し、甲土地の不法占有によりAが被った損害の賠償を請求できるにとどまる。よって、Aは、Dに対し、甲土地の不法占有によりA、B及びCが被った損害の全部の賠償を請求することができるとする点で、本肢は誤っている。

【参考文献】佐久間2・208頁

イ ✕　各共有者は、他の共有者の同意を得なければ、共有物に変更（その形状又は効用の著しい変更を伴わないものを除く）を加えることができない（251Ⅰ）。本肢において、農地である甲土地を宅地にする造成工事を行うことは、土地の性質を変える行為であり、「変更」に当たる。そして、**一部の共有者が無断で共有物に変更を加える行為をしている場合**には、他の共有者は、各自の持分権に基づいて、その行為の全部の禁止を求めることができるだけでなく、**共有物を原状に復することが不能であるなどの特段の事情がある場合を除き、その行為により生じた結果を除去して共有物を原状に復させることを求めることもできる**（最判平10.3.24）。

　したがって、たとえ甲土地の宅地造成工事が完了した場合であっても、原状回復ができるときであれば、Bは、甲土地の原状回復を請求することができる。よって、Bは、甲土地の原状回復を請求することができないとする点で、本肢は誤っている。

ウ 〇　各共有者は、その持分に応じ、管理の費用を支払い、その他共有物に関する負担を負う（253Ⅰ）。そして、**共有者が1年以内にこの管理費用の支払義務を履行しないときは、他の共有者は、相当の償金を支払ってその者の持分を取得することができる**（253Ⅱ）。よって、本肢は正しい。

エ ✕　共有物が分割されると、共有関係は将来に向かって消滅し、各共有者は、その時から、従来の持分権を失い、新たに財産（分割後の物の単独所有権、金銭または金銭債権）を取得する。そして、各共有者は、他の共有者に対してその持分割合に応じて売主と同様の担保責任を負う（261）。これは、**共有物の分割が、実質的には共有者間での持分の一部の交換又は売買と同じ意味をもつとみることができるからである。**したがって、共有物の分割がされた場合、各共有者は取得した部分につき、その単独所有権を原始取得するのではない。よって、Aは、その分割によってA所有とされた部分につき、単独所有権を原始取得するとする点で、本肢は誤っている。

【参考文献】佐久間２・218頁、ＬＱⅡ・176頁

オ ○ 　共有者の１人が他の共有者に対して共有に関する債権を有するときは、分割に際し、債務者に帰属すべき共有物の部分をもって、その弁済に充てることができる（259Ⅰ）。

　　　本肢において、ＡがＢに対して「共有に関する債権」である甲土地の管理費用の支払請求権を有するときは、現物分割の方法（258Ⅱ①）により甲土地につき共有物の分割をするに際し、債務者であるＢに帰属すべき部分をもって、その弁済に充てることができる。よって、本肢は正しい。

以上より、正しい肢はウとオであり、正解は５となる。

全体の 正答率	54.7%

肢別の 選択率	1	2	3	4	5
	3.8%	20.8%	1.9%	18.9%	54.7%

MEMO

司 第11問	［配点2点］	実施日	／	／	／
予 第6問		正誤			

　　留置権に関する次のアからオまでの各記述のうち、判例の趣旨に照らし正しいものを組み合わせたものは、後記1から5までのうちどれか。

　　ア．AがBの所有する甲建物を権原がないことを知りながら占有を開始した場合であっても、その後にAが甲に関して生じた債権を取得したときは、Aは、その債権の弁済を受けるまで、甲を留置することができる。

　　イ．Aは、その所有する動産甲をBに売り、Bは甲をCに転売したが、Aが甲の占有を続けている。この場合において、Aは、Cからの引渡請求に対し、Bから代金が支払われるまで、甲について留置権を行使することができる。

　　ウ．留置権者は、留置物の滅失によって債務者が受けるべき保険金請求権に対しても、これを差し押さえることにより留置権を行使することができる。

　　エ．留置権者が債務者の承諾を得ずに留置物を賃貸した場合であっても、その賃貸が終了して留置権者が留置物の返還を受けていたときは、債務者は、留置権の消滅を請求することができない。

　　オ．留置権者が留置物の占有を奪われたとしても、占有回収の訴えによってその物の占有を回復すれば、留置権は消滅しない。

1．ア　エ　　2．ア　オ　　3．イ　ウ　　4．イ　オ　　5．ウ　エ

司 第11問	留置権	配 点	2点
予 第6問	正解 4	部分点	―

ア ✕ 他人の物の占有者は、その物に関して生じた債権を有するときは、その債権の弁済を受けるまで、その物を留置することができる（留置権、295Ⅰ本文）。もっとも、**占有が不法行為によって始まった場合には、留置権は成立しない**（295Ⅱ）。

　本肢において、Aは、Bの所有する甲建物を権原がないことを知りながら占有を開始しているため、「占有が不法行為によって始まった場合」（295Ⅱ）に当たる。したがって、たとえその後にAが甲に関して生じた債権を取得したときであっても、Aに留置権は成立しない。よって、Aは、その債権の弁済を受けるまで、甲を留置することができるとする点で、本肢は誤っている。

イ ○ 留置権は物権であるから、債務者のみならずそれ以外の全ての人に対して主張することができ、**留置権がいったん成立した後には、その物の譲受人に対しても留置権を主張することができる**（最判昭47.11.16／百選Ⅰ［第8版］〔79〕）。

　したがって、Aは、Cからの引渡請求に対し、Bから代金が支払われるまで、甲について留置権を行使することができる。よって、本肢は正しい。

ウ ✕ 先取特権、質権、抵当権には物上代位権がそれぞれ認められている（304、350、372）が、**留置権には物上代位権が認められていない**。なぜなら、留置権は目的物の交換価値を把握し、その物から優先弁済を受ける権利ではないからである。

　したがって、留置権者は、留置物の滅失によって債務者が受けるべき保険金請求権に対して物上代位をすることはできない。よって、これを差し押さえることにより留置権を行使することができるとする点で、本肢は誤っている。

エ ✕ 留置権者は、債務者の承諾を得なければ、留置物を使用し、賃貸し、又は担保に供することができない（298Ⅱ本文）。そして、留置権者がこれに違反したときは、債務者は、留置権の消滅を請求することができる（**留置権の消滅請求**、298Ⅲ）。判例（最判昭38.5.31）は、民法298条3項の法意に照らせば、留置権者が298条の規定に違反したときは、「当該留置物の所有者は、当該**違反行為が終了したかどうか、またこれによって損害を受けたかどうかを問わず、当該留置権の消滅を請求することができる**」としている。

　したがって、留置権者が債務者の承諾を得ずに留置物を賃貸した場合、たとえその賃貸が終了して留置権者が留置物の返還を受けていたときであっても、債務者は、留置権の消滅を請求することができる。よって、債務者は、留置権の消滅を請求することができないとする点で、本肢は誤っている。

オ ○ **留置権は、留置権者が留置物の占有を失うことによって、消滅する**（302本文）。留置権は、目的物を留置することによって債務者を心理的に圧迫して債務の弁済を強制する留置的効力をその内容とするからである。もっとも、留置権者が留置物の占有を奪われたとしても、**占有回収の訴えによってその物の占有を回復すれば、留置権は消滅しない**（203ただし書）。この場合には、そもそも留置物の占有を喪失しなかったことになるからである（最判昭44.12.2参照）。よって、本肢は正しい。

以上より、正しい肢はイとオであり、正解は4となる。

全体の 正答率	71.7%		肢別の 選択率	1	2	3	4	5
				3.8%	11.3%	7.5%	71.7%	3.8%

司	第12問	［配点2点］	実施日	／	／	／
予	―		正誤			

　Aは、Bに対し、自己が所有する工作機械甲を売り、甲を引き渡した。この場合における動産の先取特権又は所有権留保特約（代金債権を担保する目的でされた、甲の所有権は代金完済時に移転する旨の特約）に関する次のアからオまでの各記述のうち、判例の趣旨に照らし正しいものを組み合わせたものは、後記1から5までのうちどれか。

　ア．Bが弁済期到来後も代金債務を履行しない場合、Aは、先取特権に基づき、Bに対して甲の引渡しを請求することができる。

　イ．Bが甲をCに売り、占有改定による引渡しがされた場合には、Aは、Bが弁済期到来後も代金債務を履行しないときであっても、先取特権に基づいて甲を差し押さえることはできない。

　ウ．Bが甲につきCのための質権を設定し、引渡しを了した場合において、Cが質権を取得した時点でAの先取特権があることを知らなかったときは、Cの質権は、Aの先取特権に優先する。

　エ．AB間の売買契約に所有権留保特約が付されていた場合、Bが代金完済前にCから金銭を借り入れて甲に譲渡担保権を設定し、占有改定により甲の占有をCに移転したときは、その後Bが代金の支払を怠ったとしても、Aは、甲を処分して残代金の回収をすることはできない。

　オ．AB間の売買契約に所有権留保特約が付されていた場合、Bが代金の支払を遅滞し、期限の利益を喪失した状態で、甲をC所有の土地に無断で放置したとしても、Cは、Aに対して甲の撤去を請求することができない。

1．ア　ウ　　2．ア　オ　　3．イ　ウ　　4．イ　エ　　5．エ　オ

司	第12問	動産の先取特権・所有権留保特約	配 点	2点
予	—	正解　3	部分点	—

ア　✕　　**先取特権**とは、法律の定める一定の債権を有する者が、債務者の財産（総財産又は特定の動産・不動産）について、**他の債権者に先立って自己の債権の弁済を受けること（優先弁済権）を内容とする法定担保物権**である（303）。そして、動産の売買によって生じた債権を有する者は、動産の代価及びその利息に関し、その動産について先取特権を有する（311⑤、321）。したがって、動産の売主は、買主に引き渡した動産について、動産売買先取特権を行使して売買代金債権の優先的な回収を図ることができるが、先取特権は物を占有する権利を含まない物権であり、**引き渡した動産の引渡しを請求できるような権利ではない**。よって、Aは、先取特権に基づき、Bに対して甲の引渡しを請求することができるとする点で、本肢は誤っている。

　　　　【参考文献】ＬＱⅡ・376頁

イ　〇　　先取特権は、債務者がその目的である動産をその第三取得者に引き渡した後は、その動産について行使することができない（**追及効の否定**、333）。そして、この**「引き渡し」には、占有改定も含まれる**（大判大6.7.26）。333条の趣旨は、公示されない動産先取特権の追及効を否定することで動産取引の安全を図る点にあり、第三取得者がその所有権について対抗要件を備えた以上、動産先取特権はこれに及ばないとするのが妥当だからである。したがって、本肢において、Bが甲をCに売り、占有改定による引渡しがされた場合には、Aは、もはや先取特権に基づいて甲を差し押さえることはできない。よって、本肢は正しい。

ウ　〇　　**先取特権と動産質権とが競合する場合には、動産質権者は、330条の規定による第1順位の先取特権者と同一の権利を有する**（334）。そして、330条1項によると、動産売買の先取特権者は第3順位（330Ⅰ③）であるから、動産質権者は、動産売買の先取特権者に優先する。もっとも、動産質権者は、質権を取得した時において第2順位又は第3順位の先取特権者があることを知っていたときは、これらの者に対して優先権を行使することができない（334・330Ⅱ）が、本肢において、Cは質権を取得した時点でAの先取特権があることを知らなかった以上、Cの質権は、Aの先取特権に優先する。よって、本肢は正しい。

エ　✕　　判例（最判平30.12.7／R元重判〔4〕）は、所有権留保特約を付した動産の売買契約における売主と買主側の譲渡担保権者との法律関係について、所有権留保特約は、「目的物の引渡しからその完済までの間、その支払を確保する手段を売主に与えるものであって、その限度で目的物の所有権を留保するものである」とした上で、当該動産の所有権は、**所有権留保特約の定めどおり、その売買代金が完済されるまで売主から買主に移転しないから、買主側の譲渡担保権者は、売主に対して譲渡担保権を主張することはできない**としている。した

がって、本肢において、Bが代金完済前にCから金銭を借り入れて甲に譲渡担保権を設定しても、Cは、その譲渡担保権を主張することができない。よって、Aは、甲を処分して残代金の回収をすることはできないとする点で、本肢は誤っている。

　なお、本肢では、甲の譲渡担保権に関する即時取得の成否も問題となり得るが、判例（最判昭35.2.11／百選Ⅰ［第8版］〔68〕）は、「無権利者から動産の譲渡を受けた場合において、譲受人が民法192条によりその所有権を取得しうるためには、**一般外観上従来の占有状態に変更を生ずるがごとき占有を取得することを要し、かかる状態に一般外観上変更を来たさないいわゆる占有改定の方法による取得をもっては足らない**」としている。したがって、本肢において、Bは、占有改定により甲の占有をCに移転しているので、即時取得は成立せず、上記の結論は変わらない。

オ　☒　判例（最判平21.3.10／百選［第8版］〔101〕）は、本肢と同様の事案において、所有権を留保した者（留保所有権者）は、「**残債務弁済期が到来するまでは、**当該動産が第三者の土地上に存在して第三者の土地所有権の行使を妨害しているとしても、特段の事情がない限り、当該動産の**撤去義務や不法行為責任を負うことはないが、残債務弁済期**が経過した後は、留保所有権が担保権の性質を有するからといって上記**撤去義務や不法行為責任を免れることはない**と解するのが相当である。なぜなら、上記のような留保所有権者が有する留保所有権は、原則として、**残債務弁済期が到来するまでは、当該動産の交換価値を把握するにとどまるが、残債務弁済期の経過後は、当該動産を占有し、処分することができる権能を有する**ものと解されるからである」としている。

　したがって、本肢において、Bは代金の支払を遅滞し、期限の利益を喪失している以上、既にAB間の売買契約の弁済期は経過しているから、甲がC所有の土地に無断で放置されているときは、Cは、甲の撤去義務を負う留保所有権者であるAに対して、甲の撤去を請求することができる。よって、Cは、Aに対して甲の撤去を請求することができないとする点で、本肢は誤っている。

以上より、正しい肢はイとウであり、正解は3となる。

全体の 正答率	43.4%		肢別の 選択率	1	2	3	4	5
				24.5%	7.5%	43.4%	18.9%	3.8%

MEMO

司	第13問	[配点2点]		実施日	／	／	／
予	第7問			正誤			

　AのBに対する貸金債権甲を被担保債権とし、BのCに対する貸金債権乙を目的とする質権がBにより設定され、BがCに対して口頭でその旨の通知をした。この場合に関する次のアからオまでの各記述のうち、誤っているものを組み合わせたものは、後記1から5までのうちどれか。

　ア．Cは、Bから質権設定の通知を受けるまでにBに対して債権乙に係る債務を弁済していた場合であっても、これをもってAに対抗することができない。

　イ．債権譲渡登記ファイルに質権の設定の登記がされたときは、Aは、C以外の第三者に対して質権の設定を対抗することができる。

　ウ．Aは、債権甲及び債権乙が共に弁済期にあるときは、債権甲の金額の範囲内でCから債権乙を直接取り立てることができる。

　エ．債権甲の弁済期より前に債権乙の弁済期が到来したときは、Aは、Cにその弁済をすべき金額を供託させることができる。

　オ．Aの債権質の効力は、債権乙に係る利息には及ばない。

1．アイ　　2．アオ　　3．イウ　　4．ウエ　　5．エオ

司 第13問	債権質	配 点	2点
予 第7問	正解　2	部分点	―

ア ×　債権を目的とする質権の設定（現に発生していない債権を目的とするものを含む）は、債権譲渡の対抗要件に関する467条の規定に従い、第三債務者にその質権の設定を通知し、又は第三債務者がこれを承諾しなければ、これをもって第三債務者その他の第三者に対抗することができない（364）。この通知・承諾に関しては、467条のみならず468条も準用ないし類推適用されるものと一般に解されており、**第三債務者は、対抗要件具備時までに質権設定者に対して生じた事由をもって、質権者に対抗することができる**（468Ⅰ、大判大5.9.5参照）。したがって、本肢において、Cは、Bから質権設定の通知を受けるまでにBに対して債権乙に係る債務を弁済していた場合には、これをもってAに対抗することができる。よって、これをもってAに対抗することができないとする点で、本肢は誤っている。
【参考文献】道垣内・112頁

イ ○　**債権譲渡登記ファイルに質権の設定の登記がされたときは、第三債務者以外の第三者については、民法467条の規定による確定日付のある証書による通知があったものとみなす**（動産・債権譲渡特例法14Ⅰ・4Ⅰ前段）。したがって、本肢において、Aは、C以外の第三者に対して質権の設定を対抗することができる。よって、本肢は正しい。

ウ ○　質権者は、質権の目的である債権を直接に取り立てることができる（366Ⅰ）ところ、債権の目的物が金銭であるときは、質権者は、自己の債権額に対応する部分に限り、これを取り立てることができる（366Ⅱ）。そして、**質権者による直接の取立てが認められるためには、質権者の被担保債権の弁済期が到来するとともに、質権の目的たる債権の弁済期も到来していなければならない**（366Ⅲ前段参照）。したがって、Aは、債権甲及び債権乙が共に弁済期にあるときは、債権甲の金額の範囲内でCから債権乙を直接取り立てることができる。よって、本肢は正しい。

エ ○　肢ウの解説のとおり、質権者は、質権の目的である債権を直接に取り立てることができる（366Ⅰ）ところ、債権の目的物が金銭であるときは、質権者は、自己の債権額に対応する部分に限り、これを取り立てることができる（366Ⅱ）。もっとも、**質権の目的である債権の弁済期が質権者の債権の弁済期前に到来したときは、質権者は、第三債務者にその弁済をすべき金額を供託させることができる**（366Ⅲ前段）。したがって、債権甲の弁済期より前に債権乙の弁済期が到来したときは、Aは、Cにその弁済をすべき金額を供託させることができる。よって、本肢は正しい。

オ ×　債権質の効力は、質入れされた債権の元本のほか、これに伴う**利息債権にも及ぶ**（350・297Ⅰ）。したがって、Aの債権質の効力は、債権乙に係る利息にも及ぶ。よって、Aの債権質の効力は、債権乙に係る利息には及ばないとする点で、本肢は誤っている。

以上より、誤っている肢はアとオであり、正解は2となる。

全体の 正答率	81.1%

肢別の 選択率	1	2	3	4	5
	9.4%	81.1%	3.8%	0.0%	3.8%

司	第14問	[配点2点]	実施日	/	/	/
予	―		正誤			

　抵当権に関する次のアからオまでの各記述のうち、正しいものを組み合わせたものは、後記1から5までのうちどれか。なお、次のアからオまでの各記述中の抵当権は、いずれも登記がされているものとする。

　ア．Aは、Bに対する債務を担保するため、Aの所有する甲土地に、抵当権を設定した。この場合、Bが抵当権をAの一般債権者Cに譲渡したときは、これをBがAに通知し、又はAが承諾しなければ、Cは、Aに抵当権の譲渡を対抗することができない。

　イ．Aは、その所有する甲土地に、Bのために第一順位の、Cのために第二順位の各抵当権を設定した。この場合、BがCのために抵当権の順位を放棄したときは、BとCの抵当権の順位が入れ替わる。

　ウ．Aは、その所有する甲土地に、Bのために第一順位の抵当権を、Cのために第二順位の抵当権を、Dのために第三順位の抵当権をそれぞれ設定した。この場合、抵当権の順位をD、C、Bの順に変更するには、Cの合意を要しない。

　エ．Aは、その所有する更地である甲土地にBのために抵当権を設定し、その後、甲土地上に乙建物を建築した。この場合、Bが抵当権を実行し、甲土地と乙建物とが一括して競売されたときは、Bは乙建物の売却代金からも優先弁済を受けることができる。

　オ．Aは、その所有する甲土地にBのために抵当権を設定し、その後、甲土地をCに売却した。この場合、CがBの請求に応じてBにその代価を弁済したときは、抵当権は消滅する。

1．ア　エ　　2．ア　オ　　3．イ　ウ　　4．ウ　エ　　5．イ　オ

司	第14問	抵当権	配 点	2点
予	―	正解　2	部分点	―

ア　○　抵当権者は、同一の債務者に対する他の債権者の利益のために、その抵当権を譲渡することができる（**抵当権の譲渡**、376Ⅰ後段）。この場合には、債権譲渡の対抗要件に関する467条の規定に従い、主たる債務者に抵当権の処分を**通知**し、又は主たる債務者がこれを**承諾**しなければ、抵当権の譲渡を主たる債務者等に対抗することができない（377Ⅰ）。よって、本肢は正しい。

イ　×　抵当権者は、同一の債務者に対する他の債権者の利益のために、その抵当権の順位を放棄することができる（**抵当権の順位の放棄**、376Ⅰ後段）。抵当権の順位の放棄により、放棄した抵当権者と後順位抵当権者は**同順位**となり、**各債権額に応じた按分比例による配当を受ける**。よって、BとCの抵当権の順位が入れ替わるとする点で、本肢は誤っている。

　　　【参考文献】松井・担保物権・103頁

ウ　×　**抵当権の順位は、各抵当権者の合意によって変更することができる**（**抵当権の順位の変更**、374Ⅰ本文）。抵当権の譲渡・放棄、抵当権の順位の譲渡・放棄（376Ⅰ後段）は、抵当権を被担保債権と分離して処分するものである（したがって、中間の抵当権者に影響を及ぼさない）のに対し、**抵当権の順位の変更は、被担保債権とともに抵当権を移転させるものであり、順位に変更のない中間の抵当権者であってもその配当額に影響が及びうるので、抵当権者全員の合意が必要**とされている。よって、Cの合意を要しないとする点で、本肢は誤っている。

　　　【参考文献】ＬＱⅡ・292頁、松井・担保物権・103頁

エ　×　抵当権の設定後に抵当地に建物が築造されたときは、抵当権者は、土地とともにその建物を競売することができる（**一括競売**、389Ⅰ本文）。もっとも、一括競売における優先権は、**土地の代価についてのみ行使することができる**（389Ⅰただし書）。土地と建物が一括競売された場合であっても、抵当地上の建物は抵当権の対象とはなっていないからである。よって、Bは乙建物の売却代金からも優先弁済を受けることができるとする点で、本肢は誤っている。

オ　○　抵当不動産について所有権を買い受けた第三者（第三取得者）が、抵当権者の請求に応じてその抵当権者にその代価を弁済したときは、抵当権は、第三取得者のために消滅する（**代価弁済**、378）。この趣旨は、抵当不動産の第三取得者の地位を保護する点にある。よって、本肢は正しい。

以上より、正しい肢はアとオであり、正解は2となる。

全体の正答率	67.9%	肢別の選択率	1	2	3	4	5
			3.8%	67.9%	3.8%	11.3%	9.4%

司予	第15問	［配点3点］	実施日	／	／	／
	―		正誤			

甲土地上の法定地上権の成否に関する次のアからオまでの各記述のうち、判例の趣旨に照らし誤っているものを組み合わせたものは、後記1から5までのうちどれか。

ア．甲土地及びその土地上の乙建物を所有していたAが、甲土地に抵当権を設定した後に、乙建物を第三者に譲渡した。その後、抵当権が実行されCが甲土地を取得したときは、法定地上権が成立する。

イ．A所有の甲土地を賃借してその土地上に乙建物を所有していたBが乙建物に抵当権を設定した後、Aが乙建物の所有権を取得した。その後、抵当権が実行されCが乙建物を取得したときは、法定地上権が成立する。

ウ．A所有の甲土地を賃借してその土地上にBが乙建物を所有していたところ、Aが甲土地に第一順位の抵当権を設定した後、甲土地をBに譲渡し、次いでBが甲土地に第二順位の抵当権を設定した。その後、第二順位の抵当権が実行され、Cが甲土地を取得したときは、法定地上権が成立する。

エ．A所有の甲土地を賃借してその土地上に乙建物を所有していたBが、乙建物に第一順位の抵当権を設定した後、甲土地をAから譲り受け、次いで乙建物に第二順位の抵当権を設定した。その後、第一順位の抵当権が実行され、Cが乙建物を取得したときは、法定地上権が成立する。

オ．Aが甲土地及びその土地上の乙建物を所有していた。この場合において、甲土地の登記名義が前所有者Bのままであったとしても、乙建物に抵当権が設定され、抵当権の実行によりCが乙建物を取得したときは、法定地上権が成立する。

1．ア　イ　　2．ア　エ　　3．イ　ウ　　4．ウ　オ　　5．エ　オ

司	第15問	法定地上権の成否	配 点	3点
予	―	正解 3	部分点	―

ア ○ 判例（大連判大12.12.14）は、本肢と同様の事案において、**法定地上権（388前段）が成立する**旨判示している。その理由として、学説上、①抵当権設定時に建物が存在する以上、土地の抵当権者は法定地上権の成立を予測できること、②土地・建物が別人所有になった時点で設定される約定利用権は抵当権に劣後する権利であり、抵当権の実行により消滅するため、**法定地上権を成立させて建物を保護する必要があること**等が挙げられている。よって、本肢は正しい。

【参考文献】新基本法コンメ・物権・293頁

イ × 判例（最判昭44.2.14）は、本肢と同様の事案において、**法定地上権の成立を否定している**。その理由として、学説上、建物に抵当権が設定された後、土地と建物が同一人に帰属したとしても、土地の利用権は混同の例外（179Ⅰただし書参照）として存続する以上、法定地上権は成立しないこと等が挙げられている。よって、法定地上権が成立するとする点で、本肢は誤っている。

ウ × 判例（最判平2.1.22）は、本肢と同様の事案において、「土地について一番抵当権が設定された当時土地と地上建物の所有者が異なり、法定地上権成立の要件が充足されていなかった場合には、土地と地上建物を同一人が所有するに至った後に後順位抵当権が設定されたとしても、その後に抵当権が実行され、土地が競落されたことにより一番抵当権が消滅するときには、地上建物のための**法定地上権は成立しない**」としており、その理由として、「土地について一番抵当権が設定された当時土地と地上建物の所有者が異なり、法定地上権成立の要件が充足されていない場合には、**一番抵当権者は、法定地上権の負担のないものとして、土地の担保価値を把握する**のであるから、後に土地と地上建物が同一人に帰属し、後順位抵当権が設定されたことによって法定地上権が成立するものとすると、**一番抵当権者が把握した担保価値を損なわせる**ことになる」としている。よって、Cが甲土地を取得したときは、法定地上権が成立するとする点で、本肢は誤っている。

エ ○ 判例（大判昭14.7.26）は、本肢と同様の事案において、**法定地上権が成立する**旨判示している。その理由として、学説上、①二番抵当権の設定時には法定地上権（388前段）の成立要件が具備されており、その把握した担保価値の実現を図ることが要請されること、②法定地上権の成立を認めても建物の一番抵当権者を害しないこと等が挙げられている。よって、本肢は正しい。

【参考文献】LQⅡ・276頁

オ ○ 判例（最判昭53.9.29）は、本肢と同様の事案において、**法定地上権が成立する**旨判示している。その理由として、学説上、**抵当権者は現況調査等によって土地・建物の所有が同一人であることを知り得るため、法定地上権の成立を認めるのが法の趣旨に合致すること**等が挙げられている。よって、本肢は正しい。

【参考文献】松井・担保物権・82頁

以上より、誤っている肢はイとウであり、正解は3となる。

全体の 正答率	64.2%		肢別の 選択率	1	2	3	4	5
				7.5%	7.5%	64.2%	9.4%	1.9%

司 第16問	[配点2点]	実施日	／	／	／
予 第8問		正誤			

　　特定物の売買の売主が目的物の引渡債務について履行の提供をした場合に関する次のアからオまでの各記述のうち、判例の趣旨に照らし誤っているものを組み合わせたものは、後記1から5までのうちどれか。

　ア．買主が目的物の受領を拒み、その後に売主が買主に対して売買代金の支払を請求した場合、買主は、売主が履行の提供を継続し、又は改めて履行の提供をしなければ、同時履行の抗弁権を主張して売買代金の支払を拒むことができる。

　イ．買主が目的物を受領することができない場合、売主は、履行の提供をした時から引渡しが完了するまで、契約及び取引上の社会通念に照らして定まる善良な管理者の注意をもって、目的物を保存しなければならない。

　ウ．買主が目的物を受領することができない場合、売主が目的物の保管を続けるために必要となる費用は、買主が負担しなければならない。

　エ．買主が目的物を受領することができない場合、売主は、履行の提供をした時から、目的物の引渡債務につき遅滞の責任を免れる。

　オ．買主が目的物の受領を拒み、その後に、売主及び買主の双方の責めに帰することができない事由により目的物が滅失した場合、買主は契約を解除することができる。

1．ア　ウ　　2．ア　エ　　3．イ　ウ　　4．イ　オ　　5．エ　オ

司	第16問	受領遅滞	配　点	2点
予	第 8 問	正解　4	部分点	―

ア　⬤　判例（最判昭34.5.14）は、「**双務契約の当事者の一方は相手方の履行の提供があっても、その提供が継続されない限り同時履行の抗弁権を失うものでない**」としている。学説上も、履行の提供は債務を免れさせるものではなく、両債務の履行上の牽連関係は未だ存続していることから、他方当事者は、なお同時履行の抗弁権を主張することができるとしている。よって、本肢は正しい。

イ　✕　特定物の引渡債務を負う債務者は、善管注意義務（400）を負うのが原則である。もっとも、債権者が債務の履行を受けることを拒み、又は受けることができない場合において、その債務の目的が特定物の引渡しであるときは、債務者は、履行の提供をした時からその引渡しをするまで、自己の財産に対するのと同一の注意をもって、その物を保存すれば足りる（413Ⅰ）。このように、**受領遅滞の効果により、特定物の引渡義務を負う債務者の善管注意義務は、自己の財産に対するのと同一の注意義務へと軽減される**。よって、売主は、契約及び取引上の社会通念に照らして定まる善良な管理者の注意をもって、目的物を保存しなければならないとする点で、本肢は誤っている。

ウ　⬤　債権者が債務の履行を受けることを拒み、又は受けることができないことによって、その**行の費用が増加したときは、その増加額は、債権者の負担とする**（増加費用の負担、413Ⅱ）。この「履行の費用」としては、目的物の保管費用や運搬費用などが挙げられる。

　　　したがって、買主が目的物を受領することができない場合、売主が目的物の保管を続けるために必要となる費用は、債権者である買主が負担しなければならない。よって、本肢は正しい。

　　　【参考文献】中田・債権総論・236頁

エ　⬤　受領遅滞は、「履行の提供をした時」（413Ⅰ）から生じるため、原則として弁済の提供（492）が先行する。そして、**債務者は、弁済の提供（履行の提供）の時から、債務不履行責任を免れる**（492）。具体的には、①**履行期を経過しても履行遅滞の責任を免れる**（債権者から損害賠償・遅延損害金・違約金などを請求されない）、②契約を解除されない、③債権に設定されていた担保権を実行されない、④約定利息が発生しないという効果が生じる。

　　　したがって、売主は、履行の提供をした時から、目的物の引渡債務につき遅滞の責任を免れる。よって、本肢は正しい。

　　　【参考文献】中田・債権総論・235〜236頁

オ　✕　債権者が債務の履行を受けることを拒み、又は受けることができない場合において、履行の提供があった時以後に当事者双方の責めに帰することができない事由によってその債務の履行が不能となったときは、その履行の不能は、**債権者の責めに帰すべき事由によるものとみなす**（413の2Ⅱ）。そして、**債務の不履行が債権者の責めに帰すべき事由によるものであるときは、債権者は、541**

条・542条の規定による**契約の解除をすることができない**（543）。

　したがって、買主が目的物の受領を拒み、その後に、売主及び買主の双方の責めに帰することができない事由により目的物が滅失した場合、この目的物の滅失は、債権者である買主の責めに帰すべき事由によるものとみなされる結果、買主は、契約を解除することができなくなる。よって、買主は契約を解除することができるとする点で、本肢は誤っている。

以上より、誤っている肢はイとオであり、正解は4となる。

全体の正答率	81.1%

肢別の選択率	1	2	3	4	5
	0.0%	7.5%	3.8%	81.1%	3.8%

MEMO

司	第17問	[配点2点]	実施日	／	／	／
予	一		正誤			

　　履行の強制に関する次のアからオまでの各記述のうち、正しいものを組み合わせたものは、後記1から5までのうちどれか。
　　ア．債務者が不特定物の引渡債務を履行しない場合、債権者は、債務名義を得た上で、代替執行の方法により履行の強制をすることができる。
　　イ．債務者が所有権移転登記義務を履行しない場合、債権者は、債務名義を得た上で、間接強制の方法により履行の強制をすることができる。
　　ウ．債務者が一定以上の高さの建物を建築しない債務に反してその高さを超える建物を建築した場合、債権者は、その高さを超える部分の除去について、債務名義を得た上で、代替執行の方法により履行の強制をすることができる。
　　エ．債務者がその居住する建物の明渡債務を履行しない場合、債権者は、債務名義を得た上で、直接強制の方法により履行の強制をすることができる。
　　オ．債務者が小説を執筆する債務を履行しない場合、債権者は、債務名義を得た上で、間接強制の方法により履行の強制をすることができる。
1．ア　イ　　2．ア　オ　　3．イ　ウ　　4．ウ　エ　　5．エ　オ

司	第17問	履行の強制	配 点	2点
予	―	正解　4	部分点	―

ア ✕　債務者が任意に債務の履行をしないときは、債務の性質がこれを許さないときを除き、債権者は、直接強制、代替執行、間接強制その他の方法による履行の強制を裁判所に請求することができる（414Ⅰ）。**代替執行**とは、債務者以外の者により債権の内容を実現させた上で、これに必要な費用を債務者から取り立てる強制執行の方法をいう（民執171）。そして、代替執行は、性質上直接強制を許さない債務（「なす債務」）の場合に認められ、**物や金銭の引渡しを目的とする債務（「与える債務」）については認められない**と解されている。これは、直接強制が認められる物や金銭の引渡債務については、直接強制によるのが効率的だからである。

したがって、債務者が不特定物の引渡債務を履行しない場合、債権者は、代替執行の方法により履行の強制をすることはできない。よって、代替執行の方法により履行の強制をすることができるとする点で、本肢は誤っている。

【参考文献】中田・債権総論・105頁

イ ✕　**間接強制**とは、債務の履行がされるまで一定の金銭を強制的に債務者から債権者に支払わせることにより、債務者に対して心理的に圧迫し、債務者の意思を履行へと向かわせる強制執行の方法をいう（民執172、173）。そして、間接強制は、物の引渡しを目的とする債務、作為債務（代替的作為債務・不代替的作為債務）及び不作為債務について認められる（民執172Ⅰ、173Ⅰ）。

もっとも、不代替的作為債務のうち、債務者の**意思表示をする債務**については、特別の規定が置かれている。すなわち、意思表示をする債務において、債権者に必要なのは債務者が現実に意思表示をすることではなく、意思表示により生じる法的効果であるので、意思表示をする債務は判決をもって債務者の意思表示に代えることができるものとされ、**裁判確定時に債務者が意思表示をしたものとみなされる**（**意思表示の擬制**、民執177）。

したがって、債務者が所有権移転登記義務を履行しない場合において、債権者がその登記手続を求める請求は、債務者の意思表示を求める請求であるので、債務者の意思表示を命ずる判決が確定した時点で、債務者が意思表示をしたものとみなされ、債権者は、単独で具体的な所有権移転登記手続を行うことが可能となる（不登63Ⅰ参照）。よって、間接強制の方法により履行の強制をすることができるとする点で、本肢は誤っている。

ウ ◯　一定以上の高さの建物を建築しない債務は、**不作為債務**である。そして、性質上直接強制を許さない債務である不作為債務の不履行については、債権者は、債務者の費用で、債務者がした行為の結果を除去し、又は将来のため適当な処分をすべきことを裁判所に請求することができる（**代替執行**、民執171Ⅰ②）。

したがって、債務者が一定以上の高さの建物を建築しない債務に反してその

高さを超える建物を建築した場合、債権者は、その高さを超える部分の除去について、債務名義を得た上で、代替執行の方法により履行の強制をすることができる。よって、本肢は正しい。

エ ◎ **直接強制**とは、国家の執行機関が、直接に債権の内容を実現させる強制執行の方法をいう（民執43以下、同168〜170）。そして、直接強制は、**金銭の支払**（民執43以下）、**物の引渡債務**（民執168以下）などの「**与える債務**」に適した強制方法である。

したがって、債務者がその居住する建物の明渡債務を履行しない場合、債権者は、債務名義を得た上で、直接強制の方法により履行の強制をすることができる。よって、本肢は正しい。

オ ✕ 肢アの解説のとおり、債務者が任意に債務の履行をしないときは、「債務の性質がこれを許さないとき」を除き、債権者は、直接強制、代替執行、間接強制その他の方法による履行の強制を裁判所に請求することができる（414Ⅰ）。「**債務の性質がこれを許さないとき**」とは、**債務者の自由意思を抑圧して履行を間接的に強制することが人格尊重・意思自由の尊重の理念に反する場合**（夫婦の同居義務、作家の執筆債務、芸術家の創作債務など）をいう。このような債務は、あくまで債務者の自由意思によって履行されるべきであり、国家権力により強制されることになじまない。

したがって、債務者が小説を執筆する債務は、「債務の性質がこれを許さないとき」に当たり、その履行を強制することはできない。よって、間接強制の方法により履行の強制をすることができるとする点で、本肢は誤っている。

【参考文献】内田Ⅲ・137頁

以上より、正しい肢はウとエであり、正解は4となる。

全体の 正答率	39.6%

肢別の 選択率	1	2	3	4	5
	9.4%	15.1%	11.3%	39.6%	20.8%

MEMO

司	第18問	[配点2点]	実施日	／	／	／
予	―		正誤			

　AのBに対する債権を保全するための債権者代位権に関する次のアからオまでの各記述のうち、判例の趣旨に照らし正しいものを組み合わせたものは、後記1から5までのうちどれか。

　ア．Aが債権者代位権に基づき、BのCに対する金銭債権の履行を請求した場合において、CがBに対して既に当該金銭債務をその弁済期前に弁済していたときは、Cは、弁済による債権の消滅をAに対抗することができない。

　イ．BがCに対する金銭債権の支払を求めて訴えを提起しているときは、Aは、BのCに対する金銭債権を代位行使することができない。

　ウ．AがBに対し、BがCに対し、それぞれ金銭債権を有する場合には、Aは、自己の債権の額を超えて、BのCに対する債権を代位行使することができない。

　エ．借地上の建物の賃借人Aは、建物賃貸人である借地権者Bが土地賃貸人Cに対して有する建物買取請求権を代位行使することができる。

　オ．Bが土地をその所有者Cから買い受け、これをAに転売した場合において、BがCに対する所有権移転登記手続請求権を行使しないときは、Aは、BのCに対する所有権移転登記手続請求権を代位行使して、登記を直接Aに移転すべき旨をCに請求することができる。

1．アイ　　2．アエ　　3．イウ　　4．ウオ　　5．エオ

司	第18問	債権者代位権	配　点	2点
予	—	正解　3	部分点	—

ア ☒　債権者が自己の名において代位行使する被代位権利は、あくまで債務者の権利であるので、相手方は、債務者自らが権利行使する場合に比べて不利な地位に置かれるべきではない。そこで、**相手方は、債務者に対して主張することができる抗弁（同時履行の抗弁、弁済、相殺など）をもって、債権者に対抗することができる**（423の4、大判昭11.3.23参照）。そして、期限の利益は債務者のためのものなので（136Ⅰ参照）、債務者は、期限の利益を放棄して弁済期前に弁済することができる（136Ⅱ）。

したがって、CがBに対して既に金銭債務（被代位権利）をその弁済期前に弁済していたときは、Cは、弁済による債権の消滅（473）をAに対抗することができる。よって、Cは、弁済による債権の消滅をAに対抗することができないとする点で、本肢は誤っている。

イ ☑　債権者代位権は、無資力の債務者がその権利を行使しないために責任財産が減少することを防ぐ制度である。そのため、明文の規定はないものの、**債務者が既に被代位権利を行使している場合には、その行使の方法や結果の良否にかかわらず、債権者代位権の行使はできない**（最判昭28.12.14）。

したがって、BがCに対する金銭債権の支払を求めて訴えを提起しているときは、Aは、BのCに対する金銭債権を代位行使することができない。よって、本肢は正しい。

【参考文献】中田・債権総論・253頁

ウ ☑　債権者は、被代位権利を行使する場合において、被代位権利の目的が可分であるとき（金銭債権など）は、**自己の債権の額の限度においてのみ、被代位権利を行使することができる**（423の2、最判昭44.6.26／百選Ⅱ［第8版］〔11〕参照）。債権者による債務者の財産管理への介入は抑制的であるべきであり、債権者としても自己の債権の額さえ確保できれば良いからである。

したがって、Aは、自己の債権の額を超えて、BのCに対する債権を代位行使することができない。よって、本肢は正しい。

エ ☒　判例（最判昭38.4.23）は、本肢と同様の事案において、「債権者が民法423条により債務者の権利を代位行使するには、その**権利の行使により債務者が利益を享受し、その利益によって債権者の権利が保全されるという関係が存在することを要する**」とした上で、建物買取請求権の代位行使によって保全しようとする債権は、建物に関する賃借権であるところ、その代位行使によって債務者（建物賃貸人）が享受する利益は**建物の代金債権（金銭債権）にすぎず**（建物買取請求権行使の結果、建物の所有権を失うことは、債務者（建物賃貸人）にとって不利益であり、利益ではない）、この金銭債権により債権者（建物賃借人）の賃借権が保全されるものでないことは明らかであるとして、債権者による**建物買取請求権の代位行使を否定している**。よって、借地上の建物の賃借

人Aは、建物賃貸人である借地権者Bが土地賃貸人Cに対して有する建物買取請求権を代位行使することができるとする点で、本肢は誤っている。

オ ☒ 　登記又は登録をしなければ権利の得喪及び変更を第三者に対抗することができない財産を譲り受けた者は、その譲渡人が第三者に対して有する登記手続又は登録手続をすべきことを請求する権利を行使しないときは、その権利を行使することができる（423の7前段、大判明43.7.6／百選Ⅱ［第7版］〔14〕参照）。もっとも、財産を譲り受けた者は、登記を直接自己に移転すべき旨（中間省略登記）を請求することはできない。これを認めると、**実体的な権利関係を反映させるという登記法の要請に反する**し、**中間者の利益を害する**こと（譲渡人の第三者に対する同時履行の抗弁権が奪われるなど）があるからである。よって、Aは、登記を直接Aに移転すべき旨をCに請求することができるとする点で、本肢は誤っている。

【参考文献】中田・債権総論・264頁、新基本法コンメ・債権1・105頁以下
以上より、正しい肢はイとウであり、正解は3となる。

全体の正答率	66.0%

肢別の選択率	1	2	3	4	5
	1.9%	1.9%	66.0%	24.5%	1.9%

MEMO

司	第19問	[配点2点]	実施日	／	／	／
予	―		正誤			

保証に関する次のアからオまでの各記述のうち、正しいものを組み合わせたものは、後記1から5までのうちどれか。

ア．制限行為能力を理由に取り消すことができる債務を保証した者は、保証契約締結時にその取消しの原因を知っていたときは、主たる債務の不履行の場合又はその債務の取消しの場合においてこれと同一の目的を有する独立の債務を負担したものと推定される。

イ．主たる債務者の意思に反して保証がされた場合において、保証債務の弁済をした保証人は、主たる債務者に対し、その弁済の当時に主たる債務者が利益を受けた限度において求償権を有する。

ウ．主たる債務者の委託を受けないで保証がされた場合において、主たる債務者が債務の弁済をしたが、保証人にその事実を通知しなかった。保証人が主たる債務者による弁済の事実を知らないで保証債務の弁済をしたときは、保証人は、その弁済を有効とみなすことができる。

エ．債権者から保証債務の履行請求を受けた保証人が、債権者に対して有する自己の債権をもって相殺を援用したときは、主たる債務は対当額において消滅する。

オ．数人の連帯保証人の一人が債権者に対して保証債務の弁済をした場合は、その額が自己の負担部分を超えるかどうかにかかわらず、他の連帯保証人に対して求償をすることができる。

1．ア　ウ　　2．ア　エ　　3．イ　ウ　　4．イ　オ　　5．エ　オ

司 第19問	保証	配 点	2点
予 ―	正解　2	部分点	―

ア ○　　行為能力の制限によって取り消すことができる債務を保証した者は、保証契約の時においてその**取消しの原因を知っていたとき**は、主たる債務の不履行の場合又はその債務の取消しの場合においてこれと同一の目的を有する**独立の債務を負担したものと推定される**（449）。これは、行為能力の制限によって取り消される債務であることを知りながら保証人となった者には、主たる債務が取り消されたとしても債権者には損害を被らせないという意思があるものと推定されるためである。よって、本肢は正しい。

イ ×　　主たる債務者の意思に反して保証をした者は、主たる債務者が「現に」（求償時に）利益を受けている限度においてのみ求償権を有する（462Ⅱ前段）。よって、その弁済の当時に主たる債務者が利益を受けた限度において求償権を有するとする点で、本肢は誤っている。

　　　　なお、主たる債務者の意思に反しない無委託保証人は、主たる債務者に対し、その弁済の当時に主たる債務者が利益を受けた限度において求償権を有する（462Ⅰ・459の2Ⅰ前段）。

ウ ×　　保証人が主たる債務者の委託を受けて保証をした場合において、主たる債務者が債務の消滅行為をしたことを保証人に通知することを怠ったため、その保証人が善意で債務の消滅行為をしたときは、その保証人は、その債務の消滅行為を有効であったものとみなすことができる（463Ⅱ）。しかし、この規定は、**委託を受けない保証人（無委託保証人）には適用されない**。この場合には、主たる債務者が保証人の存在を認識していない場合もありうるし、その存在を認識していても、主たる債務者に、そのような者に対する通知の負担を課すのは適当でないからである。よって、保証人は、その弁済を有効とみなすことができるとする点で、本肢は誤っている。

　　　　【参考文献】中田・債権総論・595頁

エ ○　　保証人に生じた事由は、主たる債務を消滅させるもの（弁済、代物弁済、供託、相殺、更改など）を除き、主たる債務者に効力が及ばない。この点について、相殺（505）は、主たる債務を消滅させるものであるので、保証人が、債権者に対して有する自己の債権をもって相殺を援用したときは、主たる債務は対当額において消滅する。よって、本肢は正しい。

　　　　【参考文献】松井・債権総論・291頁

オ ×　　同一の主たる債務について、数人が保証債務を負担する場合を**共同保証**といい、連帯保証人が複数いる場合も共同保証となる。そして、共同保証人間の求償権について規定する465条1項は、**共同保証人間に分別の利益がない**ことを前提に、「**その全額又は自己の負担部分を超える額を弁済したとき**」に求償をすることができる旨規定している（465Ⅰ・442）ところ、連帯保証人は、債権者に対し、主たる債務者と連帯して保証債務の全額を弁済する義務を負うこと

を約していることから、保証人相互間の連帯の特約がなくても、**分別の利益はないもの**と解されている（大判大8.11.13）。

したがって、数人の連帯保証人の一人が債権者に対して保証債務の弁済をした場合は、その全額又は自己の負担部分を超える額を弁済したときに、他の連帯保証人に対して求償をすることができる。よって、その額が自己の負担部分を超えるかどうかにかかわらず、他の連帯保証人に対して求償をすることができるとする点で、本肢は誤っている。

【参考文献】中田・債権総論・602頁

以上より、正しい肢はアとエであり、正解は2となる。

全体の 正答率	32.1%

肢別の 選択率	1	2	3	4	5
	13.2%	32.1%	3.8%	24.5%	22.6%

MEMO

司	第20問	［配点２点］	実施日	／	／	／
予	第９問		正誤			

　　AのBに対する売買代金債権甲に譲渡禁止の特約がある場合に関する次のアからオまでの各記述のうち、判例の趣旨に照らし正しいものを組み合わせたものは、後記１から５までのうちどれか。

　　ア．Aが将来発生すべき債権甲をCに譲渡し、Bに対してその通知をした後、AB間で債権甲につき譲渡禁止の特約をし、その後債権甲が発生した。この場合には、Bは、Cに対し、Cがその特約の存在を知っていたものとみなして、債務の履行を拒むことができる。

　　イ．Cが譲渡禁止の特約の存在を知りながら債権甲を譲り受けた場合において、CがBに対して相当の期間を定めてCへの履行の催告をしたが、その期間内に履行がないときは、Bは、Cに対し、譲渡禁止を理由として債務の履行を拒むことができない。

　　ウ．Cが譲渡禁止の特約の存在を知りながら債権甲を譲り受け、その後Dにこれを譲渡した場合において、Dがその特約の存在について善意無重過失であったときは、Bは、Dに対し、譲渡禁止を理由として債務の履行を拒むことができない。

　　エ．債権甲が譲渡された場合には、Bは、債権甲の全額に相当する金銭を供託することができる。

　　オ．Cが、譲渡禁止の特約の存在を知りながら債権甲を譲り受けた場合において、Cの債権者Dが債権甲に対する強制執行をしたときは、Bは、Dに対し、譲渡禁止を理由として債務の履行を拒むことができない。

1．ア　イ　　2．ア　オ　　3．イ　ウ　　4．ウ　エ　　5．エ　オ

司 第20問	譲渡禁止特約	配　点	2点
予 第9問	正解　4	部分点	―

ア ✕　債権の譲渡は、その意思表示の時に債権が現に発生していることを要しない（466の6Ⅰ、最判平11.1.29／百選Ⅱ［第8版］〔26〕参照）。そして、債権が譲渡された場合において、その意思表示の時に債権が現に発生していないときは、譲受人は、発生した債権を当然に取得する（466の6Ⅱ、最判平13.11.22／百選Ⅰ［第8版］〔100〕参照）ところ、467条の規定による**対抗要件具備時までに譲渡制限の意思表示がされたときは、譲受人その他の第三者がそのことを知っていたものとみなして、債務者は、その債務の履行を拒むことができ、**かつ、譲渡人に対する弁済その他の債務を消滅させる事由をもってその**第三者に対抗することができる**（466の6Ⅲ、466Ⅲ参照）。

　他方、将来発生すべき債権を譲渡し、467条の規定による**対抗要件が具備された後に譲渡禁止の特約がされたときは、譲受人等の主観的態様のいかんを問わず、債務者は、譲渡禁止の特約を譲受人等に対抗することができない**（466の6Ⅲ反対解釈）。この場合には、譲受人の利益を優先すべきだからである。

　したがって、Aが将来発生すべき債権甲をCに譲渡し、Bに対してその通知をした後、AB間で債権甲につき譲渡禁止の特約をし、その後債権甲が発生した場合、Bは、Cに対し、債務の履行を拒むことはできない。よって、Bは、Cに対し、Cがその特約の存在を知っていたものとみなして、債務の履行を拒むことができるとする点で、本肢は誤っている。

イ ✕　譲渡制限の意思表示がされたことを知り、又は重大な過失によって知らなかった譲受人その他の第三者に対しては、債務者は、その債務の履行を拒むことができ、かつ、譲渡人に対する弁済その他の債務を消滅させる事由をもってその第三者に対抗することができる（466Ⅲ）。もっとも、**債務者が債務を履行しない場合において、第三者が相当の期間を定めて譲渡人への履行の催告をし、その期間内に履行がないときは、その債務者については、466条3項は適用されない**（466Ⅳ）。この趣旨は、債務者が譲受人に対して履行を拒む一方、譲渡人に対しては既に債権者ではないこと（466Ⅱ参照）を理由に履行を拒むという不都合を回避し、もって譲受人を保護する点にある。

　本肢において、譲渡禁止の特約の存在について悪意のCが、Bに対して、相当の期間を定めて譲渡人である「A」への履行の催告をし、その期間内に履行がないときは、Bは、Cに対し、譲渡禁止を理由として債務の履行を拒むことができない。しかし、CがBに対して「C」への履行の催告をしても、466条4項の適用はないから、Bは、Cに対し、譲渡禁止を理由として債務の履行を拒むことができる。よって、Bは、Cに対し、譲渡禁止を理由として債務の履行を拒むことができないとする点で、本肢は誤っている。

ウ 〇　譲渡制限の意思表示がされたことを知り、又は重大な過失によって知らなかった譲受人その他の第三者に対しては、債務者は、その債務の履行を拒むこと

ができ、かつ、譲渡人に対する弁済その他の債務を消滅させる事由をもってその第三者に対抗することができる（466Ⅲ）。しかし、**悪意の譲受人から当該債権を譲り受けた転得者が譲渡禁止の特約について善意（無重過失）であった場合、債務者は、転得者に対し、譲渡禁止の特約を対抗することができない**（大判昭13.5.14参照）。

したがって、Cが譲渡禁止の特約の存在を知りながら債権甲を譲り受け、その後Dにこれを譲渡した場合において、Dがその特約の存在について善意無重過失であったときは、Bは、Dに対し、譲渡禁止を理由として債務の履行を拒むことができない。よって、本肢は正しい。

【参考文献】潮見・新債権総論Ⅱ・401頁

エ ○ 債務者は、譲渡制限の意思表示がされた金銭の給付を目的とする債権が譲渡されたときは、その**債権の全額に相当する金銭を債務の履行地の供託所に供託することができる**（466の2Ⅰ）。この趣旨は、譲渡禁止の特約がある金銭債権が譲渡された場合に、弁済の相手方の判断に迷う債務者を保護する点にある。

したがって、債権甲が譲渡された場合には、Bは、債権甲の全額に相当する金銭を供託することができる。よって、本肢は正しい。

オ × **譲受人その他の第三者が譲渡制限の意思表示がされたことを知り、又は重大な過失によって知らなかった場合**において、その債権者が譲渡制限の意思表示がされた債権に対する強制執行をしたときは、**債務者は、その債務の履行を拒むことができ、かつ、譲渡人に対する弁済その他の債務を消滅させる事由をもって差押債権者に対抗することができる**（466の4Ⅱ）。この趣旨は、執行債務者である悪意・重過失の譲受人が有する権利以上の権利を差押債権者に認めるべきではないという点にある。

したがって、Cが、譲渡禁止の特約の存在を知りながら債権甲を譲り受けた場合において、Cの債権者Dが債権甲に対する強制執行をしたときであっても、Bは、Dに対し、その債務の履行を拒むことができる。よって、Bは、Dに対し、譲渡禁止を理由として債務の履行を拒むことができないとする点で、本肢は誤っている。

【参考文献】潮見・新債権総論Ⅱ・409頁

以上より、正しい肢はウとエであり、正解は4となる。

全体の正答率	26.4%

肢別の選択率	1	2	3	4	5
	1.9%	11.3%	18.9%	26.4%	37.7%

MEMO

司 予	第21問 —	［配点2点］	実施日	／	／	／
			正誤			

弁済の目的物の供託に関する次のアからオまでの各記述のうち、判例の趣旨に照らし誤っているものを組み合わせたものは、後記1から5までのうちどれか。

ア．弁済者は、口頭の提供をしても債権者が受領を拒むことが明確である場合には、弁済の目的物を直ちに供託することができる。

イ．弁済者は、債権者を確知することができず、それについて過失がないときは、弁済の目的物を供託することができる。

ウ．弁済者は、弁済の目的物を適法に供託した場合には、その目的物を取り戻すことができない。

エ．弁済者は、債権者のために弁済の目的物を供託したときは、遅滞なく、債権者に供託の通知をしなければならない。

オ．弁済者が債権者のために弁済の目的物を供託した場合には、その債権は、債権者が供託物の還付を受けた時に消滅する。

1．ア イ　　2．ア エ　　3．イ ウ　　4．ウ オ　　5．エ オ

司	第21問	弁済の目的物の供託	配 点	2点
予	―	正解　4	部分点	―

ア ○ 弁済者は、債権者があらかじめ受領を拒んでいるような場合であっても、原則として、口頭の提供（493ただし書）をしなければ供託することができない（494Ⅰ①、大判明40.5.20参照）。もっとも、**口頭の提供をしても債権者が受領を拒むことが明確である場合**には、信義則に照らして**口頭の提供すら不要**であり、弁済者は**直ちに供託することができる**（大判明45.7.3）。よって、本肢は正しい。

イ ○ 弁済者は、債権者を確知することができないときであり、それについて弁済者に過失がなければ、供託をすることができる（494Ⅱ）。よって、本肢は正しい。

ウ × 供託は、弁済者の一方的な行為により債務を消滅させることができる制度であり、これにより弁済者の便宜を図りつつ、弁済者を保護するものである。そこで、民法は、弁済者に供託物の取戻しを認めている（**供託物取戻請求権**、496Ⅰ前段）。もっとも、①債権者が供託を受諾した場合（496Ⅰ前段）、②供託を有効と宣告した判決が確定した場合（496Ⅰ前段）、③供託によって質権又は抵当権が消滅した場合（496Ⅱ）等には、弁済者は、供託物を取り戻すことができなくなる一方、弁済の目的物を適法に供託しただけであれば、供託物を取り戻すことができる。よって、弁済の目的物を適法に供託した場合には、その目的物を取り戻すことができないとする点で、本肢は誤っている。

エ ○ 債権者のために弁済の目的物を供託した弁済者（494）は、遅滞なく、債権者に供託の通知をしなければならない（495Ⅲ）。よって、本肢は正しい。

オ × 弁済者が債権者のために弁済の目的物を供託した場合には、**弁済者が供託をした時**に、その債権は、消滅する（494Ⅰ柱書）。よって、その債権は、債権者が供託物の還付を受けた時に消滅するとする点で、本肢は誤っている。

以上より、誤っている肢はウとオであり、正解は4となる。

全体の 正答率	77.4%

肢別の 選択率	1	2	3	4	5
	7.5%	1.9%	5.7%	77.4%	5.7%

司 予	第22問	［配点2点］	実施日	／	／	／
	—		正誤			

　相殺に関する次のアからオまでの各記述のうち、判例の趣旨に照らし正しい
ものを組み合わせたものは、後記1から5までのうちどれか。

　ア．不法行為によって傷害を受けた被害者Aは、加害者Bに対する損害賠償
　　債権を自働債権とし、BがAに対して有する貸金債権を受働債権とする相
　　殺をすることができない。

　イ．弁済期が到来していない債権の債務者は、その債権を受働債権とする相
　　殺をすることができない。

　ウ．返還時期の定めのない金銭消費貸借契約の貸主は、返還の催告をしてか
　　ら相当期間が経過した後でなければ、その貸金債権を自働債権とする相殺
　　をすることができない。

　エ．AがBに対して甲債権を有し、CがAに対して消滅時効が完成したがそ
　　の援用がされていない乙債権を有している。この場合において、BがCか
　　ら乙債権を譲り受け、その後Aが消滅時効を援用したときは、Bは、乙債
　　権を自動債権とする相殺をすることができない。

　オ．差押えを受けた債権の第三債務者は、差押え前から有していた差押債務
　　者に対する債権を自働債権とする相殺をもって差押債権者に対抗すること
　　ができる。

1．ア　エ　　2．ア　ウ　　3．イ　ウ　　4．イ　オ　　5．エ　オ

司	第22問	相殺	配　点	2点
予	―	正解　5	部分点	―

ア　☒　悪意による不法行為に基づく損害賠償債務を負担する債務者による相殺（509①）と、この場合を除いた、人の生命又は身体の侵害による損害賠償債務を負担する債務者による相殺（509②）は禁止される（509柱書本文）。この規定は、不法行為の相手方の無資力のリスクを回避しつつ、不法行為の誘発防止や、被害者に現実の弁償によって損害の填補を受けさせるという趣旨の規定である。この規定によって禁止されるのは「債務者による相殺」、すなわち上記債権を受働債権とする相殺であって、**債権者（被害者）が上記債権を自働債権として相殺することは可能である**。よって、不法行為によって傷害を受けた被害者Aは、加害者Bに対する損害賠償債権を自働債権とし、BがAに対して有する貸金債権を受働債権とする相殺をすることができないとする点で、本肢は誤っている。

【参考文献】中田・債権総論・475頁以下

イ　☒　相殺するためには、「双方の債務が弁済期にあるとき」（505Ⅰ）でなければならない。そして、「双方の債務が弁済期にあるとき」というためには、自働債権と受働債権の双方について、**弁済期が現実に到来していること**が必要である（最判平25.2.28／百選Ⅱ［第8版］〔38〕）。もっとも、受働債権の弁済期が到来する前であっても、相殺しようとする者は、**期限の利益を放棄（136Ⅱ本文）して、現実に弁済期を到来させた上で、その債権を受働債権とする相殺をすることができる**。よって、弁済期が到来していない債権の債務者は、その債権を受働債権とする相殺をすることができないとする点で、本肢は誤っている。

ウ　☒　肢イの解説のとおり、相殺するためには、「双方の債務が弁済期にあるとき」（505Ⅰ）でなければならない。そして、「双方の債務が弁済期にあるとき」というためには、自働債権と受働債権の双方について、**弁済期が現実に到来していること**が必要である（最判平25.2.28／百選Ⅱ［第8版］〔38〕）。もっとも、**弁済期の定めのない債権については、債権の成立と同時に弁済期にあるため**、相殺しようとする者は、弁済期の定めのない債権を自働債権としていつでも相殺することができる。この場合、**自働債権についてまだ催告がなされておらず、債務者が履行遅滞となっていなくても差し支えない**（大判昭17.11.19）。よって、返還の催告をしてから相当期間が経過した後でなければ、その貸金債権を自働債権とする相殺をすることができないとする点で、本肢は誤っている。

エ　☑　時効によって消滅した債権がその消滅以前に相殺に適するようになっていた場合には、その債権者は、相殺をすることができる（508）。これは、当事者としては、いったん相殺適状になった以上、かかる債権は当然に決済されたものと考えるのが通常であるため、このような相殺への合理的な期待を保護するためである。もっとも、**既に消滅時効にかかった他人の債権を譲り受け、これ**

を自働債権として相殺することは許されない（最判昭36.4.14）。当事者の相殺に対する期待を保護するという508条の趣旨に反するからである。よって、本肢は正しい。

オ ◎　　**差押えを受けた債権の第三債務者**は、差押え後に取得した債権による相殺をもって差押債権者に対抗することはできないが、**差押え前に取得した債権による相殺をもって対抗することができる**（511Ⅰ）。差押え前に自働債権を取得していた第三債務者は、相殺の担保的機能に対する合理的な期待を有しているので、受働債権が差押えを受けた場合でも、この期待を保護すべきだからである。よって、本肢は正しい。

以上より、正しい肢はエとオであり、正解は5となる。

全体の 正答率	62.3%

肢別の 選択率	1	2	3	4	5
	3.8%	5.7%	3.8%	22.6%	62.3%

MEMO

司 第23問	［配点2点］	実施日	／	／	／
予 第11問		正誤			

契約の解除等に関する次のアからオまでの各記述のうち、誤っているものを組み合わせたものは、後記1から5までのうちどれか。

ア．期間の定めのない使用貸借契約が締結された場合において、使用及び収益の目的を定めなかったときは、貸主は、いつでも契約を解除することができる。

イ．期間の定めのない動産賃貸借契約の賃貸人は、いつでも解約の申入れをすることができる。

ウ．請負人は、仕事の完成前であれば、いつでも損害を賠償して請負契約を解除することができる。

エ．期間の定めのある有償の委任契約の受任者は、期間の満了前に契約を解除することができる。

オ．無償の寄託契約が書面によって締結された場合、受寄者は、寄託物を受け取るまでは契約を解除することができる。

1．ア　イ　　2．ア　エ　　3．イ　ウ　　4．ウ　オ　　5．エ　オ

司 第23問	契約の解除等	配 点	2点
予 第11問	正解 4	部分点	―

ア ○ 当事者が使用貸借の期間を定めなかった場合において、使用及び収益の目的を定めたときは、使用貸借は、借主がその目的に従い使用及び収益を終えることによって終了する（597Ⅱ）が、**当事者が使用貸借の期間並びに使用及び収益の目的を定めなかったときは、貸主は、いつでも契約の解除をすることができる**（598Ⅱ）。よって、本肢は正しい。

なお、使用貸借契約の借主は、いつでも契約の解除をすることができる（598Ⅲ）。

イ ○ **当事者が賃貸借の期間を定めなかったときは、各当事者は、いつでも解約の申入れをすることができる**（617Ⅰ柱書前段）。よって、本肢は正しい。

なお、この場合における動産の賃貸借は、解約の申入れの日から1日を経過することによって終了する（617Ⅰ柱書後段、同Ⅰ③）。

ウ × **請負人が仕事を完成しない間は、注文者は、いつでも損害を賠償して契約の解除をすることができる**（641）。これは、注文者が請負人による仕事の完成を必要としない事情が生じた場合にまで請負人に仕事を継続させることは、注文者にとって無用であるだけでなく社会経済上も不利益であるため、請負人を保護しつつ、注文者に任意の解除権を認めたものである。このように、「注文者」による契約の解除についての規定はあるが、「請負人」による契約の解除についての規定はない。よって、請負人は、仕事の完成前であれば、いつでも損害を賠償して請負契約を解除することができるとする点で、本肢は誤っている。

【参考文献】LQⅣ・339頁

エ ○ **委任は、各当事者がいつでもその解除をすることができる**（651Ⅰ）。委任契約は、当事者間の信頼関係を基礎とする契約であるから、委任者・受任者のいずれからでも、何ら特別の理由がなくても、いつでも自由に契約を解除することができる。これは、期間の定めのある有償の委任契約であっても、また期間の満了前であっても異ならない。よって、本肢は正しい。

オ × **無報酬の受寄者は、寄託物を受け取るまで、契約の解除をすることができる**（657の2Ⅱ本文）。この趣旨は、無償寄託は一般的に好意的な契約と解されることから、契約に強い拘束力を認めるべきではないので、受寄者に解除権を与えて受寄者を保護する点にある。

ただし、**書面による寄託については、この限りでない**（657の2Ⅱただし書）。これは、たとえ無償であっても書面による寄託については軽率になされるおそれが乏しい上に、受寄者の意思を明確にすることで後日の紛争の防止を図ることもできるので、受寄者に解除権を与えないこととしても不都合はないためである。よって、無償の寄託契約が書面によって締結された場合、受寄者は、寄託物を受け取るまでは契約を解除することができるとする点で、本肢は誤っている。

【参考文献】中田・契約・547頁

以上より、誤っている肢はウとオであり、正解は4となる。

全体の 正答率	37.7%	肢別の 選択率	1	2	3	4	5
			13.2%	11.3%	17.0%	37.7%	18.9%

| 司 | 第24問 | ［配点2点］ | 実施日 | ／ | ／ | ／ |
| 予 | ― | | 正誤 | | | |

　売買契約における解約手付に関する次のアからオまでの各記述のうち、判例の趣旨に照らし誤っているものを組み合わせたものは、後記1から5までのうちどれか。

ア．売買契約において交付された手付は、解約手付と推定される。

イ．買主は、売主が契約の履行に着手していても、自ら履行に着手するまでは、解約手付による解除をすることができる。

ウ．買主は、自ら契約の履行に着手していても、売主が履行に着手するまでは、解約手付による解除をすることができる。

エ．売主は、買主に対し、手付金の倍額を償還する旨を口頭で告げて、解約手付による解除をすることができる。

オ．買主が解約手付による解除をした場合、売主に手付金の額を超える損害が生じたとしても、買主は損害賠償義務を負わない。

1．アイ　　2．アオ　　3．イエ　　4．ウエ　　5．ウオ

司 第24問	売買契約における解約手付	配　点	2点
予 ―	正解　3	部分点	―

ア ○　**解約手付**とは、解除権を留保する趣旨で交付される手付のことをいう。そして、買主が売主に手付を交付したときは、買主はその手付を放棄し、売主はその倍額を現実に提供して、契約の解除をすることができる（557Ⅰ本文）。この「手付」として想定されているのは解約手付であり、判例（最判昭29.1.21参照）も、当事者間において特別の意思表示がない限り、**手付の交付は解約手付の趣旨でなされたものと推定される**旨判示している。よって、本肢は正しい。

イ ×　解約手付による解除は、「**相手方が契約の履行に着手した後**」（557Ⅰただし書）は、その相手方の契約の履行に対する期待を保護するため、することができない。したがって、買主は、「相手方」である売主が契約の履行に着手した後は、たとえ自らが履行に着手していなくても、売主の期待を保護するため、解約手付による解除をすることができない。よって、買主は、売主が契約の履行に着手していても、自ら履行に着手するまでは、解約手付による解除をすることができるとする点で、本肢は誤っている。

ウ ○　肢イの解説のとおり、解約手付による解除は、「**相手方が契約の履行に着手した後**」（557Ⅰただし書）は、その相手方の契約の履行に対する期待を保護するため、することができない。他方、買主は、自らが契約の履行に着手していたとしても、「相手方」である売主が履行に着手していなければ、売主の契約の履行に対する期待を裏切ることにはならない以上、解約手付による解除をすることができる（最大判昭40.11.24［百選Ⅱ［第8版］〔48〕参照）。よって、本肢は正しい。

エ ×　売主が解約手付による解除をするためには、買主に手付の倍額を「**現実に提供**」（557Ⅰ本文）しなければならない。これは、買主が解約手付による解除をする場合には、手付の放棄により、売主は既に受領していた手付を確定的に取得することができるので、これとの均衡を保つという趣旨に基づくものである。判例（最判平6.3.22）も、売主は、買主に対し、**単に口頭により手付の倍額を償還する旨を告げ、その受領を催告するのみでは足りず、手付の倍額を現実に提供しなければならない**旨判示している。よって、売主は、買主に対し、手付金の倍額を償還する旨を口頭で告げて、解約手付による解除をすることができるとする点で、本肢は誤っている。

オ ○　解約手付による解除をした場合、「**解除権の行使は、損害賠償の請求を妨げない**」とする545条4項の規定は適用されない（557Ⅱ）。解約手付にあっては、手付の放棄・倍返しによって損害を填補することができるので、別途、損害賠償の請求を認めるべきではないからである。したがって、売主に手付金の額を超える損害が生じたとしても、買主は損害賠償義務を負わない。よって、本肢は正しい。

以上より、誤っている肢はイとエであり、正解は3となる。

全体の 正答率	83.0%	肢別の 選択率	1	2	3	4	5
			3.8%	1.9%	83.0%	3.8%	5.7%

司	第25問	[配点2点]

実施日	／	／	／
正誤			

予 ―

　民法上の消費貸借に関する次のアからオまでの各記述のうち、誤っているものを組み合わせたものは、後記1から5までのうちどれか。

　ア．書面によらない消費貸借は、当事者の一方が種類、品質及び数量の同じ物をもって返還することを約して相手方から金銭その他の物を受け取ることによって、その効力を生ずる。

　イ．書面でする消費貸借は、借主が貸主から目的物を受け取るまで、各当事者が解除をすることができる。

　ウ．貸主は、特約がなければ、借主に対して利息を請求することができない。

　エ．当事者が返還の時期を定めたときは、借主は、その時期の前に返還をすることができない。

　オ．貸主から引き渡された物が種類又は品質に関して契約の内容に適合しないものであるときは、借主は、その物の価額を返還することができる。

1．ア　エ　　2．ア　オ　　3．イ　ウ　　4．イ　エ　　5．ウ　オ

司	第25問	消費貸借	配 点	2点
予	―	正解 4	部分点	―

ア ○　　**書面によらない消費貸借**は、当事者の一方が種類、品質及び数量の同じ物を
もって返還をすることを約して相手方から金銭その他の物を受け取ることに
よって、その効力を生ずる（587）。書面でする消費貸借（諾成的消費貸借、587
の２）と異なり、**要物契約である**点に特徴がある。よって、本肢は正しい。

イ ×　　書面でする消費貸借（諾成的消費貸借）の**借主は、貸主から金銭その他の物
を受け取るまで、契約の解除をすることができる**（受取り前の借主の解除権、
587の２Ⅱ前段）。これは、資金需要がなくなったにもかかわらず、借主に借入
れを強いるのは不合理であるため、借主を契約の拘束力から解放すべく、受取
り前の借主に解除権を認めるものである。他方、**貸主側にこのような解除権は
認められていない**。よって、各当事者が解除をすることができるとする点で、
本肢は誤っている。

ウ ○　　**貸主は、特約がなければ、借主に対して利息を請求することができない**（589
Ⅰ）。よって、本肢は正しい。

エ ×　　**借主は、返還の時期の定めの有無にかかわらず、いつでも返還をすることが
できる**（期限前弁済、591Ⅱ）。よって、当事者が返還の時期を定めたときは、
借主は、その時期の前に返還をすることができないとする点で、本肢は誤って
いる。

　　なお、この場合において、貸主は、借主の期限前弁済によって損害を受けた
ときは、借主に対し、その賠償を請求することができる（591Ⅲ）。当事者が返
還の時期を定めたときは、貸主はその時期に返還されるものと期待するのが通
常だからである。

オ ○　　利息の特約の有無を問わず、**貸主から引き渡された物が種類又は品質に関し
て契約の内容に適合しないものであるときは、借主は、その物の価額を返還す
ることができる**（590Ⅱ）。契約不適合の目的物と同じ程度に契約不適合の物を
調達して返還するのは困難だからである。よって、本肢は正しい。

以上より、誤っている肢はイとエであり、正解は4となる。

全体の 正答率	77.4%	肢別の 選択率	1	2	3	4	5
			9.4%	0.0%	5.7%	77.4%	5.7%

司	第26問	［配点2点］		実施日	／	／	／
予	第12問			正誤			

AがBからその所有する甲建物を賃借してBに敷金を交付した場合に関する次のアからオまでの各記述のうち、判例の趣旨に照らし正しいものを組み合わせたものは、後記1から5までのうちどれか。

ア．Bは、Aが賃料を支払わない場合、未払賃料額が敷金額の範囲内であっても、Aが甲建物に備え付けた動産について先取特権を行使することができる。

イ．Aは、賃貸借契約の存続中、Bに対して、賃料債務の弁済に敷金を充てるよう請求することができる。

ウ．Aは、賃貸借契約が終了したときは、敷金が返還されるまで甲建物を留置することができる。

エ．Aが賃借権をCに適法に譲渡したときは、AはBに対して敷金の返還を請求することができる。

オ．BがCに甲建物を譲渡し、Cが賃貸人たる地位を承継した場合において、AがBに対して賃貸借契約上の未履行の債務を負担していたときは、敷金はその債務の弁済に充当され、残額があれば、その返還に係る債務がCに承継される。

1．ア　ウ　　2．ア　オ　　3．イ　ウ　　4．イ　エ　　5．エ　オ

司 第26問	敷金	配　点	2点
予 第12問	正解　5	部分点	―

ア ×　賃貸人は、622条の2第1項に規定する敷金を受け取っている場合には、その**敷金で弁済を受けない債権の部分についてのみ先取特権を有する**(316)。

本肢において、Bは、Aが賃料を支払わない場合、未払賃料額が敷金額の範囲内であるときは、Aが甲建物に備え付けた動産について先取特権を行使することができない。よって、Bは、未払賃料額が敷金額の範囲内であっても、Aが甲建物に備え付けた動産について先取特権を行使することができるとする点で、本肢は誤っている。

イ ×　賃貸人は、賃借人が賃貸借に基づいて生じた金銭の給付を目的とする債務を履行しないときは、敷金をその債務の弁済に充てることができる(622の2Ⅱ前段)一方、**賃借人は、賃貸人に対し、敷金をその債務の弁済に充てることを請求することができない**(622の2Ⅱ後段)。よって、Aは、賃貸借契約の存続中、Bに対して、賃料債務の弁済に敷金を充てるよう請求することができるとする点で、本肢は誤っている。

ウ ×　敷金は、賃貸借契約が存続している間の賃借人の債務のみならず、契約終了後、賃貸物の明渡しまでに生じる賃借人の一切の債務をも担保するものであるため、**敷金返還請求権は、賃貸借が終了し、かつ、賃貸物を賃貸人に返還して初めて発生する**(622の2Ⅰ①、最判昭48.2.2／百選Ⅱ[第7版][61]参照)。

したがって、敷金返還請求権は、単に賃貸借契約が終了するだけでは発生しない以上、Aは、いまだ発生していない敷金返還請求権を被担保債権として甲建物を留置することはできない(最判昭49.9.2／百選Ⅱ[第8版][65]参照)。よって、Aは、賃貸借契約が終了したときは、敷金が返還されるまで甲建物を留置することができるとする点で、本肢は誤っている。

エ ○　**賃借人が適法に賃借権を譲り渡したとき**(622の2Ⅰ②)は、敷金返還請求権が発生する。これは、敷金をもって将来新賃借人が新たに負担することとなる債務についてまでこれを担保しなければならないとすると、敷金を交付した旧賃借人にその予期に反して不利益を被らせる結果となって相当でないからである(最判昭53.12.22／百選Ⅱ[第8版][66]参照)。

したがって、Aが賃借権をCに適法に譲渡したときは、AはBに対して敷金の返還を請求することができる。よって、本肢は正しい。

オ ○　賃貸借の目的物が譲渡され、その譲受人に賃貸人たる地位が移転した場合、敷金の返還に係る債務は、譲受人が承継する(605の2Ⅳ)。そして、判例(最判昭44.7.17)は、「**旧賃貸人に差し入れられた敷金は、賃借人の旧賃貸人に対する未払賃料債務があればその弁済としてこれに当然充当され、その限度において敷金返還請求権は消滅し、残額についてのみその権利義務関係が新賃貸人に承継される**」としている。

したがって、BがCに甲建物を譲渡し、Cが賃貸人たる地位を承継した場合において、AがBに対して賃貸借契約上の未履行の債務を負担していたときは、敷金はその債務の弁済に充当され、残額があれば、その返還に係る債務がCに承継される。よって、本肢は正しい。

以上より、正しい肢はエとオであり、正解は5となる。

全体の 正答率	69.8%

肢別の 選択率	1	2	3	4	5
	0.0%	26.4%	1.9%	0.0%	69.8%

司予	第27問	[配点2点]	実施日	／	／	／
	一．		正誤			

　委任に関する次のアからオまでの各記述のうち、誤っているものを組み合わせたものは、後記1から5までのうちどれか。

　ア．当事者が委任事務の履行による成果に対して報酬の支払を約した場合において、その成果が引渡しを要するときは、委任者は、その成果の引渡しと同時に報酬を支払わなければならない。

　イ．受任者は、やむを得ない事由がなくても、委任者の許諾を得ることなく復受任者を選任することができる。

　ウ．委任者は、受任者に不利な時期には、委任を解除することができない。

　エ．受任者は、委任事務を処理するのに必要と認められる費用を支出したときは、委任者に対し、その費用及び支出の日以後におけるその利息の償還を請求することができる。

　オ．委任の解除は、将来に向かってのみその効力を生ずる。

1．ア　ウ　　2．ア　エ　　3．イ　ウ　　4．イ　オ　　5．エ　オ

司 第27問	委任	配 点	2点
予 —	正解 3	部分点	—

ア ◯ 委任事務の履行により得られる成果に対して報酬を支払うことを約した場合（**成果完成型の委任**。弁護士の成功報酬や不動産仲介業者の報酬など）において、その成果が引渡しを要するときは、**報酬は、その成果の引渡しと同時に、支払わなければならない**（648の2Ⅰ）。成果完成型の委任は、仕事完成義務を負わない点で請負契約とは異なるが、事務処理の結果として、成果が達成されて初めて報酬を請求できる点で請負契約に類似する。そこで、請負の場合（633本文）と同じ趣旨の規律を定めたものである。よって、本肢は正しい。

イ ✕ 受任者は、**委任者の許諾を得たとき**、又は**やむを得ない事由があるときでなけ**れば、**復受任者を選任することができない**（644の2Ⅰ）。委任者は、受任者の資質や能力を信頼して事務処理を依頼しており、その受任者だからこそ裁量の余地も認めているので、原則として、受任者は委任事務を自ら処理する義務を負う（自己執行義務）。他方で、受任者が委任事務の処理を第三者に委託すること（復委任）で円滑な事務処理が可能になる場合もあるため、復委任ができないとすると事務処理に支障を来す。そこで、例外的に、上記の場合に限り、復受任者を選任できることとされている（この要件は、任意代理における復代理人の選任の要件（104）とパラレルである）。よって、やむを得ない事由がなくても、委任者の許諾を得ることなく復受任者を選任することができるとする点で、本肢は誤っている。

ウ ✕ **委任は、各当事者がいつでもその解除をすることができる**（651Ⅰ）。委任は、当事者間の信頼関係を基礎に締結される契約であるから、相手方を信頼することができなくなったときは、委任を終了できるとするのが適当だからである。委任者・受任者のいずれの側からも、何ら特別の理由がなくても自由に解除することができる。

もっとも、解除された相手方の利益を保護する必要がある。そこで、「**相手方に不利な時期に委任を解除したとき**」（651Ⅱ①）は、**委任を解除した者は、相手方の損害を賠償しなければならない**（651Ⅱ柱書本文）が、委任の解除を禁じられるわけではない。よって、委任者は、受任者に不利な時期には、委任を解除することができないとする点で、本肢は誤っている。

エ ◯ 受任者は、委任事務を処理するのに必要と認められる費用を支出したときは、委任者に対し、その**費用及び支出の日以後におけるその利息の償還**を請求することができる（費用償還請求権、650Ⅰ）。よって、本肢は正しい。

オ ◯ 委任の解除の効力については、賃貸借の解除の効力に関する620条の規定が準用されている（652）。したがって、**委任の解除をした場合には、その解除は、将来に向かってのみその効力を生ずる**（解除の遡及効はない）。よって、本肢は正しい。

以上より、誤っている肢はイとウであり、正解は3となる。

全体の正答率	77.4%	肢別の選択率	1	2	3	4	5
			7.5%	3.8%	77.4%	7.5%	1.9%

司 第28問
予 第13問　　［配点2点］

実施日	／	／	／
正誤			

　事務管理に関する次のアからオまでの各記述のうち、判例の趣旨に照らし誤っているものを組み合わせたものは、後記1から5までのうちどれか。

　ア．管理者は、事務の管理をするにつき自己に過失なく損害を受けたときでも、本人に対し、その賠償を請求することができない。

　イ．事務管理の開始後に、その管理が本人の意思に反することが明らかになった場合、管理者は、本人に対し、既に支出した費用の償還を請求することができない。

　ウ．管理者が本人の名でした法律行為の効果は、事務管理の効果として直接本人に帰属する。

　エ．管理者は、その事務が終了した後、本人に対し、遅滞なくその経過及び結果を報告しなければならない。

　オ．管理者は、本人の財産に対する急迫の危害を免れさせるために事務管理をした場合には、悪意又は重大な過失があるのでなければ、これによって生じた損害を賠償する責任を負わない。

1．ア　ウ　　2．ア　エ　　3．イ　ウ　　4．イ　オ　　5．エ　オ

司第28問	事務管理	配点	2点
予第13問	正解 3	部分点	—

ア ○ 管理者は、事務管理のために損害を被ったとしても、本人に対し、その賠償を請求することができない。なぜなら、委任の規定の準用について規定する701条は、受任者による損害賠償請求権に関する650条3項を準用していないからである。よって、本肢は正しい。

イ × 管理者は、本人のために有益な費用を支出したときは、本人に対し、その償還を請求することができる（費用償還請求権、702Ⅰ）。もっとも、**管理者が本人の意思に反して事務管理をしたときは、本人が現に利益を受けている限度においてのみ、その償還を請求できるにとどまる**（702Ⅲ）。

このように、事務管理の開始後に、その管理が本人の意思に反することが明らかになった場合、費用の償還請求の範囲は本人が現に利益を受けている限度に減縮されるものの、償還請求それ自体ができなくなるわけではない。よって、管理者は、本人に対し、既に支出した費用の償還を請求することができないとする点で、本肢は誤っている。

ウ × 判例（最判昭36.11.30）は、「**事務管理者が本人の名で第三者との間に法律行為をしても、その行為の効果は、当然には本人に及ぶ筋合のものではなく、そのような効果の発生するためには、代理その他別個の法律関係が伴うことを必要とする**」としている。同判例は、その理由として、**事務管理は事務管理者と本人との間の法律関係であって、管理者が第三者となした法律行為の効果が本人に及ぶ関係は事務管理関係の問題ではない**旨判示している。よって、管理者が本人の名でした法律行為の効果は、事務管理の効果として直接本人に帰属するとする点で、本肢は誤っている。

エ ○ 委任の規定の準用について規定する701条は、受任者による報告に関する645条を準用している。したがって、管理者は、その事務が終了した後、本人に対し、遅滞なくその経過及び結果を報告しなければならない。よって、本肢は正しい。

オ ○ 管理者は、本人の身体、名誉又は財産に対する急迫の危害を免れさせるために事務管理をしたときは、悪意又は重大な過失があるのでなければ、これによって生じた損害を賠償する責任を負わない（**緊急事務管理**、698）。よって、本肢は正しい。

以上より、誤っている肢はイとウであり、正解は3となる。

全体の正答率	64.2%

肢別の選択率	1	2	3	4	5
	26.4%	3.8%	64.2%	1.9%	1.9%

司予	第29問	［配点2点］	実施日	／	／	／
	—		正誤			

　不法行為に関する次のアからオまでの各記述のうち、判例の趣旨に照らし正しいものを組み合わせたものは、後記1から5までのうちどれか。

　ア．不法行為による損害賠償債務は、加害者が被害者から請求を受けた時から遅滞に陥る。

　イ．不法行為による損害賠償の請求権は、不法行為の時から20年間行使しないときは、時効によって消滅する。

　ウ．名誉感情を侵害された場合、被害者は、これを理由として、名誉感情を回復するのに適当な処分を請求することができない。

　エ．胎児Aの父が不法行為により死亡した場合、Aの母は、Aが生まれる前であっても、Aの代理人として、加害者に対し、Aの固有の慰謝料を請求することができる。

　オ．Aの不法行為に対し、Bが第三者Cの権利を防衛するためAに加害行為をしたときは、それがやむを得ないものであったとしても、BはAに対し損害賠償責任を負う。

1．ア　ウ　　2．ア　エ　　3．イ　ウ　　4．イ　オ　　5．エ　オ

司	第29問	不法行為	配　点	2点
予	―	正解　3	部分点	―

ア ✕　　**不法行為による損害賠償債務**は、期限の定めのない債務（412Ⅲ）であるから、債務者（加害者）が債権者（被害者）から請求を受けた時から遅滞に陥るとも思える。しかし、判例（最判昭37.9.4、最判昭58.9.6）は、被害者救済の観点から、不法行為による損害賠償債務は、なんらの催告を要することなく、**不法行為時に遅滞に陥る**としている。よって、加害者が被害者から請求を受けた時から遅滞に陥るとする点で、本肢は誤っている。

イ ◯　　**不法行為による損害賠償の請求権**は、①被害者又はその法定代理人が損害及び加害者を知った時から3年間行使しないとき（主観的起算点、724①）、②**不法行為の時から20年間行使しないとき**（客観的起算点、724②）には、**時効によって消滅する**（724）。よって、本肢は正しい。

ウ ◯　　他人の名誉を毀損した者に対しては、裁判所は、被害者の請求により、損害賠償に代えて、又は損害賠償とともに、名誉を回復するのに適当な処分を命ずることができる（723）。この「**名誉**」について、判例（最判昭45.12.18）は、「人がその品性、徳行、名声、信用等の人格的価値について社会から受ける客観的な評価、すなわち社会的名誉を指すものであって、人が自己自身の人格的価値について有する主観的な評価、すなわち**名誉感情は含まない**」とし、その理由として、原状回復処分により「金銭による損害賠償のみでは填補されえない、毀損された被害者の人格的価値に対する社会的、客観的な評価自体を回復することを可能ならしめるためであると解すべきであり……このような原状回復処分をもって救済するに適するのは、人の社会的名誉が毀損された場合であり、かつ、その場合にかぎられる」としている。したがって、名誉感情を侵害された場合、被害者は、これを理由として、名誉回復処分を請求することができない。よって、本肢は正しい。

エ ✕　　胎児は、損害賠償の請求権については、既に生まれたものとみなす（721）。「既に生まれたものとみなす」の意味について、判例（大判昭7.10.6／百選Ⅰ［第6版］〔3〕）は、胎児である間は権利能力を持たないが、無事に出生すると相続の開始や不法行為の時に遡って権利能力を取得すると解する見解（**停止条件説**）に立っている。停止条件説によると、**胎児には権利能力がない以上、胎児の法定代理人は、胎児の出生前に、胎児の代理人として、加害者に対し、胎児の固有の慰謝料を請求することはできない**。よって、Aの母は、Aが生まれる前であっても、Aの代理人として、加害者に対し、Aの固有の慰謝料を請求することができるとする点で、本肢は誤っている。

オ ✕　　**他人の不法行為に対し、自己又は第三者の権利又は法律上保護される利益を防衛するため、やむを得ず加害行為をした者は、損害賠償の責任を負わない**（正当防衛、720Ⅰ本文）。よって、それがやむを得ないものであったとしても、BはAに対し損害賠償責任を負うとする点で、本肢は誤っている。

以上より、正しい肢はイとウであり、正解は3となる。

全体の 正答率	49.1%	肢別の 選択率	1	2	3	4	5
			3.8%	1.9%	49.1%	37.7%	5.7%

司	第30問	[配点 2 点]	実施日	／	／	／
予	一		正誤			

　婚姻の解消又は取消しに関する次のアからオまでの各記述のうち、正しいものを組み合わせたものは、後記 1 から 5 までのうちどれか。

　ア．婚姻によって氏を改めた者が、婚姻中に称していた氏を協議上の離婚後も称するためにする届出は、離婚の届出と同時にする必要がある。

　イ．夫婦の一方が死亡したときは、婚姻によって氏を改めた生存配偶者は、姻族関係を終了させなくても、婚姻前の氏に復することができる。

　ウ．父母が協議上の離婚に当たって子の親権者を父と定めたときは、母は、家庭裁判所に対し、親権者の変更を請求することができない。

　エ．未成年の子の父母は、子の監護に要する費用の分担に関する協議が調わない場合であっても、協議上の離婚をすることができる。

　オ．婚姻の取消しは、婚姻時に遡ってその効力を生ずる。

1．ア　イ　　2．ア　ウ　　3．イ　エ　　4．ウ　オ　　5．エ　オ

司	第30問	婚姻の解消又は取消し	配　点	2点
予	―	正解　3	部分点	―

ア ✕　　夫婦は、婚姻の際に定めるところに従い、夫又は妻の氏を称する（**夫婦同氏の原則**、750）。そして、婚姻によって氏を改めた夫又は妻は、協議上の離婚によって、**当然に婚姻前の氏に復する**（767Ⅰ）。もっとも、婚姻前の氏に復した夫又は妻は、離婚の日から3か月以内に届出をすることによって、離婚の際に称していた氏を称することができる（婚氏続称、767Ⅱ）。よって、婚姻中に称していた氏を協議上の離婚後も称するためにする届出は、離婚の届出と同時にする必要があるとする点で、本肢は誤っている。

イ ◯　　**夫婦の一方が死亡したときは、婚姻によって氏を改めた生存配偶者は、婚姻前の氏に復することができる**（751Ⅰ）。その際、生存配偶者は、姻族関係を終了させる意思を表示する必要はない（728Ⅱ）。よって、本肢は正しい。

ウ ✕　　**子の利益のため必要があると認めるときは、家庭裁判所は、子の親族の請求によって、親権者を他の一方に変更することができる**（819Ⅵ）。したがって、子の「親族」（725参照）である母は、家庭裁判所に対し、親権者の変更を請求することができる。よって、母は、家庭裁判所に対し、親権者の変更を請求することができないとする点で、本肢は誤っている。

エ ◯　　協議上の離婚（763）の要件は、①離婚意思の合致と、②戸籍法の定めるところによる離婚の届出（764・739）である。未成年の子の父母が協議上の離婚をするときは、その協議で、その一方を親権者と定めなければならず（819Ⅰ）、これを定めなければ離婚の届出が受理されない（765Ⅰ）ため、親権者の指定は要件②との関係で必要となる。

　　他方、「子の監護をすべき者、父又は母と子との面会及びその他の交流、**子の監護に関する費用の分担**その他の子の監護について必要な事項」（766Ⅰ）を協議で定めることは、**協議上の離婚の要件として特に求められていない**。したがって、未成年の子の父母は、子の監護に要する費用の分担に関する協議が調わない場合であっても、協議上の離婚をすることができる。よって、本肢は正しい。

オ ✕　　**婚姻の取消しは、将来に向かってのみその効力を生ずる**（748Ⅰ）。継続した事実上の婚姻を尊重する趣旨である。よって、婚姻の取消しは、婚姻時に遡ってその効力を生ずるとする点で、本肢は誤っている。

以上より、正しい肢はイとエであり、正解は3となる。

全体の 正答率	69.8%		肢別の 選択率	1	2	3	4	5
				7.5%	3.8%	69.8%	3.8%	11.3%

司	第31問	［配点2点］	実施日	／	／	／
予	―		正誤			

　いずれも婚姻していないA女とB男との間に子Cが生まれた場合に関する次のアからオまでの各記述のうち、判例の趣旨に照らし正しいものを組み合わせたものは、後記1から5までのうちどれか。

　ア．AとCとの法律上の母子関係は、認知によって生ずる。

　イ．Bは、遺言によってCを認知することができる。

　ウ．Cは、Bが死亡したときは、以後BC間の父子関係についての認知の訴えを提起することができない。

　エ．AC間及びBC間の親子関係が共に生じた場合には、CはBの氏を称する。

　オ．AC間及びBC間の親子関係が共に生じ、かつ、AとBが婚姻した場合には、Cに対する親権はAとBが共同して行う。

1．ア　ウ　　2．ア　オ　　3．イ　エ　　4．イ　オ　　5．ウ　エ

司	第31問	親子関係	配　点	2点
予	—	正解　4	部分点	—

ア ✕　　母と子との親子関係は、通常、分娩の事実によって明らかであるから、認知がなくても法律上当然に親子と認められる（最判昭37.4.27／百選Ⅲ［第2版]〔31〕）。よって、AとCとの法律上の母子関係は、認知によって生ずるとする点で、本肢は誤っている。

イ ◯　　認知は、遺言によっても、することができる（**遺言認知**、781Ⅱ）。よって、本肢は正しい。

ウ ✕　　子、その直系卑属又はこれらの者の法定代理人は、認知の訴えを提起することができる（**認知の訴え**、787本文）。ただし、父の死亡後は、親子関係の立証が次第に難しくなるため、「**父又は母の死亡の日から3年を経過したとき**」は、認知の訴えを提起することができなくなる（**死後認知**、787ただし書）。

　　本肢において、Cは、Bが死亡したときであっても、その日から3年を経過する前であれば、BC間の父子関係についての認知の訴えを提起することができる（この認知の訴えの被告は、検察官となる）。よって、Cは、Bが死亡したときは、以後BC間の父子関係についての認知の訴えを提起することができないとする点で、本肢は誤っている。

エ ✕　　嫡出でない子は、母の氏を称する（790Ⅱ）。たとえ父に認知されて法律上の父子関係が生じたとしても、当然に父の氏を称することにはならない。嫡出でない子が父の氏に変更するためには、家庭裁判所の許可を得て、届出をすることが必要となる（791Ⅰ）。

　　本肢において、Cは、いずれも婚姻していないA女とB男との間に生まれた嫡出でない子であるので、母であるAの氏を称する。このことは、CがBに認知されてBC間に親子関係が生じた場合でも変わらない。よって、CはBの氏を称するとする点で、本肢は誤っている。

オ ◯　　親権は、父母の婚姻中は、父母が共同して行う（**親権共同行使の原則**、818Ⅲ本文）。そして、父が認知した子は、その父母の婚姻によって嫡出子の身分を取得する（**婚姻準正**、789Ⅰ）とともに、父母の共同親権に服する。

　　本肢において、Bの認知によりBC間に法律上の父子関係が生じている場合において、Cの母Aと父Bが婚姻したとき、Cは嫡出子の身分を取得するとともに、婚姻中であるCの父母であるABが、Cに対する親権を共同して行う。よって、本肢は正しい。

【参考文献】新基本法コンメ・親族・230頁

以上より、正しい肢はイとオであり、正解は4となる。

全体の正答率	88.7%		肢別の選択率	1	2	3	4	5
				1.9%	1.9%	3.8%	88.7%	0.0%

司 第32問	［配点2点］	実施日	／	／	／
予 第14問		正誤			

　養子に関する次のアからオまでの各記述のうち、正しいものを組み合わせたものは、後記1から5までのうちどれか。

　ア．Aが、夫Bとその前妻との間の子Cの直系卑属である未成年者Dを養子とするためには、Bとともに養子縁組をすることを要しない。

　イ．養子が15歳未満であるときは、協議上の離縁は、養子の離縁後にその法定代理人となるべき者と養親との協議によってする。

　ウ．養子縁組後に生まれた養子の子と養親との親族関係は、離縁により終了する。

　エ．養子は、養親と離縁しない限り、他の者の養子となることはできない。

　オ．嫡出でない子が養子となる特別養子縁組を成立させるためには、その子を認知した父の同意を要しない。

1．ア　ウ　　2．ア　オ　　3．イ　ウ　　4．イ　エ　　5．エ　オ

司	第32問	養子	配　点	2点
予	第14問	正解　3	部分点	—

ア ✕　配偶者のある者が未成年者を養子とするには、配偶者とともにしなければならない（**夫婦共同縁組の原則**、795本文）。養親夫婦に共同で親権を行使させ（818Ⅲ）、もって子の福祉を増進する趣旨である。もっとも、例外的に、「**配偶者の嫡出である子を養子とする場合**又は配偶者がその意思を表示することができない場合」（795ただし書）には、配偶者とともに養子縁組をすることを要しない。

本肢において、未成年者Dは、「配偶者の嫡出である子」ではなく、夫Bとその前妻との間の子Cの直系卑属であるので、原則どおり、Dを養子とするためには、Bとともに養子縁組をすることを要する。よって、Bとともに養子縁組をすることを要しないとする点で、本肢は誤っている。

イ ◯　養子が15歳未満であるときは、その離縁は、養親と養子の離縁後にその法定代理人となるべき者との協議でこれをする（**代諾離縁**、811Ⅱ）。よって、本肢は正しい。

ウ ◯　「養子及びその配偶者並びに養子の直系卑属及びその配偶者」と「**養親及びその血族**」との**親族関係**は、離縁によって終了する（729）。したがって、養子縁組後に生まれた養子の子（「養子の直系卑属」）と養親との親族関係は、離縁により終了する。よって、本肢は正しい。

エ ✕　養子となった者が、この縁組を解消しないまま、さらに他の者の養子となることを**転縁組**という。民法上、転縁組を禁じる規定は存在せず、社会的な必要性もあることから、**転縁組をすることも可能**と解されている。よって、養子は、養親と離縁しない限り、他の者の養子となることはできないとする点で、本肢は誤っている。

【参考文献】LQⅥ・159頁

オ ✕　**特別養子縁組の成立には、原則として、養子となる者の父母の同意がなければならない**（817の6本文）。特別養子縁組の成立によって従前の親子関係が終了するからである（817の9本文参照）。そして、嫡出でない子とその子を認知した父との間には、法律上の親子関係が発生している（784）。したがって、「**養子となる者の父母**」（817の6本文）には、**嫡出でない子を認知した父も含まれる**ので、嫡出でない子が養子となる特別養子縁組を成立させるためには、その子を認知した父の同意を要する。よって、嫡出でない子が養子となる特別養子縁組を成立させるためには、その子を認知した父の同意を要しないとする点で、本肢は誤っている。

なお、例外的に、父母がその意思を表示することができない場合又は父母による虐待、悪意の遺棄その他養子となる者の利益を著しく害する事由がある場合は、養子となる者の父母の同意は不要である（817の6ただし書）。

以上より、正しい肢はイとウであり、正解は3となる。

全体の正答率	58.5%	肢別の選択率	1	2	3	4	5
			22.6%	11.3%	58.5%	0.0%	3.8%

司	第33問	［配点２点］	実施日	／	／	／
予	一		正誤			

　相続による権利義務の承継に関する次のアからオまでの各記述のうち、判例の趣旨に照らし誤っているものを組み合わせたものは、後記１から５までのうちどれか。

　ア．個人根保証契約における保証人の相続人は、主債務者と債権者が相続開始後に締結した契約に基づく主債務について履行する責任を負わない。

　イ．土地の使用貸借の借主が死亡した場合、借主の相続人は、使用借権を相続して、その土地を使用し続けることができない。

　ウ．土地を権原なく占有していた被相続人が死亡して相続が開始した場合、被相続人のその土地に対する占有は、相続人によって承継されない。

　エ．無権代理人が本人を他の相続人と共に共同相続した場合において、無権代理行為を追認する権利は、相続人全員に不可分的に帰属する。

　オ．遺産である賃貸不動産から相続開始後に生じた賃料債権は、遺産分割によって当該不動産を取得した者が、相続開始時に遡って取得する。

１．ア　イ　　２．ア　エ　　３．イ　オ　　４．ウ　エ　　５．ウ　オ

司	第33問	相続による権利義務の承継	配　点	2点
予	―	正解　5	部分点	―

ア ○　**個人根保証契約**とは、根保証契約（一定の範囲に属する不特定の債務を主たる債務とする保証契約）であって、保証人が個人であるもの（法人でないもの）をいう（465の2Ⅰ）。そして、「主たる債務者又は**保証人が死亡したとき**」（465の4Ⅰ③）には、**個人根保証契約における主たる債務の元本は、確定する**（465の4Ⅰ柱書本文）。したがって、個人根保証契約における保証人が死亡し、その相続が開始した時点（882参照）で個人根保証契約の元本が確定するため、保証人の相続人は、主債務者と債権者が相続開始後に締結した契約に基づく主債務について履行する責任を負わない。よって、本肢は正しい。

イ ○　**使用貸借は、借主の死亡によって終了する**（597Ⅲ）。使用貸借は、**貸主の借主に対する信頼関係に基づいて無償でされるもの**だからである。したがって、土地の使用貸借の借主が死亡した場合、借主の相続人は、使用借権を相続して、その土地を使用し続けることができない。よって、本肢は正しい。

なお、貸主が死亡した場合、使用貸借は終了せず、借主は引き続き使用収益できる。

【参考文献】中田・契約・384頁

ウ ×　判例（最判昭44.10.30）は、「被相続人の事実的支配の中にあったものは、原則として、当然に、相続人の支配の中に承継されるとみるべきであるから、その結果として、**占有権も承継され**、被相続人が死亡して相続が開始するときは、特別の事情のないかぎり、従前その占有に属したものは、**当然相続人の占有に移る**」としている。よって、被相続人のその土地に対する占有は、相続人によって承継されないとする点で、本肢は誤っている。

エ ○　無権代理人が本人を他の相続人と共に共同相続した場合において、判例（最判平5.1.21／百選Ⅰ［第8版］［36］）は、「**無権代理行為を追認する権利は、その性質上相続人全員に不可分的に帰属する**」のであって、その一部を分割して行使することはできないとしている。よって、本肢は正しい。

オ ×　遺産である賃貸不動産から相続開始後に生じた賃料債権の帰属について、判例（最判平17.9.8／百選Ⅲ［第2版］［64］）は、「遺産は、相続人が数人あるときは、相続開始から遺産分割までの間、共同相続人の共有に属するものであるから、この間に**遺産である賃貸不動産を使用管理した結果生ずる金銭債権たる賃料債権は、遺産とは別個の財産というべきであって、各共同相続人がその相続分に応じて分割単独債権として確定的に取得する**」とした上で、「遺産分割は、相続開始の時に遡ってその効力を生ずるものであるが、各共同相続人がその相続分に応じて**分割単独債権として確定的に取得した上記賃料債権の帰属は、後にされた遺産分割の影響を受けない**」としている。よって、遺産分割によって当該不動産を取得した者が、相続開始時に遡って取得するとする点で、本肢は誤っている。

以上より、誤っている肢はウとオであり、正解は5となる。

全体の正答率	75.5%	肢別の選択率	1	2	3	4	5
			3.8%	5.7%	11.3%	1.9%	75.5%

司	第34問	[配点 2 点]	実施日	／	／	／
予	―		正誤			

　　Aの相続財産の取得に関する次のアからオまでの各記述のうち、判例の趣旨に照らし正しいものを組み合わせたものは、後記 1 から 5 までのうちどれか。

　　ア．甲土地の共有持分がAの相続財産に属する場合において、Aに相続人がおらず、かつAの債権者も受遺者もいないときは、その持分は他の共有者に帰属し、特別縁故者への分与の対象とならない。

　　イ．相続開始後にAの子と認知されたBが遺産分割を請求した場合において、他の共同相続人が既に遺産分割をしていたときは、その遺産分割は、効力を失う。

　　ウ．AからAの相続財産に属する乙土地の遺贈を受けたCは、Aが死亡した後いつでも遺贈の放棄をすることができる。

　　エ．Aの相続財産に属する丙土地を無償で管理していた特別寄与者であるDは、その寄与に応じ、丙土地の持分を取得することができる。

　　オ．Aの親族でないEは、無償でAの療養看護をしたことによりAの財産の維持に特別の寄与をしても、特別寄与者には当たらない。

1．ア　イ　　2．ア　オ　　3．イ　エ　　4．ウ　エ　　5．ウ　オ

司 第34問	相続財産の取得	配　点	2点
予 ―	正解　5	部分点	―

ア ✕　判例（最判平元.11.24／百選Ⅲ［第2版］〔55〕）は、「共有者の1人が死亡し、相続人の不存在が確定し、相続債権者や受遺者に対する清算手続が終了したときは、その共有持分は、他の相続財産とともに、法958条の3［注：現958条の2］の規定に基づく特別縁故者に対する財産分与の対象となり、右財産分与がされず、当該共有持分が承継すべき者のないまま相続財産として残存することが確定したときにはじめて、法255条により他の共有者に帰属することになる」として、**958条の2が優先的に適用される**としている。よって、その持分は他の共有者に帰属し、特別縁故者への分与の対象とならないとする点で、本肢は誤っている。

イ ✕　**相続の開始後認知によって相続人となった者が遺産の分割を請求しようとする場合**において、他の共同相続人が既にその分割その他の処分をしたときは、**価額のみによる支払の請求権**を有する（910）。これは、被認知者の利益の保護と遺産分割の安定性の要請との調和を図る趣旨から、**遺産分割自体を有効**としつつ、被認知者に価額による支払請求権を認めるものである。よって、その遺産分割は、効力を失うとする点で、本肢は誤っている。

ウ 〇　相続人に相続の承認・放棄の自由があるように、受遺者にも遺贈の承認・放棄の自由がある。**受遺者は、遺言者の死亡後、いつでも、遺贈の放棄をすることができる**（986Ⅰ）。よって、本肢は正しい。

　　なお、上記の規定は、特定遺贈の放棄についてのみ適用される。他方、相続人と同一の権利義務を有する包括遺贈者（990）が包括遺贈を放棄するには、915条以下の規定に従い、家庭裁判所に申述しなければならない（938）。

エ ✕　特別寄与者は、相続の開始後、相続人に対し、**特別寄与者の寄与に応じた額の金銭（特別寄与料）**の支払を請求することができる（1050Ⅰ）。したがって、特別寄与者であるDは、特別寄与料の支払を請求することはできるが、丙土地の持分を取得することはできない。よって、丙土地の持分を取得することができるとする点で、本肢は誤っている。

オ 〇　「特別寄与者」（1050Ⅰ）になり得る者は、**被相続人の親族であって、相続人でない者**である（相続欠格者（891）・被廃除者（892）・相続放棄者は、特別寄与者には当たらない（1050Ⅰかっこ書））。被相続人と何ら身分関係のない者を特別寄与者に加えると、紛争が複雑化・困難化しかねないため、特別寄与者は「被相続人の親族」に限定されているのである。したがって、Aの親族でないEは、特別寄与者には当たらない。よって、本肢は正しい。

　　なお、本肢において、Aに相続人が存在しない場合であれば、親族でないEは、特別縁故者として分与の請求をすることにより、清算後残存すべきAの相続財産の全部又は一部の分与を受ける余地はある（958の2参照）。

以上より、正しい肢はウとオであり、正解は5となる。

全体の 正答率	37.7%	肢別の 選択率	1	2	3	4	5
			1.9%	24.5%	7.5%	26.4%	37.7%

司 第35問	［配点2点］	実施日	／	／	／
予 —		正誤			

　相続の承認及び放棄に関する次のアからオまでの各記述のうち、判例の趣旨に照らし誤っているものを組み合わせたものは、後記1から5までのうちどれか。

　ア．相続人が自己のために相続が開始した事実を知りながら相続財産に属する土地を売却したときは、その相続人は、単純承認をしたものとみなされる。

　イ．相続の放棄をしたAの子であるBが被相続人の直系卑属であるときは、Bは、Aを代襲して相続人となる。

　ウ．相続人が数人あるときは、各相続人は、単独で限定承認をすることができる。

　エ．限定承認者は、その固有財産におけるのと同一の注意をもって、相続財産の管理を継続しなければならない。

　オ．相続人が未成年者であるときは、相続の承認又は放棄をすべき期間は、その法定代理人が未成年者のために相続の開始があったことを知った時から起算する。

1．ア　ウ　　2．ア　エ　　3．イ　ウ　　4．イ　オ　　5．エ　オ

司	第35問	相続の承認及び放棄	配 点	2点
予	—	正解 3	部分点	—

ア ○ 相続人が**相続財産の全部又は一部を処分したとき**は、相続人は、単純承認をしたものとみなされる（**法定単純承認**、921①）。「処分」したということは、その相続人には相続財産を自己の財産とする意思があるといえるし、第三者としても相続人の単純承認があったと信頼するのが当然だからである。そして、「処分」したというためには、**相続人が相続開始の事実及び自己が相続人であることを知ってしたか、又は被相続人の死亡を確実に予想しながらしたものでなければならない**（最判昭42.4.27）。よって、本肢は正しい。

イ × 相続の放棄をした者は、その相続に関しては、初めから相続人とならなかったものとみなされる（939）。**相続の放棄**は、自分の直系卑属を含めた自分の系統には遺産はいらないという趣旨でなされるのが通常であるので、**代襲相続の原因とはならない**（887Ⅱ参照）。

　したがって、相続の放棄をしたAの子であるBが被相続人の直系卑属であっても、Bは、Aを代襲して相続人となることはない。よって、Bは、Aを代襲して相続人となるとする点で、本肢は誤っている。

ウ × **相続人が数人あるときは、限定承認は、共同相続人の全員が共同してのみこれをすることができる**（923）。個別の限定承認を許すと、清算手続（927以下）が煩雑になるからである。よって、相続人が数人あるときは、各相続人は、単独で限定承認をすることができるとする点で、本肢は誤っている。

エ ○ **限定承認者は、その固有財産におけるのと同一の注意をもって、相続財産の管理を継続しなければならない**（926Ⅰ）。限定承認についてのみ、このような管理義務の継続が規定されているのは、単純承認と異なり、相続財産は相続人の固有の財産と区別され（925）、清算手続（927以下）に服するためである。よって、本肢は正しい。

オ ○ 相続人は、自己のために相続の開始があったことを知った時から3か月以内に、相続について、単純若しくは限定の承認又は放棄をしなければならない（915Ⅰ本文）。そして、相続人が**未成年者**又は成年被後見人であるときは、相続の承認又は放棄をすべき期間（**熟慮期間**）は、その**法定代理人が未成年者等のために相続の開始があったことを知った時**から起算する（917）。よって、本肢は正しい。

以上より、誤っている肢はイとウであり、正解は3となる。

全体の 正答率	79.2%		肢別の 選択率	1	2	3	4	5
				1.9%	5.7%	79.2%	5.7%	5.7%

司	第36問	[配点2点]	実施日	／	／	／
予	一		正誤			

　承諾に関する次のアからオまでの各記述のうち、判例の趣旨に照らし誤っているものを組み合わせたものは、後記1から5までのうちどれか。

　ア．債務者が債権譲渡を承諾した場合は、それが譲渡人又は譲受人のいずれに対してされたときであっても、譲受人はその債権譲渡を債務者に対抗することができる。

　イ．隔地者に対して承諾期間を定めないでした申込みは、申込者が撤回する権利を留保した場合を除き、申込者が承諾の通知を受けるのに相当な期間を経過するまでは、撤回することができない。

　ウ．債務者と引受人となる者との契約でされた併存的債務引受は、債権者が引受人となる者に対して承諾をした時に、その効力を生ずる。

　エ．無報酬の受寄者は、寄託者の承諾がなくても、寄託物をその用法に従って使用することができる。

　オ．成年の子については、その承諾がなくても、これを認知することができる。

1．ア　イ　　2．ア　ウ　　3．イ　エ　　4．ウ　オ　　5．エ　オ

司	第36問	承諾	配 点	2点
予	—	正解　5	部分点	—

ア ◯ 　債権の譲渡（現に発生していない債権の譲渡を含む）は、譲渡人が債務者に通知をし、又は**債務者が承諾をしなければ、債務者その他の第三者に対抗することができない**（467Ⅰ）。この債務者のする「承諾」は、**譲渡人・譲受人のいずれに対してなしてもよい**（大判大6.10.2）。よって、本肢は正しい。

イ ◯ 　対話者に対して申込みをした場合（525ⅡⅢ）を除き、**承諾の期間を定めないでした申込みは、申込者が承諾の通知を受けるのに相当な期間を経過するまでは、撤回することができない**（525Ⅰ本文）。相手方は、諾否を決するために準備をするのが通常であり、申込者の撤回により相手方が不測の損害を受けるのを防止する必要があるからである。ただし、**申込者が撤回をする権利を留保**したときは、この限りでない（525Ⅰただし書）。よって、本肢は正しい。

　なお、対話者に対して申込みをした場合、申込者は、その対話が継続している間は、いつでも撤回することができる（525Ⅱ）。また、対話が継続している間に申込者が承諾の通知を受けなかったときは、申込者が対話の終了後もその申込みが効力を失わない旨を表示したときを除き、その申込みは、その効力を失う（525Ⅲ）。

ウ ◯ 　併存的債務引受は、債務者と引受人となる者との契約によってもすることができる（470Ⅲ前段）。この場合においては、第三者のためにする契約（537）に準じ、**債権者が引受人となる者に対して承諾**（受益の意思表示に相当する）**をした時**に、その効力を生ずる（470Ⅲ後段、470Ⅳ）。よって、本肢は正しい。

エ ✕ 　寄託の目的は、有償・無償を問わず、寄託物の保管にある以上、**受寄者は、寄託者の承諾を得なければ、寄託物を使用することができない**（658Ⅰ）。よって、無報酬の受寄者は、寄託者の承諾がなくても、寄託物をその用法に従って使用することができるとする点で、本肢は誤っている。

オ ✕ 　**成年の子は、その承諾がなければ、認知することができない**（782）。これは、子が成人するまで放置しておきながら、自分が年をとった頃に認知して、子に扶養を請求するような身勝手を許さないという趣旨である（877Ⅰ参照）。よって、成年の子については、その承諾がなくても、これを認知することができるとする点で、本肢は誤っている。

以上より、誤っている肢はエとオであり、正解は5となる。

全体の 正答率	58.5%

肢別の 選択率	1	2	3	4	5
	5.7%	3.8%	9.4%	20.8%	58.5%

司予	第37問	［配点2点］	実施日	／	／	／
			正誤			

裁判所の許可等を要する事項に関する次のアからオまでの各記述のうち、正しいものを組み合わせたものは、後記1から5までのうちどれか。

ア．占有者が所有者に占有物を返還する際に所有者に有益費の償還を請求する場合には、その占有者が善意であったときでも、裁判所は、所有者の請求により、その償還について相当の期限を許与することができる。

イ．動産質権者は、その債権の弁済を受けない場合において、鑑定人の評価を得ないことについて正当な事由があるときは、鑑定人の評価に代えて裁判所の許可を得ることにより、質物をもって直ちに弁済に充てることができる。

ウ．債権者が弁済の目的物の受領を拒んだ場合において、その物の保存について過分の費用を要するときは、弁済者は、裁判所の許可を得て、その物を競売に付し、その代金を供託することができる。

エ．建物所有を目的としてAから土地を賃借したBが、その土地上に建築した建物を土地賃借権とともにCに譲渡しようとする場合において、Cがその賃借権を取得してもAに不利となるおそれがないにもかかわらず、Aが賃借権の譲渡を承諾しないときは、裁判所は、Bの申立てにより、Aの承諾に代わる許可を与えることができる。

オ．配偶者の直系卑属である未成年者を養子とするには、家庭裁判所の許可を得なければならない。

1．アイ　　2．アオ　　3．イウ　　4．ウエ　　5．エオ

司	第37問	裁判所の許可等を要する事項	配　点	2点
予	―	正解　4	部分点	―

ア ✕　占有者が占有物の改良のために支出した金額その他の有益費については、その価格の増加が現存する場合に限り、回復者の選択に従い、その支出した金額又は増価額を償還させることができる（**有益費償還請求権**、196Ⅱ本文）。ただし、**悪意の占有者**に対しては、**裁判所は、回復者の請求により、その償還について相当の期限を許与することができる**（196Ⅱただし書）。よって、その占有者が善意であったときでも、裁判所は、所有者の請求により、その償還について相当の期限を許与することができるとする点で、本肢は誤っている。

イ ✕　動産質権者は、その債権の弁済を受けないときは、正当な理由がある場合に限り、鑑定人の評価に従い質物をもって直ちに弁済に充てることを裁判所に請求することができる（**簡易な弁済充当**、354前段）。これは、動産には廉価なものも多く、競売によると費用倒れとなる可能性も高いため、実行の方法を動産競売のみに限定すると質権者に酷であるためである。よって、鑑定人の評価を得ないことについて正当な事由があるときは、鑑定人の評価に代えて裁判所の許可を得ることにより、質物をもって直ちに弁済に充てることができるとする点で、本肢は誤っている。

【参考文献】ＬＱⅡ・322頁

ウ 〇　弁済者は、弁済の提供をした場合において、債権者がその受領を拒んだときは、債権者のために弁済の目的物を供託することができる（494Ⅰ前段、同①）。そして、**弁済者は、その物の保存について過分の費用を要するときは、裁判所の許可を得て、弁済の目的物を競売に付し、その代金を供託することができる**（**自助売却**、497③）。よって、本肢は正しい。

エ 〇　建物の所有を目的とする土地の賃借権は、借地権（借地借家2①）として借地借家法が適用されるところ、借地権者が賃借権の目的である土地の上の建物を第三者に譲渡しようとする場合において、その第三者が賃借権を取得し、又は転借をしても借地権設定者に不利となるおそれがないにもかかわらず、借地権設定者がその賃借権の譲渡又は転貸を承諾しないときは、**裁判所は、借地権者の申立てにより、借地権設定者の承諾に代わる許可を与えることができる**（借地借家19Ⅰ前段）。よって、本肢は正しい。

オ ✕　**未成年者を養子とするには、原則として、家庭裁判所の許可を得なければならない**（798本文）。これは、人身売買的な縁組を防ぎ、真に養子の福祉のための縁組を実現する目的で設けられた規定である。したがって、そのような弊害のおそれがない場合、すなわち**自己又は配偶者の直系卑属を養子とする場合には、許可は不要である**（798ただし書）。よって、配偶者の直系卑属である未成年者を養子とするには、家庭裁判所の許可を得なければならないとする点で、本肢は誤っている。

以上より、正しい肢はウとエであり、正解は4となる。

全体の正答率	45.3%	肢別の選択率	1	2	3	4	5
			22.6%	1.9%	11.3%	45.3%	17.0%

司	―		実施日	／	／	／
予	第5問	［配点2点］	正誤			

　地上権に関する次のアからオまでの各記述のうち、正しいものを組み合わせたものは、後記1から5までのうちどれか。
　ア．地上権は、質権の目的とすることができない。
　イ．地上権者は、その権利の存続期間の範囲内であっても、土地の所有者の承諾を得なければ、第三者にその土地を賃貸することができない。
　ウ．建物を所有する目的で地上権が設定されている土地には、地下又は空間を目的とする地上権は、設定することができない。
　エ．地上権は、存続期間を定めずに設定することができる。
　オ．地上権者が地代を支払う義務のない地上権も、設定することができる。
1．アイ　　2．アウ　　3．イエ　　4．ウオ　　5．エオ

司	—	地上権	配　点	2点
予	第5問	正解　5	部分点	—

ア ✕　　質権は、財産権をその目的とすることができる（362 I）。この「財産権」には、債権のほか、地上権や永小作権などの物権も含まれる。したがって、**地上権も、質権の目的とすることができる**。よって、地上権は、質権の目的とすることができないとする点で、本肢は誤っている。

【参考文献】松井・担保物権・130頁

イ ✕　　地上権者は、その権利の存続期間の範囲内であっても、**土地の所有者の承諾を得ることなく、地上権に抵当権を設定したり**（369 II）、地上権を第三者に譲渡し、又はその**目的である土地を賃貸することができる**。地上権の移転・処分の自由は、明文の規定はないものの、物権としての性質上当然と解されている。よって、土地の所有者の承諾を得なければ、第三者にその土地を賃貸することができないとする点で、本肢は誤っている。

【参考文献】ＬＱⅡ・201〜202頁

ウ ✕　　地下又は空間は、工作物を所有するため、上下の範囲を定めて地上権の目的とすることができる（**区分地上権**、269の2 I 前段）。もっとも、区分地上権が設定されると、従前からの使用収益権はその分だけ縮減される。そこで、**区分地上権は、第三者がその土地の使用又は収益をする権利を有する場合においても、その権利又はこれを目的とする権利を有するすべての者の承諾があるときは、設定することができる**（269の2 II 前段）。

したがって、既に建物を所有する目的で地上権が設定されている土地であっても、その地上権者などの承諾があるときは、区分地上権を設定することができる。よって、建物を所有する目的で地上権が設定されている土地には、地下又は空間を目的とする地上権は、設定することができないとする点で、本肢は誤っている。

エ ◯　　地上権は、その設定行為で存続期間を定めなかった場合であっても、慣習があるときはその慣習によって存続期間が定まり（268 I 本文）、別段の慣習がないときは、裁判所が、当事者の請求により、20年以上50年以下の範囲内において、その存続期間を定める（268 II）。

このように、**地上権は、存続期間を定めずに設定することができる**。よって、本肢は正しい。

なお、地上権は、「永久」「無期限」といった存続期間を定めて設定することも可能と解されている（大判明36.11.16）。

オ ◯　　地上権者は、他人の土地において工作物又は竹木を所有するため、その土地を使用する権利を有する（265）。このように、地上権においては、永小作権の場合（270参照）と異なり、**地代の支払は要素となっていない**。したがって、地上権者が地代を支払う義務のない地上権も、設定することができる。よって、本肢は正しい。

以上より、正しい肢はエとオであり、正解は5となる。

全体の 正答率	84.7%	肢別の 選択率	1	2	3	4	5
			3.3%	1.7%	5.6%	4.7%	84.7%

| 司予 | — 第10問 | ［配点2点］ | 実施日 | ／ | ／ | ／ |
| | | | 正誤 | | | |

　　AとBは、AがBに絵画甲を代金50万円で売り、Bがその代金全額をCに支払う旨の契約を締結した。この場合に関する次のアからオまでの各記述のうち、誤っているものを組み合わせたものは、後記1から5までのうちどれか。

　ア．Cは、Bに対して受益の意思を表示した後は、Bに対して直接に50万円の支払を請求する権利を有する。

　イ．AB間の契約は、その締結時においてCが胎児であったときには、無効である。

　ウ．AとBは、CがBに対して受益の意思を表示するまでは、合意により代金額を変更することができる。

　エ．CがBに対して受益の意思を表示した後は、BがCに対して50万円の支払をしない場合であっても、Aは、Cの承諾を得なければ、Bとの契約を解除することができない。

　オ．CがBに対して受益の意思を表示した後は、AがBに甲を引き渡していない場合であっても、Bは、Cからの50万円の支払請求を拒むことができない。

1．ア　ウ　　2．ア　オ　　3．イ　エ　　4．イ　オ　　5．ウ　エ

司 —	第三者のためにする契約	配　点	2点
予 第10問	正解　4	部分点	—

ア ○　契約により当事者の一方が第三者（受益者）に対してある給付をすることを約したときは、その第三者は、債務者（諾約者）に対して直接にその給付を請求する権利を有する（537Ⅰ）。そして、**この第三者の権利は、その第三者が債務者に対して契約の利益を享受する意思を表示した時に発生する**（537Ⅲ）。

したがって、第三者であるCは、債務者であるBに対して受益の意思を表示した後は、Bに対して直接に50万円の支払を請求する権利を有する。よって、本肢は正しい。

イ ×　第三者のためにする契約（537Ⅰ参照）は、その**成立の時に第三者（受益者）が現に存しない場合**又は第三者が特定していない場合であっても、そのためにその**効力を妨げられない**（537Ⅱ）。この「成立の時に第三者が現に存しない場合」としては、契約の締結時において第三者が胎児や設立前の法人（最判昭37.6.26参照）である場合などが挙げられる。

したがって、AB間の契約は、その締結時においてCが胎児であったときであっても、有効である。よって、無効であるとする点で、本肢は誤っている。

【参考文献】中田・契約・176頁

ウ ○　537条の規定により第三者（受益者）の権利が発生した後、すなわち第三者が債務者（諾約者）に対して受益の意思表示をした後は、当事者は、これを変更し、又は消滅させることができない（538Ⅰ）。そうすると、**第三者が債務者に対して受益の意思表示をするまでは、契約の当事者間で、第三者の権利を変更したり、消滅させることも可能である**（538Ⅰ反対解釈）。

したがって、AとBは、CがBに対して受益を表示するまでは、合意により代金額を変更することができる。よって、本肢は正しい。

【参考文献】中田・契約・177頁

エ ○　537条の規定により第三者（受益者）の権利が発生した後、すなわち第三者が債務者（諾約者）に対して受益の意思表示をした後に、債務者がその第三者に対する債務を履行しない場合には、契約の相手方（**要約者**）は、その**第三者の承諾を得なければ、契約を解除することができない**（538Ⅱ）。

したがって、CがBに対して受益の意思を表示した後は、BがCに対して50万円の支払をしない場合であっても、Aは、Cの承諾を得なければ、Bとの契約を解除することができない。よって、本肢は正しい。

オ ×　**債務者（諾約者）は、537条1項の契約に基づく抗弁（要約者に対する抗弁）をもって、その契約の利益を受ける第三者（受益者）に対抗することができる**（539）。

したがって、CがBに対して受益の意思を表示した後、AがBに甲を引き渡していない場合には、Bは、Aに対する同時履行の抗弁（533）をもって、Cからの50万円の支払請求を拒むことができる。よって、Bは、Cからの50万円の支払請求を拒むことができないとする点で、本肢は誤っている。

以上より、誤っている肢はイとオであり、正解は4となる。

全体の正答率	69.4%		肢別の選択率	1	2	3	4	5
				3.3%	9.6%	13.0%	69.4%	4.7%

司予	— 第15問	[配点2点]	実施日	／	／	／
			正誤			

遺言に関する次のアからオまでの各記述のうち、誤っているものを組み合わせたものは、後記1から5までのうちどれか。

ア．被保佐人は、保佐人の同意を得ずに遺言をすることができる。

イ．遺言者は、遺産の分割の方法を定めることを第三者に委託する旨の遺言をすることができる。

ウ．被後見人が、後見の計算の終了前に、法人である後見人の利益となるべき遺言をしたときは、その遺言は、無効である。

エ．共同相続人の一人の相続分を定める遺言は、他の共同相続人の遺留分を侵害しない範囲でのみ効力を生じる。

オ．遺言者は、任意の方式で遺言を撤回することができる。

1．ア　イ　　2．ア　エ　　3．イ　ウ　　4．ウ　オ　　5．エ　オ

司	—	遺言	配　点	2点
予	第15問	正解　5	部分点	—

ア 〇　15歳に達した者は、遺言をすることができる（**遺言能力**、961）。そして、**保佐人の同意を要する行為等に関する13条の規定は、遺言については、適用されない**（962）。行為能力制度によって保護すべき本人は、遺言の効力発生時には存在しないため、できるだけ、遺言者の意思を尊重しようという趣旨である。したがって、遺言をする時においてその能力を有している限り（963参照）、被保佐人は、保佐人の同意を得ずに遺言をすることができる。よって、本肢は正しい。

【参考文献】ＬＱⅥ・381頁

イ 〇　被相続人は、**遺言**で、**遺産の分割の方法**を定め、又はこれを定めることを第三**者に委託することができる**（908Ⅰ）。よって、本肢は正しい。

ウ 〇　被後見人が、後見の計算（870）の終了前に、後見人又はその配偶者若しくは直系卑属の利益となるべき遺言をしたときは、その遺言は、無効とする（966Ⅰ）。これは、被後見人の遺言に後見人が不当な影響を及ぼすのを阻止し、もって後見事務を適正かつ明確にさせる趣旨である。もっとも、後見人が直系血族、配偶者又は兄弟姉妹である場合は、例外的に、その後見人の利益となるべき遺言をしても、有効である（966Ⅱ）。

　本肢において、被後見人が、後見の計算の終了前に、法人である後見人の利益となるべき遺言をしたときは、原則どおり、その遺言は無効である。よって、本肢は正しい。

【参考文献】ＬＱⅥ・399頁

エ ✕　被相続人は、遺言で、共同相続人の相続分を定め、又はこれを定めることを第三者に委託することができる（**相続分の指定**、902Ⅰ）。そして、共同相続人の1人の相続分を定める遺言が他の共同相続人の遺留分を侵害する場合であっても、その相続分の指定は有効であり、遺留分を侵害された相続人が、その相続分の指定を受けた相続人に対し、遺留分侵害額に相当する金銭の支払を請求できるにすぎない（**遺留分侵害額請求権**、1046Ⅰ）。よって、共同相続人の一人の相続分を定める遺言は、他の共同相続人の遺留分を侵害しない範囲でのみ効力を生じるとする点で、本肢は誤っている。

【参考文献】窪田・407頁

オ ✕　**遺言者は、いつでも、遺言の方式に従って、その遺言の全部又は一部を撤回することができる**（**遺言撤回の自由**、1022）。この「遺言の方式」自体に制限はないので、たとえば、公正証書遺言を自筆証書遺言で撤回するといったことも可能ではあるが、撤回意思の真意性と明確性を確保する必要はあるので、「任意の方式」で遺言を撤回することはできない。よって、遺言者は、任意の方式で遺言を撤回することができるとする点で、本肢は誤っている。

【参考文献】ＬＱⅥ・416頁

以上より、誤っている肢はエとオであり、正解は5となる。

全体の 正答率	46.8%	肢別の 選択率	1	2	3	4	5
			2.0%	10.0%	13.3%	27.9%	46.8%

司 予	— 第16問	［配点2点］	実施日	／	／	／
			正誤			

発起設立による株式会社の設立手続に関する次のアからオまでの各記述のうち、正しいものを組み合わせたものは、後記1から5までのうちどれか。

ア．定款の作成及び認証は、発起人による出資の履行がされた後に行わなければならない。

イ．発起人による出資の履行に先立って、発起人の過半数の賛成により設立時役員等を選任しなければならない。

ウ．公証人による定款の認証を受けた後に、複数の発起人のうち1人を交代させる場合には、再度、定款を作成し、公証人の認証を受けなければならない。

エ．公証人の認証を受けた定款に定めた発行可能株式総数の変更は、その変更後に出資される財産の価額が当該定款に定めた設立に際して出資される財産の価額又はその最低額を下回らないのであれば、発起人全員の同意によってすることができ、再度、定款を作成し、公証人の認証を受ける必要はない。

オ．現物出資をした有価証券について検査役による調査が必要な場合でも、設立時取締役は、当該有価証券について定款に記載又は記録された価額の相当性を調査しなければならない。

1．ア　イ　　2．ア　オ　　3．イ　エ　　4．ウ　エ　　5．ウ　オ

司 —	発起設立による株式会社の設立手続	配 点	2点
予 第16問	正解 4	部分点	—

ア ✕ 　株式会社は、発起設立においては、①**定款の作成及び認証**（26Ⅰ、30Ⅰ）、②**発起人による出資の履行**（34）、③**設立時役員等の選任**（38～41）、④**設立時取締役等による設立に関する事項の調査**（46）を経て、⑤**設立の登記**（911）により、法人として成立する（49）。このように、**定款の作成及び認証は、発起人による出資の履行よりも前に行われる**。よって、定款の作成及び認証は、発起人による出資の履行がされた後に行わなければならないとする点で、本肢は誤っている。

　　　【参考文献】田中・585頁

イ ✕ 　**設立時役員等**とは、設立時取締役、設立時会計参与、設立時監査役又は設立時会計監査人のことをいう（39Ⅳ参照）。そして、発起人は、**出資の履行が完了した後、遅滞なく、設立時取締役を選任しなければならない**（38Ⅰ）。また、設立時役員等の選任は、発起人の議決権の過半数をもって決定される（40Ⅰ）。

　　　したがって、設立時役員等は、発起人による出資の履行が完了した後、発起人の議決権の過半数の決定により選任される。よって、発起人による出資の履行に先立って、発起人の過半数の賛成により設立時役員等を選任しなければならないとする点で、本肢は誤っている。

ウ ◯ 　発起設立において、公証人の認証を受けた定款は、株式会社の成立前は、30条2項に列挙された場合を除き、これを変更することができない（30Ⅱ）。そして、発起人を交代する場合、発起人の氏名（27⑤）を変更する必要があるところ、これは30条2項に列挙されていないため、定款変更により発起人の氏名を変更することはできない。したがって、**公証人による定款の認証を受けた後に、複数の発起人のうち1人を交代させる場合には、再度、定款を作成し、公証人の認証を受けなければならない**（26Ⅰ、30Ⅰ）。よって、本肢は正しい。

エ ◯ 　発起人は、**発行可能株式総数を定款で定めている場合には、株式会社の成立の時までに、その全員の同意によって、発行可能株式総数についての定款の変更をすることができる**（37Ⅱ、30Ⅱ）。そして、発行可能株式総数の変更後に出資される財産の価額が当該定款に定めた**設立に際して出資される財産の価額又はその最低額**（27④）を下回る場合には、定款の絶対的記載事項に抵触して定款自体が無効となる以上、再度、定款を作成し、公証人の認証を受けなければならない。しかし、設立に際して出資される財産の価額又はその最低額を下回らないのであれば、再度、定款を作成し、公証人の認証を受ける必要はないので、発起人全員の同意によって発行可能株式総数を変更することができる。よって、本肢は正しい。

オ ✕ 　設立時取締役は、その選任後遅滞なく、**検査役による調査が不要とされた現物出資財産等**（33Ⅹ①②）について、定款に記載され、又は記録された**価額が相当であることを調査しなければならない**（46Ⅰ①）。これは、現物出資をし

た有価証券に市場価格がある場合（33Ｘ②）には、正当な価格の判断が容易であることから、検査役による調査を不要とし（33Ｘ）、その代わりに設立時取締役に価格の相当性の調査を要求したものである。したがって、現物出資をした有価証券について検査役による調査が必要な場合には、設立時取締役は、当該有価証券についてその価額の相当性を調査する必要はない。よって、現物出資をした有価証券について検査役による調査が必要な場合でも、設立時取締役は、当該有価証券について定款に記載又は登録された価額の相当性を調査しなければならないとする点で、本肢は誤っている。

　　【参考文献】新基本法コンメ１・125頁

以上より、正しい肢はウとエであり、正解は４となる。

全体の正答率	38.9%

肢別の選択率	1	2	3	4	5
	2.7%	9.6%	26.9%	38.9%	21.6%

MEMO

司予	— 第17問	［配点2点］	実施日	／	／	／
			正誤			

　A株式会社（以下「A社」という。）の支配株主であるB株式会社（以下「B社」という。）は、A社の少数株主Cらの個別の承諾を得ることなく、A社を完全子会社にしたいと考え、そのための手法を検討している。次のアからオまでの各記述のうち、誤っているものを組み合わせたものは、後記1から5までのうちどれか。

　ア．株式の併合、全部取得条項付種類株式の取得及び特別支配株主の株式等売渡請求のいずれの手法を用いる場合も、A社において株主総会の特別決議が必要である。

　イ．株式の併合又は全部取得条項付種類株式の取得の手法を用いる場合において、一株に満たない端数の処理として、その端数の合計数に相当する数の株式を裁判所の許可を得て競売以外の方法により売却するためには、A社の取締役の全員の同意を得る必要がある。

　ウ．特別支配株主の株式等売渡請求の手法を用いる場合には、A社の新株予約権についても売り渡すことを請求することができるが、株式の併合又は全部取得条項付種類株式の取得の手法を用いる場合には、A社の新株予約権に取得条項が定められていない限り、その新株予約権を当然には取得することができない。

　エ．B社がA社の総株主の議決権の10分の7を有し、D株式会社（B社がその総株主の議決権の3分の2を有している。）がA社の総株主の議決権の10分の2を有しているときは、B社は、特別支配株主の株式等売渡請求の手法を用いることができる。

　オ．B社は、A社との間で株式交換契約を締結し、Cらに対価として金銭又はB社の株式を交付することによって、Cらの有するA社の株式を取得することができる。

1．ア　イ　　2．ア　エ　　3．イ　ウ　　4．ウ　オ　　5．エ　オ

| 司 — | キャッシュ・アウト | 配 点 | 2点 |
| 予第17問 | 正解　2 | 部分点 | — |

ア ✗ 株式会社が**株式の併合**（180Ⅰ）をしようとするときは、**株主総会の特別決議が必要である**（180Ⅱ、309Ⅱ④）。また、全部取得条項付種類株式を発行した種類株式発行会社は、**株主総会の特別決議**によって、**全部取得条項付種類株式の全部を取得する**ことができる（171Ⅰ、309Ⅱ③）。したがって、株式の併合及び全部取得条項付種類株式の取得の手法を用いる場合には、A社において株主総会の特別決議が必要である。

　　他方、**特別支配株主**が**株式等売渡請求**をしようとするときは、対象会社の承認を受けなければならない（179の3Ⅰ）が、この承認は、対象会社が取締役会設置会社であるときは、**取締役会の決議**によらなければならず（179の3Ⅲ）、株主総会の特別決議は不要である。これは、特別支配株主が対象会社の議決権のほとんどを有しており、対象会社の株主総会決議の帰趨は決まっているため、株主総会決議を要求する必要性が小さいためである。したがって、特別支配株主の株式等売渡請求の手法を用いる場合、A社において株主総会の特別決議は不要である。よって、特別支配株主の株式等売渡請求の手法を用いる場合も、A社において株主総会の特別決議が必要であるとする点で、本肢は誤っている。

　　【参考文献】田中・638頁以下

イ ◯ **株式会社が株式の併合をすることにより株式の数に1株に満たない端数が生ずるとき**は、その端数の合計数に相当する数の株式を競売し、かつ、その端数に応じてその競売により得られた代金を株主に交付しなければならない（235Ⅰ）。もっとも、株式会社は、上記の**競売に代えて、裁判所の許可を得て競売以外の方法により、これを売却することができる**（235Ⅱ・234Ⅱ前段）。この場合において、当該許可の申立ては、**取締役が2人以上あるときは、その全員の同意によってしなければならない**（235Ⅱ・234Ⅱ後段）。

　　また、**全部取得条項付種類株式の全部の取得**（173Ⅰ）に際して当該株式会社の株主にその株式を交付する場合において、その者に対し交付しなければならない当該株式会社の株式の数に1株に満たない端数があるときは、その端数の合計数に相当する数の株式を競売し、かつ、その端数に応じてその競売により得られた代金を当該者に交付しなければならない（234Ⅰ柱書、同②）。もっとも、株式の併合の場合と同様、株式会社は、上記の**競売に代えて、裁判所の許可を得て競売以外の方法により、これを売却することができる**（234Ⅱ前段）。この場合において、当該許可の申立ては、**取締役が2人以上あるときは、その全員の同意によってしなければならない**（234Ⅱ後段）。よって、本肢は正しい。

ウ ◯ **特別支配株主**は、**株式売渡請求**（179Ⅰ）をするときは、併せて、その株式売渡請求に係る株式を発行している株式会社（対象会社）の新株予約権の

新株予約権者（対象会社及び当該特別支配株主を除く）の全員に対し、その有する**対象会社の新株予約権の全部を当該特別支配株主に売り渡すことを請求することができる**（179Ⅱ本文）。これは、特別支配株主が対象会社を完全子会社にするという目的を将来にわたって維持するためには、新株予約権も取得する必要があるからである。

　他方、株式の併合（180以下）や全部取得条項付種類株式の取得（168以下）に併せて、新株予約権を取得することができるとする規定はない。したがって、株式の併合や全部取得条項付種類株式の取得の手法を用いる場合には、株式会社は、新株予約権の発行の決定の際に、取得条項を定めなければならない（236Ⅰ⑦）。よって、本肢は正しい。

　　【参考文献】会社法・526頁

エ　✕　「**特別支配株主**」とは、**株式会社の総株主の議決権の10分の9**（これを上回る割合を当該株式会社の定款で定めた場合にあっては、その割合）**以上**を当該株式会社以外の者及び当該者が発行済株式の全部を有する株式会社その他これに準ずるものとして法務省令で定める法人（特別支配株主完全子法人）が有している場合における当該者（179Ⅰ本文かっこ書）をいう。すなわち、「特別支配株主」には、①当該者が単独で総株主の議決権の10分の9以上を有する場合のほか、②当該者が有する議決権と当該者の特別支配株主完全子法人が有する議決権を合算して総株主の議決権の10分の9以上を有する場合、③当該者の特別支配株主完全子法人のみが総株主の議決権の10分の9以上を有する場合が含まれる。

　　そして、「特別支配株主完全子法人」とは、当該者が発行済株式の全部を有する株式会社など（規33の4Ⅰ②）をいう。本肢において、**B社は、D株式会社の総株主の議決権の3分の2を有しているにすぎないので、D株式会社はB社の特別支配株主完全子法人には当たらない**。したがって、**B社は、A社の総株主の議決権の10分の7を有するにすぎないので、A社の「特別支配株主」には当たらない**以上、特別支配株主の株式等売渡請求の手法を用いることはできない。よって、B社は、特別支配株主の株式等売渡請求の手法を用いることができるとする点で、本肢は誤っている。

　　【参考文献】新基本法コンメ1・353頁

オ　◯　**株式交換**とは、株式会社がその発行済株式の全部を他の株式会社又は合同会社に取得させることをいう（2㉛）。株式交換においては、株式交換完全子会社（対象会社）の株主には、通常、株式取得の対価として株式交換完全親会社の株式が交付されるが、その**株式に代わる金銭等**（金銭その他の財産、151Ⅰ参照）を交付することもできる（768Ⅰ②）。よって、本肢は正しい。

　　【参考文献】会社法・465頁

以上より、誤っている肢はアとエであり、正解は2となる。

全体の正答率	15.9%		肢別の選択率	1	2	3	4	5
				50.5%	15.9%	23.6%	6.0%	3.7%

MEMO

司予	第18問	［配点2点］	実施日	／	／	／
			正誤			

　株券に関する次のアからオまでの各記述のうち、誤っているものを組み合わせたものは、後記1から5までのうちどれか。

　ア．判例の趣旨によれば、株券としての効力が発生するのは、株式会社が会社法所定の形式を具備した文書を作成した時ではなく、当該文書を株主に交付した時である。

　イ．一部の種類の株式についてのみ譲渡制限がある株式会社は、株主から請求があるまでは、株券を発行しないことができる。

　ウ．株主は、株式会社に対し、株券の所持を希望しない旨を申し出ることができ、当該株主が所持していた株券は、当該株主が当該株券を当該株式会社に提出した時に無効となる。

　エ．株券喪失登録がされた株券は、その登録が抹消された場合又は株式会社が株券発行会社でなくなることにより株券が無効となった場合を除き、株券喪失登録日の翌日から起算して1年を経過した日に無効となる。

　オ．株式会社がその株式に係る株券を発行する旨の定款の定めを廃止する定款変更をしたときは、当該株式会社の株券は、株主が株券を当該株式会社に提出しなくても、当該定款変更がその効力を生ずる日に無効となる。

1．ア　ウ　　2．ア　オ　　3．イ　ウ　　4．イ　エ　　5．エ　オ

司	—	株券	配 点	2点
予	第18問	正解 3	部分点	—

ア ○ 判例（最判昭40.11.16／百選［第4版］［23］）は、215条にいう「株券の発行とは、会社が商法225条［注：現会社法216条］所定の形式を具備した文書を株主に交付することをいい、**株主に交付したとき初めて該文書が株券となる**ものと解すべきである。したがって、たとえ会社が前記文書を作成しても、これを株主に交付しない間は、株券たる効力を有しない」としている。よって、本肢は正しい。

イ × 株券発行会社は、株式を発行した日以後遅滞なく、当該株式に係る株券を発行しなければならない（215Ⅰ）。もっとも、**公開会社でない株券発行会社は、株主から請求がある時までは、株券を発行しないことができる**（215Ⅳ）が、**一部の種類の株式についてのみ譲渡制限がある株式会社は、公開会社（2⑤）であるので、215条4項は適用されない**。よって、株主から請求があるまでは、株券を発行しないことができるとする点で、本肢は誤っている。

ウ × 株券発行会社の株主は、当該株券発行会社に対し、当該株主の有する株式に係る株券の所持を希望しない旨を申し出ることができる（217Ⅰ）。この申出をする場合において、当該株式に係る株券が発行されているときは、当該株主は、当該株券を株券発行会社に提出しなければならない（217Ⅱ後段）。これにより**提出された株券は、株主名簿に記載又は記録をした時において、無効となる**（217Ⅴ）。よって、当該株主が所持していた株券は、当該株主が当該株券を当該株式会社に提出した時に無効となるとする点で、本肢は誤っている。

エ ○ **株券喪失登録がされた株券は、株券喪失登録日の翌日から起算して1年を経過した日に無効となる**（228Ⅰ）。

もっとも、**株券喪失登録が抹消された場合、228条1項は適用されない**（228Ⅰかっこ書）。また、株券発行会社は、その株式に係る株券を発行する旨の定款の定めを廃止する定款の変更をすることができ（218Ⅰ）、当該株式会社の株券は、当該定款の変更がその効力を生ずる日に無効となる（218Ⅰ②、同Ⅱ）。この場合において、株券発行会社は、株券を発行することができないので、当該定款の変更の効力が生ずる日に、株券喪失登録を抹消しなければならない（227）。そうすると、**株式会社が株券発行会社でなくなることにより株券が無効となった場合**には、株券喪失登録は抹消されるので、228条1項は適用されない（228Ⅰかっこ書）。よって、本肢は正しい。

オ ○ 株券発行会社は、その株式に係る株券を発行する旨の定款の定めを廃止する定款の変更をすることができる（218Ⅰ）。そして、**当該株式会社の株券は、当該定款の変更がその効力を生ずる日に無効となる**（218Ⅰ②、同Ⅱ）。したがって、上記の定款変更をしたときは、当該株式会社の株券は、株主が株券を当該株式会社に提出しなくても、当該定款変更がその効力を生ずる日に無効となる。よって、本肢は正しい。

以上より、誤っている肢はイとウであり、正解は3となる。

全体の 正答率	27.6%	肢別の 選択率	1	2	3	4	5
			14.0%	7.3%	27.6%	30.6%	20.3%

司 予	—		実施日	／	／	／
	第19問	［配点2点］	正誤			

株主の権利に関する次のアからオまでの各記述のうち、正しいものを組み合わせたものは、後記1から5までのうちどれか。

ア．取得請求権付株式の株主は、当該取得請求権付株式と引換えに交付される金銭の額が分配可能額を超えているときでも、株式会社に対し、当該取得請求権付株式を取得することを請求することができる。

イ．単元未満株主は、定款に定めがなくても、株式会社に対し、当該株主が保有する単元未満株式の数と併せて単元株式数となる数の株式を売り渡すことを請求することができる。

ウ．株主総会において決議事項の全部について議決権を行使することができない株主は、当該株主総会について提出された議決権行使書面の閲覧又は謄写をすることができない。

エ．会社法上の公開会社において、募集株式の引受人が株主となることによって有することとなる議決権の数が総株主の議決権の数の2分の1を超える場合において、総株主の議決権の10分の1以上の議決権を有する株主が当該引受人による募集株式の引受けに反対したときは、当該公開会社は、当該引受人に対する募集株式の割当てについて、株主総会の特別決議による承認を受けなければならない。

オ．監査役設置会社の株主は、その権利を行使するため必要があるときは、裁判所の許可を得て、取締役会議事録の閲覧又は謄写をすることができる。

1．アウ　2．アエ　3．イエ　4．イオ　5．ウオ

司 —	株主の権利	配 点	2点
予 第19問	正解　5	部分点	—

ア ✗　取得請求権付株式の株主は、株式会社に対して、当該株主の有する取得請求権付株式を取得することを請求することができる（166Ⅰ本文）。しかし、当該取得請求権付株式を取得するのと引換えに交付される金銭その他の財産の帳簿価額が**当該請求の日における分配可能額（461Ⅱ）を超えているときは、取得請求権付株式を取得することを請求することができない**（166Ⅰただし書）。よって、取得請求権付株式と引換えに交付される金銭の額が分配可能額を超えているときでも、株式会社に対し、当該取得請求権付株式を取得することを請求することができるとする点で、本肢は誤っている。

イ ✗　株式会社は、単元未満株主が当該株式会社に対して**単元未満株式売渡請求**（単元未満株主が有する単元未満株式の数と併せて単元株式数となる数の株式を当該単元未満株主に売り渡すことを請求すること）をすることができる旨を定款で定めることができる（194Ⅰ）。このように、**単元未満株式売渡請求をすることができる旨の定款の定めがなければ、単元未満株主は、単元未満株式売渡請求をすることができない**。これは、単元未満株式売渡請求が募集株式の発行等の手続（199以下）によらないで自己株式を処分するという例外的な制度であるからである。よって、単元未満株主は、定款に定めがなくても、株式会社に対し、当該株主が保有する単元未満株式の数と併せて単元株式数となる数の株式を売り渡すことを請求することができるとする点で、本肢は誤っている。

ウ ◯　株主は、株式会社の営業時間内は、いつでも、株式会社に提出された議決権行使書面の閲覧又は謄写の請求をすることができる（311Ⅳ前段）。もっとも、**株主総会において決議をした事項の全部につき議決権を行使することができない株主は、311条4項の「株主」から除外されている**（310Ⅶかっこ書）。よって、本肢は正しい。

エ ✗　公開会社は、募集株式の引受人が株主となることによって有することとなる**議決権の数が総株主の議決権の数の2分の1を超える場合**には、払込期日（199Ⅰ④）の2週間前までに、株主に対し、当該引受人（**特定引受人**）の氏名又は名称及び住所、当該特定引受人が有することになる議決権の数などを通知又は公告しなければならない（206の2ⅠⅡ）。募集株式の発行等が支配株主の異動を伴う場合には、公開会社の経営に大きな影響を与えるため、株主に対する情報開示を徹底し、株主の意思を問う趣旨である。

そして、通知・公告の日から2週間以内に、**総株主の議決権の10分の1以上の議決権を有する株主が特定引受人による募集株式の引受けに反対する旨を公開会社に通知したときは、当該公開会社は、この募集株式の割当て等について、株主総会の普通決議による承認を受けなければならない**（206の2ⅣⅤ）。よって、株主総会の特別決議による承認を受けなければならないとする点で、

本肢は誤っている。

オ ◎ 　監査役設置会社の株主は、その権利を行使するため必要があるときは、裁判所の許可を得て、取締役会議事録（369Ⅲ）の閲覧又は謄写を請求することができる（371ⅡⅢ）。これは、取締役会の議事は会社の機密事項にも及ぶところ、議事録の閲覧・謄写を広く認めると、取締役会の議事が形式的になり、監督機能も低下するおそれがあるので、このような弊害を防止する趣旨に基づく。よって、本肢は正しい。

以上より、正しい肢はウとオであり、正解は5となる。

全体の 正答率	52.8%

肢別の 選択率	1	2	3	4	5
	4.7%	9.0%	15.3%	17.9%	52.8%

MEMO

司	―	［配点2点］		実施日	／	／	／
予	第20問			正誤			

　取締役会設置会社の取締役に関する次のアからオまでの各記述のうち、誤っているものを組み合わせたものは、後記1から5までのうちどれか。

　ア．判例の趣旨によれば、会社法上の公開会社でない株式会社において、取締役会の決議によるほか株主総会の決議によって代表取締役を定めることも、その旨の定款の定めがあれば、許される。

　イ．代表取締役は、自己の職務の執行の状況の取締役会への報告につき、6か月に1回、取締役の全員に対してその状況を通知することをもって、取締役会への報告を省略することも、その旨の定款の定めがあれば、許される。

　ウ．判例の趣旨によれば、取締役会を構成する取締役は、取締役会に上程された事柄について監視するにとどまらず、代表取締役による会社の業務執行一般につき、これを監視する職務を有する。

　エ．判例の趣旨によれば、取締役は、株主総会の決議によって当該取締役の報酬額が具体的に定められた場合には、その後の株主総会によってその報酬を無報酬に変更する旨の決議がされたとしても、その変更に同意しない限り、報酬請求権を失わない。

　オ．取締役会の決議に反対した取締役は、自己が反対したことを明記していない議事録に異議をとどめないで署名又は記名押印した場合には、当該決議に賛成したものとみなされる。

1．ア　ウ　　2．ア　エ　　3．イ　エ　　4．イ　オ　　5．ウ　オ

司 —	取締役会設置会社の取締役	配　点	2点
予 第20問	正解　4	部分点	—

ア ○　判例（最決平29.2.21／百選［第4版］〔41〕）は、「取締役会を置くことを当然に義務付けられているものではない非公開会社（法327条1項1号参照）が、その判断に基づき取締役会を置いた場合、株主総会は、法に規定する事項及び定款で定めた事項に限り決議をすることができることとなるが（法295条2項）、法において、この定款で定める事項の内容を制限する明文の規定はない。そして、法は取締役会をもって代表取締役の職務執行を監督する機関と位置付けていると解されるが、取締役会設置会社である非公開会社において、取締役会の決議によるほか株主総会の決議によっても代表取締役を定めることができることとしても、**代表取締役の選定及び解職に関する取締役会の権限**（法362条2項3号）が否定されるものではなく、**取締役会の監督権限の実効性を失わせるとはいえない**」として、**取締役会の決議によるほか株主総会の決議によって代表取締役を定めることができる旨の定款の定めを有効**としている。よって、本肢は正しい。

イ ×　代表取締役は、**3か月に1回以上、自己の職務の執行の状況を取締役会に報告しなければならない**（363Ⅱ）。取締役会による監督機能の実効性を図る趣旨である。この点について、取締役、会計参与、監査役又は会計監査人が取締役（監査役設置会社にあっては、取締役及び監査役）の全員に対して取締役会に報告すべき事項を通知したときは、当該事項を取締役会へ報告することを要しない（372Ⅰ）が、この**取締役会への報告の省略に関する規定は、上記の代表取締役の取締役会に対する報告については適用されない**（372Ⅱ）。よって、6か月に1回、取締役の全員に対してその状況を通知することをもって、取締役会への報告を省略することも、その旨の定款の定めがあれば、許されるとする点で、本肢は誤っている。

ウ ○　判例（最判昭48.5.22／百選［第4版］〔67〕）は、「株式会社の取締役会は会社の業務執行につき監査する地位にあるから、取締役会を構成する**取締役は、会社に対し、取締役会に上程された事柄についてだけ監視するにとどまらず、代表取締役の業務執行一般につき、これを監視**し、必要があれば、取締役会を自ら招集し、あるいは招集することを求め、取締役会を通じて業務執行が適正に行なわれるようにする職務を有する」としている。よって、本肢は正しい。

エ ○　判例（最判平4.12.18／百選［第4版］〔A23〕）は、「株式会社において、定款又は株主総会の決議（株主総会において取締役報酬の総額を定め、取締役会において各取締役に対する配分を決議した場合を含む。）によって**取締役の報酬額が具体的に定められた場合**には、その報酬額は、会社と取締役間の契約内容となり、契約当事者である会社と取締役の双方を拘束するから、**その後株主総会が当該取締役の報酬につきこれを無報酬とする旨の決議をしたとしても、当該取締役は、これに同意しない限り、右報酬の請求権を失うものではない」**

としている。よって、本肢は正しい。

オ ✕ 　取締役会の議事については、議事録を作成し、議事録が書面をもって作成されているときは、出席した取締役及び監査役は、これに署名し、又は記名押印しなければならない（369Ⅲ）。そして、取締役会の決議に参加した取締役であって取締役会議事録に異議をとどめないものは、その決議に**賛成したものと推定される**（369Ⅴ）。よって、当該決議に賛成したものとみなされるとする点で、本肢は誤っている。

以上より、誤っている肢はイとオであり、正解は4となる。

全体の 正答率	69.1%

肢別の 選択率	1	2	3	4	5
	3.0%	6.0%	20.3%	69.1%	1.7%

MEMO

司 予	— 第21問	［配点 2 点］	実施日	／	／	／
			正誤			

　大会社における取締役及び取締役会に関する次のアからオまでの各記述の
うち、正しいものを組み合わせたものは、後記 1 から 5 までのうちどれか。

　ア．監査等委員会設置会社における監査等委員である取締役の任期は、選任
　　後 2 年以内に終了する事業年度のうち最終のものに関する定時株主総会の
　　終結の時までであり、定款又は株主総会の決議によって、その任期を短縮
　　することはできない。

　イ．監査等委員会設置会社及び指名委員会等設置会社においては、社外取締
　　役を選任することが義務付けられるが、監査役会設置会社においては、社
　　外監査役を選任することが義務付けられるものの、社外取締役の選任が義
　　務付けられることはない。

　ウ．取締役会を招集する取締役が定款又は取締役会で定められている場合で
　　も、監査等委員会が選定する監査等委員又は監査委員会が選定する監査委
　　員は、取締役会を招集することができる。

　エ．監査等委員は、監査等委員会設置会社の取締役会において、監査委員は、指
　　名委員会等設置会社の取締役会において、それぞれ意見を述べることがで
　　きるが、監査役は、取締役ではないから、監査役会設置会社の取締役会に
　　おいて意見を述べることができない。

　オ．監査役会設置会社及び監査等委員会設置会社の取締役会は、株式会社の
　　業務並びに当該株式会社及びその子会社から成る企業集団の業務の適正を
　　確保するために必要なものとして法務省令で定める体制の整備に係る決定
　　を取締役に委任することができないが、指名委員会等設置会社の取締役会
　　は、当該決定を執行役に委任することができる。

1．ア　ウ　　2．ア　エ　　3．イ　エ　　4．イ　オ　　5．ウ　オ

司 ―	大会社における取締役及び取締役会	配 点	2点
予 第21問	正解　1	部分点	―

ア ◯　取締役の任期は、**選任後2年以内に終了する事業年度のうち最終のものに関する定時株主総会の終結の時まで**とする。ただし、定款又は株主総会の決議によって、その任期を短縮することを妨げない（332Ⅰ）。しかし、**監査等委員である取締役の任期については、定款又は株主総会の決議によって、その任期を短縮することはできない**（332Ⅳ）。監査役の場合（336Ⅰ参照）と同様に、監査等委員である取締役の地位を安定・強化し、経営陣からの独立性を担保しようとする趣旨である。よって、本肢は正しい。

【参考文献】会社法・280頁

イ ☒　**監査等委員会設置会社**においては、監査等委員である取締役は、3人以上で、その過半数は、社外取締役でなければならない（331Ⅵ）。また、**指名委員会等設置会社**においては、各委員会の委員の過半数は、社外取締役でなければならない（400Ⅲ）。したがって、監査等委員会設置会社及び指名委員会等設置会社においては、社外取締役を選任することが義務付けられるといえる。

次に、**監査役会設置会社**においては、監査役は、3人以上で、そのうち半数以上は、社外監査役でなければならない（335Ⅲ）。また、**監査役会設置会社（公開会社であり、かつ、大会社であるものに限る）**であって金融商品取引法24条1項の規定によりその発行する株式について**有価証券報告書を内閣総理大臣に提出しなければならないものは、社外取締役を置かなければならない**（327の2）。したがって、監査役会設置会社においても、社外取締役の選任が義務付けられることがある。よって、監査役会設置会社においては、社外取締役の選任が義務付けられることはないとする点で、本肢は誤っている。

ウ ◯　監査等委員会設置会社においては、取締役会の招集権者の定めがある場合であっても、**監査等委員会が選定する監査等委員は、取締役会を招集することができる**（399の14）。また、指名委員会等設置会社においては、取締役会の招集権者の定めがある場合であっても、**指名委員会等**（指名委員会、監査委員会及び報酬委員会、2⑫）**がその委員の中から選定する者は、取締役会を招集することができる**（417Ⅰ）。したがって、監査委員会が選定する監査委員も、取締役会を招集することができる。よって、本肢は正しい。

エ ☒　監査等委員会設置会社の監査等委員は、取締役でなければならない（399の2Ⅱ）。また、指名委員会等設置会社の監査委員は、取締役の中から選定される（400Ⅱ）。したがって、監査等委員及び監査委員は、取締役会において、取締役としてそれぞれ意見を述べることができる。

次に、**監査役**は、取締役ではない（335Ⅱ参照）ものの、**取締役会に出席し、必要があると認めるときは、意見を述べなければならない**（383Ⅰ本文）。よって、監査役は、監査役会設置会社の取締役会において意見を述べることができないとする点で、本肢は誤っている。

オ ☒ 　監査役設置会社の**取締役会**は、株式会社の業務並びに当該株式会社及びその子会社から成る企業集団の業務の適正を確保するために必要なものとして法務省令で定める体制の整備に係る決定を**取締役に委任することができない**（362Ⅳ⑥）。

　また、監査等委員会設置会社及び指名委員会等設置会社の取締役会は、株式会社の業務並びに当該株式会社及びその子会社から成る企業集団の業務の適正を確保するために必要なものとして法務省令で定める体制の整備（399の13Ⅰ①ハ、416Ⅰ①ホ）を行い、**取締役会がこれを決定しなければならない**（399の13Ⅱ、416Ⅱ）。よって、指名委員会等設置会社の取締役会は、当該決定を執行役に委任することができるとする点で、本肢は誤っている。

以上より、正しい肢はアとウであり、正解は1となる。

全体の正答率	49.8%

肢別の選択率	1	2	3	4	5
	49.8%	2.7%	5.0%	14.0%	28.2%

MEMO

実施日	／	／	／
正誤			

司予 第22問　［配点 2 点］

取締役会設置会社（監査等委員会設置会社を除く。）の取締役の当該会社に対する損害賠償責任に関する次のアからオまでの各記述のうち、正しいものを組み合わせたものは、後記 1 から 5 までのうちどれか。

ア．取締役が自己又は第三者のために当該会社と取引をした場合において、当該取引によって当該会社に損害が生じたときは、当該取締役は、取締役会において、当該取引につき重要な事実を開示し、その承認を受けていたとしても、取締役の任務を怠ったものと推定される。

イ．取締役が自己又は第三者のために当該会社の事業の部類に属する取引をした場合において、当該取引によって当該会社に損害が生じたときは、当該取締役は、取締役会において、当該取引につき重要な事実を開示し、その承認を受けていたとしても、取締役の任務を怠ったものと推定される。

ウ．取締役が自己又は第三者のために当該会社と取引をした場合において、当該取締役が、取締役会において、当該取引につき重要な事実を開示せず、その承認を受けていなかったときは、当該取引によって当該取締役又は当該第三者が得た利益の額は、当該取締役の任務懈怠によって生じた損害の額と推定される。

エ．取締役が自己又は第三者のために当該会社と取引をした場合において、当該取引によって当該会社に損害が生じたときは、当該取締役又は当該第三者と当該取引をすることを決定した当該会社の代表取締役は、任務を怠ったことが当該代表取締役の責めに帰することができない事由によるものであることを証明することにより、その責任を免れることができる。

オ．当該会社が取締役の債務の保証をすることその他取締役以外の者との間において当該会社と取締役との利益が相反する取引をした場合において、当該取引によって当該会社に損害が生じたときは、当該取締役は、任務を怠ったことが当該取締役の責めに帰することができない事由によるものであることを証明しても、その責任を免れることができない。

1．ア　エ　　2．ア　オ　　3．イ　ウ　　4．イ　エ　　5．ウ　オ

司 —	取締役の責任	配 点	2点
予 第22問	正解　1	部分点	—

ア　○　取締役が自己又は第三者のために当該会社と取引をした場合（**直接取引**、356Ⅰ②・365Ⅰ）において、当該取引によって株式会社に損害が生じたときは、当該取締役は、その**任務を怠ったものと推定される**（423Ⅲ）。**この規定は、当該取締役が取締役会において、当該取引につき重要な事実を開示し、その承認を受けていたとしても適用される。**その理由として、①423条３項は、423条２項と異なり、356条１項の規定に「違反して」取引したことを要件としていないこと、②取締役会の承認を得ずに利益相反取引（356Ⅰ②③）をした場合には、356条１項・365条１項違反として任務懈怠（423Ⅰ）となる以上、423条３項の意義は、取締役が取締役会において重要な事実を開示し、その承認を受けた利益相反取引であっても、その取引によって株式会社に損害が生じたときに取締役の任務懈怠を推定する点にあることなどが挙げられている。よって、本肢は正しい。

　　なお、監査等委員会設置会社の取締役（監査等委員であるものを除く）が利益相反取引につき監査等委員会の承認を受けたときは、423条３項の規定は適用されない（423Ⅳ）。

【参考文献】会社法・225頁、新基本法コンメ２・370頁

イ　×　肢アの解説のとおり、**利益相反取引**（356Ⅰ②③）によって株式会社に損害が生じたときは、取締役は、その**任務を怠ったものと推定される**（423Ⅲ）。このように、取締役の任務懈怠の推定に関する423条３項は、利益相反取引がなされた場合について規定するものであり、**競業取引**（356Ⅰ①）がなされた場合について規定するものではない。したがって、取締役が競業取引をした場合において、当該取締役が取締役会の承認を受けていたかどうかにかかわらず、当該取引によって当該会社に損害が生じたとしても、当該取締役はその任務を怠ったものと推定されることはない。よって、当該取締役は、取締役会において、当該取引につき重要な事実を開示し、その承認を受けていたとしても、取締役の任務を怠ったものと推定されるとする点で、本肢は誤っている。

ウ　×　取締役が356条１項の規定に違反して**競業取引**（356Ⅰ①）をしたときは、**当該取引によって取締役又は第三者が得た利益の額**は、当該取締役の任務懈怠によって生じた**損害の額と推定される**（423Ⅱ）。このように、損害額の推定に関する423条２項は、競合取引がなされた場合について規定するものであり、利益相反取引（356Ⅰ②③）がなされた場合について規定するものではない。したがって、取締役が利益相反取引をした場合において、当該取締役が取締役会の承認を受けていなかったとき、当該取引によって当該取締役又は当該第三者が得た利益の額は、当該取締役の任務懈怠によって生じた損害の額と推定されることはない。よって、当該取引によって当該取締役又は当該第三者が得た利益の額は、当該取締役の任務懈怠によって生じた損害の額と推定されるとする

点で、本肢は誤っている。

エ ◯　　肢アの解説のとおり、取締役が自己又は第三者のために当該会社と取引をした場合（**直接取引**、356Ⅰ②、365Ⅰ）において、当該取引によって株式会社に損害が生じたときは、当該取締役は、その**任務を怠ったものと推定される**（423Ⅲ）。もっとも、**自己のために直接取引をした取締役**を除き、利益相反取引に関与した取締役は、任務を怠ったことが当該取締役の責めに帰することができない事由によるものであることを証明することにより、その責任を免れることができる（428Ⅰ）。よって、本肢は正しい。

オ ✕　　株式会社が取締役の債務を保証することその他取締役以外の者との間において株式会社と当該取締役との利益が相反する取引（**間接取引**、356Ⅰ③）をした場合において、当該取引によって株式会社に損害が生じたときは、当該取締役は、その任務を怠ったものと推定される（423Ⅲ）。もっとも、肢エの解説のとおり、**自己のために直接取引をした取締役**を除き、利益相反取引に関与した取締役は、任務を怠ったことが当該取締役の責めに帰することができない事由によるものであることを証明することにより、その責任を免れることができる（428Ⅰ）。

　　したがって、間接取引の取締役（423Ⅲ①）は、自己のために直接取引をした取締役ではないので、当該取締役は、任務を怠ったことが当該取締役の責めに帰することができない事由によるものであることを証明することにより、その責任を免れることができる（428Ⅰ）。よって、当該取締役は、任務を怠ったことが当該取締役の責めに帰することができない事由によるものであることを証明しても、その責任を免れることができないとする点で、本肢は誤っている。

以上より、正しい肢はアとエであり、正解は1となる。

全体の正答率	32.2%

肢別の選択率	1	2	3	4	5
	32.2%	22.3%	13.6%	7.3%	24.6%

MEMO

司 予 第23問	［配点2点］	実施日	／	／	／
		正誤			

　株式会社を消滅会社とする吸収合併と株式会社を譲渡会社とする事業譲渡に関する次のアからオまでの各記述のうち、正しいものを組み合わせたものは、後記1から5までのうちどれか。

　ア．吸収合併及び事業譲渡は、いずれも、株主総会の決議によって吸収合併契約又は事業譲渡契約の承認を受けることを要しない場合がある。

　イ．吸収合併の場合には、消滅会社はそれによって当然に解散し、事業の全部の譲渡の場合にも、譲渡会社はそれによって当然に解散する。

　ウ．吸収合併及び事業譲渡は、いずれも、訴えによらなければその無効を主張することができない。

　エ．吸収合併及び事業譲渡は、いずれも、吸収合併契約又は事業譲渡契約において、会社法所定の事項を定めなければならない。

　オ．吸収合併及び事業譲渡は、いずれも、合併対価又は譲渡される事業の対価として交付される財産の種類は金銭に限定されない。

1．ア　ウ　　2．ア　オ　　3．イ　ウ　　4．イ　エ　　5．エ　オ

| 司 | — | 吸収合併と事業譲渡 | 配 点 | 2点 |
| 予 | 第23問 | 正解　2 | 部分点 | — |

ア ◯　吸収合併消滅株式会社は、効力発生日の前日までに、株主総会の特別決議（309Ⅱ⑫）によって、吸収合併契約の承認を受けなければならないのが原則である（783Ⅰ）。もっとも、**吸収合併存続会社が消滅株式会社の特別支配会社**（468Ⅰ参照）である場合には、吸収合併消滅株式会社は、株主総会の決議によって吸収合併契約の承認を受けることを要しない（**略式手続**、784Ⅰ本文）。これは、被支配会社における承認決議の成立が確実視されるため、手続の簡素化の観点から、例外的に承認決議を不要としたものである。

　また、株式会社は、事業譲渡等（467Ⅰ各号参照）をする場合には、効力発生日の前日までに、株主総会の特別決議（309Ⅱ⑪）によって、事業譲渡契約の承認を受けなければならないのが原則である（467Ⅰ柱書）。もっとも、**事業譲渡に係る契約の相手方が当該事業譲渡をする株式会社の特別支配会社である場合**には、譲渡会社は、株主総会の決議によって事業譲渡契約の承認を受けることを要しない（468Ⅰ）。これも、上記と同じ趣旨である。よって、本肢は正しい。

イ ×　**吸収合併消滅株式会社は、合併によって当然に解散する**（471④）。

　他方、事業の全部の譲渡（467Ⅰ①）は、株式会社の解散事由（471各号）に該当しないので、譲渡会社は事業の全部の譲渡によって当然に解散するものでない。よって、事業の全部の譲渡の場合にも、譲渡会社はそれによって当然に解散するとする点で、本肢は誤っている。

ウ ×　**会社の吸収合併の無効**は、吸収合併の効力が生じた日から6か月以内に、**訴えをもってのみ主張することができる**（828Ⅰ⑦）。

　他方、**事業譲渡の無効**は、訴えをもってのみ主張することができる旨の規定は存在しない（828Ⅰ各号参照）ので、**当然に無効であり、いつでも誰でも、事業譲渡の無効を主張することができる**（最判昭61.9.11／百選［第4版］〔5〕）。よって、事業譲渡は、訴えによらなければその無効を主張することができないとする点で、本肢は誤っている。

【参考文献】江頭・1013頁、田中・707頁

エ ×　会社が**吸収合併**をする場合において、吸収合併存続会社は、吸収合併契約において、**会社法所定の事項**（存続会社・消滅会社の商号・住所など）**を定めなければならない**（749Ⅰ、751Ⅰ）。

　他方、会社が**事業譲渡**をする場合において、株式会社は、株式会社の決議によって、事業譲渡に係る契約の承認を受けなければならない（467Ⅰ）が、合併等の場合と異なり、**会社法所定の事項を定めなければならない旨の規定は存在しない**。よって、事業譲渡は、事業譲渡契約において、会社法所定の事項を定めなければならないとする点で、本肢は誤っている。

【参考文献】神田・379頁

オ ◎ 　**吸収合併**において、吸収合併存続株式会社から消滅会社の株主に対して交付される合併対価は、**金銭等**（金銭その他の財産、151Ⅰ参照）であればよく、その**種類に法律上の制限はない**ので、吸収合併存続株式会社の株式（749Ⅰ②イ）や新株予約権（749Ⅰ②ハ）などでもよい。

　　　また、**事業譲渡**において、譲受会社から譲渡会社に対して交付される事業の対価は、通常は**金銭である**が、**譲受会社の株式や持分など**でもよい。よって、本肢は正しい。

　　　【参考文献】田中・649頁、705頁

以上より、正しい肢はアとオであり、正解は2となる。

全体の 正答率	63.5%

肢別の 選択率	1	2	3	4	5
	4.0%	63.5%	1.7%	3.0%	27.9%

MEMO

司 ―
予 第24問　　［配点 2 点］

実施日	／	／	／
正誤			

　株主総会決議取消しの訴え又は株主総会決議不存在確認の訴えに関する次の 1 から 5 までの各記述のうち、判例の趣旨に照らし誤っているものはどれか。

1．株主総会決議無効確認の訴えにおいて、株主総会決議の無効原因として主張された瑕疵が株主総会決議の取消原因に該当しており、株主総会決議取消しの訴えの原告適格、出訴期間等の要件を満たしている場合には、株主総会決議取消しの請求を追加する訴えの変更が出訴期間経過後にされても、当該株主総会決議取消しの訴えは、適法である。

2．取締役を選任する株主総会決議（第一決議）の不存在確認を求める訴訟の係属中、第一決議で選任された取締役によって構成される取締役会の招集決定に基づき同取締役会で選任された代表取締役が招集した株主総会において新たに取締役を選任する株主総会決議（第二決議）がされた場合において、第一決議が存在しないことを理由とする第二決議の不存在確認を求める訴えが提起され、第一決議の不存在確認を求める訴えに併合されているときは、特段の事情のない限り、第一決議の不存在確認を求める訴えには確認の利益が認められる。

3．取締役に対する退職慰労金支給の株主総会決議（第一決議）の取消しを請求する訴訟の係属中、第一決議と同一の内容を持ち、かつ、第一決議の取消しが確定した場合に遡って効力を生ずるとされる株主総会決議（第二決議）がされた場合において、第二決議について株主総会決議取消しの訴えの提起等がなく有効であることが確定したときは、特段の事情のない限り、第一決議の株主総会決議取消しの訴えは、訴えの利益を欠く。

4．株主総会決議の取消しを請求する訴訟の係属中、株主である原告が死亡した場合には、株主の株主総会決議取消請求権などの共益権は一身専属的権利であるため、当該訴訟は、原告の死亡によって終了し、相続により株式を取得した相続人が承継することはない。

5．株主総会招集の手続又はその決議の方法に性質、程度等からみて重大な瑕疵がある場合には、その瑕疵が決議の結果に影響を及ぼさないと認められるようなときでも、裁判所が株主総会決議取消しの請求を棄却することは許されない。

司	—	株主総会決議の瑕疵を争う訴え	配　点	2点
予	第24問	正解　4	部分点	—

1　○　判例（最判昭54.11.16／百選［第 4 版］〔40〕）は、会社法が「株主総会決議取消の訴と同無効確認の訴とを区別して規定しているのは、右決議の取消原因とされる手続上の瑕疵がその無効原因とされる内容上の瑕疵に比してその程度が比較的軽い点に着目し、会社関係における法的安定要請の見地からこれを主張しうる原告適格を限定するとともに出訴期間を制限したことによるものであって、もともと、株主総会決議の取消原因と無効原因とでは、その決議の効力を否定すべき原因となる点においてその間に差異があるためではない。このような法の趣旨に照らすと、**株主総会決議の無効確認を求める訴において決議無効原因として主張された瑕疵が決議取消原因に該当しており、しかも、決議取消訴訟の原告適格、出訴期間等の要件をみたしているときは、たとえ決議取消の主張が出訴期間経過後になされたとしても、なお決議無効確認訴訟提起時から提起されていたものと同様に扱うのを相当とし、本件取消訴訟は出訴期間遵守の点において欠けるところはない**」としている。よって、本肢は正しい。

2　○　判例（最判平11.3.25）は、本肢と同様の事案において、「取締役を選任する先の株主総会の決議が存在するものとはいえない場合においては、その総会で選任されたと称する取締役によって構成される取締役会の招集決定に基づき右取締役会で選任された代表取締役が招集した後の株主総会において新たに取締役を選任する決議がされたとしても、その決議は、**いわゆる全員出席総会においてされたなどの特段の事情がない限り、法律上存在しないものといわざるを得ず、この瑕疵が継続する限り、以後の株主総会において新たに取締役を選任することはできない**」とした上で、「右のような事情の下で瑕疵が継続すると主張されている場合においては、**後行決議の存否を決するためには先行決議の存否が先決問題**となり、その判断をすることが不可欠である。先行決議と後行決議がこのような関係にある場合において、**先行決議の不存在確認を求める訴え**に後行決議の不存在確認を求める訴えが併合されているときは、後者について確認の利益があることはもとより、前者についても、民訴法145条 1 項の法意に照らし、**当然に確認の利益が存する**」としている。よって、本肢は正しい。

3　○　判例（最判平4.10.29）は、取締役に対する退職慰労金贈呈の株主総会決議（第一決議）の取消しの訴えの係属中に、第一決議と同一の内容を持ち、かつ、第一決議の取消しが確定した場合に遡って効力を生ずるとされる株主総会決議（第二決議）が確定した場合においては、「仮に第一の決議に取消事由があるとしてこれを取消したとしても、その判決の確定により、第二の決議が第一の決議に代わってその効力を生ずることになるのであるから、第一の決議の取消しを求める実益はなく」、他に訴えの利益を肯定すべき特別の事情がない限り、**第一決議の株主総会決議取消しの訴えの利益は失われる**としている。よっ

て、本肢は正しい。

4　×　判例（最大判昭45.7.15／百選［第3版］〔13〕）は、株主総会決議取消請求権などの共益権について、「共益権をもって社員の一身専属的な権利であるとし、譲渡または相続の対象となりえないと解するいわれはない」とした上で、株主総会決議の取消しを請求する訴訟の係属中に株主である原告が死亡した場合において、当該訴訟は、原告の死亡によって終了するものではなく、**相続人が当該訴訟の原告の地位を承継する**ことを認めている。その理由として、判例は、「原告たる被相続人の死亡により同人の提起した訴訟が当然に終了するものとするならば、……被相続人の死亡当時すでにその提訴期間を経過しているときは、相続人は新たに訴を提起することができず、原告たる**被相続人の死亡なる偶然の事情により、社員がすでに着手していた社員総会決議のかしの是正の途が閉ざされるという不合理な結果となる**」ことを挙げている。よって、株主の株主総会決議取消請求権などの共益権は一身専属的権利であるため、当該訴訟は、原告の死亡によって終了し、相続により株式を取得した相続人が承継することはないとする点で、本肢は誤っている。

5　○　株主総会決議取消しの訴えの提起があった場合において、株主総会等の招集の手続又は決議の方法が法令又は定款に違反するときであっても、裁判所は、その違反する事実が重大でなく、かつ、決議に影響を及ぼさないものであると認めるときは、株主総会決議取消しの請求を棄却することができる（**裁量棄却**、831Ⅱ）。そして、判例（最判昭46.3.18／百選［第4版］〔38〕）は、「株主総会招集の手続またはその決議の方法に性質、程度等から見て**重大な瑕疵がある場合**には、その**瑕疵が決議の結果に影響を及ぼさないと認められるようなとき**でも、裁判所は、決議取消の請求を認容すべきであって、これを**棄却することは許されない**」としている。よって、本肢は正しい。

以上より、誤っている肢は4であり、正解は4となる。

全体の正答率	64.5%		肢別の選択率	1	2	3	4	5
				11.6%	3.7%	5.0%	64.5%	15.3%

MEMO

司予	―		［配点２点］	実施日	／	／	／
	第25問			正誤			

剰余金の配当に関する規制についての次のアからオまでの各記述のうち、誤っているものを組み合わせたものは、後記１から５までのうちどれか。

ア．会計監査人設置会社である監査役会設置会社であって取締役の任期が選任後１年以内に終了する事業年度のうち最終のものに関する定時株主総会の終結の時までである株式会社は、金銭による剰余金の配当について取締役会が定めることができる旨を定款で定めることができる。

イ．株式会社は、株主に金銭以外の財産を配当する場合には、株主総会の特別決議により、当該配当財産に代えて金銭を交付することを当該株式会社に対して請求する権利を株主に与える旨を定めなければならない。

ウ．株式会社が剰余金の配当をする場合には、当該配当により減少する剰余金の額に１０分の１を乗じて得た額を準備金として計上しなければならないものの、配当を行った日における準備金の額が資本金の額の４分の１以上であるときは、これを計上する必要はない。

エ．株式会社が分配可能額を超えて剰余金の配当を行ったときは、当該配当に関する職務を行った業務執行者は、当該株式会社に対し、連帯して、当該配当を受けた者が交付を受けた金銭等の帳簿価額に相当する金銭を支払う義務を負い、その職務を行うについて注意を怠らなかったことを証明してもその義務を免れない。

オ．株式会社が株主に剰余金の配当を行った場合において、配当を行った日の属する事業年度に係る計算書類の承認を受けた時において欠損が生じたときは、当該分配に関する職務を行った業務執行者は、当該株式会社に対し、連帯して、欠損の額を支払う義務を負うものの、定時株主総会の決議によって剰余金の配当を行った場合には、その義務を負わない。

１．アウ　　２．アオ　　３．イウ　　４．イエ　　５．エオ

司 —	剰余金の配当	配 点	2点
予 第25問	正解 4	部分点	—

ア ○ 会計監査人設置会社（取締役の任期の末日が選任後1年以内に終了する事業年度のうち最終のものに関する定時株主総会の終結の日後の日であるもの及び監査役設置会社であって監査役会設置会社でないものを除く）は、**金銭による剰余金の配当（454Ⅰ）について取締役会が定めることができる旨を定款で定めることができる**（459Ⅰ④本文）。金銭による剰余金の配当を取締役会が決定することにより、さまざまな事情を考慮した上でタイムリーな配当が可能となる。また、取締役の任期が1年を超えない会社に限定されているのは、株主が取締役に対してコントロールを及ぼす機会を増やすことを通じて、適切な配当政策を図ろうとする趣旨に基づくものである。よって、本肢は正しい。

イ ✕ 剰余金の配当（453）は、原則として、株主総会の普通決議によって行われる（454Ⅰ、309Ⅰ）。そして、株式会社は、「金銭以外の財産」を配当財産とすること（**現物配当**）も可能であるが、そのときは、**株主総会の普通決議によって、株主に金銭分配請求権**（当該配当財産に代えて金銭を交付することを株式会社に対して請求する権利、454Ⅳ①かっこ書）**を与えることができる**（454Ⅳ柱書本文）。もっとも、配当財産が「金銭以外の財産」（**現物配当**）であり、かつ、株主に**金銭分配請求権を与えない場合には、株主総会の特別決議**によらなければならない（454Ⅳ、309Ⅱ⑩）。これは、剰余金の配当は金銭でなされることが通常であり、株主もそのように期待するのが通常であることや、現物の換金が困難な場合がありうることから、株主の利益に配慮するための規定である。

以上のとおり、金銭分配請求権の付与は任意の措置であり、常に保障されているわけではない。よって、株主総会の特別決議により、当該配当財産に代えて金銭を交付することを当該株式会社に対して請求する権利を株主に与える旨を定めなければならないとする点で、本肢は誤っている。

【参考文献】会社法・415頁、新基本法コンメ2・444頁

ウ ○ 剰余金の配当をする場合には、株式会社は、当該剰余金の配当により減少する剰余金の額に10分の1を乗じて得た額を準備金（資本準備金又は利益準備金のこと）として計上しなければならない（445Ⅳ）。配当による過剰な財産流出を抑え、会社債権者を保護するためである。もっとも、**剰余金の配当を行った日における準備金の額**（資本準備金と利益準備金の合計額）**が資本金の額の4分の1**（基準資本金額、計規22Ⅰ①参照）**に達したときは、それ以上に準備金を増額する必要はない**（445Ⅳ、計規22Ⅱ、23②）。よって、本肢は正しい。

【参考文献】田中・444頁

エ ✕ 株式会社が分配可能額（461Ⅱ）を超えて剰余金の配当（461Ⅰ⑧）をした場合には、当該配当を受けた者及び当該配当に関する職務を行った業務執行者

は、当該株式会社に対し、連帯して、当該配当を受けた者が交付を受けた金銭等の帳簿価額に相当する金銭を支払う義務を負う（462Ⅰ柱書）。もっとも、**当該業務執行者は、その職務を行うについて注意を怠らなかったことを証明したときは、分配可能額規制違反の責任を負わない**（462Ⅱ）。よって、その職務を行うについて注意を怠らなかったことを証明してもその義務を免れないとする点で、本肢は誤っている。

オ 〇　株式会社が剰余金の配当をした場合において、その配当を行った日の属する事業年度に係る計算書類の承認を受けた時において欠損（分配可能額がマイナスになることをいい、その額を欠損の額という）が生じたときは、当該分配に関する職務を行った業務執行者は、当該株式会社に対し、連帯して、欠損の額を支払う義務を負う（**欠損填補責任**、465Ⅰ本文）。もっとも、**定時株主総会において剰余金の配当が定められた場合には、欠損填補責任は生じない**（465Ⅰ⑩イ）。これは、沿革上、欠損填補責任が事業年度途中になされる分配行為についての責任として定められたものであり、前事業年度の確定した計算書類をもとに分配がなされる場合に欠損填補責任を負わせるのは、もともとの制度趣旨にそぐわないからである。よって、本肢は正しい。

【参考文献】田中・459頁、会社法・413頁

以上より、誤っている肢はイとエであり、正解は4となる。

全体の正答率	31.6%

肢別の選択率	1	2	3	4	5
	7.6%	14.0%	22.9%	31.6%	23.6%

MEMO

司 予 第26問	［配点2点］	実施日	／	／	／
		正誤			

　株式会社の解散及び清算に関する次のアからオまでの各記述のうち、誤っているものを組み合わせたものは、後記1から5までのうちどれか。

　　ア．清算株式会社の清算人については、定款で定める者及び株主総会の決議によって選任された者がいない場合には、当該会社に取締役がいるときであっても、利害関係人の申立てにより、裁判所が選任する。

　　イ．清算人は、清算株式会社の財産がその債務を完済するのに足りないことが明らかになったときは、直ちに破産手続開始の申立てをしなければならない。

　　ウ．清算人は、清算人会の承認を受けた決算報告を株主総会に提出してその承認を受けた場合には、その職務の執行に関し不正の行為があったときを除き、任務を怠ったことによる損害賠償の責任を免除されたものとみなされる。

　　エ．代表清算人は、清算株式会社の本店の所在地における清算結了の登記の時から10年間、当該会社の帳簿を保存しなければならない。

　　オ．株式会社は、株主総会の決議によって解散した時に消滅する。

1．ア　イ　　2．ア　オ　　3．イ　エ　　4．ウ　エ　　5．ウ　オ

司 —／予第26問	株式会社の解散及び清算 正解 2	配 点	2点
		部分点	—

ア ✕ 清算人の就任について、478条1項は、「定款で定める者」（478Ⅰ②）又は「株主総会の決議によって選任された者」（478Ⅰ③）が清算株式会社の清算人となり、これらの者がいない場合には、「取締役」（478Ⅰ①）が清算人となる旨規定している。そして、この規定により清算人となる者がいない場合には、利害関係人の申立てにより、裁判所が清算人を選任する（478Ⅱ）。よって、当該会社に取締役がいるときであっても、利害関係人の申立てにより、裁判所が選任するとする点で、本肢は誤っている。

イ ◯ 清算株式会社の財産がその債務を完済するのに足りないことが明らかになったときは、清算人は、直ちに破産手続開始の申立てをしなければならない（484Ⅰ）。よって、本肢は正しい。

ウ ◯ 清算人は、決算報告（清算人会設置会社においては、清算人会の承認を受けた決算報告、507Ⅱ）を株主総会に提出し、又は提供し、その承認を受けなければならない（507Ⅲ）。そして、提出された決算報告につき株主総会の承認を受けた場合には、清算人の職務の執行に関し不正の行為があったときを除き、任務を怠ったことによる清算人の損害賠償の責任は、免除されたものとみなされる（507Ⅳ）。よって、本肢は正しい。

エ ◯ 清算人（清算人会設置会社にあっては、代表清算人（489Ⅶ①）など）は、清算株式会社の本店の所在地における清算結了の登記の時から10年間、清算株式会社の帳簿並びにその事業及び清算に関する重要な資料（帳簿資料）を保存しなければならない（508Ⅲ）。よって、本肢は正しい。

オ ✕ 株式会社は、株主総会の決議によって解散する（471③）。そして、株式会社は、株主総会の決議によって解散した場合には、清算をしなければならず（475Ⅰ①）、清算をする株式会社は、清算の目的の範囲内において、清算が結了するまではなお存続するものとみなされる（476）。清算株式会社の法人格は、清算手続の結了とともに消滅する。よって、株式会社は、株主総会の決議によって解散した時に消滅するとする点で、本肢は誤っている。

以上より、誤っている肢はアとオであり、正解は2となる。

全体の正答率	41.5%

肢別の選択率	1	2	3	4	5
	8.0%	41.5%	4.3%	2.0%	43.2%

司予	— 第27問	［配点2点］		実施日	／	／	／
				正誤			

　営業又は事業の譲渡に関する次のアからオまでの各記述のうち、正しいものを組み合わせたものは、後記1から5までのうちどれか。

　ア．営業又は事業の譲渡の効果として、特段の手続を要することなく、営業又は事業を構成する資産及び債権債務は譲渡人から譲受人に当然に移転する。

　イ．判例の趣旨によれば、単なる事業用財産の譲渡は、たとえそれが譲渡会社に重大な影響を及ぼすようなものであっても事業の譲渡に該当しない。

　ウ．営業又は事業の譲渡が行われた場合に生じる譲渡人の競業避止義務は、譲渡人と譲受人との間の合意によってもこれを免除することはできない。

　エ．営業又は事業の譲渡人が、譲受人に承継されない債務の債権者を害することを知って営業又は事業を譲渡し、当該譲受人が、当該譲渡の効力が生じた時までに当該債権者を害することを知っていた場合には、当該譲受人が当該譲渡人の商号を続用しないときであっても、当該債権者は、当該譲受人に対し、承継した財産の価額を限度として、当該債務の履行の請求をすることができる。

　オ．判例の趣旨によれば、預託金会員制のゴルフクラブが設けられているゴルフ場の営業又は事業の譲受人が、当該ゴルフクラブの名称を続用しており、当該ゴルフクラブの名称が当該ゴルフ場の営業又は事業の主体を表示するものである場合であっても、当該譲受人は、譲渡人の商号を続用していない限り、当該ゴルフクラブの会員が当該譲渡人に交付した預託金の返還義務を負わない。

1．ア　イ　　2．ア　ウ　　3．イ　エ　　4．ウ　オ　　5．エ　オ

司 ―	営業又は事業の譲渡	配　点	2点
予 第27問	正解　3	部分点	―

ア ✕　営業譲渡（商15以下）・事業譲渡（会社467）とは、一定の営業・事業目的により組織化された有機的一体として機能する財産の移転を目的とする債権契約をいう。そして、営業・事業譲渡は、当然に権利義務関係が包括的に承継される組織法上の契約である合併と異なり、1個の債権契約にすぎない。したがって、**譲渡人は、その営業・事業を構成する個々の資産や債権債務について、譲受人に個別に移転する義務を負う。**よって、営業又は事業の譲渡の効果として、特段の手続を要することなく、営業又は事業を構成する資産及び債権債務は譲渡人から譲受人に当然に移転するとする点で、本肢は誤っている。

　　　【参考文献】弥永・総則商行為・48頁以下

イ ◯　判例（最大判昭40.9.22／会社法百選［第4版］〔82〕・商法百選［初版］〔15〕）は、事業の譲渡（会社467）とは、**一定の事業目的のため組織化され、有機的一体として機能する財産（得意先関係等の経済的価値のある事実関係を含む）の全部又は重要な一部を譲渡し、これによって、譲渡会社がその財産によって営んでいた事業活動の全部又は重要な一部を譲受人に受け継がせ、譲渡会社がその譲渡の限度に応じ法律上当然に競業避止義務を負う結果を伴うもの**をいう旨判示した上で、**譲渡会社がする単なる事業用財産の譲渡**ではなく、それよりも重要である事業の譲渡に該当するものについて規制を加えるものである旨判示している。したがって、単なる事業用財産の譲渡は、それが譲渡会社に重大な影響を及ぼすようなものであっても事業の譲渡には該当しない。よって、本肢は正しい。

　　　【参考文献】近藤・総則商行為・111頁

ウ ✕　営業・事業の譲渡人は、当事者の別段の意思表示がない限り、同一の市町村の区域内及びこれに隣接する市町村の区域内においては、その営業・事業を譲渡した日から20年間は、同一の営業・事業を行ってはならない（**競業避止義務**、商16Ⅰ、会社21Ⅰ）。この規定は、当事者の合理的意思を推定したものにすぎず、**当事者間の合意によって競業避止義務を免除することができる。**よって、競業避止義務は、譲渡人と譲受人との間の合意によってもこれを免除することはできないとする点で、本肢は誤っている。

　　　【参考文献】弥永・総則商行為・52頁

エ ◯　譲渡人が譲受人に承継されない債務の債権者（**残存債権者**）を害することを知って営業・事業を譲渡した場合には、残存債権者は、その**譲受人が営業・事業の譲渡の効力が生じた時において残存債権者を害することを知らなかったときを除き、その譲受人に対して、承継した財産の価額を限度として、当該債務の履行を請求することができる**（商18の2Ⅰ、会社23の2Ⅰ）。これらの規定は、商号の続用がなく商法17条・会社法22条が適用されない場合であっても、詐害的な営業・事業譲渡が行われたときには債権者を保護する必要

があるため、譲受人が営業・事業譲渡の効力が生じた時に残存債権者を害すること知っていた場合に、残存債権者に譲受人に対する履行請求権を認めたものである。よって、本肢は正しい。

【参考文献】近藤・総則商行為・117頁

オ ☒ 判例（最判平16.2.20／商法百選［初版］〔18〕）は、譲受人が譲渡人の商号は続用しなかったものの、預託金会員制のゴルフクラブの名称を用いてゴルフ場の経営をしていた事案において、「預託金会員制のゴルフクラブの名称がゴルフ場の営業主体を表示するものとして用いられている場合において、ゴルフ場の営業の譲渡がされ、譲渡人が用いていたゴルフクラブの名称を譲受人が継続して使用しているときには、**譲受人が譲受後遅滞なく当該ゴルフクラブの会員によるゴルフ場施設の優先的利用を拒否したなどの特段の事情**がない限り、会員において、同一の営業主体による営業が継続しているものと信じたり、営業主体の変更があったけれども譲受人により譲渡人の債務の引受けがされたと信じたりすることは、無理からぬものというべきである。したがって、譲受人は、上記特段の事情がない限り、商法26条1項［注：現**商法17条1項、会社法22条1項**］の類推適用により、**会員が譲渡人に交付した預託金の返還義務を負う**」としている。よって、当該譲受人は、譲渡人の商号を続用していない限り、当該ゴルフクラブの会員が当該譲渡人に交付した預託金の返還義務を負わないとする点で、本肢は誤っている。

以上より、正しい肢はイとエであり、正解は3となる。

全体の正答率	60.5%		肢別の選択率	1	2	3	4	5
				10.3%	15.0%	60.5%	2.3%	11.3%

MEMO

司	一	[配点2点]	実施日	／	／	／
予	第28問		正誤			

　代理商、仲立人及び問屋に関する次のアからオまでの各記述のうち、誤っているものを組み合わせたものは、後記1から5までのうちどれか。

　ア．商人から物品の販売又はその媒介の委託を受けた代理商は、委託を受けた事項に関する一切の裁判外の行為をする権限を有する。

　イ．代理商は、商人のために取引の代理又は媒介をしたときは、遅滞なく、その商人に対して、その旨の通知を発しなければならない。

　ウ．仲立人は、当事者の一方の氏名又は名称をその相手方に示さなかったときは、当該相手方に対して自ら履行する責任を負う。

　エ．問屋は、別段の意思表示がない限り、販売又は買入れにより生じた債権が弁済期にあるときは、その弁済を受けるまで、委託者のために占有する物又は有価証券を留置することができる。

　オ．問屋は、委託者の許可を得ない限り、自己又は第三者のために、委託者の営業又は事業の部類に属する取引をすることができない。

1．ア　イ　　2．ア　オ　　3．イ　ウ　　4．ウ　エ　　5．エ　オ

司	―	代理商・仲立人・問屋	配 点	2点
予	第28問	正解 2	部分点	―

ア ✕ 　**代理商**は、**商人のためにその平常の営業の部類に属する取引の代理又は媒介をする者で、その商人の使用人でないもの**をいう（商27）。そして、代理商の権限の範囲は、その代理商契約によって定められるところ、特約がない限り、委託を受けた事項に関する一切の裁判外の行為をする権限を有しない。よって、物品の販売又はその媒介の委託を受けた代理商は、委託を受けた事項に関する一切の裁判外の行為をする権限を有するとする点で、本肢は誤っている。

　　なお、商人の使用人である支配人（商20）は、商人に代わってその営業に関する一切の裁判上又は裁判外の行為をする権限を有する（商21 I）。

イ ◯ 　**代理商は、取引の代理又は媒介をしたときは、遅滞なく、商人に対して、その旨の通知を発しなければならない**（商27）。これは、受任者による報告に関する民法645条の特則であり、代理商は、商人の請求がなくても当然に商人に対して通知する義務を負う。よって、本肢は正しい。

ウ ◯ 　**仲立人は、当事者の一方の氏名又は名称をその相手方に示さなかったときは、当該相手方に対して自ら履行をする責任を負う**（商549）。よって、本肢は正しい。

エ ◯ 　**問屋**は、当事者が別段の意思表示をした場合を除き、販売又は買入れによって生じた債権の弁済期が到来しているときは、その弁済を受けるまでは、**委託者のために当該問屋が占有する物又は有価証券を留置することができる**（商557・31）。よって、本肢は正しい。

オ ✕ 　問屋について、直接、**問屋の競業の禁止を定める規定は存在しない**（商551以下参照）。また、問屋については、代理商に関する規定（商27、31）が準用されるところ（商557）、**代理商の競業の禁止に関する規定（商28 I ①）は準用されていない**。よって、問屋は、委託者の許可を得ない限り、自己又は第三者のために、委託者の営業又は事業の部類に属する取引をすることができないとする点で、本肢は誤っている。

以上より、誤っている肢はアとオであり、正解は2となる。

全体の正答率	57.1%

肢別の選択率	1	2	3	4	5
	4.3%	57.1%	9.0%	15.0%	14.3%

司	―		実施日	／	／	／
予	第29問	[配点2点]	正誤			

　約束手形及び小切手に関する次のアからオまでの各記述のうち、正しいもの を組み合わせたものは、後記1から5までのうちどれか。

　ア．約束手形の振出人は、適法な所持人に対して手形金を支払う手形法上の 義務を負うが、小切手の支払人は、支払保証をしていない限り、適法な所 持人に対して小切手金を支払う小切手法上の義務を負わない。

　イ．約束手形が手形要件の一部を欠く場合は白地手形として有効になり得る が、小切手が小切手要件の一部を欠く場合は白地小切手として有効になる ことはない。

　ウ．約束手形及び小切手は、いずれも満期として一覧後定期払及び日附後定 期払のいずれかを選択することができる。

　エ．小切手は支払委託に条件を付すことができるが、約束手形は手形金を支 払う旨の約束に条件を付すことはできない。

　オ．小切手は記名式でない方法により振り出すことができる。

1．ア　ウ　　2．ア　オ　　3．イ　エ　　4．イ　オ　　5．ウ　エ

司	—	約束手形・小切手	配　点	2点
予	第29問	正解　2	部分点	—

ア ○ 約束手形の振出人は、手形の主たる義務者として、第一次的かつ無条件に手形金額を支払う義務を負う（支払約束証券、手78Ⅰ、28）。

他方、小切手の振出人は、支払を委託しただけであるから、手形上の主たる債務者でなく、また、**支払人も支払の委託を受けただけであるから、当然には手形金を支払う義務を負わない。**よって、本肢は正しい。

なお、小切手の支払人は、支払保証をすることにより（小53Ⅰ）、小切手の所持人に対して小切手金を支払う義務を負う（小55Ⅰ）。

【参考文献】Sシリ Ⅲ・266頁、238頁、川村・305頁

イ × 約束手形が手形要件である必要的記載事項（手75各号）の一部を欠く場合、その約束手形は無効となるのが原則である（手75、76Ⅰ本文）。もっとも、必要的記載事項の一部を、後日手形所持人に補充させるため、あえて記載しないで流通に置く手形を白地手形といい、手形法は、白地補充権が濫用された場合に関する規定（手77Ⅱ・10）を設けていることから、**手形要件の一部を欠く約束手形が白地手形として有効になり得ることを認めている**ものと解されている。

また、小切手についても、小切手要件である必要的記載事項（手1各号）の一部を欠く場合、その小切手は無効となるのが原則である（小1、2Ⅰ本文）。もっとも、約束手形の場合と同様、小切手法は、白地補充権が濫用された場合に関する規定（小13）を設けていることから、**小切手要件の一部を欠く小切手が白地小切手として有効になり得ることを認めている**ものと解されている。よって、小切手が小切手要件の一部を欠く場合は白地小切手として有効になることはないとする点で、本肢は誤っている。

【参考文献】川村・98頁、Sシリ Ⅲ・265頁

ウ × 約束手形は、満期の種類として、一覧払（手77Ⅰ②・手33Ⅰ①）、一覧後定期払（手77Ⅰ②・手33Ⅰ②）、日附後定期払（手77Ⅰ②・手33Ⅰ③）、確定日払（手77Ⅰ②・手33Ⅰ④）のいずれかを選択して振り出すことができる（手77Ⅰ②・33Ⅰ）。

他方、**小切手は当然に一覧払であり、一覧払性に反する記載は認められず、仮に記載しても記載していないものとみなされる**（小28Ⅰ）。これは、小切手の信用証券化を防ぐためである。よって、小切手は、満期として一覧後定期払及び日附後定期払のいずれかを選択することができるとする点で、本肢は誤っている。

エ × 約束手形には、一定の金額を支払うべき旨の単純な支払約束文句が要求される（手75②）。したがって、**約束手形は手形金を支払う旨の約束に条件を付すことはできない。**

また、小切手にも、一定の金額を支払うべき旨の単純な支払委託文句が要求される（小1②）。したがって、**小切手は支払委託に条件を付すことができない。**よって、小切手は支払委託に条件を付すことができるとする点で、本肢は誤っている。

オ ○ 小切手は、記名式・指図式（小5Ⅰ①）、持参人払式（小5Ⅰ③）によって振り出すことができる（小5Ⅰ柱書）。また、無記名式の小切手も振り出すことができ、無記名式小切手は持参人払式小切手とみなされる（小5Ⅲ）。このように、**小切手は記名式でない方法により振り出すことができる。**よって、本肢は正しい。

以上より、正しい肢はアとオであり、正解は2となる。

全体の 正答率	38.9%	肢別の 選択率	1	2	3	4	5
			4.3%	38.9%	16.6%	30.6%	8.6%

司 予	— 第30問	［配点 2 点］	実施日	／	／	／
			正誤			

　裏書の連続に関する次のアからオまでの各記述のうち、判例の趣旨に照らし正しいものを組み合わせたものは、後記 1 から 5 までのうちどれか。

　　ア．裏書の連続が欠ける約束手形の所持人も、裏書の連続が欠ける部分につき、実質的な権利移転の事実により自己の権利を証明すれば、手形上の権利を行使することができる。

　　イ．約束手形の受取人欄に「法務花子」という記載があり、第一裏書人欄に法務花子の通称である「司法華子」という署名及びその住所の記載がある場合には、当該約束手形には裏書の連続がある。

　　ウ．約束手形の最後の裏書が白地式裏書であり、それより前の裏書が連続している場合には、当該約束手形の所持人は権利者と推定される。

　　エ．約束手形の受取人欄に「A」という記載、第一裏書人欄に「A」という署名及びその住所の記載、第一被裏書人欄に「B」の記載、第二裏書人欄に「C」という署名及びその住所の記載、第二被裏書人欄に「D」の記載があるが、第一被裏書人欄の「B」の記載が抹消された場合には、その抹消が権限のある者によってされたことを所持人が証明した場合に限り、第一裏書は白地式裏書となり、当該約束手形には裏書の連続があるものとされる。

　　オ．約束手形の受取人欄に「A株式会社法務太郎支店長」という記載があり、第一裏書人欄に「法務太郎」という署名及びその住所の記載がある場合には、当該約束手形に裏書の連続があるとはいえない。

1．ア　ウ　　2．ア　エ　　3．イ　ウ　　4．イ　オ　　5．エ　オ

司 —	裏書の連続	配 点	2点
予第30問	正解　1	部分点	—

ア ◯ 　裏書の連続がある約束手形の所持人が形式的権利者として手形上の権利を行使することができるのは、個々の裏書の資格授与的効力の集積によるものであると解されている。したがって、**裏書の連続が欠ける約束手形の所持人であっても、その裏書の連続が欠ける部分につき、実質的な権利移転の事実により自己の権利を証明すれば、手形上の権利を行使することができる**（最判昭31.2.7／手形小切手百選［第7版］〔53〕）。よって、本肢は正しい。

イ ✕ 　**裏書の連続**とは、手形面上の記載において、受取人が第一裏書人となり、第一裏書の被裏書人が第二裏書人となるというように、受取人から最後の被裏書人に至るまでの各裏書が間断なく続いていることをいう。そして、**裏書の連続の有無は、手形上の記載から形式的・外形的に判断される**。裏書の連続の資格授与的効力は、裏書の連続という外形的事実に着目したものであるからである。したがって、たとえ同一人が通称などの別名を使った場合のように、裏書が実質的には連続していたとしても、**受取人（被裏書人）と裏書人とが手形上の記載から形式的・外形的に社会通念上同一人と認められない場合には、裏書の連続は認められない**。本肢においても、「法務花子」という受取人と「司法華子」という裏書人は、形式的・外形的に社会通念上同一人と認められないため、当該約束手形には裏書の連続が認められない。よって、本肢は誤っている。

　　　【参考文献】川村・146頁

ウ ◯ 　約束手形の最後の裏書が白地式裏書であっても、それより前の裏書が連続している場合には、当該約束手形の所持人は、適法な権利者と「**看做す**」（手77Ⅰ①・16Ⅰ1文2文）。この「**看做す**」とは、**推定**の意味であると解されている（最判昭36.11.24）。よって、本肢は正しい。

　　　【参考文献】弥永・手形小切手・131頁

エ ✕ 　抹消された裏書は、裏書の連続との関係では、**抹消の理由や権限の有無を問わず、記載しなかったものとみなされる**（手77Ⅰ①・16Ⅰ3文）。そして、**記名式裏書の被裏書人欄の記載のみの抹消は、白地式裏書となる**と解されている（最判昭61.7.18／手形小切手百選［第7版］〔54〕）。また、白地式裏書に次いで他の裏書があるときは、裏書との関係では、その裏書をした者は、白地式裏書によって手形を取得したものとみなされる（手77Ⅰ・16Ⅰ4文）。したがって、本肢において、第一被裏書人欄の「B」の記載が抹消された場合には、その抹消が権限のある者によってされたかどうかにかかわらず、第一裏書は白地式裏書となり、当該約束手形には裏書の連続があるものとされる。よって、その抹消が権限のある者によってされたことを所持人が証明した場合に限り、第一裏書は白地式裏書となり、当該約束手形には裏書の連続があるものとされるとする点で、本肢は誤っている。

　　　【参考文献】川村・149頁

オ ☒　肢イの解説のとおり、裏書の連続の有無は、手形上の記載から形式的・外形的に判断される。もっとも、**裏書人の記載とその直前の受取人・被裏書人の記載は完全に一致する必要はなく、社会通念上同一人と認められる場合には、裏書の連続が認められる**（大判昭10.1.22）。判例（最判昭30.9.30／手形小切手百選［第7版］〔50〕）も、本肢類似の事案において、本件手形は裏書の連続に欠けるところはない旨判示している。よって、当該約束手形に裏書の連続があるとはいえないとする点で、本肢は誤っている。

　　　【参考文献】弥永・手形小切手・131頁

以上より、正しい肢はアとウであり、正解は1となる。

全体の 正答率	65.8%

肢別の 選択率	1	2	3	4	5
	65.8%	13.3%	15.6%	2.3%	2.7%

MEMO

司 ―
予 第31問　　[配点2点]

実施日	／	／	／
正誤			

　法人でない社団を当事者とする場合について述べた次のアからオまでの各記述のうち、判例の趣旨に照らし誤っているものを組み合わせたものは、後記1から5までのうちどれか。

　ア．一定の村落住民が入会団体を形成し、それが権利能力のない社団に当たる場合には、当該入会団体は、構成員全員の総有に属する不動産につき、これを争う者を被告とする総有権確認請求訴訟の原告適格を有する。

　イ．預託金会員制のゴルフ場の会員によって組織され、会員相互の親睦等を目的とする団体は、その財産的側面につき、団体として内部的に運営され対外的にも活動するのに必要な収入を得る仕組みが確保され、かつ、その収支を管理する体制が備わっている場合でも、固定資産ないし基本的財産がない限り、当事者能力を有しない。

　ウ．権利能力のない社団は、構成員全員に総有的に帰属する不動産について、その所有権の登記名義人に対し、当該社団の代表者の個人名義に所有権移転登記手続をすることを求める訴訟の原告適格を有しない。

　エ．普通地方公共団体の区域に属する特定地域の住民により、その福祉のため各般の事業を営むことを目的として結成された任意団体であって、当該地方公共団体の下部行政区画ではなく、代表者たる区長、評議員等の役員の選出、多数決の原則による役員会及び区民総会の運営、財産の管理、事業の内容等につき規約を有し、これに基づいて存続・活動しているものは、当事者能力を有する。

　オ．ある会社に対して債権を有する三者が、それぞれの有する債権を出資し当該会社の経営を管理してその営業の再建整備を図ると共に、協力して三者それぞれの有する債権を保全回収するため、民法上の任意組合として結成し、代表者を定めたものは、当事者能力を有する。

1．ア　イ　　2．ア　オ　　3．イ　ウ　　4．ウ　エ　　5．エ　オ

司	—	法人でない社団	配 点	2点
予	第31問	正解　3	部分点	—

ア ○ 判例（最判平6.5.31／百選［第5版］〔11〕）は、「入会権は、村落住民各自が共有におけるような持分権を有するものではなく、村落において形成されてきた慣習等の規律に服する団体的色彩の濃い共同所有の権利形態であることに鑑み、入会権の帰属する村落住民が権利能力のない社団である入会団体を形成している場合には、**当該入会団体が当事者として入会権の帰属に関する訴訟を追行し、本案判決を受けることを認めるのが、このような紛争を複雑化、長期化させることなく解決するために適切である**」としている。したがって、入会団体は、構成員全員の総有に属する不動産につき、これを争う者を被告とする総有権確認請求訴訟の原告適格を有する。よって、本肢は正しい。

イ × 判例（最判平14.6.7／百選［第3版］〔13〕）は、当事者能力が認められる法人でない社団（29）の要件について、「団体としての組織を備え、多数決の原則が行われ、構成員の変更にかかわらず団体そのものが存続し、その組織において代表の方法、総会の運営、財産の管理その他団体としての主要な点が確定していなければならない」とした上で、「財産的側面についていえば、**必ずしも固定資産ないし基本的財産を有することは不可欠の要件ではなく、そのような資産を有していなくても、団体として、内部的に運営され、対外的に活動するのに必要な収入を得る仕組みが確保され、かつ、その収支を管理する体制が備わっている**など、他の諸事情と併せ、総合的に観察して、同条にいう『**法人でない社団**』として当事者能力が認められる場合がある」としている。よって、固定資産ないし基本的財産がない限り、当事者能力を有しないとする点で、本肢は誤っている。

ウ × 判例（最判平26.2.27／百選［第5版］〔10〕）は、「**権利能力のない社団は、構成員全員に総有的に帰属する不動産について、その所有権の登記名義人に対し、当該社団の代表者の個人名義に所有権移転登記手続をすることを求める訴訟の原告適格を有する**」としている。その理由として、同判例は、「訴訟における当事者適格は、特定の訴訟物について、誰が当事者として訴訟を追行し、また、誰に対して本案判決をするのが紛争の解決のために必要で有意義であるかという観点から決せられるべき事柄である。そして、実体的には権利能力のない社団の構成員全員に総有的に帰属する不動産については、実質的には当該社団が有しているとみるのが事の実態に即していることに鑑みると、当該社団が当事者として当該不動産の登記に関する訴訟を追行し、本案判決を受けることを認めるのが、簡明であり、かつ、関係者の意識にも合致していると考えられる。また、権利能力のない社団の構成員全員に総有的に帰属する不動産については、当該社団の代表者が自己の個人名義に所有権移転登記手続をすることを求める訴訟を提起することが認められているが、このような訴訟が許容されるからといって、当該社団自身が原告となって訴訟を追行することを認める実

益がないとはいえない」としている。よって、原告適格を有しないとする点で、本肢は誤っている。

エ ○ 判例 (最判昭42.10.19／百選 [第 5 版] [8]) は、本肢と同様の事案において、本肢のような任意団体につき「権利能力のない社団としての実体を有するものと認め、これにつき民法法46条 [注：現29条] の適用を肯定した判断は、……正当として是認しうる」としている。よって、本肢は正しい。

オ ○ 判例 (最判昭37.12.18／百選 [第 5 版] [9]) は、本肢と同様の事案において、「それぞれの有する右債権を出資し同会社の経営を管理してその営業の再建整備を図ると共に、協力して三者それぞれの有する右債権を保全回収するため、民法上の任意組合として結成」した「組合は、民訴46条 [注：現29条] 所定の『**権利能力なき社団にして代表者の定あるもの**』として**訴訟上の当事者能力**」が認められる旨判示している。よって、本肢は正しい。

以上より、誤っている肢はイとウであり、正解は 3 となる。

全体の 正答率	83.1%

肢別の 選択率	1	2	3	4	5
	11.0%	1.7%	83.1%	2.7%	1.3%

MEMO

司	—	［配点2点］	実施日	／	／	／
予	第32問		正誤			

補助参加に関する次の1から5までの各記述のうち、判例の趣旨に照らし誤っているものを2個選びなさい。

1. 補助参加を許可する旨の裁判に対する抗告審が、即時抗告の相手方たる補助参加申出人に対し、即時抗告申立書の副本の送達をせず、反論の機会を与えることなく、補助参加を許さない旨の判断をしたことは、憲法第32条所定の「裁判を受ける権利」を侵害するものではない。

2. 補助参加を許さない旨の決定が確定しても、同じ理由に基づく再度の補助参加の申出をすることは許される。

3. 通常共同訴訟においては、共同訴訟人間に共通の利害関係があるときでも、補助参加の申出をしない限り、当然には補助参加をしたと同一の効果を生ずるものではない。

4. Y及びZの共同不法行為を理由とするY及びZに対するXの損害賠償請求訴訟の第一審において、Yに対する請求を認容し、Zに対する請求を棄却する判決がされ、Yが自己に対する判決につき控訴しない場合に、Yは、自己の求償権の保全を理由としてXZ間の判決について控訴するためXに補助参加をすることができる。

5. 検察官を被告とする認知請求訴訟に、第三者が当該訴訟の結果により相続権を害されるとして検察官のために補助参加をしていた場合において、検察官自身は上告や上告受理申立てをせず、補助参加人のみが上告を提起したときは、当該上告は、補助参加人のための上訴期間満了前にされたものであっても、当事者である検察官のための上訴期間が経過した後にされた場合には、不適法なものとして許されない。

司 ―	補助参加	配 点	2点
予 第32問	正解　2、5（順不同）	部分点	1点

1 ◯　　判例（最決平23.9.30）は、憲法32条所定の「裁判を受ける権利」について、「性質上固有の司法作用の対象となるべき純然たる訴訟事件につき裁判所の判断を求めることができる権利をいう」とした上で、「**補助参加の許否の裁判は、民事訴訟における付随手続についての裁判であり、純然たる訴訟事件についての裁判に当たるものではない**」から、補助参加を許可する旨の裁判に対する抗告審が、即時抗告の相手方たる補助参加申出人に対し、即時抗告申立書の副本の送達をせず、反論の機会を与えることなく、補助参加を許さない旨の判断をしたことは、「**憲法32条に違反するものではない**」としている。よって、本肢は正しい。

2 ✕　　判例（最決昭58.6.25）は、「**補助参加申立却下決定確定後の同じ理由に基づく再度の補助参加の申立は許されない**」としている。よって、同じ理由に基づく再度の補助参加の申出をすることは許されるとする点で、本肢は誤っている。

3 ◯　　判例（最判昭43.9.12／百選［第5版］〔95〕）は、「通常の共同訴訟においては、共同訴訟人の一人のする訴訟行為は他の共同訴訟人のため効力を生じないのであって、たとえ共同訴訟人間に共通の利害関係が存するときでも同様である。したがって、**共同訴訟人が相互に補助しようとするときは、補助参加の申出をすることを要する**」として、**当然の補助参加の理論を否定**している。その理由として、同判例は、「もしなんらかかる申出をしないのにかかわらず、共同訴訟人とその相手方との間の関係から見て、その共同訴訟人の訴訟行為が、他の共同訴訟人のため当然に補助参加がされたと同一の効果を認めるものとするときは、果していかなる関係があるときこのような効果を認めるかに関して明確な基準を欠き、徒らに訴訟を混乱せしめることなきを保しえない」としている。よって、本肢は正しい。

4 ◯　　判例（最判昭51.3.30／百選［第5版］〔A32〕）は、本肢と同様の事案において、「XとZらの間の本件訴訟の結果いかんによってYのXに対する損害賠償責任に消長をきたすものではないが、本件訴訟においてZらのXに対する損害賠償責任が認められれば、YはXに対しZらと各自損害を賠償すれば足りることとなり、みずから損害を賠償したときはZらに対し求償し得ることになるのであるから、**Yは、本件訴訟において、Xの敗訴を防ぎ、ZらのXに対する損害賠償責任が認められる結果を得ることに利益を有する**ということができ、**そのために自己に対する第一審判決について控訴しないときは第一審において相手方であったXに補助参加することも許される**」としている。よって、本肢は正しい。

5 ✕　　認知請求訴訟は人事訴訟であるところ、人事訴訟法は、補助参加の申出（43 Ⅰ）により人事訴訟に参加した利害関係人の双方について、補助参加人の権

限・地位を強化する訴訟形態である**共同訴訟的補助参加人**の立場に立つことを前提としている（人訴15ⅢⅣ参照）。そのため、補助参加人のための上訴期間も補助参加人に原判決正本が送達されたときから、検察官とは独立して上訴期間が進行する。判例（最決平28.2.26／H28重判〔４〕）も、本肢と同様の事案において、被告である検察官のための上訴期間とは別に、補助参加人独自の上訴期間を認め、**検察官のための上訴期間が経過した後にされた場合であっても、補助参加人のための上訴期間満了前にされたものであれば、その上訴は適法**である旨判示している。よって、当該上告は、補助参加人のための上訴期間満了前にされたものであっても、当事者である検察官のための上訴期間が経過した後にされた場合には、不適法なものとして許されないとする点で、本肢は誤っている。

　　【参考文献】ＬＱ・570頁、伊藤・696頁

以上より、誤っている肢は２と５であり、正解は２、５となる。

全体の 正答率	25.2%

肢別の 選択率		1	2	3	4	5
	解答1	9.3%	81.4%	5.0%	4.0%	0.0%
	解答2	35.2%	0.0%	11.0%	17.6%	35.5%

MEMO

司予	一第33問	［配点２点］	実施日	／	／	／
			正誤			

　既判力に関する次のアからオまでの各記述のうち、判例の趣旨に照らし正しいものを組み合わせたものは、後記１から５までのうちどれか。

ア．ＸがＹに対して取得時効による所有権取得を主張して提起した甲土地の所有権確認を求める訴え（前訴）について請求を棄却する判決が確定した後、ＸがＹに対して甲土地の共有持分権確認を求める訴え（後訴）を提起した場合に、後訴裁判所が、前訴基準時前の相続による共有持分権の取得を理由としてＸの請求を認容することは、前訴の確定判決の既判力に抵触しない。

イ．ＸがＹに対して提起した５００万円の貸金の返還を求める訴え（前訴）について、Ｙによる限定承認の抗弁を容れ、Ｙに対して相続によって得た財産の限度で５００万円の支払を命ずる判決が確定した後、ＸがＹに対して相続財産の範囲にかかわらず前記貸金の返還を求める訴え（後訴）を提起した場合に、後訴裁判所が、前訴基準時前の法定単純承認事由に基づき、Ｙに対して相続財産の範囲にかかわらず５００万円の支払を命ずることは、前訴の確定判決の既判力に抵触し、許されない。

ウ．ＸがＹに対して総額１０００万円のうち２００万円の支払を求めることを明示した上で提起した貸金の返還を求める訴え（前訴）について弁済を理由として請求を棄却する判決が確定した後、ＸがＹに対して前記貸金の残額８００万円の支払を求める訴え（後訴）を提起した場合に、後訴裁判所が、Ｘの請求を認容することは、前訴の確定判決の既判力に抵触しない。

エ．ＸがＹに対して提起した所有権に基づく甲建物に係るＹ名義の所有権保存登記抹消登記手続を求める訴え（前訴）について請求を認容する判決が確定した後、ＹがＸに対して甲建物の所有権確認を求める訴え（後訴）を提起した場合に、後訴裁判所が、前訴基準時前の相続による所有権取得を理由にＹの請求を認容することは、前訴の確定判決の既判力に抵触し、許されない。

オ．ＸのＹに対する甲債権に係る５００万円の支払請求訴訟（前訴）において、Ｙが８００万円の乙債権による相殺の抗弁を提出したところ、裁判所は、甲債権、乙債権双方とも全額認められ、相殺により対当額で消滅したとの理由で、Ｘの請求を棄却する判決をし、同判決は確定した。その後、Ｙが、乙債権のうち前訴で対当額による相殺に供しなかった３００万円の支払を求める訴え（後訴）を提起した場合に、後訴裁判所が、前訴基準時前に乙債権は消滅していたという理由でＹの請求を棄却することは、前訴の確定判決の既判力に抵触しない。

１．ア　イ　　２．ア　ウ　　３．イ　エ　　４．ウ　オ　　５．エ　オ

司 —	既判力	配　点	2点
予 第33問	正解　4	部分点	—

ア ✕　判例（最判平9.3.14／百選［第5版］〔A27〕）は、「所有権確認請求訴訟において請求棄却の判決が確定したときは、原告が同訴訟の事実審口頭弁論終結の時点において目的物の所有権を有していない旨の判断につき既判力が生じるから、原告が右時点以前に生じた所有権の一部たる共有持分の取得原因事実を後の訴訟において主張することは、右確定判決の既判力に抵触する」としている。よって、前訴の確定判決の既判力に抵触しないとする点で、本肢は誤っている。

イ ✕　判例（最判昭49.4.26／百選［第5版］〔85〕）は、「相続財産の限度で支払を命じた、いわゆる留保付判決が確定した後において、債権者が、……限定承認と相容れない事実（たとえば民法921条の法定単純承認の事実）を主張して、右債権につき無留保の判決を得るため新たに訴を提起することは許されない」としている。その理由として、同判例は、「前訴の訴訟物は、直接には、給付請求権即ち債権（相続債務）の存在及びその範囲であるが、限定承認の存在及び効力も、これに準ずるものとして審理判断されるのみならず、限定承認が認められたときは……主文においてそのことが明示されるのであるから、限定承認の存在及び効力についての前訴の判断に関しては、既判力に準ずる効力があると考えるべきである」としている。

　この判例の趣旨に照らすと、本肢において、XがYに対して相続財産の範囲にかかわらず前記貸金の返還を求める訴え（後訴）を提起した場合に、後訴裁判所が、前訴基準時前の法定単純承認事由に基づき、Yに対して相続財産の範囲にかかわらず500万円の支払を命ずることは、前訴の確定判決の「既判力に準ずる効力」に抵触し、許されない。よって、前訴の確定判決の「既判力」に抵触し、許されないとする点で、本肢は誤っている。

ウ 〇　判例（最判平10.6.12／百選［第5版］〔80〕）は、数量的一部請求を全部又は一部棄却する旨の判決は、「債権の全部について行われた審理の結果に基づいて、当該債権が全く現存しないか又は一部として請求された額に満たない額しか現存しないとの判断を示すものであって、言い換えれば、後に残部として請求し得る部分が存在しないとの判断を示すものにほかならない。したがって、右判決が確定した後に原告が残部請求の訴えを提起することは、実質的には前訴で認められなかった請求及び主張を蒸し返すものであり、前訴の確定判決によって当該債権の全部について紛争が解決されたとの被告の合理的期待に反し、被告に二重の応訴の負担を強いるものというべきである。以上の点に照らすと、金銭債権の数量的一部請求訴訟で敗訴した原告が残部請求の訴えを提起することは、特段の事情がない限り、信義則に反して許されない」としている。

　この判例の趣旨に照らすと、本肢において、XがYに対して前記貸金の残額

800万円の支払を求める訴え（後訴）を提起した場合に、後訴裁判所が、Xの請求を認容することは、前訴の確定判決の既判力に抵触することはないが、信義則に反して許されないことになる。よって、本肢は正しい。

エ ✕ 判例（最判昭30.12.1）は、本肢と同様の事案において、「**判決の既判力は主文に包含される訴訟物とされた法律関係の存否に関する判断の結論そのもののみについて生ずる**のであり」、理由中の判断に「包含されるに止まるものは、たといそれが法律関係の存否に関するものであっても同条第2項［注：114条2項］のような特別の規定ある場合を除き既判力を有するものではない」としている。したがって、所有権に基づく抹消登記請求を認容する確定判決の理由中において、原告の所有権の存在を確認している場合であっても、その部分に既判力は生じないので、後訴裁判所が、前訴基準時前の相続による所有権取得を理由にYの請求を認容することも、前訴の確定判決の既判力に抵触せず、許される。よって、前訴の確定判決の既判力に抵触し、許されないとする点で、本肢は誤っている。

オ ◎ 確定判決は、主文に包含するものに限り、既判力を有する（114Ⅰ）が、反対債権に関する紛争の蒸し返しを防ぐため、相殺のために主張した請求の成立又は不成立の判断は、相殺をもって対抗した額について既判力を有する（114Ⅱ）。判例（大判昭10.8.24）は、反対債権の成立が認められた上で、相殺の抗弁も認められた場合には、反対債権は対当額の限度で相殺によって消滅し、その結果、**相殺をもって対抗した額の不存在について既判力が生じる**としている。したがって、本肢において、反対債権である乙債権について生じる既判力は、甲債権に対して相殺をもって対抗した500万円の不存在について生じるのみであり、前訴で対当額による相殺に供しなかった300万円の部分については生じない。したがって、Yが、乙債権のうち前訴で対当額による相殺に供しなかった300万円の支払を求める訴え（後訴）を提起した場合に、後訴裁判所が、前訴基準時前に乙債権は消滅していたという理由でYの請求を棄却しても、前訴の確定判決の既判力に抵触することはない。よって、本肢は正しい。

【参考文献】コンメⅡ・506〜507頁、伊藤・565頁

以上より、正しい肢はウとオであり、正解は4となる。

全体の正答率	29.6%

肢別の選択率	1	2	3	4	5
	20.6%	15.0%	26.9%	29.6%	6.3%

MEMO

司 予	— 第34問	［配点2点］	実施日	／	／	／
			正誤			

　確認の利益に関する次の1から5までの各記述のうち、判例の趣旨に照らし正しいものを2個選びなさい。

1．相続開始後に遺言の無効確認を求める訴えは、遺言が有効であるとすれば、それから生ずべき現在の特定の法律関係が存在しないことの確認を求めるものと解される場合であっても、確認の利益を欠く。

2．共同相続人間における遺産確認の訴えは、特定の財産が現に共同相続人による遺産分割前の共有関係にあることの確認を求めるものと解される場合であっても、確認の利益を欠く。

3．共同相続人間において、具体的相続分についてその価額又は割合の確認を求める訴えは、確認の利益を欠く。

4．遺言者生存中に遺言の無効確認を求める訴えは、たとえ遺言者が精神上の障害により事理を弁識する能力を欠く常況にあり、当該遺言の撤回又は変更の可能性が事実上ない状態であっても、確認の利益を欠く。

5．共同相続人間において、共同相続人の一人についての相続欠格事由の存否を争う場合に、その者が被相続人の遺産につき相続人の地位を有しないことの確認を求める訴えは、確認の利益を欠く。

司 ―	確認の利益	配 点	2点
予 第34問	正解 3、4（順不同）	部分点	1点

1 ✕　判例（最判昭47.2.15／百選［第５版］〔23〕）は、遺言の無効確認を求める訴えについて、「遺言が無効であることを確認するとの請求の趣旨のもとに提起されるから、形式上過去の法律行為の確認を求めることとなるが、請求の趣旨がかかる形式をとっていても、**遺言が有効であるとすれば、それから生ずべき現在の特定の法律関係が存在しないことの確認を求めるものと解される場合で、原告がかかる確認を求めるにつき法律上の利益を有するときは、適法として許容されうる**」としている。その理由として、同判例は、上記のような場合には「請求の趣旨を、あえて遺言から生ずべき現在の個別的法律関係に還元して表現するまでもなく、いかなる権利関係につき審理判断するかについて明確さを欠くことはなく、また、判決において、端的に、当事者間の紛争の直接的な対象である基本的法律行為たる遺言の無効の当否を判示することによって、確認訴訟のもつ紛争解決機能が果たされることが明らかだからである」としている。よって、現在の特定の法律関係が存在しないことの確認を求めるものと解される場合であっても、確認の利益を欠くとする点で、本肢は誤っている。

2 ✕　判例（最判昭61.3.13／百選［第５版］〔24〕）は、共同相続人間における遺産確認の訴えについて、「端的に、当該財産が現に被相続人の遺産に属すること、換言すれば、当該**財産が現に共同相続人による遺産分割前の共有関係にあることの確認を求める訴え**であって、その原告勝訴の確定判決は、当該財産が遺産分割の対象たる財産であることを既判力をもって確定し、したがって、これに続く**遺産分割審判の手続において及びその審判の確定後に当該財産の遺産帰属性を争うことを許さず、もって、原告の前記意思によりかなった紛争の解決を図ることができる**ところであるから、かかる訴えは適法というべきである」としている。よって、特定の財産が現に共同相続人による遺産分割前の共有関係にあることの確認を求めるものと解される場合であっても、確認の利益を欠くとする点で、本肢は誤っている。

3 ○　判例（最判平12.2.24／百選［第５版］〔25〕）は、**具体的相続分**は、「遺産分割手続における分配の前提となるべき計算上の価額又はその価額の遺産の総額に対する割合を意味するものであって、**それ自体を実体法上の権利関係であるということはできず**」、遺産分割審判事件における遺産の分割などのための前提問題として審理判断される事項であり、「このような事件を離れて、これのみを**別個独立に判決によって確認することが紛争の直接かつ抜本的解決のため適切かつ必要であるということはできない。したがって、共同相続人間において具体的相続分についてその価額又は割合の確認を求める訴えは、確認の利益を欠くものとして不適法である**」としている。よって、本肢は正しい。

4 ○　判例（最判平11.6.11／百選［第５版］〔26〕）は、「遺言は遺言者の死亡によ

り初めてその効力が生ずるものであり（民法985条1項）、遺言者はいつでも既にした遺言を取り消すことができ（同法1022条）、遺言者の死亡以前に受遺者が死亡したときには遺贈の効力は生じない（同法994条1項）のであるから、遺言者の生存中は遺贈を定めた遺言によって何らの法律関係も発生しないのであって、**受遺者とされた者は、何らかの権利を取得するものではなく、単に将来遺言が効力を生じたときは遺贈の目的物である権利を取得することができる事実上の期待を有する地位にあるにすぎない……**。したがって、このような受遺者とされる者の地位は、**確認の訴えの対象となる権利又は法律関係には該当しない**」とした上で、「**遺言者が心神喪失の常況**にあって、回復する見込みがなく、遺言者による**当該遺言の取消し又は変更の可能性が事実上ない状態**にあるとしても、受遺者とされた者の地位の右のような性質が**変わるものではない**」としている。よって、本肢は正しい。

5 ☒　判例（最判平16.7.6）も、本肢と同様の事案において、「被相続人の遺産につき特定の共同相続人が相続人の地位を有するか否かの点は、遺産分割をすべき当事者の範囲、相続分及び遺留分の算定等の相続関係の処理における基本的な事項の前提となる事柄である。そして、**共同相続人が、他の共同相続人に対し、その者が被相続人の遺産につき相続人の地位を有しないことの確認を求める訴え**は、当該他の共同相続人に相続欠格事由があるか否か等を審理判断し、遺産分割前の共有関係にある当該遺産につきその者が相続人の地位を有するか否かを既判力をもって確定することにより、遺産分割審判の手続等における上記の点に関する**紛議の発生を防止し、共同相続人間の紛争解決に資することを目的とするもの**である」とした上で、上記の訴えは、**確認の利益が認められる**ことを前提に、いわゆる固有必要的共同訴訟と解するのが相当である旨判示している。よって、被相続人の遺産につき相続人の地位を有しないことの確認を求める訴えは、確認の利益を欠くとする点で、本肢は誤っている。

以上より、正しい肢は3と4であり、正解は3、4となる。

全体の正答率	67.4%

肢別の選択率		1	2	3	4	5
	解答1	6.0%	7.6%	78.1%	0.0%	8.0%
	解答2	2.7%	6.3%	0.3%	85.7%	4.7%

MEMO

司
予 第35問　　[配点２点]

　筆界確定の訴えに関する次のアからオまでの各記述のうち、判例の趣旨に照らし誤っているものを組み合わせたものは、後記１から５までのうちどれか。

　ア．筆界確定の訴えの請求の趣旨として、原告は、隣接する両土地の筆界を確定する旨の判決を求めるだけでは足りず、特定の筆界を明示しなければならない。

　イ．一定の線を筆界と定めた第一審判決に対し、これに不服のある当事者の一方のみが控訴し、附帯控訴がされていない場合であっても、控訴裁判所は、第一審判決を変更して、第一審判決が定めた筆界よりも更に控訴人にとって不利な筆界を定めることができる。

　ウ．相隣者間で筆界につき合意が成立しても、裁判所は、その合意と異なる位置にある線を筆界と定めることができる。

　エ．原告が自己の所有する甲土地に隣接する乙土地の所有者を被告として筆界確定の訴えを提起したが、被告が甲土地の一部の時効取得を主張し、それが認められることにより、確定を求めた筆界の全部が被告の所有する土地の内部に存在することが明らかになった場合には、原告は当事者適格を失う。

　オ．裁判所は、証拠等により特定の筆界を認定できない場合でも請求を棄却することは許されず、具体的事案に応じ最も妥当な筆界を合目的的な判断によって確定しなければならない。

１．ア　エ　　　２．ア　オ　　　３．イ　ウ　　　４．イ　エ　　　５．ウ　オ

司 — 予 第35問	筆界確定の訴え	配 点	2点
	正解　1	部分点	—

ア ✕ 判例（最判昭43.2.22／百選［第5版］〔35〕）は、**筆界確定の訴え**は、隣接する土地の筆界が事実上不明なため争いがある場合に、裁判によって新たにその筆界を確定することを求める訴えをいう旨判示した上で、その法的性質を**形式的形成訴訟**（判決の確定により初めて権利関係の変動が生じるが、形成の基準となる実体法規が定められていないもの）と捉えている。形式的形成訴訟の場合、**裁判所は当事者の申立事項に拘束されず、裁量で合目的的に公法上の筆界を定めることができる**（大連判大12.6.2参照）。そのため、筆界確定の訴えにおいては、当事者間の隣接する所有地相互の筆界が不明ないし争いがあることの主張がなされれば十分であり、原告において、**特定の筆界を明示する必要はない**（最判昭41.5.20）。よって、原告は、特定の筆界を明示しなければならないとする点で、本肢は誤っている。

イ ◯ 判例（最判昭38.10.15）は、「第一審判決が一定の線を境界と定めたのに対し、これに不服のある当事者が控訴の申立をした場合においても、**控訴裁判所が第一審判決の定めた境界線を正当でないと認めたときは、第一審判決を変更して、自己の正当とする線を境界と定むべきもの**であり、その結果が控訴人にとり実際上不利であり、附帯控訴をしない被控訴人に有利であっても問うところではなく、この場合には、いわゆる**不利益変更禁止の原則の適用はない**」としている。よって、本肢は正しい。

ウ ◯ 判例（最判昭31.12.28）は、「**境界は……客観的に固有するもの**というべく、**当事者の合意によって変更処分し得ないもの**であって、境界の合意が存在したことは単に右客観的境界の判定のための一資料として意義を有するに止まり、証拠によって**これと異なる客観的境界を判定することを妨げるものではない**」としている。したがって、裁判所は、当事者間の合意と異なる位置にある線を筆界と定めることができる。よって、本肢は正しい。

エ ✕ 判例（最判平7.3.7）は、**筆界確定の訴えの当事者適格**について、「当事者適格を定めるに当たっては、何ぴとをしてその名において訴訟を追行させ、また何ぴとに対し本案の判決をすることが必要かつ有意義であるかの観点から決すべきであるから、**相隣接する土地の各所有者が、境界を確定するについて最も密接な利害を有する者として、その当事者となる**」とした上で、「甲地のうち境界の全部に接続する部分を乙地の所有者が時効取得した場合においても、**甲乙両地の各所有者は、境界に争いがある隣接土地の所有者同士という関係にあることに変わりはなく、境界確定の訴えの当事者適格を失わない**」としている。また、同判例は、「隣接地の所有者が他方の土地の一部を時効取得した場合も、これを第三者に対抗するためには登記を具備することが必要であるところ、右取得に係る土地の範囲は、両土地の境界が明確にされることによって定まる関係にあるから、登記の前提として時効取得に係る土地部分を分筆するた

めにも両土地の境界の確定が必要となる」ことも、当事者適格を失わない理由として判示している。よって、原告は当事者適格を失うとする点で、本肢は誤っている。

オ ○ 　肢アの解説のとおり、筆界確定の訴えの法的性質は**形式的形成訴訟**であるため、裁判所は、合目的的な見地から裁量権を行使することが求められる。したがって、裁判所は、諸般の事情を総合的に考慮して、**具体的事案に応じ最も妥当な筆界を合目的的な判断によって確定しなければならず**、証拠等により特定の筆界を認定できない場合でも**請求棄却判決をすることは許されない**（大連判大12.6.2参照）。よって、本肢は正しい。

以上より、誤っている肢はアとエであり、正解は1となる。

全体の正答率	80.4%

肢別の選択率	1	2	3	4	5
	80.4%	5.0%	8.0%	4.3%	2.0%

MEMO

司 予	— 第36問	［配点2点］	実施日	／	／	／
			正誤			

　重複する訴えの提起の禁止に関する次のアからオまでの各記述のうち、判例の趣旨に照らし誤っているものを組み合わせたものは、後記1から5までのうちどれか。

　ア．重複する訴えに当たるか否かの審理においては、職権証拠調べをすることができる。

　イ．一個の債権の一部についてのみ判決を求める旨を明示して訴えを提起している場合において、当該債権の残部を自働債権として他の訴訟において相殺の抗弁を主張することは、債権の分割行使をすることが訴訟上の権利の濫用に当たるなど特段の事情の存しない限り、許される。

　ウ．原告の被告に対する土地所有権に基づく所有権移転登記手続請求訴訟の係属中に、被告が原告を相手方として、同一の土地について自己の所有権確認を求める訴えを提起することは、許される。

　エ．本訴及び反訴の係属中に、反訴原告が、反訴請求債権を自働債権とし、本訴請求債権を受働債権として相殺の抗弁を主張することは、許されない。

　オ．先行訴訟と重複して提起された訴えである後行訴訟について、重複する訴えであることが看過され、請求を認容する判決が確定した場合には、被告は、当該確定判決に対し、重複する訴えの提起の禁止に反したことを理由として、再審の訴えを提起することができる。

1．アイ　　2．アウ　　3．イオ　　4．ウエ　　5．エオ

司 —	重複する訴えの提起の禁止	配　点	2点
予 第36問	正解　5	部分点	—

ア ○　裁判所が、本案の審理を続行し、本案判決をするための要件を訴訟要件という。このうち、**特に公益性の強い訴訟要件**については、審理の対象が当事者の自由処分を許す法律関係ではないことから、弁論主義が全面的に排除され、当事者の主張の有無を問わずその存否について職権調査がなされるほか、裁判所が自ら判断資料の収集をすることができ（**職権探知主義**）、収集した判断資料を当然に職権で取り調べることもできる（**職権証拠調べ**）。そして、**重複する訴え（二重起訴）に当たるか否か**は、当事者の利益保護のみを目的とするものではなく、**公益性の強い訴訟要件に当たる**ため、職権探知主義が適用される結果、その判断をする際に必要となる資料の収集について**職権証拠調べをすることができる**。よって、本肢は正しい。

【参考文献】伊藤・329頁、ＬＱ・215頁

イ ○　判例（最判平10.6.30／百選［第5版］〔38②〕）は、「既に係属中の別訴において訴訟物となっている債権を自働債権として他の訴訟において相殺の抗弁を主張すること」は許されないとする一方、「こと**相殺の抗弁**に関しては、訴えの提起と異なり、**相手方の提訴を契機として防御の手段として提出されるものであり、相手方の訴求する債権と簡易迅速かつ確実な決済を図るという機能**を有するものであるから、一個の債権の残部をもって他の債権との相殺を主張することは、債権の発生事由、一部請求がされるに至った経緯、その後の審理経過等にかんがみ、**債権の分割行使による相殺の主張が訴訟上の権利の濫用に当たるなど特段の事情の存する場合を除いて、正当な防御権の行使として許容される**……。したがって、一個の債権の一部についてのみ判決を求める旨を明示して訴えが提起された場合において、当該債権の残部を自働債権として他の訴訟において相殺の抗弁を主張することは、債権の分割行使をすることが訴訟上の権利の濫用に当たるなど特段の事情の存しない限り、許される」としている。よって、本肢は正しい。

ウ ○　判例（最判昭49.2.8）は、本肢と同様の事案において、「**確定判決の既判力は、主文に包含するもの、すなわち訴訟物として主張された法律関係の存否に関する判断の結論そのものについて及ぶ**だけで、その**前提たる法律関係の存否にまで及ぶものではな**」いとした上で、「既判力は基本たる所有権の存否に及ばないから、後訴である本件訴のうち所有権の確認を求める請求……は、前訴である別件訴と重複して提起された訴として民訴法231条［注：現142条］の規定に違反するものと解することはできない」としている。よって、本肢は正しい。

エ ×　判例（最判平18.4.14／百選［第5版］〔A11〕）は、「係属中の別訴において訴訟物となっている債権を自働債権として他の訴訟において相殺の抗弁を主張することは、重複起訴を禁じた民訴法142条の趣旨に反し、許されない」と

する一方、「**本訴及び反訴が係属中に、反訴請求債権を自働債権とし、本訴請求債権を受働債権として相殺の抗弁を主張することは禁じられない**」としている。その理由として、同判例は、「**反訴原告において異なる意思表示をしない限り、反訴は、反訴請求債権につき本訴において相殺の自働債権として既判力ある判断が示された場合にはその部分については反訴請求としない趣旨の予備的反訴に変更されることになるものと解するのが相当**であって、このように解すれば、**重複起訴の問題は生じないことになる**」としている。よって、相殺の抗弁を主張することは、許されないとする点で、本肢は誤っている。

オ ⊠ 　裁判所が重複する訴えの提起の禁止（142）に反することを看過して、後行訴訟について本案判決をした場合、その判決が確定する前であれば、当事者は上訴によってその取消しを求めることができる。他方、その判決が確定した場合には、先行訴訟がなお係属中であれば、先行訴訟の裁判所は後行訴訟の確定判決の既判力に拘束され、これに抵触する判決をすることができなくなる。このとき、被告は、**後行訴訟の確定判決に対し、重複する訴えの提起の禁止に反したことを理由として、再審の訴えを提起することはできない**。なぜなら、**重複する訴えの提起の禁止に反して判決がされたことは、再審事由（338Ⅰ各号参照）ではない**からである。よって、当該確定判決に対し、重複する訴えの提起の禁止に反したことを理由として、再審の訴えを提起することができるとする点で、本肢は誤っている。

　なお、先行訴訟と後行訴訟の判決がともに確定し、その内容が矛盾する場合、後行訴訟の確定判決は先行訴訟の確定判決の既判力と抵触することになるので、再審の訴えによりこれを取り消すことができる（338Ⅰ⑩）。もっとも、再審の訴えを提起する理由となるのは、後行訴訟の確定判決が「前に確定した判決と抵触すること」（338Ⅰ⑩）であって、「重複する訴えの提起の禁止に反したこと」ではない。

　【参考文献】新基本法コンメ1・410頁、重点講義・上・127頁、条解・827頁

以上より、誤っている肢はエとオであり、正解は5となる。

全体の正答率	46.8%

肢別の選択率	1	2	3	4	5
	3.3%	4.0%	9.6%	35.9%	46.8%

MEMO

司予	— 第37問	[配点2点]	実施日	／	／	／
			正誤			

　訴えの変更に関する次の1から5までの各記述のうち、判例の趣旨に照らし正しいものはどれか。

1．訴えの変更は、請求の趣旨を変更せず、請求の原因を変更するにとどまる場合であっても、書面でしなければならない。

2．訴えの変更を許さない旨の決定に対しては、即時抗告をすることができる。

3．訴えの変更について、相手方が同意した場合には、著しく訴訟手続を遅滞させることとなるときであっても、裁判所は、これを許さなければならない。

4．相手方が積極否認の理由として主張した重要な間接事実に基づいて訴えの変更をする場合には、相手方の同意がなく、請求の基礎に変更があるときであっても、訴えの変更をすることができる。

5．控訴審においては、訴えの変更をすることができない。

司	―	訴えの変更	配 点	2点
予	第37問	正解 4	部分点	―

1 ✕ 判例（最判昭35.5.24）は、「**請求の原因を変更**するにとどまるときは、判決事項の申立である請求の趣旨を変更する場合と異り、**書面によってこれをなすことを要しない**」としている。よって、訴えの変更は、請求の原因を変更するにとどまる場合であっても、書面でしなければならないとする点で、本肢は誤っている。

2 ✕ 判例（大決昭8.6.30）は、**訴えの変更を許さない旨の決定（143Ⅳ）に対しては、独立して不服を申し立てることができない旨**判示している。訴えの変更を許さない旨の決定は、口頭弁論に基づいてなされる決定であるから、本案訴訟の終局判決に対する上訴の機会に上訴裁判所の判断を受けるにとどまり、独立に抗告の対象とならないからである。よって、訴えの変更を許さない旨の決定に対しては、即時抗告をすることができるとする点で、本肢は誤っている。

3 ✕ **訴えの変更**は、請求の基礎に変更がない限り、口頭弁論の終結に至るまで、請求又は請求の原因を変更することができる（143Ⅰ本文）。もっとも、これにより**著しく訴訟手続を遅滞させることとなるとき**は、この限りでない（143Ⅰただし書）。143条1項ただし書の規定は、**訴訟手続を著しく遅滞させることは公益に反するので、これを防止すべく設けられたものであるから、たとえ被告が同意した場合であっても、訴えの変更は認められない**。よって、訴えの変更について、相手方が同意した場合には、著しく訴訟手続を遅滞させることとなるときであっても、裁判所は、これを許さなければならないとする点で、本肢は誤っている。

4 ◯ 訴えの変更における「請求の基礎」の同一性の要件は、被告の保護を目的とする要件であるので、被告を保護する必要がない場合には、「請求の基礎」の同一性は要求されない。判例（最判昭39.7.10）も、「相手方の提出した防禦方法を是認したうえその相手方の主張事実に立脚して新たに請求をする場合、すなわち**相手方の陳述した事実をとってもって新請求の原因とする場合**においては、かりにその新請求が請求の基礎を変更する訴の変更であっても、相手方はこれに対し異議をとなえその訴の変更の許されないことを主張することはできず、**相手方が右の訴の変更に対し現実に同意したかどうかにかかわらず、右の訴の変更は許される**」とした上で、「相手方の陳述した事実は、かならずしも、狭義の抗弁、再々抗弁などの防禦方法にかぎられず、相手方において請求の原因を否認して附加陳述するところのいわゆる**積極否認の内容となる重要なる間接事実も含まれる**」としている。よって、本肢は正しい。

5 ✕ 肢3の解説のとおり、訴えの変更は、請求の基礎に変更がない限り、口頭弁論の終結に至るまで、請求又は請求の原因を変更することができる（143Ⅰ本文）。そして、第一審の口頭弁論終結後であっても、**請求の基礎に変更がない限り、相手方の審級の利益は害されないため、控訴審においても、訴えの変更をすることは可能である**（297本文・143Ⅰ本文）。よって、控訴審においては、訴えの変更をすることができないとする点で、本肢は誤っている。

以上より、正しい肢は4であり、正解は4となる。

全体の正答率	46.5%	肢別の選択率	1	2	3	4	5
			20.6%	25.2%	3.7%	46.5%	3.0%

司	―	［配点 2 点］
予	第38問	

実施日	／	／	／
正誤			

当事者の欠席に関する次のアからオまでの各記述のうち、判例の趣旨に照らし誤っているものを組み合わせたものは、後記 1 から 5 までのうちどれか。

ア．裁判所は、当事者双方が最初にすべき口頭弁論の期日に欠席した場合であっても、当事者が提出した訴状及び答弁書を陳述したものとみなすことができる。

イ．当事者の一方が適式な呼出しを受けながら口頭弁論の期日に欠席した場合において、裁判所が、口頭弁論を終結し、判決言渡期日を指定して告知したときは、欠席した当事者に対し判決言渡期日の呼出状を送達することを要しない。

ウ．裁判所は、公示送達による呼出しを受けた被告が口頭弁論の期日に欠席した場合であっても、原告の主張する事実を自白したものとみなすことはできない。

エ．従前の口頭弁論の期日において申出が採用された証人尋問について、裁判所は、申出をした当事者が尋問すべき口頭弁論の期日に欠席した場合であっても、当該期日に尋問を実施することができる。

オ．原告が請求を棄却する判決に対して控訴を提起した場合において、当事者双方が控訴審の口頭弁論の期日に欠席し、1 か月以内に期日指定の申立てをしなかったときは、訴えの取下げがあったものとみなされる。

1．ア　イ　　2．ア　オ　　3．イ　エ　　4．ウ　エ　　5．ウ　オ

司 —	当事者の欠席	配　点	2点
予第38問	正解　2	部分点	—

ア ✕　原告又は被告が最初にすべき口頭弁論の期日に出頭せず、又は出頭したが本案の弁論をしないときは、裁判所は、その者が提出した訴状又は答弁書その他の準備書面に記載した事項を陳述したものとみなし、出頭した相手方に弁論をさせることができる（陳述擬制、158）。この規定によれば、「原告又は被告」のいずれか一方が出頭しなければ陳述擬制が認められないので、当事者双方が最初にすべき口頭弁論の期日に欠席した場合には、陳述擬制をして審理を進める余地はなく、当該期日は終了する。よって、裁判所は、当事者双方が最初にすべき口頭弁論の期日に欠席した場合であっても、当事者が提出した訴状及び答弁書を陳述したものとみなすことができるとする点で、本肢は誤っている。

イ ◯　当事者の手続保障を実現しつつ円滑な訴訟進行を図るため、裁判所は、期日を指定した場合、期日の呼出しを行って訴訟関係人の出頭を要求している（94参照）。もっとも、判例（最判昭23.5.18）は、当事者の一方が適式な呼出しを受けながら口頭弁論の期日に欠席した場合において、次回期日が判決言渡期日であり、裁判所がその期日を指定して告知をしたときは、改めて欠席した当事者に対し判決言渡期日の呼出状の送達をすることを要しない旨判示している。判決の言渡しは、当事者が在廷しない場合においてもすることができる（251Ⅱ）し、適式な期日の呼出しを受けながら欠席した当事者は、次回期日を知る機会を自ら放棄した者といえるので、期日の告知はその欠席当事者にも効力が及ぶと考えられるからである。よって、本肢は正しい。

【参考文献】新基本法コンメ1・259頁、コンメⅡ・338〜339頁

ウ ◯　当事者が口頭弁論において相手方の主張した事実を争うことを明らかにしない場合には、その事実を自白したものとみなす（擬制自白、159Ⅰ本文）。この規定は、当事者が口頭弁論の期日に出頭しない場合について準用されるが、その当事者が公示送達による呼出しを受けたものであるときは準用されない（159Ⅲ）。欠席した者が公示送達による呼出しを受けた場合には、争う機会が現実にあったとはいえず、手続保障を重視する観点から、自白したものとみなすことはできないものとされている。よって、本肢は正しい。

エ ◯　民事訴訟においては、双方審尋主義（訴訟の審理において、当事者双方にその主張を述べる機会を平等に与える建前）が採用されている。しかし、証人の出頭にもかかわらず当事者が出頭しないため証拠調べができないものとすると、訴訟の遅延を招く。そこで、双方審尋主義の例外として、証拠調べは、当事者が期日に出頭しない場合においても、することができることとされている（183）。よって、本肢は正しい。

【参考文献】LQ・301頁

オ ✕　当事者双方が、口頭弁論若しくは弁論準備手続の期日に出頭せず、又は弁論若しくは弁論準備手続における申述をしないで退廷若しくは退席をした場合

において、1月以内に期日指定の申立てをしないときは、訴えの取下げがあったものとみなす（**訴えの取下げの擬制**、263）。この規定は、控訴の取下げについて準用される（292Ⅱ）。したがって、当事者双方が控訴審の口頭弁論の期日に欠席し、1か月以内に期日指定の申立てをしなかった場合には、「**控訴の取下げ**」があったものとみなされるのであり、「訴えの取下げ」があったものとはみなされない。よって、訴えの取下げがあったものとみなされるとする点で、本肢は誤っている。

以上より、誤っている肢はアとオであり、正解は2となる。

全体の正答率	46.5%

肢別の選択率	1	2	3	4	5
	27.9%	46.5%	12.0%	6.6%	6.6%

MEMO

司予	— 第39問	［配点2点］	実施日	／	／	／
			正誤			

民事訴訟法上の証拠及び情報の収集の制度に関する次の1から5までの各記述のうち、正しいものを2個選びなさい。

1. 裁判所は、訴訟関係を明瞭にするために、職権で、必要な調査を官庁若しくは公署、外国の官庁若しくは公署又は学校、商工会議所、取引所その他の団体に嘱託することができる。
2. 裁判所は、訴訟の係属中、必要があると認めるときでも、職権で、証拠保全として、当事者尋問をすることはできない。
3. 訴えを提起しようとする者が訴えの被告となるべき者に対し訴えの提起を予告する通知を書面でした場合には、その予告通知をした者は、その予告通知を受けた者に対し、訴えの提起前に、訴えを提起した場合の主張又は立証を準備するために必要であることが明らかな事項について、書面で回答するよう、書面で照会することができる。
4. 当事者は、裁判所に対し、裁判所から登記官に対して不動産の登記事項証明書の送付を嘱託することを申し立てることができる。
5. 当事者は、訴訟の係属中、相手方に対し、第三者の私生活についての秘密に関する事項であって、これについての照会に回答することにより、その第三者の名誉を害するおそれがないものについて、書面で回答するよう、書面で照会することはできない。

司 — 予 第39問	証拠及び情報の収集の制度	配　点	2点
	正解　1、3（順不同）	部分点	1点

1 ○ 　裁判所は、訴訟関係を明瞭にするため、調査を嘱託すること（151Ⅰ⑥）ができる（**釈明処分**、151Ⅰ）。この調査の嘱託については、証拠調べに関する規定が準用される（151Ⅱ）。そして、**調査の嘱託**に関する186条は、「裁判所は、必要な調査を官庁若しくは公署、外国の官庁若しくは公署又は学校、商工会議所、取引所その他の団体に嘱託することができる」と規定している。よって、本肢は正しい。

2 × 　裁判所は、あらかじめ証拠調べをしておかなければその証拠を使用することが困難となる事情があると認めるときは、申立てにより、証拠調べをすることができる（**証拠保全**、234）。証拠保全は、将来に行われる証拠調べのときまで待っていたのでは証拠調べが不可能あるいは困難となるおそれのあるときに、あらかじめ証拠調べをしておき、その結果を保全しておくための手続であり、**あらゆる種類の証拠方法について行うことができる**。そして、裁判所は、必要があると認めるときは、訴訟の係属中、職権で、証拠保全の決定をすることができる（**職権による証拠保全**、237）。したがって、裁判所は、必要があると認めるときは、訴訟の係属中、職権で、証拠保全として、当事者尋問（207Ⅰ）をすることができる。よって、当事者尋問をすることはできないとする点で、本肢は誤っている。

【参考文献】ＬＱ・306頁

3 ○ 　訴えを提起しようとする者が訴えの被告となるべき者に対し訴えの提起を予告する通知（予告通知）を書面でした場合、その予告通知をした者は、その予告通知を受けた者に対し、その予告通知をした日から4月以内に限り、訴えの提起前に、訴えを提起した場合の主張又は立証を準備するために必要であることが明らかな事項について、相当の期間を定めて、書面で回答するよう、書面で照会をすることができる（**訴えの提起前における照会**、132の2Ⅰ本文）。よって、本肢は正しい。

4 × 　書証の申出は、文書の所持者にその文書の送付を嘱託することを申し立ててすることができる（**文書送付嘱託**、226本文）。具体的には、当事者が裁判所に申立てを行い、裁判所が、文書の所持者に文書の送付を嘱託するという方法で行われる。もっとも、**当事者が法令により文書の正本又は謄本の交付を求めることができる場合**には、あえて文書送付嘱託の手続による必要がないので、**文書送付嘱託の申立ては認められない**（226ただし書）。そして、**不動産の登記事項証明書**については、当事者がその交付を請求することができる（不登119Ⅰ）ので、当事者は、裁判所に対し、不動産の登記事項証明書の送付を嘱託することを申し立てることはできない。よって、当事者は、裁判所に対し、裁判所から登記官に対して不動産の登記事項証明書の送付を嘱託することを申し立てることができるとする点で、本肢は誤っている。

【参考文献】ＬＱ・338頁

5　☒　　当事者は、訴訟の係属中、相手方に対し、主張又は立証を準備するために必要な事項について、相当の期間を定めて、書面で回答するよう、書面で照会をすることができる（**当事者照会**、163柱書本文）。もっとも、163条各号が規定する事由については、相手方の回答義務が否定されるところ、「第三者の私生活についての秘密に関する事項」は、163条各号のいずれにも該当しないので、当事者は、相手方に対し、「第三者の私生活についての秘密に関する事項」について、書面で回答するよう、書面で照会することできる。よって、書面で照会することはできないとする点で、本肢は誤っている。

　　　　【参考文献】ＬＱ・195〜197頁

以上より、正しい肢は1と3であり、正解は1、3となる。

全体の正答率	62.8%

肢別の選択率		1	2	3	4	5
	解答1	84.7%	6.0%	0.0%	6.3%	2.7%
	解答2	0.3%	2.3%	75.1%	15.9%	6.0%

MEMO

司	―	［配点2点］	実施日	／	／	／
予	第40問		正誤			

証人尋問に関する次の1から5までの各記述のうち、判例の趣旨に照らし誤っているものを2個選びなさい。

1. 証人尋問の申出は、証人を指定してしなければならない。

2. 裁判所への出頭義務を負う証人が正当な理由なく出頭しない場合には、裁判所は、受命裁判官又は受託裁判官に裁判所外でその証人の尋問をさせることができる。

3. 通常共同訴訟において、共同訴訟人A及びBのうち、Aのみが第一審判決に対して控訴を提起し、Bについては第一審判決が確定している場合には、控訴審において、Bを証人として尋問することができる。

4. 未成年者を証人として尋問する場合には、親権者又は後見人の同意がなければ、宣誓をさせることができない。

5. 同一期日において後に尋問を受ける証人であっても、裁判長の許可があれば、先行する他の証人の尋問中に在廷することができる。

司 —	証人尋問	配 点	2点
予第40問	正解　2、4（順不同）	部分点	1点

1　○　**証人尋問の申出は、証人を指定し、かつ、尋問に要する見込みの時間を明らか**にしてしなければならない（規106）。よって、本肢は正しい。

2　×　裁判所は、「**正当な理由により出頭することができないとき**」（195①）は、受命裁判官又は受託裁判官に裁判所外で証人尋問をさせることができる（195柱書）。この規定は、証人尋問については、その他の証拠調べ一般よりもさらに直接主義（249Ⅰ）・公開主義（憲82）の要請が強いため、より厳格な要件を満たした場合についてのみ、裁判所外での受命裁判官又は受託裁判官による証人尋問を認めたものである。したがって、**証人が正当な理由なく出頭しない場合には、本条の適用はない**ので、裁判所外の証人尋問を実施することはできない。よって、裁判所への出頭義務を負う証人が正当な理由なく出頭しない場合には、裁判所は、受命裁判官又は受託裁判官に裁判所外でその証人の尋問をさせることができるとする点で、本肢は誤っている。

　　なお、証人が正当な理由なく出頭しない場合には、裁判所は、その証人の勾引を命ずることができる（194Ⅰ）。

3　○　証人となり得る資格を**証人能力**という。この点について、証人尋問（190～206）とは別に当事者尋問の制度（207～211）があることから、当事者尋問の対象となる**当事者及びこれに代わって訴訟を追行する法定代理人には証人能力はないが、これらの者以外の第三者は、全て証人能力を有する**ものと解されている。判例（最判昭34.3.6）も、本肢と同様の事案において、「証人能力を判定する時期はその尋問当時であり、その当時現に係属している訴訟の当事者等のみが右証人能力を欠く」とした上で、通常共同訴訟の共同訴訟人Bについて第一審の敗訴判決が確定し、Bに関する訴訟が既に終了した場合には、他の共同訴訟人Aの申立てによる控訴審において、Bを証人として尋問することができる旨判示している。よって、本肢は正しい。

　　【参考文献】 ＬＱ・290頁

4　×　証人には、特別の定めがある場合を除き、宣誓をさせなければならない（201Ⅰ）。これは、**証言の真実性を担保させ、裁判の公正を図る趣旨**から、原則として証人に宣誓を義務づけるものである。もっとも、16歳未満の者又は宣誓の趣旨を理解することができない者を証人として尋問する場合には、宣誓をさせることができない（201Ⅱ）。宣誓は、上記の趣旨を理解した者によってなされなければ意味がないからである。そうすると、18歳未満の者である未成年者（民4参照）のうち、16歳未満の者については、宣誓をさせることができないが、16歳以上の未成年者については、「宣誓の趣旨を理解することができない者」に当たらない限り、原則として宣誓をさせなければならない。このように、16歳以上の未成年者については、当人が「**宣誓の趣旨を理解することができない者**」かどうかで宣誓義務の有無が判断されるのであり、親権者又は後見人の同

意の有無とは無関係である。よって、未成年者を証人として尋問する場合には、親権者又は後見人の同意がなければ、宣誓をさせることができないとする点で、本肢は誤っている。

5 ◯　同一期日において尋問すべき証人が複数いる場合、裁判長は、1人の証人の証言中、他の証人を退廷させるなどの措置を採るのが原則とされている（**隔離尋問の原則**、規120参照）。これは、先の証言が後の証言に影響を及ぼすことを防止するという趣旨に基づくものである。もっとも、**裁判長は、必要があると認めるときは、後に尋問すべき証人に在廷を許すことができる**（規120）。たとえば、先行する他の証人の証言が記憶喚起に役立つような場合には、後に尋問を受ける証人であっても、裁判長の許可により、先行する他の証人の尋問中に在廷することができる。よって、本肢は正しい。

【参考文献】伊藤・415頁、条解・1122頁

以上より、誤っている肢は2と4であり、正解は2、4となる。

全体の正答率	61.8%

肢別の選択率		1	2	3	4	5
	解答1	9.6%	71.4%	10.3%	0.0%	8.0%
	解答2	2.7%	0.3%	3.3%	87.7%	5.0%

MEMO

司	─	［配点2点］	実施日	／	／	／
予	第41問		正誤			

　直接主義に関わる手続についての次のアからオまでの各記述のうち、判例の趣旨に照らし誤っているものを組み合わせたものは、後記1から5までのうちどれか。

　　ア．裁判官が代わり、当事者が従前の口頭弁論の結果を陳述する場合に、当事者の一方が欠席したときは、出頭した他方当事者だけではこの陳述をすることができない。

　　イ．控訴審において、当事者は、第一審における口頭弁論の結果を陳述しなければならない。

　　ウ．大規模訴訟（当事者が著しく多数で、かつ、尋問すべき証人又は当事者本人が著しく多数である訴訟）に係る事件について、合議体である受訴裁判所は、当事者に異議がないときは、裁判所内において受命裁判官に証人尋問をさせることができる。

　　エ．検証は、受訴裁判所が相当と認めるときは、検証物の所在地を管轄する地方裁判所又は簡易裁判所に嘱託して、受託裁判官に裁判所外において実施させることができる。

　　オ．裁判官が単独で審理する事件について、その裁判官を含む合議体に審理が移行した場合には、当事者は従前の口頭弁論の結果を陳述する必要がない。

1．ア　エ　　2．ア　オ　　3．イ　ウ　　4．イ　エ　　5．ウ　オ

司 —	直接主義に関わる手続	配 点	2点
予第41問	正解 2	部分点	—

ア ✕ 裁判官が代わった場合には、当事者は、従前の口頭弁論の結果を陳述しなければならない（**弁論の更新**、249Ⅱ）。この規定は、直接主義（249Ⅰ）の要請を満たすための規律である。そして、判例（最判昭31.4.13）は、「裁判官の更迭のあった場合、**当事者の一方が欠席したときは、裁判長は出頭した一方の当事者をして、当事者双方にかかる従前の口頭弁論の結果を陳述せしめることができる**」としている。
よって、出頭した他方当事者だけではこの陳述をすることができないとする点で、本肢は誤っている。
【参考文献】伊藤・300頁

イ ◎ 控訴審において、当事者は、第一審における口頭弁論の結果を陳述しなければならない（**弁論の更新**、296Ⅱ）。この規定も、249条2項と同様、直接主義（249Ⅰ）の要請を満たすための規律である。よって、本肢は正しい。

ウ ◎ 裁判所は、**大規模訴訟**（当事者が著しく多数で、かつ、尋問すべき証人又は当事者本人が著しく多数である訴訟）に係る事件について、**当事者に異議がないときは、受命裁判官に裁判所内で証人又は当事者本人の尋問をさせることができる**（268）。この規定は、多数の証人や当事者等の尋問を迅速に行うために設けられたものであるが、直接主義（249Ⅰ）の要請にも配慮するべく、当事者に異議がないことも要件となっている。よって、本肢は正しい。

エ ◎ 裁判所は、相当と認めるときは、裁判所外において証拠調べをすることができる。この場合においては、合議体の構成員（受命裁判官）に命じ、又は地方裁判所若しくは簡易裁判所に嘱託して証拠調べをさせることができる（**裁判所外における証拠調べ**、185）。そして、**検証**とは、裁判官がその五官の作用によって事物の形状・性質・状況を感得し、その判断内容を証拠資料とする証拠調べの1つである。したがって、受訴裁判所が、検証物の所在地を管轄する地方裁判所又は簡易裁判所に嘱託して検証を実施させる場合、その嘱託を受けた受託裁判所の裁判官である受託裁判官が、裁判所外において検証を行うことになる。よって、本肢は正しい。

オ ✕ **直接主義**とは、弁論の聴取や証拠調べを、判決をする裁判官自身が行うという原則をいう（249Ⅰ）。その趣旨は、裁判官自身の五官の作用に基づき事実認定を行うことで適正な判決を可能にすることにある。したがって、裁判官が単独で審理する事件について、その裁判官を含む合議体に審理が移行した場合、たとえ単独で審理を担当していた裁判官が合議体の構成員に含まれていたとしても、**新たに審理を担当する裁判官は途中から事件に関与する以上、直接主義の要請を満たすため、弁論の更新（249Ⅱ）が必要となる**。よって、当事者は従前の口頭弁論の結果を陳述する必要がないとする点で、本肢は誤っている。
なお、合議体の審理から単独の裁判官の審理へと移行した場合において、同一の裁判官が審理を担当するときは、弁論の更新は不要となる（最判昭26.3.29）。

以上より、誤っている肢はアとオであり、正解は2となる。

全体の正答率	79.1%

肢別の選択率	1	2	3	4	5
	7.3%	79.1%	6.6%	4.7%	1.7%

| 司予 | 第42問 | ［配点2点］ | 実施日 | ／ | ／ | ／ |
| | | | 正誤 | | | |

　申立事項と判決事項に関する次の1から5までの各記述のうち、判例の趣旨に照らし正しいものを2個選びなさい。

1．売買代金請求訴訟において、売買代金債権は存在するが、その履行期が未到来であることが明らかになった場合には、裁判所は、原告が売買代金債権を有する旨を確認する判決をすることができる。

2．貸金100万円の返還を求める訴訟において、原告から利息の支払を求める申立てがない場合には、裁判所は、利息の支払を命ずる判決をすることはできない。

3．物の引渡請求訴訟において、被告の過失によって物の引渡しができないことが明らかになった場合には、裁判所は、原告が訴えを変更しないときであっても、損害賠償を命ずる判決をすることができる。

4．原告が売買を原因として残代金500万円を支払うのと引換えに土地の所有権移転登記手続を求める訴訟において、残代金額が700万円であることが明らかになった場合には、裁判所は、被告に対し、原告から700万円の支払を受けるのと引換えに、原告への所有権移転登記手続を命ずる判決をすることができる。

5．同一事故により生じた不法行為による損害賠償請求権に基づき、治療費200万円、逸失利益500万円、慰謝料300万円の合計1000万円の支払を求める訴訟において、裁判所は、治療費を150万円、逸失利益を400万円、慰謝料を400万円とそれぞれ認定して合計950万円の支払を命ずる判決をすることはできない。

司 — 予 第42問	申立事項と判決事項	配 点	2点
	正解 2、4（順不同）	部分点	1点

1 ✕ 　裁判所は、当事者が申し立てていない事項について、判決をすることができない（処分権主義、246）。この**申立事項には、給付・確認・形成といった審判形式も含まれるため、裁判所は、原告によって特定された審判形式に拘束される**。したがって、原告が給付判決を求めているにもかかわらず、裁判所が期限未到来を理由として、訴訟物である請求権の確認判決をすることは許されない（大判大8.2.6）。よって、裁判所は、原告が売買代金債権を有する旨を確認する判決をすることができるとする点で、本肢は誤っている。

2 ◯ 　肢1の解説のとおり、裁判所は、当事者が申し立てていない事項について、判決をすることができない（処分権主義、246）。本肢において、貸金100万円の返還を求める訴訟の訴訟物は、**消費貸借契約に基づく貸金返還請求権**である。他方、貸金の利息の支払を求める訴訟の訴訟物は、**利息契約に基づく利息請求権**であり、両者は別個の訴訟物である。したがって、原告から利息の支払を求める申立てがない場合には、裁判所は、利息の支払を命ずる判決をすることはできない。よって、本肢は正しい。

　　　　【参考文献】類型別・27頁

3 ✕ 　肢1の解説のとおり、裁判所は、当事者が申し立てていない事項について、判決をすることができない（処分権主義、246）。本肢において、物の引渡請求訴訟の訴訟物と、損害賠償請求訴訟の訴訟物は、別個のものである。したがって、裁判所は、原告が**訴えの交換的変更（従来の請求に代えて新たな請求を定立する行為）**をしない限り、損害賠償を命ずる判決をすることはできない。よって、裁判所は、原告が訴えを変更しないときであっても、損害賠償を命ずる判決をすることができるとする点で、本肢は誤っている。

　　　　【参考文献】伊藤・646頁

4 ◯ 　肢1の解説のとおり、裁判所は、当事者が申し立てていない事項について、判決をすることができない（処分権主義、246）。もっとも、判例（最判昭46.11.25／百選［第5版］〔75〕）は、原告が明示の立退料の支払と引換えに家屋の明渡しを求める訴訟において、**原告による立退料の申出額と格段の相違のない一定の範囲内であれば、明示の立退料の申出額を超える一定金額の支払と引換えに家屋の明渡しを命ずる判決をしても、246条に反しない**旨判示している。このような場合には、請求を全部棄却するよりも一部認容を認めるほうが原告の合理的意思に合致するし、被告にとって不意打ちにもならないからである。

　　　　この判例の趣旨に照らすと、本肢においても、原告が売買を原因として残代金500万円を支払うのと引換えに土地の所有権移転登記手続を求める訴訟において、残代金額が700万円であることが明らかになった場合には、裁判所は、被告に対し、原告から700万円の支払を受けるのと引換えに、原告への所有権移転登記手続を命ずる判決をすることができる。よって、本肢は正しい。

【参考文献】ＬＱ・418頁

5　✕　判例（最判昭48.4.5／百選［第5版］〔74〕）は、「**同一事故により生じた同一の身体傷害を理由とする財産上の損害と精神上の損害とは、原因事実および被侵害利益を共通にする**ものであるから、その賠償の請求権は一個であり、その両者の賠償を訴訟上あわせて請求する場合にも、**訴訟物は一個**である」としている。したがって、本肢において、裁判所は、損害賠償額の合計額を超えない限り、各損害項目について、原告が求める額を超える額を認定してその支払を命ずる判決をすることができる。よって、裁判所は、治療費を150万円、逸失利益を400万円、慰謝料を400万円とそれぞれ認定して合計950万円の支払を命ずる判決をすることはできないとする点で、本肢は誤っている。

【参考文献】ＬＱ・416頁

以上より、正しい肢は2と4であり、正解は2、4となる。

全体の正答率	55.5%

肢別の選択率		1	2	3	4	5
	解答1	9.6%	79.7%	7.6%	0.3%	1.3%
	解答2	13.0%	0.0%	11.0%	69.1%	6.3%

MEMO

司 予	― 第43問	［配点 2 点］	実施日	／	／	／
			正誤			

　裁判によらない訴訟の完結に関する次のアからオまでの各記述のうち、判例の趣旨に照らし正しいものを組み合わせたものは、後記 1 から 5 までのうちどれか。

　ア．原告が、被告の脅迫により訴えを取り下げたとしても、当該訴えの取下げは有効である。

　イ．被告が本案について答弁書を提出した後、原告が訴えの取下書を提出し、被告がこれに対する同意を確定的に拒絶した場合には、後に被告が改めて同意をしても、当該訴えの取下げは効力を生じない。

　ウ．訴訟上の和解が成立した場合には、和解の当事者は、その和解の内容である私法上の契約に係る意思表示の重要な部分に錯誤があったとして当該和解の効力を争うことはできない。

　エ．訴訟上の和解によって訴訟が終了したが、その後その和解の内容である私法上の契約が債務不履行により解除されるに至ったとしても、そのことによっては、一旦終了した訴訟は復活しない。

　オ．原告が被告に対し証書真否確認の訴えを提起した場合において、確認の対象となる文書が、法律関係を証する書面に該当しないものでも、被告が口頭弁論の期日において原告の請求を認諾する旨の陳述をし、それが調書に記載されたときは、当該訴訟は終了する。

1．ア　ウ　　2．ア　エ　　3．イ　エ　　4．イ　オ　　5．ウ　オ

司 —	裁判によらない訴訟の完結	配 点	2点
予 第43問	正解 3	部分点	—

ア ✕ 判例（最判昭46.6.25／百選［第5版］〔91〕）は、訴えの取下げは訴訟行為であるから、一般に行為者の意思の瑕疵がただちにその効力を左右するものではないが、**詐欺・脅迫等明らかに刑事上罰すべき他人の行為**により訴えの取下げがなされるにいたったときは、民訴法338条1項5号の法意に照らし、その**取下げは無効**と解すべきである旨判示している。よって、当該訴えの取下げは有効であるとする点で、本肢は誤っている。

イ ◯ 判例（最判昭37.4.6）は、被告が本案について答弁書を提出した後、原告が訴えの取下書を提出し、被告がこれに対する同意を拒絶した場合には、**原告の訴えの取下げが無効なものとして確定するため、後に被告が改めて同意をしても、先の訴えの取下げは効力を生じない**旨判示している。よって、本肢は正しい。

ウ ✕ **訴訟上の和解の効力**について、判例（最判昭33.6.14／百選［第5版］〔93〕）は、和解に関与した訴訟代理人の意思表示にはその重要な部分に錯誤があり、和解は要素の錯誤により無効［注：平成29年民法改正前］であるから、**本件和解は実質的確定力を有しない**旨判示している。

この判例の趣旨と同じ立場に立つ学説も、訴訟上の和解の第三者への拘束力も含めた法的安定性を確保しつつ、当事者が判決に代わる紛争処理機能を期待していることも考慮すると、訴訟上の和解に既判力を肯定する必要があるとする一方、和解調書の拘束力そのものと、その拘束力がどのような事由によって覆されるかは別の問題であり、訴訟上の和解が実体法上の合意という性質を有する以上、その和解に実体法上の無効原因（取消原因が存在し、取り消された場合も含む）が存在する場合には、訴訟上の和解の効力が否定され、その既判力も否定されるものと解している（**制限的既判力説**）。

したがって、訴訟上の和解が成立した場合において、その和解の内容である私法上の契約に係る意思表示の重要な部分に錯誤があったときは、和解の当事者は、当該和解の効力を争うことができる。よって、当該和解の効力を争うことはできないとする点で、本肢は誤っている。

【参考文献】伊藤・511頁、LQ・491～492頁

エ ◯ 判例（最判昭43.2.15／百選［第5版］〔94〕）は、「訴訟が訴訟上の和解によって終了した場合においては、その後その和解の内容たる私法上の契約が債務不履行のため解除されるに至ったとしても、そのことによっては、**単にその契約に基づく私法上の権利関係が消滅するのみであって、和解によって一旦終了した訴訟が復活するものではない**」としている。よって、本肢は正しい。

オ ✕ 確認の訴えは、法律関係を証する書面の成立の真否を確定するためにも提起することができる（証書真否確認の訴え、134の2）。確認の訴えの対象は、原則として権利・法律関係に限られるが、特定の事実関係が複数の権利関係の前

提となっており、個別の権利関係について確認するよりも、当該事実関係を確認する方が紛争の抜本的解決に資する場合があるので、本条により、例外的に事実関係であっても確認の訴えの提起が認められている。そして、判例（最判昭28.10.15）は、**「法律関係を証する書面」**について、「その**書面自体の内容から直接に一定の現在の法律関係の成立存否が証明され得る書面を指す」**とした上で、証書真否確認の訴えは、**証書の真否の確定を求めるものでなければ不適法であるから、たとえ相手方がその請求を認諾しても、その認諾は訴訟上の効果を生じ得ない**旨判示している。よって、当該訴訟は終了するとする点で、本肢は誤っている。

　【参考文献】ＬＱ・367頁、497頁

以上より、正しい肢はイとエであり、正解は３となる。

全体の 正答率	58.1%

肢別の 選択率	1	2	3	4	5
	2.3%	14.3%	58.1%	14.3%	10.3%

MEMO

司 予	第44問	［配点2点］	実施日	／	／	／
			正誤			

　簡易裁判所における訴訟手続に関する次のアからオまでの各記述のうち、誤っているものを組み合わせたものは、後記1から5までのうちどれか。

　ア．簡易裁判所は、相当と認める場合であっても、当事者に異議があるときは、証人の尋問に代えて、書面の提出をさせることはできない。

　イ．簡易裁判所の判決書に事実及び理由を記載するには、請求の趣旨及び原因の要旨に加え、請求の原因の有無と、請求を排斥する理由である抗弁の要旨を表示すれば足りる。

　ウ．簡易裁判所は、金銭の支払の請求を目的とする訴えにつき、被告が口頭弁論において原告の主張した事実を全て争わず、その他何らの防御の方法をも提出しない場合において、相当と認めるときは、原告の意見を聴いた上で、当該請求に係る金銭の支払について分割払の定めをして、当該金銭の支払を命ずる決定をすることができる。

　エ．原告が被告に対して50万円の支払を求める訴えを簡易裁判所に提起した後に、被告が原告に200万円の支払を求める反訴を提起した場合には、簡易裁判所は、職権で、本訴及び反訴を地方裁判所に移送しなければならない。

　オ．簡易裁判所は、訴訟の目的の価額が100万円である不動産明渡請求訴訟について、被告が本案について弁論をする前に移送の申立てをした場合には、当該訴訟を不動産の所在地を管轄する地方裁判所に移送しなければならない。

1．ア　エ　　2．ア　オ　　3．イ　ウ　　4．イ　エ　　5．ウ　オ

司 —	簡易裁判所における訴訟手続	配　点	2点
予 第44問	正解　1	部分点	—

ア ✕　簡易裁判所は、相当と認めるときは、証人若しくは当事者本人の尋問又は鑑定人の意見の陳述に代え、**書面の提出をさせることができる**（278）。この趣旨は、審理の簡易迅速化と訴訟経済を図る点にある。このように、証人に対する書面尋問を行うに当たり、当事者に異議のないことは要件とされていない。よって、当事者に異議があるときは、証人の尋問に代えて、書面の提出をさせることはできないとする点で、本肢は誤っている。

　なお、通常の裁判所においても、相当と認める場合において、証人の尋問に代え、書面の提出をさせることができる（**書面尋問**、205）が、この場合には相手方による反対尋問ができないという問題があるので、「当事者に異議がない」ことが要件となっている。

イ 〇　簡易裁判所の判決書に事実及び理由を記載するには、請求の趣旨及び原因の要旨、その原因の有無並びに請求を排斥する理由である抗弁の要旨を表示すれば足りる（280）。この趣旨は、簡易迅速な紛争解決を実現するため、判決書の記載内容を簡略化することを認める点にある。よって、本肢は正しい。

ウ 〇　金銭の支払の請求を目的とする訴えについては、簡易裁判所は、被告が口頭弁論において原告の主張した事実を争わず、その他何らの防御の方法をも提出しない場合において、被告の資力その他の事情を考慮して相当であると認めるときは、原告の意見を聴いて、当該請求に係る金銭の支払について、その時期の定め若しくは分割払の定めをし、又はこれと併せて、その時期の定めに従い支払をしたとき、若しくはその分割払の定めによる期限の利益を失うことなく支払をしたときは訴え提起後の遅延損害金の支払義務を免除する旨の定めをして、当該請求に係る金銭の支払を命ずる決定をすることができる（**和解に代わる決定**、275の2Ⅰ）。よって、本肢は正しい。

エ ✕　被告が反訴で地方裁判所の管轄に属する請求をした場合において、相手方の申立てがあるときは、簡易裁判所は、決定で、本訴及び反訴を地方裁判所に移送しなければならない（274Ⅰ前段）。この移送は、**必ず申立てによらなければならず、職権で行うことはできない**。よって、簡易裁判所は、職権で、本訴及び反訴を地方裁判所に移送しなければならないとする点で、本肢は誤っている。

オ 〇　簡易裁判所は、その管轄に属する不動産に関する訴訟につき被告の申立てがあるときは、その申立ての前に被告が本案について弁論をした場合を除き、訴訟の全部又は一部をその所在地を管轄する地方裁判所に移送しなければならない（19Ⅱ）。この趣旨は、不動産に関する訴訟については、一般に当事者の利害対立が強いことや、所有権や使用権限等の権利関係の審理が複雑化することが多いため、可及的に地方裁判所での審理を保障することにある。よって、本肢は正しい。

以上より、誤っている肢はアとエであり、正解は1となる。

全体の 正答率	36.2%		肢別の 選択率	1	2	3	4	5
				36.2%	31.6%	11.3%	15.9%	3.7%

控訴に関する次のアからオまでの各記述のうち、正しいものを組み合わせたものは、後記1から5までのうちどれか。

ア．控訴の提起は、判決書又は判決書に代わる調書の送達を受けた日から2週間の不変期間内に、控訴状を控訴裁判所に提出してしなければならない。

イ．原告が貸金の返還請求と不法行為に基づく損害賠償請求とを併合して提起した訴えに係る訴訟において、第一審裁判所が原告の請求のうち貸金の返還請求を認容し、その余の請求を棄却する判決をしたところ、被告のみが自らの敗訴部分につき控訴を提起した場合には、第一審判決のうち不法行為に基づく損害賠償請求に係る部分は、控訴期間の満了に伴い確定する。

ウ．控訴人が、控訴状に控訴理由を記載せず、控訴の提起後50日以内に控訴理由書を控訴裁判所に提出しなかった場合には、当該控訴は不適法なものとして却下される。

エ．原告が貸金500万円の返還請求をした訴訟において、被告が500万円の弁済の抗弁と消滅時効の抗弁を主張したところ、第一審裁判所が弁済の抗弁を認めて原告の請求を全て棄却する判決をし、原告が控訴を提起した場合において、控訴裁判所は、500万円の弁済の事実は認められないが、貸金債権全額について消滅時効が完成したという心証を抱いたときは、当該控訴を棄却しなければならない。

オ．原告が貸金800万円の返還請求をした訴訟において、第一審裁判所が原告の請求のうち500万円の返還請求を認容し、その余の請求を棄却する判決をしたところ、原告が控訴期間内に控訴を提起し、その後、被告が自らの控訴期間内に附帯控訴を提起した場合に、控訴人兼附帯被控訴人が控訴審の終局判決前に控訴を取り下げたときは、当該附帯控訴は、控訴期間以外の控訴の要件も備える限り、独立した控訴とみなされる。

1．アイ　2．アオ　3．イウ　4．ウエ　5．エオ

司 —	控訴	配 点	2点
予 第45問	正解 5	部分点	—

ア ✕　控訴は、判決書（253）又は判決書に代わる調書（254Ⅱ）の送達を受けた日から2週間の不変期間内に提起しなければならない（285本文）。そして、控訴の提起は、控訴状を**第一審裁判所**に提出してしなければならない（286Ⅰ）。よって、控訴状を控訴裁判所に提出してしなければならないとする点で、本肢は誤っている。

イ ✕　適法に上訴された場合、原裁判は上訴期間を経過しても確定せず（**確定遮断効**、116Ⅱ）、当該事件は原裁判所での係属を離れて上訴裁判所に移審する（**移審効**）。この確定遮断効・移審効の及ぶ範囲は、上訴人の不服申立ての範囲にかかわらず、原裁判全体に及ぶ（**上訴不可分の原則**）。そして、上訴不可分の原則は、**請求の客観的併合の場合にも妥当する**。したがって、本肢において、被告のみが自らの敗訴部分につき控訴を提起した場合であっても、第一審判決のうち不法行為に基づく損害賠償請求に係る部分について確定遮断効が生じ、控訴審に移審するので、控訴期間が経過してもこの部分が確定することはない。よって、第一審判決のうち不法行為に基づく損害賠償請求に係る部分は、控訴期間の満了に伴い確定するとする点で、本肢は誤っている。

　　　【参考文献】ＬＱ・606頁

ウ ✕　控訴状には、①当事者及び法定代理人、②第一審判決の表示及びその判決に対して控訴をする旨を記載しなければならない（286Ⅱ）が、**控訴理由を記載する必要はない**。2週間という短い控訴期間内に控訴理由を明らかにすることが困難であることもあるからである。

　　　また、控訴状に具体的な控訴理由を記載しなかったときは、控訴人は、控訴の提起後50日以内に、控訴理由を記載した書面（**控訴理由書**）を控訴裁判所に提出しなければならない（規182）。もっとも、控訴理由の主張は**控訴の適法要件ではなく、控訴審における審理の効率化のために政策的に要求されるものにとどまる**ため、この期間内に控訴理由書を控訴裁判所に提出しなかった場合であっても、当該控訴が不適法なものとして却下されることはない。よって、当該控訴は不適法なものとして却下されるとする点で、本肢は誤っている。

　　　【参考文献】ＬＱ・614頁

エ ◯　**第一審判決がその理由によれば不当である場合においても、他の理由により正当であるときは、控訴を棄却しなければならない**（302Ⅱ）。既判力は「主文」（114Ⅰ）について生じ、原則として理由中の判断には生じない以上、控訴を棄却しても当事者の不利益とはならないからである。よって、本肢は正しい。

　　　【参考文献】ＬＱ・617頁

オ ◯　**附帯控訴**（293Ⅰ）とは、被控訴人が、控訴人の申し立てた不服の範囲を拡張して、自己に有利な判決を求める不服申立てをいう。不利益（利益）変更禁止の原則（304）との関係では、自ら控訴していない当事者に有利に第一審判

決を変更することはできない。しかし、相手方が控訴すれば、被控訴人は自己に有利に判決が変更される可能性がないにもかかわらず、相手方の控訴に応訴しなければならず、公平に反する。また、控訴人は控訴審の口頭弁論終結時まで請求の拡張を行うことが許されている（297・143）一方、独立の控訴権を失った被控訴人に全く不服申立てを許さないのも公平に反する。そこで、控訴権を失った被控訴人にも自己に有利に判決を変更する可能性を与えて公平を確保するため、附帯控訴が認められている。

　このような附帯控訴の趣旨からすると、附帯控訴は控訴に附帯する以上、控訴の取下げがあったとき、又は不適法として控訴の却下があったときは、附帯控訴もその効力を失う（293Ⅱ本文）。もっとも、**控訴の要件を備えるものは、独立した控訴とみなされる**（独立附帯控訴、293Ⅱただし書）。よって、本肢は正しい。

　【参考文献】ＬＱ・612〜613頁

以上より、正しい肢はエとオであり、正解は5となる。

全体の 正答率	41.9%

肢別の 選択率	1	2	3	4	5
	5.6%	12.0%	20.9%	17.9%	41.9%

MEMO

公法系

司	第1問	[配点2点]	実施日	／	／	／
予	—		正誤			

　憲法が保障する基本的人権の制約理由に関する次のアからウまでの各記述について、最高裁判所の判例の趣旨に照らして、正しいものには〇、誤っているものには×を付した場合の組合せを、後記1から8までの中から選びなさい。

　　ア．表現の自由などの精神的自由も、その行使の結果から本人を保護するために法律により制限を加えられることがあるが、こうした制限については、専門技術的な判断が伴うことから立法者に広い裁量が認められるので、目的との関連で著しく不合理であることが明らかである場合に限って、その効力を否定することができる。

　　イ．職業選択の自由は、社会生活における安全の保障及び秩序の維持等の消極的な目的や、国民経済の円満な発展や社会公共の便宜の促進、経済的弱者の保護等の社会政策及び経済政策上の積極的な目的のほか、租税の適正かつ確実な賦課徴収を図るという国家の財政目的のために制約され得る。

　　ウ．労働基本権は、勤労者の経済的地位の向上のための手段として認められたものであって、それ自体が目的とされる絶対的なものではないから、憲法第13条のいう公共の福祉のための制約を受けるほか、公務員の争議行為の禁止の場合のように、勤労者を含めた国民全体の共同利益の見地からする制約を受ける。

1．ア〇　イ〇　ウ〇　　　2．ア〇　イ〇　ウ×　　　3．ア〇　イ×　ウ〇
4．ア〇　イ×　ウ×　　　5．ア×　イ〇　ウ〇　　　6．ア×　イ〇　ウ×
7．ア×　イ×　ウ〇　　　8．ア×　イ×　ウ×

司	第 1 問	基本的人権の制約理由	配　点	2点
予	―	正解　6	部分点	―

ア ✕　小売市場事件判決（最大判昭47.11.22／百選Ⅰ［第 7 版］〔91〕）は、「個人の経済活動に対する法的規制措置については、**立法府の政策的技術的な裁量に委ねるほかはなく、裁判所は、立法府の右裁量的判断を尊重するのを建前とし、ただ、立法府がその裁量権を逸脱し、当該法的規制措置が著しく不合理であることの明白である場合に限って、これを違憲として、その効力を否定することができる**」としており、その前提として、「社会経済政策の実施の一手段として、これに一定の合理的規制措置を講ずることは、もともと、憲法が予定し、かつ、許容するところ」であると判示している。もっとも、このような前提を示すにあたり、「個人の経済活動の自由に関する限り、**個人の精神的自由等に関する場合と異なって**」と判示しているように、判例は、表現の自由などの精神的自由の行使の結果から本人を保護するために法律により加えられる制限について、「専門技術的な判断が伴うことから立法者に広い裁量が認められるので、目的との関連で著しく不合理であることが明らかである場合に限って、その効力を否定することができる」旨判示したことはない。よって、本肢は誤っている。

イ ◯　薬事法距離制限違憲判決（最大判昭50.4.30／百選Ⅰ［第 7 版］〔92〕）は、職業選択の自由（22Ⅰ）の制約について、職業は、「**本質的に社会的な、しかも主として経済的な活動であって、その性質上、社会的相互関連性が大きいも**のであるから、職業の自由は、それ以外の憲法の保障する自由、殊にいわゆる精神的自由に比較して、公権力による規制の要請がつよく、……職業は、それ自身のうちになんらかの制約の必要性が内在する社会的活動であるが、その種類、性質、内容、社会的意義及び影響がきわめて多種多様であるため、その規制を要求する社会的理由ないし目的も、**国民経済の円満な発展や社会公共の便宜の促進、経済的弱者の保護等の社会政策及び経済政策上の積極的なものから、社会生活における安全の保障や秩序の維持等の消極的なものに至るまで千差万別で、その重要性も区々にわたる**」としている。

　　また、判例（最判平4.12.15／百選Ⅰ［第 7 版］〔94〕）は、酒類販売の免許制の合憲性について、「**租税の適正かつ確実な賦課徴収を図るという国家の財政目的のための職業の許可制による規制については、その必要性と合理性についての立法府の判断が**、右の政策的、技術的な裁量の範囲を逸脱するもので、著しく不合理なものでない限り、これを憲法22条 1 項の規定に違反するものということはできない」としている。よって、本肢は正しい。

ウ ✕　全農林警職法事件判決（最大判昭48.4.25／百選Ⅱ［第 7 版］〔141〕）は、**労働基本権**は、「勤労者の経済的地位の向上のための手段として認められたものであって、それ自体が目的とされる絶対的なものではないから、**おのずから勤労者を含めた国民全体の共同利益の見地からする制約を免れないものであり、**

このことは、**憲法13条の規定の趣旨に徴しても疑いのないところである**（この場合、憲法13条にいう「**公共の福祉**」とは、**勤労者たる地位にあるすべての者を包摂した国民全体の共同の利益**を指すものということができよう。）。」としている。このように、判例は、憲法13条にいう「公共の福祉」のための制約と、「勤労者を含めた国民全体の共同利益の見地からする制約」を異なる性質のものとは捉えておらず、同一のものと捉えていると解される。よって、憲法第13条のいう公共の福祉のための制約を受けるほか、公務員の争議行為の禁止の場合のように、勤労者を含めた国民全体の共同利益の見地からする制約を受けるとする点で、本肢は誤っている。

以上より、ア×イ〇ウ×となり、正解は6となる。

全体の正答率	26.4%		肢別の選択率	1	2	3	4	5	6	7	8
				5.7%	3.8%	0.0%	0.0%	52.8%	26.4%	9.4%	0.0%

MEMO

司	第2問	[配点2点]		実施日	／	／	／
予	－			正誤			

　私人間における人権保障に関する次のアからウまでの各記述について、正しいものには○、誤っているものには×を付した場合の組合せを、後記1から8までの中から選びなさい。

　ア．最高裁判所は、株式会社による政党への政治資金の寄附が、国民の選挙権の自由な行使を直接に侵害するものであるとしつつ、会社にも政治活動の自由が保障されるため、当該侵害は社会的許容性の限度を超えるものではないと判断されることから、当該寄附が公序良俗に違反すると解することはできないとした。

　イ．最高裁判所は、株式会社の就業規則において女子の定年年齢を男子より低く定める部分が、専ら女子であることのみを理由として差別したことに帰着するものとして、公序良俗に違反し無効であると解するに当たって、個人の尊厳と両性の本質的平等を解釈の基準として定める民法の規定とともに、法の下の平等を定める憲法第14条第1項を参照した。

　ウ．最高裁判所は、下級裁判所が、一定の集団に属する者の全体に対して人種差別的な発言をした者に対し、人種差別撤廃条約並びに同条約に照らして解釈される憲法第13条及び第14条第1項は私人相互の関係にも直接適用されるとして、民法第709条の規定により高額の損害賠償を命じた事例において、上告を棄却した。

1．ア○　イ○　ウ○　　　2．ア○　イ○　ウ×　　　3．ア○　イ×　ウ○
4．ア○　イ×　ウ×　　　5．ア×　イ○　ウ○　　　6．ア×　イ○　ウ×
7．ア×　イ×　ウ○　　　8．ア×　イ×　ウ×

司	第2問	私人間における人権保障	配　点	2点
予	—	正解　6	部分点	—

ア ✕　　八幡製鉄事件判決（最大判昭45.6.24／百選Ⅰ［第7版］〔8〕）は、「憲法第3章に定める国民の権利および義務の各条項は、性質上可能なかぎり、内国の法人にも適用されるものと解すべきであるから、**会社は、自然人たる国民と同様、国や政党の特定の政策を支持、推進または反対するなどの政治的行為をなす自由を有する**のである。政治資金の寄附もまさにその自由の一環であ」るとした上で、「政党への寄附は、事の性質上、国民個々の選挙権その他の参政権の行使そのものに直接影響を及ぼすものではないばかりでなく、政党の資金の一部が選挙人の買収にあてられることがあるにしても、それはたまたま生ずる病理的現象に過ぎず、しかも、かかる非違行為を抑制するための制度は厳として存在するのであって、いずれにしても**政治資金の寄附が、選挙権の自由なる行使を直接に侵害するものとはなしがたい**」としている。よって、株式会社による政党への政治資金の寄附が、国民の選挙権の自由な行使を直接に侵害するものであるとする点、及び当該侵害は社会的許容性の限度を超えるものではないと判断されることから、当該寄附が公序良俗に違反すると解することはできないとしたとする点で、本肢は誤っている。

イ ◯　　日産自動車事件判決（最判昭56.3.24／百選Ⅰ［第7版］〔11〕）は、株式会社の「就業規則中女子の定年年齢を男子より低く定めた部分は、専ら女子であることのみを理由として差別したことに帰着するものであり、性別のみによる不合理な差別を定めたものとして民法90条の規定により無効であると解するのが相当である（**憲法14条1項、民法1条ノ2参照**）」としている。

このように、判例は、「この法律は、個人の尊厳と両性の本質的平等を旨として、解釈しなければならない」と定める民法2条（判決当時は「民法1条ノ2」）とともに、法の下の平等を定める憲法14条1項を参照している。よって、本肢は正しい。

ウ ✕　　判例（最決平26.12.9）は、下級裁判所（大阪高判平26.7.8）が、一定の集団に属する者の全体に対して人種差別的な発言をした者に対し、民法709条の規定により損害賠償を命じた事例において、上告を棄却した。もっとも、この下級裁判所（大阪高判平26.7.8）は、「**人種差別撤廃条約は、国法の一形式として国内法的効力を有するとしても、その規定内容に照らしてみれば、国家の国際責任を規定するとともに、憲法13条、14条1項と同様、公権力と個人との関係を規律するものである。すなわち、……私人相互の関係を直接規律するものではなく、私人相互の関係に適用又は類推適用されるものでもないから、その趣旨は、民法709条等の個別の規定の解釈適用を通じて、他の憲法原理や私的自治の原則との調和を図りながら実現されるべきものである**」としている。よって、人種差別撤廃条約並びに同条約に照らして解釈される憲法第13条及び第14条第1項は私人相互の関係にも直接適用されるとする点で、本肢は誤っている。

以上より、ア✕イ◯ウ✕となり、正解は6となる。

全体の 正答率	54.7%	肢別の 選択率	1	2	3	4	5	6	7	8
			5.7%	5.7%	1.9%	0.0%	17.0%	54.7%	5.7%	7.5%

司 予	第3問 ―　　[配点3点]	実施日	／	／	／
		正誤			

　法の下の平等に関する次のアからウまでの各記述について、最高裁判所の判例の趣旨に照らして、それぞれ正しい場合には1を、誤っている場合には2を選びなさい。

　ア．国民への課税要件等を定めるには、極めて専門技術的な判断を要するため、租税法の分野における所得の性質の違い等を理由とする取扱いの区別については、その立法目的が正当なものであり、かつ、当該立法において具体的に採用された区別の態様が目的との関連で著しく不合理であることが明らかでない限り、その合理性は否定できず、憲法第14条に違反しない。

　イ．生存権は、生存に直結する権利であり精神的自由に準ずる権利である一方、これを具体化するための立法には高度の専門技術的な政策的判断を要するところ、併給調整条項の適用により、障害福祉年金の受給者と非受給者との間で児童扶養手当の受給に関する区別が生じるとしても、立法目的に合理的な根拠があり、かつ、立法目的と当該区別との間に実質的関連性が認められ、合理的理由のない差別とはいえないから、憲法第14条に違反しない。

　ウ．相続制度をどのように定めるかは、国の伝統、社会事情、国民感情や、その国における婚姻ないし親子関係に対する規律、国民の意識等を総合的に考慮するなど立法府の合理的な裁量判断に委ねられているが、嫡出性の有無による法定相続分の区別は、立法府に与えられた上記のような裁量権を考慮しても、こうした区別をすることについて合理的な根拠が認められないから、合理的理由のない差別として、憲法第14条に違反する。

司 第3問	法の下の平等	配 点	3点
予 —	正解 1、2、1	部分点	2問正解で部分点1点

ア ○ サラリーマン税金訴訟判決（最大判昭60.3.27／百選Ⅰ［第7版］〔31〕）は、「租税は、今日では、国家の財政需要を充足するという本来の機能に加え、所得の再分配、資源の適正配分、景気の調整等の諸機能をも有しており、国民の租税負担を定めるについて、財政・経済・社会政策等の国政全般からの総合的な政策判断を必要とするばかりでなく、**課税要件等を定めるについて、極めて専門技術的な判断を必要とする**ことも明らかである。したがって、租税法の定立については、国家財政、社会経済、国民所得、国民生活等の実態についての正確な資料を基礎とする立法府の政策的、技術的な判断にゆだねるほかはなく、裁判所は、基本的にはその裁量的判断を尊重せざるを得ないものというべきである。そうであるとすれば、**租税法の分野における所得の性質の違い等を理由とする取扱いの区別は、その立法目的が正当なものであり、かつ、当該立法において具体的に採用された区別の態様が右目的との関連で著しく不合理であることが明らかでない限り、その合理性を否定することができず、これを憲法14条1項の規定に違反するものということはできない**」としている。よって、本肢は正しい。

イ × 堀木訴訟判決（最大判昭57.7.7／百選Ⅱ［第7版］〔132〕）は、「『健康で文化的な最低限度の生活』なるものは、きわめて抽象的・相対的な概念であって、その具体的内容は、その時々における文化の発達の程度、経済的・社会的条件、一般的な国民生活の状況等との相関関係において判断決定されるべきものであるとともに、右規定を現実の立法として具体化するに当たっては、国の財政事情を無視することができず、また、多方面にわたる複雑多様な、しかも**高度の専門技術的な考察とそれに基づいた政策的判断を必要とする**ものである。したがって、憲法25条の規定の趣旨にこたえて具体的にどのような立法措置を講ずるかの選択決定は、**立法府の広い裁量**にゆだねられて」いるとした上で、「憲法25条の規定の要請にこたえて制定された法令において、受給者の範囲、支給要件、支給金額等につきなんら合理的理由のない不当な差別的取扱をした」場合には、憲法14条の「問題を生じうることは否定しえないところである」が、併給調整条項の適用により、障害福祉年金の受給者と非受給者との間で児童扶養手当の受給に関する区別が生じるとしても、「右差別がなんら合理的理由のない不当なものであるとはいえないとした原審の判断は、正当として是認することができる」としている。

このように、判例は、「生存権は、生存に直結する権利であり精神的自由に準ずる権利である」と明示的に判示したり、また「立法目的に合理的な根拠があり、かつ、立法目的と当該区別との間に実質的関連性が認められ、合理的理由のない差別とはいえないから、憲法第14条に違反しない」と判示したわけではない。よって、生存権は、生存に直結する権利であり精神的自由に準ずる権

利であるとする点、及び立法目的に合理的な根拠があり、かつ、立法目的と当該区別との間に実質的関連性が認められ、合理的理由のない差別とはいえないから、憲法第14条に違反しないとする点で、本肢は誤っている。

ウ ◎ 　婚外子差別規定違憲決定（最大決平25.9.4／百選Ⅰ［第 7 版］〔27〕）は、「相続制度を定めるに当たっては、それぞれの国の伝統、社会事情、国民感情なども考慮されなければならない。さらに、現在の相続制度は、家族というものをどのように考えるかということと密接に関係しているのであって、その国における婚姻ないし親子関係に対する規律、国民の意識等を離れてこれを定めることはできない。これらを総合的に考慮した上で、**相続制度をどのように定めるかは、立法府の合理的な裁量判断に委ねられている**」とした上で、「嫡出子と嫡出でない子との間で生ずる法定相続分に関する区別が、……**立法府に与えられた上記のような裁量権を考慮しても、そのような区別をすることに合理的な根拠が認められない場合には、当該区別は、憲法14条 1 項に違反する**」とし、結論として、**立法府の裁量権を考慮しても、この区別の合理的な根拠は失われており、合理的理由のない差別的取扱いとして、この区別は憲法14条 1 項に違反する**旨判示している。よって、本肢は正しい。

以上より、正解はアから順に 1 、 2 、 1 となる。

全体の 正答率	58.5%

肢別の 正答率	ア	イ	ウ
	94.3%	66.6%	90.6%

MEMO

司 第4問
予 第3問　　［配点3点］

実施日	／	／	／
正誤			

　憲法第20条に関する次のアからウまでの各記述について、bの見解がaの見解の批判となっている場合には1を、そうでない場合には2を選びなさい。

ア．a．憲法第20条第2項と同条第3項の規定は、その目的、趣旨、対象、範囲を異にしており、同条第2項の「宗教上の行為、祝典、儀式又は行事」は、必ずしも全てが同条第3項の「宗教的活動」に含まれるという関係にはない。

　　b．憲法第20条第3項の「宗教的活動」に含まれない宗教上の祝典、儀式、行事等であっても、国家がこれに参加を強制すれば、同条第2項違反の問題が生じ得る。

イ．a．憲法第20条第3項にいう「宗教的活動」とは、国及びその機関の活動の中で宗教と関わりを持つ全ての行為を指すものではなく、その関わりが相当とされる限度を超えるものに限られる。

　　b．国家が社会生活に規制を加え、あるいは教育、福祉、文化等に関する助成、援助等の諸施策を実施するに当たって、宗教と一定の関わりを生ずることは避けられない。

ウ．a．憲法第20条第3項の「宗教的活動」とは、目的が宗教的意義を持ち、効果が宗教に対する援助、助長、促進又は圧迫、干渉等になるものをいい、その該当性判断において、一般人の宗教的評価や行為者の意図等の主観、行為が一般人に与える影響等も考慮すべきである。

　　b．「宗教的活動」の該当性判断において一般人の宗教的評価等を考慮することは、多数者による少数者の信仰の抑圧につながる可能性がある。

司第4問	憲法 20 条	配点	3点
予第3問	正解　2、2、1	部分点	2問正解で部分点1点

ア　批判となっていない

　ａの見解は、津地鎮祭事件判決（最大判昭52.7.13／百選Ⅰ［第7版］〔42〕）の多数意見と同様の立場に立つものである。すなわち、同判例の多数意見は、20条2項と3項の関係について、「2項の規定は、何人も参加することを欲しない宗教上の行為等に参加を強制されることはないという、多数者によっても奪うことのできない狭義の信教の自由を直接保障する規定であるのに対し、3項の規定は、直接には、国及びその機関が行うことのできない行為の範囲を定めて国家と宗教との分離を制度として保障し、もって間接的に宗教の自由を保障しようとする規定であって……**両者の規定は、それぞれ、目的、趣旨、保障の対象、範囲を異にするものであるから、……2項の宗教上の行為等は、必ずしもすべて3項の宗教的活動に含まれるという関係にあるものではな**」いとしている。

　また、ｂの見解も、ａの見解と同様、津地鎮祭事件判決（最大判昭52.7.13／百選Ⅰ［第7版］〔42〕）の多数意見と同様の立場に立つものである。すなわち、同判例の多数意見は、上記の判示に続けて、「**たとえ3項の宗教的活動に含まれないとされる宗教上の祝典、儀式、行事等であっても、宗教的信条に反するとしてこれに参加を拒否する者に対し国家が参加を強制すれば、右の者の信教の自由を侵害し、2項に違反する**」としている。このように、ｂの見解とａの見解は、同様の立場に立つものである。よって、ｂの見解はａの見解の批判となっていない。

イ　批判となっていない

　ａの見解は、津地鎮祭事件判決（最大判昭52.7.13／百選Ⅰ［第7版］〔42〕）の多数意見と同様の立場に立つものである。すなわち、同判例の多数意見は、20条3項にいう「宗教的活動」とは、「**およそ国及びその機関の活動で宗教とのかかわり合いをもつすべての行為を指すものではなく、そのかかわり合いが……相当とされる限度を超えるものに限られる**」としている。

　また、ｂの見解も、ａの見解と同様、津地鎮祭事件判決（最大判昭52.7.13／百選Ⅰ［第7版］〔42〕）の多数意見と同様の立場に立つものである。すなわち、同判例の多数意見は、「宗教は、信仰という個人の内心的な事象としての側面を有するにとどまらず、同時に極めて多方面にわたる外部的な社会事象としての側面を伴うのが常であって、この側面においては……広汎な場面で社会生活と接触することになり、そのことからくる当然の帰結として、**国家が、社会生活に規制を加え、あるいは教育、福祉、文化などに関する助成、援助等の諸政策を実施するにあたって、宗教とのかかわり合いを生ずることは免れえない**」としている。このように、ｂの見解とａの見解は、同様の立場に立つものである。よって、ｂの見解はａの見解の批判となっていない。

ウ　批判となっている

　ａの見解は、津地鎮祭事件判決（最大判昭52.7.13／百選Ⅰ［第7版］〔42〕）の多数意見と同様の立場に立つものである。すなわち、同判例の多数意見は、20条3項に

いう「**宗教的活動**」とは、「**当該行為の目的が宗教的意義をもち、その効果が宗教に対する援助、助長、促進又は圧迫、干渉等になるような行為をいう**」とした上で、「宗教的活動に該当するかどうかを検討するにあたっては、……当該行為の外形的側面のみにとらわれることなく、**当該行為の行われる場所、当該行為に対する一般人の宗教的評価、当該行為者が当該行為を行うについての意図、目的及び宗教的意識の有無、程度、当該行為の一般人に与える効果、影響等、諸般の事情を考慮し、社会通念に従って、客観的に判断しなければならない**」としている。

　これに対し、ｂの見解は、「宗教的活動」の該当性判断において一般人の宗教的評価等を考慮することは、結局は多数者の意思（多数決）によって少数者の信仰の抑圧につながる可能性を指摘するものであり、当該行為に対する一般人の宗教的評価を考慮するａの見解の批判となるものである。よって、ｂの見解はａの見解の批判となっている。

以上より、正解はアから順に２、２、１となる。

全体の正答率	58.5%

肢別の正答率	ア	イ	ウ
	64.2%	88.7%	90.6%

MEMO

司 第5問
予 第4問　　[配点2点]

実施日	／	／	／
正誤			

　表現の自由に関する次のアからウまでの各記述について、最高裁判所の判例の趣旨に照らして、正しいものには○、誤っているものには×を付した場合の組合せを、後記1から8までの中から選びなさい。

　ア．ビラの配布のために集合住宅の共用部分及び敷地内に管理権者の承諾なく立ち入って、その管理権やそこで私的生活を営む者の私生活の平穏を侵害したとしても、ビラの内容が政治的意見を記載したものであれば、表現の自由の行使として尊重されるべきであるから、当該立入り行為を刑法第130条前段の罪に問うことは憲法第21条第1項に違反し、許されない。

　イ．公立図書館は、住民に対して思想、意見その他の種々の情報を含む図書館資料を提供してその教養を高めること等を目的とする公的な場であり、図書の著作者にとっては、その思想、意見等を公衆に伝達する公的な場でもあるから、図書の著作者は、公立図書館に対して表現の自由に基づいて自らの著作物を購入し、閲覧に供するよう求めることができる。

　ウ．報道機関の報道が正しい内容を持つためには、報道のための取材の自由も憲法第21条の精神に照らして十分尊重されなければならず、取材源の秘密は、取材の自由を確保するために必要なものとして重要な社会的価値を有するから、報道機関の記者が民事訴訟で証人として尋問された場合、取材源に関する証言の拒絶は、それによって真実発見及び裁判の公正が犠牲になるとしても、直ちに認められなければならない。

1．ア○　イ○　ウ○　　　2．ア○　イ○　ウ×　　　3．ア○　イ×　ウ○
4．ア○　イ×　ウ×　　　5．ア×　イ○　ウ○　　　6．ア×　イ○　ウ×
7．ア×　イ×　ウ○　　　8．ア×　イ×　ウ×

司 第5問	表現の自由	配　点	2点
予 第4問	正解　8	部分点	―

ア ✕　判例（最判平20.4.11／百選Ⅰ［第7版］〔58〕）は、「政治的意見を記載したビラの配布は、表現の自由の行使ということができる」とする一方、21条1項は、「表現の自由を絶対無制限に保障したものではなく、公共の福祉のため必要かつ合理的な制限を是認するものであって、たとえ思想を外部に表明するための手段であっても、その手段が他人の権利を不当に害するようなものは許されない」として、ビラの配布のために集合住宅の共用部分及び敷地内に管理権者の承諾なく立ち入った行為を刑法130条前段の罪に問うことは、21条1項に違反するものではない旨判示している。よって、当該立入り行為を刑法第130条前段の罪に問うことは憲法第21条第1項に違反し、許されないとする点で、本肢は誤っている。

イ ✕　判例（最判平17.7.14／百選Ⅰ［第7版］〔70〕）は、公立図書館の「役割、機能等に照らせば、公立図書館は、住民に対して思想、意見その他の種々の情報を含む図書館資料を提供してその教養を高めること等を目的とする公的な場ということができる」とした上で、「閲覧に供された図書の著作者にとって、その思想、意見等を公衆に伝達する公的な場でもある」から、「公立図書館の図書館職員が閲覧に供されている図書を著作者の思想や信条を理由とするなど不公正な取扱いによって廃棄することは、当該著作者が著作物によってその思想、意見等を公衆に伝達する利益を不当に損なう」とし、著作者の人格的利益を侵害する旨判示している。

　　　しかし、同判例は、図書の著作者は、公立図書館に対して表現の自由に基づいて自らの著作物を購入し、閲覧に供するよう求めることができる旨判示していない。よって、図書の著作者は、公立図書館に対して表現の自由に基づいて自らの著作物を購入し、閲覧に供するよう求めることができるとする点で、本肢は誤っている。

ウ ✕　証言拒絶（ＮＨＫ記者）事件決定（最決平18.10.3／百選Ⅰ［第7版］〔71〕）は、「報道機関の報道が正しい内容を持つためには、報道の自由とともに、報道のための取材の自由も、憲法21条の精神に照らし、十分尊重に値するものといわなければならない」とした上で、「取材源の秘密は、取材の自由を確保するために必要なものとして、重要な社会的価値を有するというべきである」とする一方、「当該報道が公共の利益に関するものであって、その取材の手段、方法が一般の刑罰法令に触れるとか、取材源となった者が取材源の秘密の開示を承諾しているなどの事情がなく、しかも、当該民事事件が社会的意義や影響のある重大な民事事件であるため、当該取材源の秘密の社会的価値を考慮してもなお公正な裁判を実現すべき必要性が高く、そのために当該証言を得ることが必要不可欠であるといった事情が認められない場合には、当該取材源の秘密は保護に値すると解すべきであり、証人は、原則として、当該取材源に係る証

　言を拒絶することができる」としている。したがって、「当該取材源の秘密の社会的価値を考慮してもなお公正な裁判を実現すべき必要性が高く、そのために当該証言を得ることが必要不可欠であるといった事情」が認められる場合には、取材源に関する証言の拒絶は認められない。よって、取材源に関する証言の拒絶は、それによって真実発見及び裁判の公正が犠牲になるとしても、直ちに認められなければならないとする点で、本肢は誤っている。

以上より、ア×イ×ウ×となり、正解は 8 となる。

全体の正答率	86.8%

肢別の選択率	1	2	3	4	5	6	7	8
	5.7%	0.0%	0.0%	0.0%	0.0%	3.8%	0.0%	86.8%

MEMO

司 予	第6問	［配点2点］	実施日	／	／	／
	—		正誤			

　新聞の記事に取り上げられた者が、当該記事に取り上げられたという理由のみによって、当該新聞を発行・販売する者に対し、当該記事に関する自己の反論文を無修正、無料で掲載することを求めることができるものとする、いわゆる反論権に関する次のアからウまでの各記述について、最高裁判所の判決（最高裁判所昭和62年4月24日第二小法廷判決、民集41巻3号490頁）の趣旨に照らして、正しいものには○、誤っているものには×を付した場合の組合せを、後記1から8までの中から選びなさい。

　ア．反論権の制度が認められると、新聞記事により自己の名誉を傷つけられあるいはそのプライバシーに属する事項等について誤った報道をされたとする者にとっては、機を失せず、同じ新聞紙上に自己の反論文の掲載を受けることができ、これにより当該記事に対する自己の主張を読者に訴える途が開かれることになる。したがって、反論権の制度が名誉あるいはプライバシーの保護に資するものがあることは否定し難い。

　イ．反論権の制度は、民主主義社会において極めて重要な意味を持つ新聞等の表現の自由に対し重大な影響を及ぼすものである。したがって、記事を掲載した新聞が日刊全国紙であって、当該新聞による情報の提供が一般国民に対し強い影響力を持ち、当該記事が特定の者の名誉ないしプライバシーに重大な影響を及ぼし得る場合でない限り、具体的な成文法がないのに反論権を認めることはできない。

　ウ．放送事業者に対して、一定の場合に、放送により権利の侵害を受けた本人等からの請求に基づく訂正放送を義務付ける放送法の規定や、他人の名誉を毀損した者に対して、裁判所が「名誉を回復するのに適切な処分」を命ずることができるとする民法第723条の規定は、反論権について直接規定したものではない。しかし、それらの規定は、それぞれの趣旨に鑑みれば、裁判において反論権を認める根拠となり得る。

1．ア○　イ○　ウ○　　　2．ア○　イ○　ウ×　　　3．ア○　イ×　ウ○
4．ア○　イ×　ウ×　　　5．ア×　イ○　ウ○　　　6．ア×　イ○　ウ×
7．ア×　イ×　ウ○　　　8．ア×　イ×　ウ×

司	第6問	反論権	配　点	2点
予	―	正解　4	部分点	―

ア ○ サンケイ新聞事件判決（最判昭62.4.24／百選Ⅰ［第7版］〔76〕）は、「いわゆる**反論権**の制度は、記事により自己の名誉を傷つけられあるいはそのプライバシーに属する事項等について誤った報道をされたとする者にとっては、機を失せず、同じ新聞紙上に自己の反論文の掲載を受けることができ、これによって原記事に対する自己の主張を読者に訴える途が開かれることになるのであって、かかる制度により**名誉あるいはプライバシーの保護に資するものがあることも否定し難いところである**」としている。よって、本肢は正しい。

イ ✕ サンケイ新聞事件判決（最判昭62.4.24／百選Ⅰ［第7版］〔76〕）は、「反論権の制度は、民主主義社会において極めて重要な意味をもつ新聞等の表現の自由……に対し重大な影響を及ぼすものであ」るとした上で、「サンケイ新聞などの日刊全国紙による情報の提供が一般国民に対し強い影響力をもち、その記事が特定の者の名誉ないしプライバシーに重大な影響を及ぼすことがあるとしても、**不法行為が成立する場合にその者の保護を図ることは別論として、反論権の制度について具体的な成文法がないのに、反論権を認めるに等しい……反論文掲載請求権をたやすく認めることはできない**」としている。

このように、上記判決は、「当該記事が特定の者の名誉ないしプライバシーに重大な影響を及ぼし得る場合」であっても、具体的な成文法がないのに反論権を認めることはできないとしているのであり、ただ不法行為が成立する場合にその者の保護を図ることは差し支えないとしているにすぎない。よって、当該記事が特定の者の名誉ないしプライバシーに重大な影響を及ぼし得る場合でない限り、反論権を認めることはできないとする点で、本肢は誤っている。

ウ ✕ サンケイ新聞事件判決（最判昭62.4.24／百選Ⅰ［第7版］〔76〕）は、民法723条の名誉回復処分は、「単に表現行為が名誉侵害を来しているというだけでは足りず、人格権としての名誉の毀損による不法行為の成立を前提としてはじめて認められるものであって、この前提なくして条理又は人格権に基づき所論のような反論文掲載請求権を認めることは到底できない」とした上で、「民法723条により名誉回復処分……の認められる場合があることをもって、所論のような**反論文掲載請求権を認めるべき実定法上の根拠とすることはできない**」とし、また、放送法は「訂正放送の制度を設けているが、……その要件、内容等において、いわゆる反論権の制度ないし……反論文掲載請求権とは著しく異なるものであって」、放送法の規定も「所論のような**反論文掲載請求権が認められる根拠とすることはできない**」としている。よって、それらの規定は、それぞれの趣旨に鑑みれば、裁判において反論権を認める根拠となり得るとする点で、本肢は誤っている。

以上より、ア○イ×ウ×となり、正解は4となる。

全体の 正答率	56.6%	肢別の 選択率	1	2	3	4	5	6	7	8
			3.8%	11.3%	9.4%	56.6%	3.8%	3.8%	1.9%	7.5%

司	第7問		実施日	／	／	／
予	―	［配点3点］	正誤			

　憲法第22条と海外旅行の自由に関する次のアからウまでの各記述について、bの見解がaの見解の批判となっている場合には1を、そうでない場合には2を選びなさい。

　ア．a．海外旅行の自由は、海外に移住する自由に含まれる。
　　　b．憲法第22条第1項は国内の関係、同条第2項は国外の関係を規律すると考えることは形式的に過ぎて適切ではない。

　イ．a．海外旅行の自由は、移転の自由に含まれる。
　　　b．日本国の主権から離脱する自由として海外に移住し国籍を離脱する自由と、日本国の主権の保護を受けながら一時的に日本国外に渡航する自由とは異なる。

　ウ．a．海外旅行の自由は、憲法第22条ではなく、幸福追求権の一部分として憲法第13条により保障される。
　　　b．移転の自由及び海外に移住する自由は、一時的な移動ではなく、生活の本拠を決定することを保障するものである。

司 第7問	憲法22条と海外旅行の自由	配　点	3点
予 ―	正解　1、2、2	部分点	2問正解で部分点1点

ア　批判となっている

　aの見解は、22条2項の「外国に移住」する自由には一時的に外国へ旅行する自由も含まれ、海外旅行の自由は、22条2項によって保障されると解する立場（**22条2項説**、帆足計事件判決・最大判昭33.9.10／百選Ⅰ［第7版］〔105〕）である。

　aの見解は、その根拠・理由の1つとして、22条は国内に関連するものを1項に、国外に関連するものを2項にまとめて規定しているという形式上の理由を挙げているところ、このようなaの見解に対しては、22条1項を国内の関係、2項を国外の関係と捉えるのは形式的に過ぎるという、bの見解と同様の批判がなされている。よって、bの見解はaの見解の批判となっている。

　【参考文献】憲法Ⅰ・463～464頁

イ　批判となっていない

　aの見解は、22条1項の「移転」の自由には居住所を変更する自由のみならず、旅行の自由も含まれ、旅行の自由は国の内外を問わず、22条1項によって保障されると解する立場（**22条1項説**）である。

　他方、bの見解は、「移住」（22Ⅱ）は「国籍を離脱する自由」とともに日本国の主権から離脱する意味を有するから、一時的な海外旅行はそれになじまないと解する立場である。しかし、この見解は、海外旅行の自由は、22条2項によって保障されると解する立場（22条2項説）に対する批判として適切であり、aの見解のように、海外旅行の自由は、22条1項によって保障されると解する立場に対する批判として適切ではない。よって、bの見解はaの見解の批判となっていない。

　【参考文献】憲法Ⅰ・463～464頁

ウ　批判となっていない

　aの見解は、旅行が動き回る概念であり、居住所の変更を意味する「移転」（22Ⅰ）や、ある場所への定住を意味する「移住」（22Ⅱ）とも異なるため、旅行の自由は国の内外を問わず、幸福追求権の一部分として13条によって保障されると解する立場（**13条説**）である。

　他方、bの見解は、22条1項の「移転」の自由及び22条2項の「移住」する自由は、いずれも生活の本拠を決定することを保障するものであり、一時的な移動を保障するものではないと解する立場である。しかし、この見解は、aの見解の根拠・理由となるものであり、aの見解に対する批判として適切ではない。よって、bの見解はaの見解の批判となっていない。

　【参考文献】憲法Ⅰ・464頁

以上より、正解はアから順に1、2、2となる。

全体の正答率	58.5%

肢別の正答率	ア	イ	ウ
	75.5%	73.6%	83.0%

司 第8問	［配点2点］	実施日	／	／	／
予 第5問		正誤			

教育に関する次のアからウまでの各記述について、最高裁判所の判例の趣旨に照らして、正しいものには○、誤っているものには×を付した場合の組合せを、後記1から8までの中から選びなさい。

ア．憲法第26条の規定の背後には、子どもは学習権を有するとの観念が存在しており、子どもに対する教育は、専ら子どもの利益のために、教育を与える者の責務として行われるべきものであることからすると、教育の内容及び方法は、基本的に、子どもの教育の実施に当たる教師が決定すべきこととなる。

イ．教育内容に対する国家的介入は抑制的であることが要請され、誤った知識や一方的な観念を子どもに植え付けるような教育を施すことを国が強制することは許されないと解されるが、このことは、教育内容について決定する国の権能を否定する理由とはならない。

ウ．憲法第26条第2項は、子女に教育を受けさせることを国民に義務付け、義務教育は無償とすると定めているのであるから、同項は、義務教育に関する限り、授業料のほか、教科書代金や学用品についても国が負担することを定めたものと解される。

1．ア○　イ○　ウ○　　2．ア○　イ○　ウ×　　3．ア○　イ×　ウ○
4．ア○　イ×　ウ×　　5．ア×　イ○　ウ○　　6．ア×　イ○　ウ×
7．ア×　イ×　ウ○　　8．ア×　イ×　ウ×

司	第8問	教育	配　点	2点
予	第5問	正解　6	部分点	―

ア ✕　旭川学テ事件判決（最大判昭51.5.21／百選Ⅱ［第7版］〔136〕）は、26条の「背後には、国民各自が、一個の人間として、また、一市民として、成長、発達し、自己の人格を完成、実現するために必要な学習をする固有の権利を有すること、特に、**みずから学習することのできない子どもは、その学習要求を充足するための教育を自己に施すことを大人一般に対して要求する権利を有する**との観念が存在していると考えられる。換言すれば、子どもの教育は、教育を施す者の支配的権能ではなく、何よりもまず、子どもの学習をする権利に対応し、その充足をはかりうる立場にある者の責務に属するものとしてとらえられている」とする一方、「子どもの教育が、専ら子どもの利益のために、教育を与える者の責務として行われるべきものであるということからは、このような**教育の内容及び方法を、誰がいかにして決定すべく、また、決定することができるかという問題に対する一定の結論は、当然には導き出されない**」としており、教育の内容及び方法は、基本的に、子どもの教育の実施に当たる教師が決定すべきこととなるとは判示していない。よって、教育の内容及び方法は、基本的に、子どもの教育の実施に当たる教師が決定すべきこととなるとする点で、本肢は誤っている。

イ 〇　旭川学テ事件判決（最大判昭51.5.21／百選Ⅱ［第7版］〔136〕）は、「国は、国政の一部として広く適切な教育政策を樹立、実施すべく、また、しうる者として、憲法上は、あるいは子ども自身の利益の擁護のため、あるいは子どもの成長に対する社会公共の利益と関心にこたえるため、**必要かつ相当と認められる範囲において、教育内容についてもこれを決定する権能を有する**」とする一方、教育内容に対する「**国家的介入についてはできるだけ抑制的であることが要請されるし、……子どもが自由かつ独立の人格として成長することを妨げる**ような国家的介入、例えば、誤った知識や一方的な観念を子どもに植えつけるような内容の教育を施すことを強制するようなことは、憲法26条、13条の規定上からも許されない」としている。よって、本肢は正しい。

ウ ✕　26条2項は、「すべて国民は、法律の定めるところにより、その保護する子女に普通教育を受けさせる義務を負ふ。義務教育は、これを無償とする」と規定しているところ、判例（最大判昭39.2.26／百選Ⅱ［第7版］〔A11〕）は、26条2項にいう義務教育の無償とは、「国が義務教育を提供するにつき有償としないこと」を定めたものであり、「教育提供に対する対価とは授業料を意味するものと認められるから、同条項の**無償とは授業料不徴収の意味**と解するのが相当である」ため、同規定は「授業料のほかに、**教科書、学用品その他教育に必要な一切の費用まで無償としなければならないことを定めたものと解することはできない**」としている。よって、憲法第26条第2項は、義務教育に関する限り、授業料のほか、教科書代金や学用品についても国が負担することを定めたものと解されるとする点で、本肢は誤っている。

以上より、ア✕イ〇ウ✕となり、正解は6となる。

全体の正答率	71.7%	肢別の選択率	1	2	3	4	5	6	7	8
			0.0%	9.4%	3.8%	1.9%	1.9%	71.7%	0.0%	7.5%

　　［配点 3 点］

実施日	／	／	／
正誤			

　刑事手続上の権利に関する次のアからウまでの各記述について、最高裁判所の判例の趣旨に照らして、それぞれ正しい場合には 1 を、誤っている場合には 2 を選びなさい。

　ア．憲法第 3 1 条の定める法定手続の保障は、直接には刑事手続に関するものであるが、行政手続にも及ぶと解すべき場合があり、その場合には行政処分の相手方に常に事前の告知、弁解、防御の機会を与える必要がある。

　イ．憲法第 3 5 条は、住居、書類及び所持品について、侵入、捜索及び押収を受けることのない権利を規定しているが、この規定の保障対象には、住居、書類及び所持品に準ずる私的領域に侵入されることのない権利が含まれる。

　ウ．憲法第 3 8 条第 1 項は、自己が刑事上の責任を問われるおそれのある事項について供述を強要されないことを保障するものであり、氏名の供述も、これによって自己が刑事上の責任を問われるおそれがあることから、原則として保障が及ぶ。

司第9問	刑事手続上の権利	配 点	3点
予第6問	正解　2、1、2	部分点	2問正解で部分点1点

ア ✕　31条は、「何人も、法律の定める手続によらなければ、その生命若しくは自由を奪われ、又はその他の刑罰を科せられない」と規定しているところ、成田新法事件判決（最大判平4.7.1／百選Ⅱ［第7版］〔109〕）は、「憲法31条の定める法定手続の保障は、直接には刑事手続に関するものであるが、行政手続については、それが刑事手続ではないとの理由のみで、そのすべてが当然に同条による保障の枠外にあると判断することは相当ではない。しかしながら、同条による保障が及ぶと解すべき場合であっても、一般に、**行政手続は、刑事手続とその性質においておのずから差異があり**、また、行政目的に応じて多種多様であるから、行政処分の相手方に事前の告知、弁解、防御の機会を与えるかどうかは、**行政処分により制限を受ける権利利益の内容、性質、制限の程度、行政処分により達成しようとする公益の内容、程度、緊急性等を総合較量して決定されるべきもの**であって、常に必ずそのような機会を与えることを必要とするものではない」としている。よって、行政処分の相手方に常に事前の告知、弁解、防御の機会を与える必要があるとする点で、本肢は誤っている。

イ ◯　35条1項は、「何人も、その住居、書類及び所持品について、侵入、捜索及び押収を受けることのない権利は、第33条の場合を除いては、正当な理由に基いて発せられ、且つ捜索する場所及び押収する物を明示する令状がなければ、侵されない」と規定しているところ、判例（最大判平29.3.15／百選Ⅱ［第7版］〔112〕）は、GPS捜査と35条に関して、35条の「保障対象には、『**住居、書類及び所持品**』に限らずこれらに準ずる私的領域に『**侵入**』されることのない権利が含まれる」としている。よって、本肢は正しい。

ウ ✕　38条1項は、「何人も、自己に不利益な供述を強要されない」と規定しているところ、判例（最大判昭32.2.20）は、「その法意は、何人も自己の刑事上の責任を問われる虞ある事項について供述を強要されないことを保障した」点にあり、氏名は、「**原則としてここにいわゆる不利益な事項に該当するものではない**」としている。よって、氏名の供述も、これによって刑事上の責任を問われるおそれがあることから、原則として保障が及ぶとする点で、本肢は誤っている。

以上より、正解はアから順に2、1、2となる。

全体の正答率	71.7%

肢別の正答率	ア	イ	ウ
	83.0%	92.5%	79.2%

司	第10問	［配点3点］	実施日	／	／	／
予	一		正誤			

　国家賠償請求に関する次のアからウまでの各記述について、最高裁判所の判例の趣旨に照らして、それぞれ正しい場合には1を、誤っている場合には2を選びなさい。

　ア．公務員の不法行為について国又は公共団体に対し損害賠償を求める権利について、憲法第17条は、「法律の定めるところ」による旨を規定している。これは、公務員のどのような行為によりいかなる要件で損害賠償責任を負うかを立法府の政策判断に委ねたものであって、立法府に無制限の裁量権を付与しているわけではない。

　イ．公務員がその職務を行うに当たり、故意又は過失によって違法に他人に損害を加えた場合、国は当該公務員に代位して賠償責任を負う。しかし、国会議員には憲法第51条で発言及び表決に対する免責特権が保障されているから、議員が国会で行った質疑等において個人の名誉を毀損する発言を行っても責任を問われることはないので、国が賠償責任を負うこともない。

　ウ．国会議員の立法行為の国家賠償法上の違法の問題と立法内容の違憲の問題とは区別されるし、本質的に政治的なものである立法行為の適否を法的に評価するべきではない。したがって、国民に憲法上保障されている権利を違法に侵害することが明白な場合であっても、国会議員の立法行為が国家賠償法上の違法の評価を受けることはない。

司	第10問	国家賠償請求	配点	3点
予	—	正解 1、2、2	部分点	2問正解で部分点1点

ア ○ 郵便法違憲判決（最大判平14. 9. 11／百選Ⅱ［第7版］〔128〕）は、「憲法17条は、『何人も、公務員の不法行為により、損害を受けたときは、**法律の定めるところにより、国又は公共団体に、その賠償を求めることができる。**』と規定し、その保障する**国又は公共団体に対し損害賠償を求める権利については、法律による具体化を予定している。**これは、公務員の行為が権力的な作用に属するものから非権力的な作用に属するものにまで及び、公務員の行為の国民へのかかわり方には種々多様なものがあり得ることから、国又は公共団体が公務員の行為による不法行為責任を負うことを原則とした上、**公務員のどのような行為によりいかなる要件で損害賠償責任を負うかを立法府の政策判断にゆだねたものであって、立法府に無制限の裁量権を付与するといった法律に対する白紙委任を認めているものではない**」としている。よって、本肢は正しい。

イ × 判例（最判平9. 9. 9／百選Ⅱ［第7版］〔170〕）は、議員が国会で行った質疑等の発言が国家賠償法1条1項の適用上違法となるかどうかは、「その**発言が国会議員として個別の国民に対して負う職務上の法的義務に違背してされたかどうかの問題である**」としている。この判示は、公務員の不法行為に基づく国の賠償責任は、国自身が負担すべき直接の責任（自己責任）ではなく、国が当該公務員に代位して負うという**代位責任説**に立つことを前提とするものと解されている。

そして、上記判例は、「憲法51条は……国会議員の発言、表決につきその法的責任を免除しているが……あえて虚偽の事実を摘示して個別の国民の名誉を毀損するような行為は、国会議員の裁量に属する正当な職務行為とはいえない」とした上で、「国会議員が国会で行った質疑等において、個別の国民の名誉や信用を低下させる発言があったとしても、これによって当然に国家賠償法1条1項の規定にいう違法な行為があったものとして国の損害賠償責任が生ずるものではなく、右責任が肯定されるためには、**当該国会議員が、その職務とはかかわりなく違法又は不当な目的をもって事実を摘示し、あるいは、虚偽であることを知りながらあえてその事実を摘示するなど、国会議員がその付与された権限の趣旨に明らかに背いてこれを行使したものと認め得るような特別の事情があることを必要とする**」としている。

したがって、当該国会議員が「違法又は不当な目的」をもって事実を摘示し、又は「特別の事情」があるときは、その議員が国会で行った質疑等の発言は「違法な行為」となり、国が賠償責任を負うこともあり得る。よって、議員が国会で行った質疑等において個人の名誉を毀損する発言を行っても責任を問われることはないので、国が賠償責任を負うこともないとする点で、本肢は誤っている。

【参考文献】基本憲法Ⅰ・318頁

ウ ✕　在外邦人選挙権制限違憲訴訟上告審判決（最大判平17.9.14／百選Ⅱ［第7版］〔147〕）は、「国家賠償法1条1項は、国又は公共団体の公権力の行使に当たる公務員が個別の国民に対して負担する職務上の法的義務に違背して当該国民に損害を加えたときに、国又は公共団体がこれを賠償する責任を負うことを規定するものである。したがって、**国会議員の立法行為又は立法不作為が同項の適用上違法となるかどうか**は、国会議員の立法過程における行動が個別の国民に対して負う職務上の法的義務に違背したかどうかの問題であって、**当該立法の内容又は立法不作為の違憲性の問題とは区別される**べきであり、仮に当該立法の内容又は立法不作為が憲法の規定に違反するものであるとしても、そのゆえに国会議員の立法行為又は立法不作為が直ちに違法の評価を受けるものではない」とする一方、「**立法の内容又は立法不作為が国民に憲法上保障されている権利を違法に侵害するものであることが明白な場合**や、国民に憲法上保障されている権利行使の機会を確保するために所要の立法措置を執ることが必要不可欠であり、それが明白であるにもかかわらず、国会が正当な理由なく長期にわたってこれを怠る場合などには、例外的に、**国会議員の立法行為又は立法不作為は、国家賠償法1条1項の規定の適用上、違法の評価を受けるものというべきである**」としている（なお、最大判令4.5.25も同旨）。よって、国民に憲法上保障されている権利を違法に侵害することが明白な場合であっても、国会議員の立法行為が国家賠償法上の違法の評価を受けることはないとする点で、本肢は誤っている。

以上より、正解はアから順に1、2、2となる。

全体の正答率	83.0%

肢別の正答率	ア	イ	ウ
	90.6%	86.8%	90.6%

MEMO

司 第11問	［配点3点］	実施日	／	／	／
予 第7問		正誤			

　日本の憲法史に関する次のアからウまでの各記述について、それぞれ正しい場合には1を、誤っている場合には2を選びなさい。

　ア．大日本帝国憲法の下では、天皇が有していた、作戦用兵の目的のために陸海軍を統括する統帥権について、国務大臣の輔弼の対象外とされたため、帝国議会は関与し得なかった。

　イ．大日本帝国憲法の下では、内閣制度は憲法で規定されていなかった。また、帝国議会の権限が強く保障されていたので、各国務大臣は天皇ではなく帝国議会に対して責任を負うとされていた。

　ウ．日本国憲法成立の法理に関する八月革命説は、ポツダム宣言の受諾によって天皇から国民に主権者が変更されたという説は現実社会の変化にそぐわない全くの擬制的な説明であると批判して、ポツダム宣言を受諾した1945年8月から革命が漸進的に進行し、占領体制から脱して国家主権を回復したときにその革命が成就し国民は真の主権者となった、とする説である。

司 第11問	日本の憲法史	配 点	3点
予 第7問	正解 1、2、2	部分点	2問正解で部分点1点

ア ○ 　大日本帝国憲法（明治憲法）の下では、天皇は、統治権を総攬する者（明憲4）、すなわち、立法・司法・行政などすべての国の作用をも究極的に掌握し統括する権限を有する者とされており、作戦用兵の目的を達成するために陸海軍を統括して活動させる国家作用である総帥権（明憲11）についても、天皇が単独で行うべきものとされていた。この**総帥権**は、その性質上、専門的知識をもって機密裡に迅速に行われることが必要であったため、**国務大臣の輔弼（助言）の対象外**とされ、一般国務から分離・独立し、それに対する**内閣・議会の関与が否定されていた**。よって、本肢は正しい。

　　　【参考文献】芦部・18頁以下

イ × 　大日本帝国憲法（明治憲法）の下では、「国務各大臣ハ天皇ヲ輔弼シ其ノ責ニ任ス」（明憲55）とされ、大臣助言制（君主の国務上の行為は必ず大臣の助言を必要とする制度）が採用されていたが、これは「各」国務大臣が単独でその所轄事項について輔弼（助言）するということであり、**内閣制度は憲法上の制度ではなかった**。また、**各国務大臣は、天皇に対して責任を負うだけであり、議会に対して一切責任を負っていなかった**。よって、各国務大臣は天皇ではなく帝国議会に対して責任を負うとされていたとする点で、本肢は誤っている。

　　　【参考文献】芦部・20頁

ウ × 　**八月革命説は、ポツダム宣言を受諾した段階で、大日本帝国憲法（明治憲法）の天皇主権は否定されるとともに国民主権が成立し、日本の政治体制の根本原理となったと解する説**である。八月革命説に対しては、このように考えるのは現実社会の変化にそぐわない全くの擬制的な説明であるとの批判がなされており、日本国憲法成立の法理に関して、本肢のような説（国民主権を回復した時に国民の意思が顕現したことにより日本国憲法が有効となったと解する説）が主張されている。よって、八月革命説は、ポツダム宣言の受諾によって天皇から国民に主権者が変更されたという説は現実社会の変化にそぐわない全くの擬制的な説明であると批判して、ポツダム宣言を受諾した1945年8月から革命が漸進的に進行し、占領体制から脱して国家主権を回復したときにその革命が成就し国民は真の主権者となった、とする説であるとする点で、本肢は誤っている。

　　　【参考文献】芦部・30頁

以上より、正解はアから順に1、2、2となる。

全体の正答率	54.7%

肢別の正答率	ア	イ	ウ
	69.8%	90.6%	75.5%

司予	第12問	［配点 2 点］	実施日	／	／	／
	—		正誤			

天皇に関する次のアからウまでの各記述について、正しいものには〇、誤っているものには×を付した場合の組合せを、後記 1 から 8 までの中から選びなさい。

ア．天皇の国事行為には内閣の助言と承認が必要であるが、天皇が自ら発意し、内閣が閣議にかけて承認する場合、内閣は当該国事行為についての責任を負わない。

イ．天皇は、法律の定めるところにより、国事行為を委任することができるが、この委任については、内閣の助言と承認は必要ではない。

ウ．皇室に財産を譲り渡し、又は皇室が、財産を譲り受け、若しくは賜与することは、国会の議決に基づかなければならない、と憲法は定めている。

1．ア〇 イ〇 ウ〇　　2．ア〇 イ〇 ウ×　　3．ア〇 イ× ウ〇
4．ア〇 イ× ウ×　　5．ア× イ〇 ウ〇　　6．ア× イ〇 ウ×
7．ア× イ× ウ〇　　8．ア× イ× ウ×

司	第12問	天皇	配 点	2点
予	―	正解　7	部分点	―

ア ✕　3条は、「天皇の国事に関するすべての行為には、内閣の助言と承認を必要とし、内閣が、その責任を負ふ」と規定している。3条の趣旨は、天皇の国事行為の実質的決定権は内閣が有すること、すなわち、**天皇は内閣の助言と承認どおりに行為を行うしかなく、天皇の側からのいかなる発意も異議も認められない**以上、内閣が負う責任は助言と承認に対する自己責任であって、天皇の責任を内閣が代わりに負うものではないとする点にあるものと解されている。

したがって、天皇が自ら発意すること自体が認められない以上、内閣が閣議にかけて承認する場合も考えられず、内閣が当該国事行為についての責任を負わないということも考えられない。よって、天皇が自ら発意し、内閣が閣議にかけて承認する場合、内閣は当該国事行為についての責任を負わないとする点で、本肢は誤っている。

【参考文献】憲法Ⅰ・117頁以下

イ ✕　4条は、「天皇は、法律の定めるところにより、その国事に関する行為を委任することができる」と規定している。そして、**国事行為を委任すること自体も国事行為の1つであるから、この委任についても、内閣の助言と承認が必要となる**。よって、内閣の助言と承認は必要ではないとする点で、本肢は誤っている。

【参考文献】憲法Ⅱ総論・統治・103頁

ウ 〇　8条は、「**皇室に財産を譲り渡し、又は皇室が、財産を譲り受け、若しくは賜与することは、国会の議決に基かなければならない**」と規定している。8条の趣旨は、皇室が私的財産をもつことを前提としつつ、皇室に財産が集中して再び財閥化することのないよう、皇室と国民の間の財産授受に国会のコントロールを加える点にある。よって、本肢は正しい。

【参考文献】憲法Ⅰ・144頁、憲法Ⅱ総論・統治・103頁

以上より、ア×イ×ウ〇となり、正解は7となる。

全体の正答率	75.5%	肢別の選択率	1	2	3	4	5	6	7	8
			3.8%	1.9%	0.0%	0.0%	7.5%	0.0%	75.5%	7.5%

司 第13問	［配点2点］	実施日	／	／	／
予 第8問		正誤			

選挙権及び被選挙権に関する次のアからウまでの各記述について、最高裁判所の判例の趣旨に照らして、正しいものには○、誤っているものには×を付した場合の組合せを、後記1から8までの中から選びなさい。

ア．憲法第15条第4項は、「すべて選挙における投票の秘密は、これを侵してはならない。」として投票の秘密を明文で保障しているが、選挙の公正が担保されることは、代表民主制の根幹をなすもので極めて重要であるから、選挙権のない者又は代理投票をした者の投票のような無効投票が存在する場合における議員の当選の効力を判断する手続の中で、こうした無効投票の投票先を明らかにするとしても、その限度では投票の秘密を侵害するものではない。

イ．労働組合は、団結権が保障されており、組合の団結を維持するための統制権の行使によって公職選挙における組合員の立候補の自由を制約することができるので、公職選挙において統一候補を擁立した場合、当該候補以外の組合員が立候補をやめなかったことを理由にその組合員を処分することができる。

ウ．組織的選挙運動管理者等が、買収等所定の選挙犯罪を犯して禁錮以上の刑に処せられた場合に、公職の候補者等であった者の当選を無効とし、かつ、これらの者が5年間当該選挙に係る選挙区において行われる当該公職に係る選挙に立候補することを禁止する旨を定めた公職選挙法の規定は、民主主義の根幹をなす公職選挙の公正を保持する極めて重要な法益を実現するための規定であり、立法目的は合理的であるとともに、立法目的を達成する手段として必要かつ合理的なものといえるから、憲法第15条に違反しない。

1．ア○ イ○ ウ○ 2．ア○ イ○ ウ× 3．ア○ イ× ウ○
4．ア○ イ× ウ× 5．ア× イ○ ウ○ 6．ア× イ○ ウ×
7．ア× イ× ウ○ 8．ア× イ× ウ×

司 第13問	選挙権及び被選挙権	配 点	2点
予 第8問	正解　7	部分点	―

ア ☒　15条4項は、「すべて選挙における投票の秘密は、これを侵してはならない」と規定して投票の秘密（秘密選挙）を明文で保障している。投票の秘密（秘密選挙）とは、選挙人がどの候補者又は政党等に投票したかを第三者が知り得ない方法で選挙が行われることをいう。判例（最判昭25.11.9／百選Ⅱ［第7版］〔159〕）は、**選挙権のない者又はいわゆる代理投票をした者の投票**についても、その投票が何人に対しなされたかは、**議員の当選の効力を定める手続において、取り調べてはならない**」としている。よって、無効投票の投票先を明らかにするとしても、その限度では投票の秘密を侵害するものではないとする点で、本肢は誤っている。

イ ☒　三井美唄労組事件判決（最大判昭43.12.4／百選Ⅱ［第7版］〔144〕）は、「**立候補の自由は、選挙権の自由な行使と表裏の関係にあり、自由かつ公正な選挙を維持するうえで、きわめて重要である**。このような見地からいえば、憲法15条1項には、被選挙権者、特にその立候補の自由について、直接には規定していないが、これもまた、同条同項の保障する**重要な基本的人権の一つ**と解すべきである」とした上で、労働組合は、「その団結を維持し、その目的を達成するために、組合員に対し、**統制権**を有する」が、「労働組合が行使し得べき組合員に対する統制権には、当然、一定の限界が存するものといわなければなら」ず、「統一候補以外の組合員で立候補しようとする者に対し、組合が所期の目的を達成するために、立候補を思いとどまるよう、勧告または説得をすることは、組合としても、当然なし得るところである。しかし、当該組合員に対し、勧告または、説得の域を超え、**立候補を取りやめることを要求し、これに従わないことを理由に当該組合員を統制違反者として処分するがごときは、組合の統制権の限界を超えるものとして、違法**といわなければならない」としている。よって、当該候補以外の組合員が立候補をやめなかったことを理由にその組合員を処分することができるとする点で、本肢は誤っている。

ウ ☐　判例（最判平9.3.13／百選Ⅱ［第7版］〔160〕）は、組織的選挙運動管理者等が、買収等所定の選挙犯罪を犯して禁錮以上の刑に処せられた場合に、公職の候補者等であった者の当選を無効とし、かつ、これらの者が5年間当該選挙に係る選挙区において行われる当該公職に係る選挙に立候補することを禁止する旨を定めた公職選挙法251条の3の規定は「**民主主義の根幹をなす公職選挙の公明、適正を厳粛に保持するという極めて重要な法益を実現するために定められたものであって、その立法目的は合理的である**」とした上で、「このような規制は、これを全体としてみれば、前記立法目的を達成するための手段として必要かつ合理的なものというべきである」とし、結論として、**法251条の3の規定は、憲法15条に違反するものではない**旨判示している。よって、本肢は正しい。

以上より、ア×イ×ウ〇となり、正解は7となる。

全体の正答率	50.9%	肢別の選択率	1	2	3	4	5	6	7	8
			1.9%	3.8%	24.5%	3.8%	1.9%	0.0%	50.9%	9.4%

司 第14問	［配点 3 点］	実施日	／	／	／
予 第9問		正誤			

　政党に関する次のアからウまでの各記述について、ｂの見解がａの見解の根拠となっている場合には１を、そうでない場合には２を選びなさい。

　ア．ａ．政治資金の授受の規正その他の措置を講ずることを定めた政治資金規正法は、会社が政党及び政治資金団体に対して政治活動に関する寄附をすることを、一定の限度で認めている。

　　　ｂ．政党は、議会制民主主義を支える不可欠の要素であり、かつ、国民の政治意思を形成する最も有力な媒体であるから、その健全な発展に協力することは、会社にとって当然の行為として期待される。

　イ．ａ．国が政党に対し政党交付金による助成を行うことを定めた政党助成法は、政党に対する政党交付金の交付に当たっては、条件を付し、又はその使途について制限してはならないとしている。

　　　ｂ．政党が議会制民主主義を支える不可欠の要素であることからすると、その結社としての活動の自由が制約されることはやむを得ない。

　ウ．ａ．公職選挙法は、所属議員、直近の選挙における得票又は当該選挙における候補者に照らし一定以上の規模を有する政党のみに、衆議院及び参議院の比例代表選出議員の選挙に参加することを認めている。

　　　ｂ．その所属する政党の規模の大小により、選挙への参加機会が均等でないことは、信条又は社会的身分による差別に当たる疑いがある。

司 第14問	政党	配　点	3点
予 第9問	正解　1、2、2	部分点	2問正解で部分点1点

ア　根拠となっている

　ａの見解は、政治資金規正法は、会社が政党等に対して政治活動に関する寄附をすることを、一定の限度で認めている旨述べるものである。

　次に、ｂの見解は、八幡製鉄事件判決（最大判昭45.6.24／百選Ⅰ［第7版］〔8〕）と同様の立場に立つものである。すなわち、同判例は、「**政党は議会制民主主義を支える不可欠な要素**」であり、「**政党は国民の政治意思を形成する最も有力な媒体**であるから、政党のあり方いかんは、国民としての重大な関心事でなければならない。したがって、**その健全な発展に協力することは、会社に対しても、社会的実在としての当然の行為として期待される**ところであり、協力の一態様として政治資金の寄付についても例外ではない」としている。このように、ｂの見解は、**会社が政党に対して政治資金の寄附をすることを認める**ものである。よって、ｂの見解はａの見解の根拠となっている。

イ　根拠となっていない

　ａの見解は、「国は、政党の政治活動の自由を尊重し、政党交付金の交付に当たっては、条件を付し、又はその使途について制限してはならない」と規定する政党助成法4条1項を摘示して、**政党の活動の自主性・自律性を最大限に尊重する立場**に立つものである。

　これに対し、ｂの見解は、政党が議会制民主主義を支える不可欠な要素であるとしながらも、政党は民意を国政へと媒介する公的機能を果たす役割を有することから、その公的機能に鑑みて、**政党の活動や組織のあり方等について一定の制限を受けることもやむを得ないとの立場**に立つものである。そうすると、政党の活動や組織のあり方等について一定の制限を加えることを認めるｂの見解は、政党の活動の自主性・自律性を最大限に尊重しようとするａの見解とは相容れない。よって、ｂの見解はａの見解の根拠となっていない。

　【参考文献】憲法Ⅰ基本権・278頁以下、長谷部・235頁

ウ　根拠となっていない

　ａの見解は、「候補者届出政党」に所属する候補者のみに限り、小選挙区選挙と比例代表への**重複立候補を認める公職選挙法86条の2**を摘示するものである。この規定が立候補の自由（15Ⅰ）を不当に制限し、不平等な取扱いとして14条1項に反しないかどうかなどが争われた事案において、判例（最大判平11.11.10／百選Ⅱ［第7版］〔152①〕）の多数意見は、「**政党の果たしている国政上の重要な役割にかんがみれば、選挙制度を政策本位、政党本位のものとすることは、国会の裁量の範囲に属することが明らか**」であり、「同じく政策本位、政党本位の選挙制度というべき比例代表選挙と小選挙区選挙とに重複して立候補することができる者が候補者届出政党の要件と衆議院名簿届出政党等の要件の両方を充足する政党等に所属する者に限定されていることには、**相応の合理性**が認められるのであって、**不当に立候補の自由や選挙権の**

行使を制限するとはいえ」ないとしており、ａの見解は、これと同様の立場に立つものである。

　これに対し、ｂの見解は、判例（最大判平11. 11. 10／百選Ⅱ［第 7 版］〔152②〕）の反対意見と同様の立場に立つものである。すなわち、同判例の反対意見は、**「候補者は、信条、性別、社会的身分等によっては差別されないことを意味するのであり、これには特定の政党又は政治団体に所属するか否かによって差別されないことも当然含まれる」**とした上で、「候補者届出政党への参入の窓口を閉ざしたまま、候補者届出政党に所属する候補者とこれに所属しない候補者との間で、……著しい選挙運動上の便益の較差を残したまま選挙を行うことは、候補者届出政党に所属しない候補者に、極めて不利な条件を課してレースへ参加することをやむなくさせることになる」から、「候補者が法の定める一定の要件を備えた政党又は政治団体に所属しているか否かにより、合理的な理由なく、選挙運動の上で差別的な扱いをすることを容認するものであって、憲法14条 1 項に反する」としている。この反対意見は、「候補者届出政党」に所属する候補者のみに政見放送を認める規定の合憲性が争われた判例（最大判平11. 11. 10／百選Ⅱ［第 7 版］〔152②〕）において述べられたものであるが、重複立候補を認める公職選挙法86条の 2 の規定も「候補者届出政党」に所属する候補者とそうでない候補者を区別するので、ｂの見解と上記の反対意見は同じ立場に立つものといえる。

　そうすると、重複立候補制に関する公職選挙法86条の 2 の規定は憲法14条 1 項に違反する疑いがあるとするｂの見解は、公職選挙法86条の 2 の規定の合憲性を認めるａの見解とは相容れない。よって、ｂの見解はａの見解の根拠となっていない。

以上より、正解はアから順に 1 、 2 、 2 となる。

全体の正答率	79. 2%

肢別の正答率	ア	イ	ウ
	84. 9%	92. 5%	92. 5%

MEMO

司 予	第15問 一	［配点 3 点］	実施日	／	／	／
			正誤			

　内閣及び内閣総理大臣に関する次のアからウまでの各記述について、それぞれ正しい場合には 1 を、誤っている場合には 2 を選びなさい。

　ア．最高裁判所の判例の趣旨に照らすと、内閣総理大臣は、憲法第72条に規定された行政各部の指揮監督権限を閣議にかけて決定した方針に基づいて行使する必要があり、行政各部に対してその所掌事務について一定の方向で処理するよう指導、助言等の指示を与えたとしても、内閣としての事前の方針決定がなければ、事実上の影響力を行使したものにすぎず、内閣総理大臣の職務権限に属するものではない。

　イ．内閣は憲法第73条第 1 号により法律を誠実に執行する義務を負っているが、最高裁判所が違憲と判断した法律については、国会がこれを改廃する前であっても、内閣は、その執行を差し控えることができる。

　ウ．憲法には内閣に法律案の提出権を認める規定はないものの、憲法では議院内閣制が採用されていることや、内閣に法律案の提出権を認めたからといって当然に国会の議決権が拘束されるわけではないことは、法律で内閣に法律案の提出権を付与することが憲法上禁じられていないと解する根拠となり得る。

| 司 | 第15問 | 内閣及び内閣総理大臣 | 配点 | 3点 |
| 予 | — | 正解 2、1、1 | 部分点 | 2問正解で
部分点1点 |

ア ✕　内閣総理大臣は、行政各部を指揮監督する（72）。そして、ロッキード事件（丸紅ルート）判決（最大判平7.2.22／百選Ⅱ［第7版］〔174〕）は、「内閣総理大臣が行政各部に対し指揮監督権を行使するためには、閣議にかけて決定した方針が存在することを要するが、**閣議にかけて決定した方針が存在しない場合においても、**内閣総理大臣の……地位及び権限に照らすと、流動的で多様な行政需要に遅滞なく対応するため、**内閣総理大臣は、少なくとも、内閣の明示の意思に反しない限り、行政各部に対し、随時、その所掌事務について一定の方向で処理するよう指導、助言等の指示を与える権限を有する**ものと解するのが相当である。したがって、内閣総理大臣の運輸大臣に対する前記働き掛けは、一般的には、**内閣総理大臣の指示として、その職務権限に属することは否定できない**」としている。よって、内閣としての事前の方針決定がなければ、事実上の影響力を行使したものにすぎず、内閣総理大臣の職務権限に属するものではないとする点で、本肢は誤っている。

イ ◯　内閣は、法律を誠実に執行し、国務を総理する（73①）。「誠実に執行」するとは、たとえ内閣の賛成できない法律であっても、法律の目的にかなった執行を行うことを義務付ける趣旨であり、法律が違憲かどうかの判断については、国会の判断が優先され、内閣は国会の判断に拘束される。ただし、憲法上、裁判所は違憲審査権（81）を有していることから、**最高裁判所が違憲と判断した法律については、内閣は、その法律の執行義務を解除される**ものと解されている。よって、本肢は正しい。

　　　【参考文献】憲法Ⅱ・205頁

ウ ◯　憲法には内閣に法律案の提出を認める規定はない。もっとも、憲法では議院内閣制が採用されているところ、議院内閣制の本質的要素は、その歴史的沿革から、①議会と政府が一応分立していること、②政府が議会に対して連帯して責任を負うこと（66Ⅲ参照）の2点であると解されている。このような議員内閣制下における内閣の責任のあり方から、内閣が国会に対して自立した地位をもつために、内閣自身の政策を追及できる手段が必要である。

　　　また、「立法」（41）の核心は国会による法律案の審議・決定にあるところ、法律案の提出は立法過程の不可欠の要素ではあるとしても、立法そのものではなく、立法の準備行為にすぎないから、内閣に法律案の提出権を認めたからといって、当然に国会による審議・議決が拘束されるわけではない。

　　　これらは、法律で内閣に法律案の提出権を付与すること（内閣5参照）が憲法上禁じられていないと解する根拠として適切である。よって、本肢は正しい。

　　　【参考文献】憲法Ⅱ・216～218頁

以上より、正解はアから順に2、1、1となる。

全体の 正答率	66.6%

肢別の 正答率	ア	イ	ウ
	88.7%	77.4%	84.9%

司予	第16問	［配点2点］	実施日	／	／	／
	―		正誤			

　裁判官の身分保障に関する次のアからウまでの各記述について、正しいものには○、誤っているものには×を付した場合の組合せを、後記1から8までの中から選びなさい。

　ア．裁判官は、裁判により心身の故障のために職務を執ることができないと決定された場合を除いては、最高裁判所の裁判官については国民審査によることなしには、また、下級裁判所の裁判官については公の弾劾によることなしには、罷免されることはない。

　イ．裁判官の罷免事由である「心身の故障」とは、裁判官の職務を遂行することができない程度の精神上の能力の喪失又は身体的故障で、相当長期間にわたって継続することが確実に予想される場合をいうと解されており、一時的な故障は、たとえそれがどのように重大なものであってもこれに当たらない。

　ウ．憲法第78条は、裁判官の懲戒処分は行政機関が行うことはできないと規定しているところ、これは、裁判官の懲戒処分は裁判所が行うべきことを定めているものと解されており、その手続については、法律上、裁判により行うことが規定されている。

1．ア○　イ○　ウ○　　　2．ア○　イ○　ウ×　　　3．ア○　イ×　ウ○
4．ア○　イ×　ウ×　　　5．ア×　イ○　ウ○　　　6．ア×　イ○　ウ×
7．ア×　イ×　ウ○　　　8．ア×　イ×　ウ×

司	第16問	裁判官の身分保障	配　点	2点
予	―	正解　5	部分点	―

ア ✕　裁判官の身分保障について、78条前段は、「裁判官は、裁判により、心身の故障のために職務を執ることができないと決定された場合を除いては、公の弾劾によらなければ罷免されない」と規定している。裁判官の職権の独立を実効的なものとする趣旨である。この「裁判官」には、当然のことながら、最高裁判所の裁判官も含まれる。また、最高裁判所の裁判官については、国民審査により罷免されることもあり得る（79ⅡⅢ）。

したがって、**最高裁判所の裁判官については、①「裁判により、心身の故障のために職務を執ることができないと決定された場合」**（78前段）、②**「公の弾劾」**（78前段）による場合、③**国民審査**による場合（79ⅡⅢ）以外には、罷免されることはない。また、下級裁判所の裁判官については、上記①②以外には、罷免されることはない。よって、最高裁判所の裁判官については国民審査によることなしには、とする点で、本肢は誤っている。

イ 〇　裁判官の身分保障について、78条前段は、「裁判官は、裁判により、心身の故障のために職務を執ることができないと決定された場合を除いては、公の弾劾によらなければ罷免されない」と規定している。ここにいう「心身の故障」については、一般的に、**一時的なものではなく、相当長期間にわたって継続することが確実に予想される故障であり、しかも裁判官の職務の執行に支障をきたす程度の精神的・肉体的な故障でなければならず、たとえ一時的な故障がどのように重大なものであっても「心身の故障」には当たらない**し、相当長期間にわたって継続する故障であっても職務の執行に支障がなければ「心身の故障」には当たらないと解されている。罷免事由を厳格に解し、裁判官の職権の独立を実効的なものとする趣旨である。よって、本肢は正しい。

【参考文献】憲法Ⅱ・245頁

ウ 〇　78条後段は、「**裁判官の懲戒処分は、行政機関がこれを行ふことはできない**」と規定している。これは、裁判官の懲戒処分は裁判所が行うべきことを定めているものと解されており、裁判官の懲戒の権限を行政機関ではなく裁判所に与えることで、司法府の自主性を尊重するものである。そして、裁判所による裁判官の懲戒処分は、それ自身の公正さを担保するために、**裁判官分限法に基づき、裁判手続により行う**こととされている。よって、本肢は正しい。

【参考文献】憲法Ⅱ・247頁

以上より、ア✕イ〇ウ〇となり、正解は5となる。

全体の正答率	11.3%	肢別の選択率	1	2	3	4	5	6	7	8
			7.5%	13.2%	7.5%	18.9%	11.3%	11.3%	9.4%	17.0%

司	第17問	[配点3点]		実施日	／	／	／
予	―			正誤			

　司法権の限界に関する次のアからウまでの各記述について、最高裁判所の判例の趣旨に照らして、それぞれ正しい場合には1を、誤っている場合には2を選びなさい。

　ア．地方議会の議員に対する出席停止の懲罰に関し、その懲罰を受けた議員が取消しを求める訴えは、法令の適用によって終局的に解決し得る法律上の争訟に当たるところ、議会により出席停止の懲罰処分を科されると、その議員は、住民の負託を受けた議員としての責務を十分に果たすことができなくなるから、当該処分が議会の自律的な権能に基づいてなされたものとして、議会に一定の裁量が認められるとしても、裁判所は、常にその適否を判断することができ、司法審査の対象となる。

　イ．政党が組織内の自律的運営として党員に対してした除名処分は、原則として自律的な解決に委ねるのが相当であり、その除名処分が一般市民法秩序と直接の関係のない内部的な問題にとどまる限り、司法審査の対象とはならず、また、一般市民としての権利利益を侵害する場合であっても、その処分の当否は、当該政党の自律的な規範が公序良俗に反するなどの特段の事情のない限りその規範に照らし、規範がない場合は条理に基づき、適正な手続にのっとってされたか否かによって決すべきであり、司法審査もこの点に限られる。

　ウ．三権分立の制度の下において、司法権の行使について、ある限度の制約は免れず、あらゆる国家行為が無制限に司法審査の対象となるわけではないと解すべきであるところ、衆議院の解散のような直接国家統治の基本に関する高度に政治性のある国家行為は、国会等の政治部門の判断に委ねられ、最終的に国民の政治判断に委ねられているものと解すべきであるから、衆議院の解散が違法であることを前提とする国会議員の歳費の支払を請求する訴えは、法律上の争訟に当たるとはいえない。

司 第17問	司法権の限界	配　点	3点
予　—	正解　1、1、2	部分点	2問正解で部分点1点

ア ○　判例（最大判令2.11.25／R3重判〔2〕）は、議会により「出席停止の懲罰を科された議員がその取消しを求める訴えは、法令の規定に基づく処分の取消しを求めるものであって、その性質上、**法令の適用によって終局的に解決し得るもの**というべきである」とした上で、「議員は、憲法上の住民自治の原則を具現化するため、……議事に参与し、議決に加わるなどして、**住民の代表としてその意思を当該普通地方公共団体の意思決定に反映させるべく活動する責務を負う**」ところ、出席停止の懲罰が科されると、「当該議員はその期間、会議及び委員会への出席が停止され、議事に参与して議決に加わるなどの**議員としての中核的な活動をすることができず、住民の負託を受けた議員としての責務を十分に果たすことができなくなる。**このような出席停止の懲罰の性質や議員活動に対する制約の程度に照らすと、これが議員の権利行使の一時的制限にすぎないものとして、その適否が専ら議会の自主的、自律的な解決に委ねられるべきであるということはできない」から、「出席停止の懲罰は、議会の自律的な権能に基づいてされたものとして、議会に一定の裁量が認められるべきであるものの、**裁判所は、常にその適否を判断することができる**というべきであ」り、「普通地方公共団体の議会の議員に対する出席停止の懲罰の適否は、**司法審査の対象となる**」としている。よって、本肢は正しい。

イ ○　共産党袴田事件判決（最判昭63.12.20／百選Ⅱ〔第7版〕〔183〕）は、「政党が組織内の自律的運営として党員に対してした除名その他の処分の当否については、原則として自律的な解決に委ねるのを相当とし、したがって、**政党が党員に対してした処分が一般市民法秩序と直接の関係を有しない内部的な問題にとどまる限り、裁判所の審判権は及ばない**というべきであり、他方、右処分が一般市民としての権利利益を侵害する場合であっても、右処分の当否は、当該政党の自律的に定めた規範が公序良俗に反するなどの特段の事情のない限り右規範に照らし、右規範を有しないときは条理に基づき、適正な手続に則ってされたか否かによって決すべきであり、その審理も右の点に限られるものといわなければならない」としている。よって、本肢は正しい。

ウ ×　苫米地事件判決（最大判昭35.6.8／百選Ⅱ〔第7版〕〔190〕）は、内閣の一方的な衆議院の抜き打ち解散により、衆議院議員の身分を喪失したXが、衆議院の解散の違憲無効を理由として議員資格の確認及び歳費の支払を求めたという事案である。同判例は、「直接国家統治の基本に関する高度に政治性のある国家行為のごときはたとえそれが**法律上の争訟となり、これに対する有効無効の判断が法律上可能である**場合であっても、かかる国家行為は裁判所の審査権の外にあり、その判断は主権者たる国民に対して政治的責任を負うところの**政府、国会等の政治部門の判断に委され、最終的には国民の政治判断に委ねられている**ものと解すべきである。この**司法権に対する制約は、結局、三権分立**

の原理に由来し、当該国家行為の高度の政治性、裁判所の司法機関としての性格、裁判に必然的に随伴する手続上の制約等にかんがみ、特定の明文による規定はないけれども、**司法権の憲法上の本質に内在する制約**と理解すべきものである」とした上で、「**衆議院の解散は、極めて政治性の高い国家統治の基本に関する行為**であって、かくのごとき行為について、その法律上の有効無効を審査することは司法裁判所の権限の外にありと解すべき」であり、「この理は、本件のごとく、当該**衆議院の解散が訴訟の前提問題として主張されている場合においても同様**であって、ひとしく裁判所の審査権の外にありといわなければならない」としている。

　このように、苫米地事件判決は、法律上の争訟の要件が満たされる事案であっても、高度の政治性を有する国家行為を審査することは、司法権の憲法上の本質に内在する制約により、裁判所の審査権の外にあるとしたものであり、国会議員の歳費の支払を請求する訴えは、法律上の争訟に当たるとはいえないと判示したものではない。よって、法律上の争訟に当たるとはいえないとする点で、本肢は誤っている。

以上より、正解はアから順に1、1、2となる。

全体の正答率	22.6%

肢別の正答率	ア	イ	ウ
	58.5%	71.7%	39.6%

MEMO

司	第18問		実施日	／	／	／
予	―	［配点2点］	正誤			

財政に関する次のアからウまでの各記述について、正しいものには〇、誤っているものには×を付した場合の組合せを、後記1から8までの中から選びなさい。

ア．予算の裏付けを必要とする法律が成立しているにもかかわらず、その執行に必要となる予算が不存在ないし不成立の場合、法律を誠実に執行すべき内閣としては、補正予算の提出、経費の流用、予備費の支出などにより、対処することが求められる。

イ．予備費は、予見し難い予算の不足に充てるため、国会の議決に基づいて設けられ、内閣の責任で支出されるものである。そのため、内閣は、その支出について、事後に国会の承諾を求める必要はない。

ウ．内閣は、毎年の国の収入支出の決算について、会計検査院の検査を経た上で、翌年度国会に提出しなければならない。提出された決算については、各議院で審議され、それを認めるか否かの審査がなされるが、そこで不承認とされても、決算の効力に影響は生じない。

1．ア〇　イ〇　ウ〇　　　2．ア〇　イ〇　ウ×　　　3．ア〇　イ×　ウ〇
4．ア〇　イ×　ウ×　　　5．ア×　イ〇　ウ〇　　　6．ア×　イ〇　ウ×
7．ア×　イ×　ウ〇　　　8．ア×　イ×　ウ×

司 第18問	財政	配　点	2点
予 —	正解　3	部分点	—

ア ○　　憲法上、予算と法律の不一致が生じた場合に関する規定は設けられていない。予算の裏付けを必要とする法律が成立しているにもかかわらず、その執行に要する予算が不存在ないし不成立の場合、内閣は、「法律を誠実に執行」する義務（73①）がある以上、補正予算（財政29）、経費流用（財政33Ⅱ）、予備費の支出（87、財政24、同35）などの**予算措置をとるべき義務を負う**ものと解されている。よって、本肢は正しい。

　　　　【参考文献】憲法Ⅱ・352〜353頁、読本・351頁

イ ×　　予備費について、87条1項は、「**予見し難い予算の不足に充てるため、国会の議決に基いて予備費を設け、内閣の責任でこれを支出することができる**」と規定し、同条2項は、「**すべて予備費の支出については、内閣は、事後に国会の承諾を得なければならない**」と規定している。

　　　　87条2項の「国会の承諾」は、予備費の支出が不当でなかったとする国会の判断とその確認を内容とする意思表示であり、具体的な予備費の使用状況についても国会による適切なコントロールを及ぼそうとする趣旨である。よって、事後に国会の承諾を求める必要はないとする点で、本肢は誤っている。

ウ ○　　決算について、90条1項は、「**国の収入支出の決算は、すべて毎年会計検査院がこれを検査し、内閣は、次の年度に、その検査報告とともに、これを国会に提出しなければならない**」と規定している。そして、内閣から各議院に提出された決算について、各議院が各々別々にこれを認めるか否かの審査を行う。この決算の審査は、既になされた収入・支出が適正であったかどうかの事後審査であり、そこで**不承認とされても、決算の効力に影響は生じない**と解されており、実務上も、決算は「議案」ではなく「報告案件」として扱われている。よって、本肢は正しい。

　　　　【参考文献】憲法Ⅱ・356頁、読本・350頁

以上より、ア○イ×ウ○となり、正解は3となる。

全体の 正答率	56.6%

肢別の 選択率	1	2	3	4	5	6	7	8
	5.7%	3.8%	56.6%	5.7%	3.8%	0.0%	17.0%	1.9%

司 第19問	［配点２点］	実施日	／	／	／
予 第12問		正誤			

　条例に関する次のアからウまでの各記述について、最高裁判所の判例の趣旨に照らして、正しいものには○、誤っているものには×を付した場合の組合せを、後記１から８までの中から選びなさい。

　ア．憲法第９４条は、法律の範囲内で条例制定権を認めているが、ある事項について国の法令中にこれを規制する明文の規定がない場合であれば、当該事項について規制を設ける条例の規定は、国の法令に違反しない。

　イ．条例は、公選の議員をもって組織する地方公共団体の議会の議決を経て制定される自治立法であって、国民の公選した議員をもって組織する国会の議決を経て制定される法律に類するものであるから、条例によって刑罰を定める場合、法律による条例への委任は、一般的・包括的委任で足りる。

　ウ．憲法第９４条は、地方公共団体に条例制定権を認めており、ある事項を条例によって規制する結果として、地方公共団体ごとにその取扱いに差異が生じることがあり得るから、ある事項について条例によって刑罰を定める場合、地域によって刑罰の内容に差異が生じることも許容され得る。

１．ア○　イ○　ウ○　　　２．ア○　イ○　ウ×　　　３．ア○　イ×　ウ○
４．ア○　イ×　ウ×　　　５．ア×　イ○　ウ○　　　６．ア×　イ○　ウ×
７．ア×　イ×　ウ○　　　８．ア×　イ×　ウ×

司 第19問	条例	配 点	2点
予 第12問	正解 7	部分点	—

ア ✕　94条は、「地方公共団体は、その財産を管理し、事務を処理し、及び行政を執行する権能を有し、**法律の範囲内で条例を制定することができる**」と規定しているところ、徳島市公安条例事件判決（最大判昭50.9.10／百選Ⅰ［第7版］〔83〕）は、「条例が国の法令に違反するかどうかは、**両者の対象事項と規定文言を対比するのみでなく、それぞれの趣旨、目的、内容及び効果を比較し、両者の間に矛盾牴触があるかどうか**によってこれを決しなければならない」とした上で、「ある事項について国の法令中にこれを規律する**明文の規定がない場合**でも、当該法令全体からみて、右規定の欠如が特に当該事項について**いかなる規制をも施すことなく放置すべきものとする趣旨である**と解されるときは、**これについて規律を設ける条例の規定は国の法令に違反する**こととなりうる」としている。したがって、ある事項について国の法令中にこれを規制する明文の規定がない場合でも、当該事項についていかなる規制をも施すことなく放置すべきものとする趣旨であると解されるときは、当該事項について規制を設ける条例の規定は、国の法令に違反することになる。よって、ある事項について国の法令中にこれを規制する明文の規定がない場合であれば、当該事項について規制を設ける条例の規定は、国の法令に違反しないとする点で、本肢は誤っている。

イ ✕　判例（最大判昭37.5.30／百選Ⅱ［第7版］〔208〕）は、条例によって刑罰を定める場合、「憲法31条はかならずしも刑罰がすべて法律そのもので定められなければならないとするものでなく、**法律の授権によってそれ以下の法令によって定めることもできる**と解すべきで、このことは憲法73条6号但書によっても明らかである。ただ、**法律の授権が不特定な一般的な白紙委任的なものであってはならない**」とした上で、条例は、「公選の議員をもって組織する地方公共団体の議会の議決を経て制定される自治立法であって、行政府の制定する命令等とは性質を異にし、むしろ国民の公選した議員をもって組織する国会の議決を経て制定される法律に類するものであるから、**条例によって刑罰を定める場合には、法律の授権が相当な程度に具体的であり、限定されておればたりる**」としている。よって、条例によって刑罰を定める場合、法律による条例への委任は、一般的・包括的委任で足りるとする点で、本肢は誤っている。

ウ ◯　判例（最大判昭33.10.15／百選Ⅰ［第7版］〔32〕）は、「憲法が各地方公共団体の条例制定権を認める以上、**地域によって差が生ずることは当然に予期されることであるから、かかる差別は憲法みずから容認するところである**と解すべきである。それ故、地方公共団体が売春の取締について各別に条例を制定する結果、その取扱に差別を生ずることがあっても、……地域差の故をもって違憲ということはできない」としている。したがって、ある事項について条例によって刑罰を定める場合、地域によって刑罰の内容に差異が生じることも許容され得る。よって、本肢は正しい。

以上より、ア✕イ✕ウ◯となり、正解は7となる。

全体の 正答率	64.2%	肢別の 選択率	1	2	3	4	5	6	7	8
			1.9%	1.9%	9.4%	0.0%	15.1%	0.0%	64.2%	1.9%

司	第20問	［配点3点］	実施日	／	／	／
予	―		正誤			

憲法改正に関する次のアからウまでの各記述について、それぞれ正しい場合には1を、誤っている場合には2を選びなさい。

ア．憲法改正の公布は、天皇が内閣の助言と承認のもとで「国民の名で」行うものとされており、「国民の名で」というのは、憲法改正が主権の存する国民の意思によることを明らかにする趣旨である。

イ．憲法改正は、国会が発議し、国民の承認を経ることによって成立するもので、国民主権に関わることから、特別の国民投票又は直近の衆議院議員総選挙の際に行われる投票においてその過半数の賛成を必要とする。

ウ．憲法を始源的に創設する憲法制定権力と憲法によって与えられた憲法改正権とを区別する考えは、憲法改正には法的な限界があるとする見解の根拠となる。

司 第20問	憲法改正	配　点	3点
予 —	正解　1、2、1	部分点	2問正解で部分点1点

ア ○　憲法改正の公布は国事行為（7①）であるので、天皇が内閣の助言と承認のもとで行う。そして、96条2項は、「憲法改正について前項の承認を経たときは、天皇は、国民の名で、この憲法と一体を成すものとして、直ちにこれを公布する」と規定している。**「国民の名で」**とは、**改正権者である国民の意思による改正であることを明らかにする趣旨**であると解されている。よって、本肢は正しい。

　　　【参考文献】憲法Ⅱ総論・統治・160頁

イ ×　憲法改正について、96条1項は、「この憲法の改正は、各議院の総議員の3分の2以上の賛成で、**国会が、これを発議し、国民に提案してその承認を経なければならない。**この承認には、**特別の国民投票又は国会の定める選挙の際行はれる投票**において、その**過半数の賛成を必要とする**」と規定している。「国会の定める選挙の際行はれる投票」とは、国民主権に関わるという事の性質上、全国的規模で行われる選挙、すなわち**衆議院議員総選挙又は参議院議員通常選挙**でなければならないが、直近の衆議院議員総選挙に限られるわけではない。よって、直近の衆議院議員総選挙の際に行われる投票においてとする点で、本肢は誤っている。

　　　【参考文献】憲法Ⅱ・409頁

ウ ○　憲法改正の限界について、憲法改正には法的な限界があるとする見解（**限界説**）は、**憲法を始源的に創設する憲法制定権力と憲法によって与えられた憲法改正権とを区別**する。その上で、憲法改正権は、始源的な憲法制定権力とは異なり、憲法によって定められた権力にすぎないから、憲法制定権力の主体や憲法の基本原理に属する内容について変更することはできないと主張する。よって、本肢は正しい。

　　　なお、憲法改正には法的な限界はないとする見解（無限界説）は、憲法制定権力と憲法改正権とを同質のものと解し、憲法制定権力の主体たる国民は、もとの憲法の基本原理を変更することも法的に認められ、憲法改正権を無限定に行使できるとする。

　　　【参考文献】憲法Ⅱ・411頁

以上より、正解はアから順に1、2、1となる。

全体の正答率	37.7%

肢別の正答率	ア	イ	ウ
	83.0%	50.9%	79.2%

司	―	[配点2点]	実施日	／	／	／
予	第1問		正誤			

　人権の享有主体に関する次のアからウまでの各記述について、正しいものには○、誤っているものには×を付した場合の組合せを、後記1から8までの中から選びなさい。

　ア．未成年者は、心身ともにいまだ発達途上にあり成熟した判断能力を持たないから、人権の保障について、成年者と異なる考慮が必要になる。日本国憲法も、「公務員の選挙については、成年者による普通選挙を保障する。」と定め、未成年者に選挙権を保障していない。

　イ．法人は主として独立した経済活動の主体であることに存在意義があるから、財産権や営業の自由のような経済的自由権を享有する。しかしながら、精神的自由権は、自然人とだけ結合して考えられる人権であるから、法人には保障されない。

　ウ．天皇及び皇族は、日本国籍を有する日本国民であり、憲法第3章の人権享有主体としての「国民」に含まれる。したがって、天皇及び皇族にも、表現の自由、外国移住の自由、国籍離脱の自由及び学問の自由について、国民一般と同程度の保障が及ぶ。

1．ア○　イ○　ウ○　　　2．ア○　イ○　ウ×　　　3．ア○　イ×　ウ○
4．ア○　イ×　ウ×　　　5．ア×　イ○　ウ○　　　6．ア×　イ○　ウ×
7．ア×　イ×　ウ○　　　8．ア×　イ×　ウ×

司	—	人権の享有主体	配 点	2点
予	第1問	正解 4	部分点	—

ア ○ 未成年者（民4参照）も日本国籍を有する日本国民である以上、当然に憲法第3章の人権享有主体としての「国民」に含まれる。もっとも、未成年者は心身ともにいまだ発達途上にあり、成年者に比して判断力も未成熟であるため、人権の性質によっては事の性質上、当該人権の保障の範囲や程度につき特例を認めることが是認されることがある。現に、15条3項は、**「公務員の選挙については、成年者による普通選挙を保障する」**と規定しており、未成年者に選挙権を保障していない。よって、本肢は正しい。

【参考文献】芦部・40頁

イ × 法人の人権享有主体性について、八幡製鉄事件判決（最大判昭45.6.24／百選Ⅰ［第7版］〔8〕）は、**「憲法第3章に定める国民の権利および義務の各条項は、性質上可能なかぎり、内国の法人にも適用される**ものと解すべきであるから、会社は、自然人たる国民と同様、国や政党の特定の政策を支持、推進または反対するなどの**政治的行為をなす自由を有する」**としている。よって、精神的自由権は、自然人とだけ結合して考えられる人権であるから、法人には保障されないとする点で、本肢は誤っている。

【参考文献】憲法Ⅰ基本権・41頁

ウ × 天皇及び皇族も日本国籍を有する日本国民である以上、当然に憲法第3章の人権享有主体としての「国民」に含まれる。もっとも、**天皇は日本国の「象徴」（1）としての地位に立つ**ことから、天皇には外国移住の自由（22Ⅱ）や国籍離脱の自由（22Ⅱ）は認められず、表現の自由（21）や学問の自由（23）も一定の制約を受けるものと解されている。また、皇族に対しても、皇位の世襲と公務の特殊性から、一般の国民と異なる取扱いも許容されるものと解されている。よって、天皇及び皇族にも、表現の自由、外国移住の自由、国籍離脱の自由及び学問の自由について、国民一般と同程度に保障が及ぶとする点で、本肢は誤っている。

【参考文献】芦部・89頁、憲法Ⅰ・231頁

以上より、ア○イ×ウ×となり、正解は4となる。

全体の正答率	66.6%	肢別の選択率	1	2	3	4	5	6	7	8
			0.7%	9.1%	0.3%	66.6%	1.0%	2.7%	0.3%	18.9%

司	—	[配点3点]	実施日	／	／	／
予	第2問		正誤			

　憲法第13条に関する次のアからウまでの各記述について、それぞれ正しい場合には1を、誤っている場合には2を選びなさい。

　ア．判例は、何人も、その承諾なしに、みだりにその容ぼう・姿態を撮影されない自由を有し、警察官が、正当な理由なく個人の容ぼう等を撮影することは、憲法第13条の趣旨に反し許されないが、かかる自由も無制限に保護されるわけではなく、犯罪捜査に必要な撮影をすることは許容される場合があるとしている。

　イ．憲法第13条で保障される幸福追求権は、個別の基本権を包括する基本権であるが、その内容について、個人の人格的生存に不可欠な利益を内容とする権利の総体をいうと理解する見解を採ったとしても、これに含まれない生活領域に関する行為の自由が憲法上保護されなくなるわけではない。

　ウ．プライバシー権は憲法第13条で保障されると説く見解のうち、これを「自己に関する情報をコントロールする権利」と理解する立場は、その保障範囲が、個人の私的領域に他者を無断で立ち入らせないという自由権的側面にとどまるとしており、それを超えてプライバシーの保護を公権力に対して求めるという請求権的側面を想定していない。

司 予	— 第2問	憲法13条	配 点	3点
		正解　1、1、2	部分点	2問正解で 部分点1点

ア ○ 　京都府学連事件（最大判昭44.12.24／百選Ⅰ［第7版］〔16〕）は、「個人の私生活上の自由の一つとして、何人も、承諾なしに、みだりに容ぼう・姿態を撮影されない自由を有する」とし、「**警察官が正当な理由なく個人の容ぼう等を撮影することは、憲法13条の趣旨に反し、許されない**」とする一方、「個人の有する右自由も、国家権力の行使から無制限に保護されるわけでなく、**公共の福祉のため必要のある場合には相当の制限を受ける**」のであり、「犯罪を捜査することは、公共の福祉のため警察に与えられた国家作用の一つであり、警察にはこれを遂行すべき責務がある」から、「警察官が犯罪捜査の必要上写真を撮影する際、その対象の中に犯人のみならず第三者である個人の容ぼう等が含まれても、これが許容される場合がありうる」としている。よって、本肢は正しい。

イ ○ 　13条で保障される幸福追求権の内容について、個人の人格的生存に不可欠な利益を内容とする権利の総体をいうと理解する本肢の見解は、いわゆる**人格的利益説**の立場である。この見解は、個人の人格的生存に不可欠な利益に含まれ**ない個人の行動一般**についても、**法律の留保原則や比例原則が適用され、憲法上の保護を受ける**ものと解している。よって、本肢は正しい。

　　　　【参考文献】憲法Ⅰ基本権・114～115頁、129頁

ウ ✕ 　プライバシー権を「**自己に関する情報をコントロールする権利**」と理解する立場は、自己に関する情報を公開されることはもちろん、公開以前の収集・保管・利用によっても脅かされるため、それぞれの段階でプライバシー権が問題になると解している。そして、この立場は、プライバシー権の保障範囲について、「自己に関する情報をコントロールする権利」としてのプライバシー権を保護するために、個人の私的領域に他者を無断で立ち入らせないという**自由権的側面**にとどまらず、公権力に対して、国家機関保有の記録について知り、訂正や削除を求める権利の付与を要求するという**請求権的側面**も含まれるものと解している。よって、「自己に関する情報をコントロールする権利」と理解する立場は、その保障範囲が、個人の私的領域に他者を無断で立ち入らせないという自由権的側面にとどまるとしており、それを超えてプライバシーの保護を公権力に対して求めるという請求権的側面を想定していないとする点で、本肢は誤っている。

　　　　【参考文献】憲法Ⅰ基本権・121頁

以上より、正解はアから順に1、1、2となる。

全体の 正答率	88.5%

肢別の 正答率	ア	イ	ウ
	97.6%	92.2%	97.0%

司	―	［配点2点］		実施日	／	／	／
予	第10問			正誤			

　国政調査権に関する次のアからウまでの各記述について、正しいものには○、誤っているものには×を付した場合の組み合わせを、後記1から8までの中から選びなさい。

　　ア．憲法第62条において、議院は、国政調査に関して、証人の出頭、証言及び記録の提出を要求することができるとされているところ、その実効性を担保するため、法律は、証人が正当な理由なく出頭を拒否した場合や、偽証した場合に刑罰を科す旨を定めている。

　　イ．議院が、係属中の刑事事件において審理されている事実と同一の事実について調査することは、その調査の方法、目的を問わず、司法権の独立を侵すものであって許されない。

　　ウ．国政調査権の法的性質を、議院の憲法上の権能を実効的に行使するための補助的権能であると捉える立場からすると、国政調査権が国民の知る権利に仕える機能を有すると理解することはできない。

1．ア○　イ○　ウ○　　　2．ア○　イ○　ウ×　　　3．ア○　イ×　ウ○
4．ア○　イ×　ウ×　　　5．ア×　イ○　ウ○　　　6．ア×　イ○　ウ×
7．ア×　イ×　ウ○　　　8．ア×　イ×　ウ×

司	—	国政調査権	配 点	2点
予	第10問	正解　4	部分点	—

ア ○　国政調査権に関する62条は、「両議院は、各々国政に関する調査を行ひ、これに関して、**証人の出頭及び証言並びに記録の提出を要求することができる**」と規定しているところ、この国政調査権の実効性を担保するため、これらの要求に応じない者に対し、法的な制裁措置を設けることも認められている。すなわち、「議院における証人の宣誓及び証言等に関する法律」（**議院証言法**）は、**証人が正当な理由なく出頭を拒否した場合**のほか、要求された書類を提出しない場合、宣誓・証言を拒否した場合には「1年以下の禁錮又は10万円以下の罰金」を科し（議院証言7Ⅰ）、**宣誓した証人が虚偽の陳述（偽証）をした場合**には「3月以上10年以下の懲役」を科している（議院証言6Ⅰ）。よって、本肢は正しい。

イ ×　国政調査権の範囲と限界については、司法権の独立との関係で問題となるところ、**係属中の裁判事件について、裁判官の訴訟指揮や裁判内容の当否を判断するための調査は、司法権の独立を侵すものとして許されない**と一般に解されている。他方、たとえ係属中の刑事事件において審理されている事実と同一の事実について調査するものであっても、**裁判所と異なる目的のために行われる調査**（議院が司法に関する立法や予算の審議のために必要と判断して行われる調査など）は、**司法権の独立を侵すものではない**と一般に解されている（二重煙突事件・東京地判昭31.7.23、日商岩井事件・東京地判昭55.7.24／百選Ⅱ［第7版］〔171〕参照）。よって、調査の方法、目的を問わず、司法権の独立を侵すものであって許されないとする点で、本肢は誤っている。

【参考文献】芦部・330頁

ウ ×　国政調査権は、国民主権の実質化という観点から、国民に対する情報の提供、資料の公開といった国民の知る権利（21Ⅰ）に仕える機能を有するものと解されている。このような**国政調査権の機能は、国政調査権の法的性質をどのように捉えるかという問題と次元を異にする**ものと解されている。したがって、国政調査権の法的性質を、議院の憲法上の権能を実効的に行使するための補助的権能であると捉える立場（補助的権能説）に立っても、国政調査権が国民の知る権利に仕える機能を有すると理解することは可能である。よって、補助的権能説の立場からは、国政調査権が国民の知る権利に仕える機能を有すると理解することはできないとする点で、本肢は誤っている。

【参考文献】憲法Ⅱ・144頁

以上より、ア○イ×ウ×となり、正解は4となる。

全体の正答率	65.9%	肢別の選択率	1	2	3	4	5	6	7	8
			0.7%	3.7%	6.8%	65.9%	1.0%	2.4%	4.7%	14.5%

司 ―
予 第11問　　　［配点3点］

実施日	／	／	／
正誤			

　合憲限定解釈に関する次のアからウまでの各記述について、bの見解がaの見解の批判となっている場合には1を、そうでない場合には2を選びなさい。

　ア．a．関税法により輸入が禁止されている「風俗を害すべき書籍、図画」等について、合理的に解釈すれば、「風俗」とは専ら性的風俗を意味し、輸入禁止の対象とされるのは、わいせつな書籍、図画等に限られる。

　　　b．表現の自由を規制する法律の規定には明確性が求められることに鑑みると、わいせつ表現物の輸入のみを規制しようとするのであれば、「わいせつな書籍、図画」等と具体的に規定すべきである。

　イ．a．地方公務員の争議行為の遂行を共謀し、そそのかし、あおる等の行為を地方公務員法違反として刑事罰の対象とするには、あおり行為等が争議行為に通常随伴する以上のものであることを要する。

　　　b．集団的かつ組織的な行為としての争議行為を成り立たせるものは、正にあおり行為等であって、あおり行為等は、その性格にかかわらず、争議行為の原動力をなすものである。

　ウ．a．暴走族による集会を規制する条例における「暴走族」の定義が社会通念上の暴走族以外の集団が含まれる文言であっても、条例全体から読み取ることができる趣旨やその施行規則の規定等を総合して解釈すれば、規制対象となる「暴走族」は、暴走行為を目的として結成された集団である本来的な意味における暴走族及びその類似集団に限られる。

　　　b．「暴走族」が社会通念上、暴走行為を目的として結成された集団や、オートバイなどを集団で乗り回し、危険な運転や騒音などにより、暴走行為と同様の迷惑を他人に及ぼす者たちを指すものという理解が国民の間で定着している。

司 —	合憲限定解釈	配 点	3点
予 第11問	正解 1、1、2	部分点	2問正解で部分点1点

ア 批判となっている

　aの見解は、税関検査事件判決（最大判昭59.12.12／百選Ⅰ［第7版］〔69〕）の多数意見と同様の立場に立つものである。すなわち、同判例の多数意見は、関税定率法21条1項3号［現：関税69の11Ⅰ⑦］にいう「風俗を害すべき書籍、図画」等との規定を「合理的に解釈すれば、……『風俗』とは**専ら性的風俗**を意味し、右規定により輸入禁止の対象とされるのは**猥褻な書籍、図画等に限られる**ものということができ、このような限定的な解釈が可能である以上、右規定は、何ら明確性に欠けるものではなく、憲法21条1項の規定に反しない合憲的なものというべきである」としている。

　これに対し、bの見解は、同判例の反対意見と同様の立場に立つものである。すなわち、同判例の反対意見は、「表現の自由を規制する法律の規定が明確かどうかを判断するには、より明確な立法をすることが可能かどうかも重要な意味を持つと解されるが、多数意見のいうように、同号の『**風俗を害すべき書籍、図画**』等という規定が猥褻表現物の輸入のみを規制しようとするものであるとするならば、右規定を『**猥褻な書籍、図画**』等と規定することによってより明確なものにすることは、立法上容易なはずである。この点からみても、表現の自由の事前規制の面をもつ同号の右規定が**憲法上要求される明確性を充たしたものであるとはいい難く、これに限定解釈を加える**ことによって**合憲とするのは適切でない**」としている。そうすると、「風俗を害すべき書籍、図画」等について、この文言のままでも合理的に解釈すれば「わいせつな書籍、図画」等に限られるとするaの見解と、「わいせつな書籍、図画」等と規定せずに限定解釈を加えることは適切でないとするbの見解とは相容れない。よって、bの見解はaの見解の批判となっている。

イ 批判となっている

　aの見解は、東京都教組事件判決（最大判昭44.4.2／百選Ⅱ［第7版］〔193〕）の多数意見と同様の立場に立つものである。すなわち、同判例の多数意見は、地方公務員の争議行為の遂行を共謀し、そそのかし、あおる等の行為を刑事罰の対象とする地方公務員法61条4号について、「文字どおりに、すべての地方公務員の一切の争議行為を禁止し、これらの争議行為の遂行を共謀し、そそのかし、あおる等の行為（以下、あおり行為等という。）をすべて処罰する趣旨と解すべきものとすれば、それは、……公務員の労働基本権を保障した憲法の趣旨に反し、必要やむをえない限度をこえて争議行為を禁止し、かつ、必要最小限度にとどめなければならないとの要請を無視し、その限度をこえて刑罰の対象としているものとして、これらの規定は、いずれも、違憲の疑を免れない」とした上で、「あおり行為等にもさまざまの態様があり、その違法性が認められる場合にも、その違法性の程度には強弱さまざまなものがありうる。それにもかかわらず、これらのニュアンスを一切否定して一律にあおり行為等を刑事罰をもってのぞむ違法性があるものと断定することは許されないというべきである。ことに、争議行為そのものを処罰の対象とすることなく、

あおり行為等にかぎって処罰すべきものとしている地公法61条4号の趣旨からいっても、**争議行為に通常随伴して行なわれる行為のごときは、処罰の対象とされるべきものではない**」としている。

これに対し、bの見解は、全農林警職法事件判決（最大判昭48.4.25／百選Ⅱ［第7版］〔141〕）の原判決（東京高判昭43.9.30）と同様の立場に立つものである。すなわち、原判決は、「『あおる』行為等の指導的行為は争議行為の原動力、支柱となるものであって、その反社会性、反規範性等において争議の実行行為そのものより違法性が強いと解し得るのであるから、憲法違反となる結果を回避するため、とくに『あおる』行為等の概念を縮小解釈しなければならない必然性はな」いとしている。そうすると、あおり行為等についてその意味を「争議行為に通常随伴する以上のものであることを要する」として限定するaの見解と、その意味を限定しないbの見解は相容れない。よって、bの見解はaの見解の批判となっている。

ウ 批判となっていない

aの見解は、広島市暴走族追放条例事件判決（最判平19.9.18／百選Ⅰ［第7版］〔84〕）の多数意見と同様の立場に立つものである。すなわち、同判決の多数意見は、「本条例は、暴走族の定義において社会通念上の暴走族以外の集団が含まれる文言となっている」とする一方、「本条例の全体から読み取ることができる趣旨、さらには本条例施行規則の規定等を総合すれば、本条例が規制の対象としている『暴走族』は、……暴走行為を目的として結成された集団である本来的な意味における暴走族の外には、服装、旗、言動などにおいてこのような暴走族に類似し社会通念上これと同視することができる集団に限られる」としている。

また、bの見解は、同判例の補足意見と同様の立場に立つものである。すなわち、同判例の補足意見は、「『暴走族』の意味については、『オートバイなどを集団で乗り回し、無謀な運転や騒音などで周囲に迷惑を与える若者たち』を指すものであると理解するのが一般的であり……、この理解はほぼ国民の中に定着しているといってよい。したがって、**本条例の『暴走族』につき、上記のとおりの限定解釈ができれば、本条例の規制の対象となるものが本来的な意味における暴走族及びこれに類似する集団に限られその余の集団は対象とならないことも明確になる**のであるから、『広範に過ぎる』という批判を免れる」としている。このように、aの見解とbの見解は、同じ立場に立つものといえる。よって、bの見解はaの見解の批判となっていない。

以上より、正解はアから順に1、1、2となる。

全体の正答率	55.4%

肢別の正答率	ア	イ	ウ
	90.2%	65.5%	88.2%

MEMO

司 予	一 第13問	[配点2点]	実施日	／	／	／
			正誤			

　行政活動と法源に関する次のアからウまでの各記述について、法令又は最高裁判所の判例に照らし、正しいものに〇、誤っているものに×を付した場合の組合せを、後記1から8までの中から選びなさい。

　ア．慣習法は、行政法の法源として認められる場合があるが、公水使用権のように私人の権利の根拠として用いられる場合、行政法の法源としては認められない。

　イ．行政活動により国民の権利を侵害し、又は自由を制限するには、その根拠として法律が必要となるが、そのための法律としては、行政機関の任務又は所掌事務を定める行政の組織規範があれば足りる。

　ウ．行政庁が条例によって課された代替的作為義務に違反した者に対し代執行を行うためには、代執行ができる旨の規定が条例中に定められていなければならない。

1．ア〇　イ〇　ウ〇　　　2．ア〇　イ〇　ウ×　　　3．ア〇　イ×　ウ〇
4．ア〇　イ×　ウ×　　　5．ア×　イ〇　ウ〇　　　6．ア×　イ〇　ウ×
7．ア×　イ×　ウ〇　　　8．ア×　イ×　ウ×

司	—	行政活動と法源	配　点	2点
予	第13問	正解　8	部分点	—

ア ✕　　**法源**とは、法の存在する形式のことをいい、**行政法の法源**とは、行政法において、法として認識すべき規範の存在形式のことをいう。これには、**成文法源**（立法作用により成文の形式で定立された法源）と**不文法源**（それ以外の方法で成立する法源）とがあり、**慣習法**（慣習のうち、人々の法的確信を得たもの）は、不文法源として補充的に行政法の法源として認められる場合があると解されている。

　　また、判例（最判昭37.4.10／百選Ⅰ［第7版］〔18〕）は、私人が公共用物である公水を使用できるという公水使用権について、「**公水使用権は、それが慣習によるものであると行政庁の許可によるものであるとを問わず**、公共用物たる公水の上に存する権利であることにかんがみ、河川の全水量を独占排他的に利用しうる絶対不可侵の権利ではなく、使用目的を充たすに必要な限度の流水を使用しうるに過ぎない」としており、慣習法による公水使用権であっても行政法の法源として認められることを前提としているものと解される。よって、公水使用権のように私人の権利の根拠として用いられる場合、行政法の法源としては認められないとする点で、本肢は誤っている。

　　【参考文献】櫻井＝橋本・11頁、宇賀Ⅰ・13頁

イ ✕　　行政活動は国会の制定する法律の定めるところにより、法律に従って行わなければならないという原理を**法律による行政の原理**という。そして、法律による行政の原理の内容の1つとして、**「法律の留保」の原則**（行政活動を行う場合に、事前に法律でその根拠が規定されていなければならないとする原則）がある。この「法律の留保」の及ぶ範囲については、一般的に、**行政活動により国民の権利を侵害し、又は自由を制限するには、その根拠として法律が必要となる一方、そうでないものについては法律の根拠を要しない**ものと解されている（**侵害留保説**）。そして、「法律の留保」の内容となる法律は、組織規範（行政機関の任務又は所掌事務を定める行政の規範）・規制規範（行政活動についての手続規範や目的規範）ではなく、**根拠規範（具体的な行政活動の根拠となる規範）であることが必要**とされる。よって、そのための法律としては、行政機関の任務又は所掌事務を定める行政の組織規範があれば足りるとする点で、本肢は誤っている。

　　【参考文献】櫻井＝橋本・14〜16頁、宇賀Ⅰ・32〜35頁

ウ ✕　　法律（法律の委任に基づく命令、規則及び条例を含む）により直接に命ぜられ、又は法律に基づき行政庁により命ぜられた行為（代替的作為義務に限る）について、義務者がこれを履行しない場合、他の手段によってその履行を確保することが困難であり、かつその不履行を放置することが著しく公益に反すると認められるときは、当該行政庁は、自ら義務者のなすべき行為をなし、又は第三者をしてこれをなさしめ、その費用を義務者から徴収することができる

（**代執行**、代執行２）。これらの要件を満たせば、行政庁は代執行を行うことが可能であり、代替的作為義務を課す**条例中に代執行ができる旨の規定が定められている必要はない**。よって、代執行ができる旨の規定が条例中に定められていなければならないとする点で、本肢は誤っている。

【参考文献】櫻井＝橋本・166頁

以上より、ア×イ×ウ×となり、正解は８となる。

全体の 正答率	48.3%

肢別の 選択率	1	2	3	4	5	6	7	8
	0.7%	1.0%	4.7%	5.4%	1.7%	0.7%	37.2%	48.3%

MEMO

司 予	― 第14問	［配点2点］	実施日	／	／	／
			正誤			

　　行政手続法施行前の行政手続についての最高裁判所の判例に関する次のアからウまでの各記述について、正しいものに○、誤っているものに×を付した場合の組合せを、後記1から8までの中から選びなさい。

　　ア．いわゆる個人タクシー事件に係る最高裁判所昭和46年10月28日第一小法廷判決（民集25巻7号1037頁）は、多数の者のうちから少数特定の者を、具体的個別的事実関係に基づき選択して個人タクシー事業の免許の許否を決しようとする行政庁に対し、道路運送法の定める免許基準の趣旨を具体化した審査基準を設定することを要求したが、当該審査基準を公にしておくことまでは要求していない。

　　イ．いわゆる成田新法事件に係る最高裁判所平成4年7月1日大法廷判決（民集46巻5号437頁）は、行政庁が不利益処分をする場合に、その名宛人に対し当該不利益処分の理由を示さなければならない旨を定める法令が存しなくても、当該不利益処分により制限を受ける権利利益の内容、性質、制限の程度、当該不利益処分により達成しようとする公益の内容、程度、緊急性等を総合較量した結果に基づき、当該不利益処分の理由の提示が憲法上要請される場合があると判示している。

　　ウ．いわゆる伊方原発訴訟に係る最高裁判所平成4年10月29日第一小法廷判決（民集46巻7号1174頁）は、原子炉設置許可の申請に対して行政庁が処分をする際、憲法第31条に基づき、原子炉設置予定地の周辺住民を原子炉設置許可手続に参加させることを要求している。

1．ア○　イ○　ウ○　　　　2．ア○　イ○　ウ×　　　　3．ア○　イ×　ウ○
4．ア○　イ×　ウ×　　　　5．ア×　イ○　ウ○　　　　6．ア×　イ○　ウ×
7．ア×　イ×　ウ○　　　　8．ア×　イ×　ウ×

司 —	行政手続法施行前の行政手続	配　点	2点
予第14問	正解　4	部分点	—

ア ○　判例（最判昭46.10.28／百選Ⅰ［第7版］〔117〕）は、「多数の者のうちから少数特定の者を、具体的個別的事実関係に基づき選択して免許の許否を決しようとする行政庁としては、事実の認定につき行政庁の独断を疑うことが客観的にもっとも認められるような不公正な手続をとってはならない」とした上で、道路運送法「6条は抽象的な免許基準を定めているにすぎないのであるから、**内部的にせよ、さらに、その趣旨を具体化した審査基準を設定し**、これを公正かつ合理的に適用すべく、とくに、右基準の内容が微妙、高度の認定を要するようなものである等の場合には、右基準を適用するうえで必要とされる事項について、申請人に対し、その主張と証拠の提出の機会を与えなければならない」としているが、**当該審査基準を公にしておくことまでは要求していない**。よって、本肢は正しい。

イ ×　成田新法事件判決（最大判平4.7.1／百選Ⅰ［第7版］〔116〕）は、憲法31条の定める法定手続の保障が行政手続にも及ぶと解すべき場合であっても、「一般に、行政手続は、刑事手続とその性質においておのずから差異があり、また、行政目的に応じて多種多様であるから、**行政処分の相手方に事前の告知、弁解、防御の機会を与えるかどうかは、行政処分により制限を受ける権利利益の内容、性質、制限の程度、行政処分により達成しようとする公益の内容、程度、緊急性等を総合較量して決定されるべきものであって、常に必ずそのような機会を与えることを必要とするものではない**」とした上で、不利益処分である工作物使用禁止命令をするに当たり、「その相手方に対し事前に告知、弁解、防御の機会を与える旨の規定がなくても、……憲法31条の法意に反するものということはできない」としている。よって、当該不利益処分の理由の提示が憲法上要請される場合があると判示しているとする点で、本肢は誤っている。

ウ ×　伊方原発訴訟判決（最判平4.10.29／百選Ⅰ［第7版］〔77〕）は、「原子炉設置許可の申請が規制法24条1項各号所定の基準に適合するかどうかの審査は、原子力の開発及び利用の計画との適合性や原子炉施設の安全性に関する極めて高度な専門技術的判断を伴うものであり、同条2項は、右許可をする場合に、各専門分野の学識経験者等を擁する原子力委員会の意見を聴き、これを尊重してしなければならないと定めている。このことにかんがみると、……**基本法及び規制法が、原子炉設置予定地の周辺住民を原子炉設置許可手続に参加させる手続……に関する定めを置いていないからといって、その一事をもって、右各法が憲法31条の法意に反するものとはいえ**」ない旨判示している。よって、原子炉設置許可の申請に対して行政庁が処分をする際、憲法第31条に基づき、原子炉設置予定地の周辺住民を原子炉設置許可手続に参加させることを要求しているとする点で、本肢は誤っている。

以上より、ア○イ×ウ×となり、正解は4となる。

全体の正答率	4.4%	肢別の選択率	1	2	3	4	5	6	7	8
			2.4%	13.2%	1.4%	4.4%	15.9%	53.0%	2.0%	7.4%

司予	一第15問	［配点3点］	実施日	／	／	／
			正誤			

　行政裁量に関する次のアからエまでの各記述について、最高裁判所の判例に照らし、それぞれ正しい場合には1を、誤っている場合には2を選びなさい。

　ア．公立学校施設の目的外使用を許可するか否かは、原則として、当該学校施設の管理者の裁量に委ねられており、学校教育上支障がないからといって当然に許可しなくてはならないものではなく、行政財産である学校施設の目的及び用途と目的外使用の目的、態様等との関係に配慮した合理的な裁量判断により使用許可をしないこともできる。

　イ．懲戒権者が国家公務員に対して行う懲戒処分は、それが社会観念上著しく妥当を欠いて裁量権を付与した目的を逸脱し、これを濫用したと認められる場合でない限り、その裁量権の範囲内にあるが、免職処分は、著しい不利益を伴うものであることから、裁判所が当該処分の適否を審査するに当たり、懲戒権者と同一の立場に立って、懲戒処分として免職処分を選択すべきと認められないと判断した場合は、その裁量権の範囲を逸脱し、又はこれを濫用したと認められ、違法となる。

　ウ．公害健康被害の補償等に関する法律に基づく水俣病認定は、水俣病のり患の有無という客観的事実を確認する行為であり、この点に関する処分行政庁の判断はその裁量に委ねられるべき性質のものではなく、上記水俣病認定の申請に対する処分行政庁の判断の適否に関する裁判所の審理及び判断は、裁判所において、経験則に照らして個々の事案における諸般の事情と関係証拠を総合的に検討し、個々の具体的な症候と原因物質との間の個別的な因果関係の有無等を審理の対象として、申請者につき水俣病のり患の有無を個別具体的に判断すべきである。

　エ．宗教的信条と相容れないことから剣道実技に参加しなかったことにより体育科目の成績が認定されなかった学生に対する市立高等専門学校の校長の原級留置処分及び退学処分は、代替措置を採ることが実際上可能であった場合であっても、当該学生が、剣道実技が必修でない学校を選択することができ、かつ、当該学校の入学手続時に剣道実技が必修であることを知っていた場合は、その裁量権の範囲を超える違法なものとはならない。

司 —	行政裁量	配 点	3点
予 第15問	正解 1、2、1、2	部分点	3問正解で部分点2点

ア ○ 判例（最判平18.2.7／百選Ⅰ［第7版］〔73〕）は、「**学校施設の目的外使用を許可するか否かは、原則として、管理者の裁量にゆだねられている**ものと解するのが相当である。すなわち、学校教育上支障があれば使用を許可することができないことは明らかであるが、そのような**支障がないからといって当然に許可しなくてはならないものではなく**、行政財産である学校施設の目的及び用途と目的外使用の目的、態様等との関係に配慮した**合理的な裁量判断により使用許可をしないこともできる**」としている。よって、本肢は正しい。

イ × 判例（最判昭52.12.20／百選Ⅰ［第7版］〔80〕）は、「公務員につき、国公法に定められた懲戒事由がある場合に、懲戒処分を行うかどうか、懲戒処分を行うときにいかなる処分を選ぶかは、懲戒権者の裁量に任されている」とした上で、「懲戒権者が右の裁量権の行使としてした懲戒処分は、それが社会観念上著しく妥当を欠いて裁量権を付与した目的を逸脱し、これを濫用したと認められる場合でない限り、その裁量権の範囲内にある」から、「裁判所が右の処分の適否を審査するにあたっては、**懲戒権者と同一の立場に立って懲戒処分をすべきであったかどうか又はいかなる処分を選択すべきであったかについて判断し、その結果と懲戒処分とを比較してその軽重を論ずべきものではなく、懲戒権者の裁量権の行使に基づく処分が社会観念上著しく妥当を欠き、裁量権を濫用したと認められる場合に限り違法であると判断すべきものである**」としている。よって、免職処分は、著しい不利益を伴うものであることから、裁判所が当該処分の適否を審査するに当たり、懲戒権者と同一の立場に立って、懲戒処分として免職処分を選択すべきと認められないと判断した場合は、その裁量権の範囲を逸脱し、又はこれを濫用したと認められ、違法となるとする点で、本肢は誤っている。

ウ ○ 判例（最判平25.4.16／百選Ⅰ［第7版］〔78〕）は、公害健康被害の補償等に関する法律に基づく**水俣病認定自体**は、「客観的事象としての水俣病のり患の有無という現在又は過去の確定した**客観的事実を確認する行為**であって、この点に関する**処分行政庁の判断はその裁量に委ねられるべき性質のものではない**」とした上で、上記水俣病認定の申請に対する「処分行政庁の判断の適否に関する裁判所の審理及び判断は、……処分行政庁の判断の基準とされた昭和52年判断条件に現在の最新の医学水準に照らして不合理な点があるか否か、公害健康被害認定審査会の調査審議及び判断の過程に看過し難い過誤、欠落があってこれに依拠してされた処分行政庁の判断に不合理な点があるか否かといった観点から行われるべきものではなく、**裁判所において、経験則に照らして個々の事案における諸般の事情と関係証拠を総合的に検討し、個々の具体的な症候と原因物質との間の個別的な因果関係の有無等を審理の対象として、申請者につき水俣病のり患の有無を個別具体的に判断すべきものと解するのが相**

当である」としている。よって、本肢は正しい。

エ ✕ 　剣道受講拒否事件判決（最判平8.3.8／百選Ⅰ［第7版］〔81〕）は、宗教的信条と相容れないことから剣道実技に参加しなかったことにより体育科目の成績が認定されなかった学生Xに対する市立高等専門学校の校長Yの原級留置処分及び退学処分について、「高等専門学校の校長が学生に対し原級留置処分又は退学処分を行うかどうかの判断は、校長の合理的な教育的裁量にゆだねられるべきものであり、……校長の裁量権の行使としての処分が、全く事実の基礎を欠くか又は社会観念上著しく妥当を欠き、裁量権の範囲を超え又は裁量権を濫用してされたと認められる場合に限り、違法である」とし、「高等専門学校においては、剣道実技の履修が必須のものとまではいい難く、体育科目による教育目的の達成は、他の体育種目の履修などの**代替的方法によってこれを行うことも性質上可能**というべきである」とした上で、「**Xが、自らの自由意思により、必修である体育科目の種目として剣道の授業を採用している学校を選択したことを理由に、……著しい不利益をXに与えることが当然に許容されることになるものでもない**」とし、結論として、Xに対する原級留置処分及び退学処分は「**社会観念上著しく妥当を欠き、裁量権の範囲を超えた違法なもの**といわざるを得ない」旨判示している。よって、当該学生が、剣道実技が必修でない学校を選択することができ、かつ、当該学校の入学手続時に剣道実技が必修であることを知っていた場合は、その裁量権の範囲を超える違法なものとはならないとする点で、本肢は誤っている。

以上より、正解はアから順に1、2、1、2となる。

全体の正答率	66.6%

肢別の正答率	ア	イ	ウ	エ
	97.0%	84.5%	78.7%	95.6%

MEMO

行政調査に関する次のアからエまでの各記述について、法令又は最高裁判所の判例に照らし、それぞれ正しい場合には1を、誤っている場合には2を選びなさい。

ア．国税通則法第74条の2第1項に基づく質問検査は、諸般の具体的事情に鑑み、質問検査の客観的な必要性があると判断される場合に認められるものであって、この場合の質問検査の範囲、程度、時期、場所等法律上特段の定めのない実施の細目については、上記のような質問検査の必要があり、かつ、これと相手方の私的利益との衡量において社会通念上相当な限度にとどまる限り、権限ある職員の合理的な選択に委ねられている。

（参照条文）国税通則法
（当該職員の所得税等に関する調査に係る質問検査権）
　第74条の2　国税庁、国税局若しくは税務署（中略）又は税関の当該職員（中略）は、所得税、法人税、地方法人税又は消費税に関する調査について必要があるときは、次の各号に掲げる調査の区分に応じ、当該各号に定める者に質問し、その者の事業に関する帳簿書類その他の物件（中略）を検査し、又は当該物件（中略）の提示若しくは提出を求めることができる。
　　一～四　　（略）
　　2～5　　（略）

イ．国税通則法の定める税務調査は犯罪捜査のために認められたものと解してはならないから、当該調査により取得収集される証拠資料が後に犯則事件の証拠として利用されることが想定されるときは、質問検査の権限を行使することは許されない。

ウ．警察官による交通違反の予防、検挙を目的として、警察法第2条及び警察官職務執行法第1条の趣旨を踏まえ強制力を伴わない任意手段により行われる自動車の検問は、自動車の運転者が合理的に必要な限度で行われる交通の取締りに協力すべきであることを考慮して許容されるものであるから、車両の外観、走行の態様等に異常が見られる場合でなければ許されない。

エ．国税通則法の定める犯則事件の調査手続は、実質的に捜査手続としての性質を有し、犯則嫌疑者の身体を捜索する場合には裁判官の発する許可状が必要となるが、犯則嫌疑者が置き去った物件を検査する場合には許可状を要しない。

司予	—第16問	行政調査	配点	3点
		正解　1、2、2、1	部分点	3問正解で部分点2点

ア ○　判例（最決昭48.7.10／百選Ⅰ［第7版］〔104〕）は、国税通則法74条の2第1項に基づく**質問検査**は、「**諸般の具体的事情にかんがみ、客観的な必要性があると判断される場合**」に認められるとした上で、「この場合の質問検査の範囲、程度、時期、場所等実定法上特段の定めのない実施の細目については、右にいう**質問検査の必要があり、かつ、これと相手方の私的利益との衡量において社会通念上相当な限度にとどまるかぎり、権限ある税務職員の合理的な選択に委ねられている**」としている。よって、本肢は正しい。

イ ×　判例（最決平16.1.20／百選Ⅰ［第7版］〔105〕）は、国税通則法に定める税務調査としての「質問又は検査の権限は、……犯則事件の調査あるいは捜査のための手段として行使することは許されない」が、この「質問又は検査の権限の行使に当たって、**取得収集される証拠資料が後に犯則事件の証拠として利用されることが想定できたとしても、そのことによって直ちに、上記質問又は検査の権限が犯則事件の調査あるいは捜査のための手段として行使されたことにはならない**」としている。よって、当該調査により取得収集される証拠資料が後に犯則事件の証拠として利用されることが想定されるときは、質問検査の権限を行使することは許されないとする点で、本肢は誤っている。

ウ ×　判例（最決昭55.9.22／百選Ⅰ［第7版］〔107〕）は、警察法2条1項及び警察官職務執行法1条などの趣旨からして、「交通の安全及び交通秩序の維持などに必要な警察の諸活動は、強制力を伴わない任意手段による限り、一般的に許容されるべきものであるが、それが国民の権利、自由の干渉にわたるおそれのある事項にかかわる場合には、任意手段によるからといって無制限に許されるべきものでない」とする一方、「自動車の運転者は、公道において自動車を利用することを許されていることに伴う当然の負担として、合理的に必要な限度で行われる交通の取締に協力すべきものであること……などをも考慮すると、警察官が、交通取締の一環として交通違反の多発する地域等の適当な場所において、**交通違反の予防、検挙のための自動車検問を実施し、同所を通過する自動車に対して走行の外観上の不審な点の有無にかかわりなく短時分の停止を求めて、運転者などに対し必要な事項についての質問などをすることは、それが相手方の任意の協力を求める形で行われ、自動車の利用者の自由を不当に制約することにならない方法、態様で行われる限り、適法なものと解すべきである**」としている。よって、車両の外観、走行の態様等に異常が見られる場合でなければ許されないとする点で、本肢は誤っている。

エ ○　判例（最判昭59.3.27／憲法百選Ⅱ［第7版］〔119〕）は、国税通則法の定める**犯則事件の調査手続**（犯則嫌疑者等に対する質問のほか、検査、領置、臨検、捜索又は差押等をすること）について、「国税の公平確実な賦課徴収という行

政目的を実現するためのものであり、その性質は、一種の行政手続であって、刑事手続ではないと解されるが、……**実質的には租税犯の捜査としての機能を営むものであって、……特別の捜査手続としての性質を帯有するもの**」としている。したがって、犯則事件の調査手続についても、**憲法35条の保障が及ぶ**ものと解されており、国税通則法は、犯則事件を調査するため必要があるときは、**裁判官があらかじめ発する許可状により、犯則嫌疑者の身体、物件若しくは住居その他の場所の探索をすることができる**旨定めている（国税通則132Ⅰ本文）。もっとも、国税通則法は、**裁判官があらかじめ発する許可状がなくても、犯則嫌疑者が置き去った物件を検査することができる**旨定めている（国税通則131Ⅰ）。よって、本肢は正しい。

【参考文献】宇賀Ⅰ・173頁、基本行政法・207〜208頁

以上より、正解はアから順に1、2、2、1となる。

全体の 正答率	53.4%

肢別の 正答率	ア	イ	ウ	エ
	94.9%	92.6%	97.3%	59.8%

MEMO

司	―	［配点2点］

実施日	／	／	／
正誤			

司 ―
予 第17問　　［配点2点］

　情報公開に関する次のアからウまでの各記述について、法令又は最高裁判所の判例に照らし、正しいものに○、誤っているものに×を付した場合の組合せを、後記1から8までの中から選びなさい。

　ア．行政機関の保有する情報の公開に関する法律（以下「情報公開法」という。）は、外国の国籍を有する者にも開示請求権を認めており、また、衆議院・参議院の事務局や最高裁判所の事務総局の保有する文書についても開示請求の対象としている。

　イ．行政機関の長は、情報公開法に基づく開示請求に係る行政文書に特定の個人を識別することができる情報が記載されているために不開示とすべき場合であっても、公益上特に必要があると認めるときは、当該個人の同意がある場合に限り、当該行政文書を開示することができる。

　ウ．A県公文書公開等条例は、「県の機関等が行う交渉、渉外、争訟等の事務に関する情報であって、公にすることにより、当該若しくは同種の事務の目的が達成できなくなり、又はこれらの事務の公正かつ適切な執行に著しい支障を及ぼすおそれのあるものが記録されている公文書は公開しないことができる。」と定めるところ、A県知事が懇談会で外部の飲食店を利用した際の請求書、領収書、歳出額現金出納簿及び支出証明書のうち、公表予定のない懇談会出席者の氏名が記録されてはいるものの懇談の内容が全く記録されていないものについては、同条例により公開しないことができる文書に該当しない。

1．ア○　イ○　ウ○　　　2．ア○　イ○　ウ×　　　3．ア○　イ×　ウ○
4．ア○　イ×　ウ×　　　5．ア×　イ○　ウ○　　　6．ア×　イ○　ウ×
7．ア×　イ×　ウ○　　　8．ア×　イ×　ウ×

司 ―	情報公開	配　点	2点
予 第17問	正解　8	部分点	―

ア ✕　何人も、行政機関の長に対し、当該行政機関の保有する行政文書の開示を請求することができる（**開示請求権**、情報公開3）。「**何人も**」という文言のとおり、日本国籍も日本在住も要件ではなく、**外国の国籍を有する者にも開示請求権が認められる**。

もっとも、情報公開法の対象となる「**行政機関**」は、国の行政機関と会計検査院であり（情報公開2Ⅰ参照）、**国会・裁判所、地方公共団体などは「行政機関」に含まれない**。したがって、衆議院・参議院の事務局や最高裁判所の事務総局は「行政機関」に含まれないので、これらが保有する文書は、同法における開示請求の対象とはならない。よって、衆議院・参議院の事務局や最高裁判所の事務総局の保有する文書についても開示請求の対象としている点で、本肢は誤っている。

【参考文献】基本行政法・230頁

イ ✕　行政機関の長は、開示請求に係る行政文書に**不開示情報**（行政機関等匿名加工情報等（情報公開5①の2）を除く）が記録されている場合であっても、**公益上特に必要があると認めるとき**は、開示請求者に対し、当該行政文書を開示することができる（**裁量的開示**、情報公開7）。この**裁量的開示は、当該個人の同意がなくても、することができる**。したがって、行政機関の長は、不開示情報である「特定の個人を識別することができる」情報（情報公開5①）が記載された行政文書であっても、公益上特に必要があると認めるときは、当該個人の同意がなくても、開示請求権者に対し、当該行政文書を開示することができる。よって、当該個人の同意がある場合に限り、当該行政文書を開示することができるとする点で、本肢は誤っている。

ウ ✕　判例（最判平6.1.27／百選Ⅰ［第7版］〔34〕）は、知事が懇談会で外部の飲食店を利用した際の請求書、領収書、歳出額現金出納簿（いずれも懇談の内容が全く記録されていないもの）及び支出証明書が、公文書公開等条例に定める非公開事由に該当するかについて、「相手方の氏名等の公表、披露が当然予定されているような場合等は別として、相手方を識別し得るような……文書の公開によって相手方の氏名等が明らかにされることになれば、懇談については、……この種の会合への出席を避けるなどの事態が生ずることも考えられ、また、一般に、交際費の支出の要否、内容等は、……相手方とのかかわり等をしん酌して個別に決定されるという性質を有するものであることから、不満や不快の念を抱く者が出ることが容易に予想される」ところ、このような事態は、「交際の相手方との間の信頼関係あるいは友好関係を損なうおそれがあり、交際それ自体の目的に反し、ひいては交際事務の目的が達成できなくなるおそれがある」ほか、「交際の相手方や内容等が逐一公開されることとなった場合には、……知事の交際事務を適切に行うことに著しい支障を及ぼすおそれがあ

る」から、「本件文書のうち**交際の相手方が識別され得るもの**は、相手方の氏
名等が外部に公表、披露されることがもともと予定されているものなど、**相手
方の氏名等を公表することによって前記のようなおそれがあるとは認められ
ないようなものを除き、……公開しないことができる文書に該当する**」として
いる。

　この判例に照らすと、本肢における「Ａ県知事が懇談会で外部の飲食店を利
用した際の請求書、領収書、歳出額現金出納簿及び支出証明書のうち、公表予
定のない懇談会出席者の氏名が記録されてはいるものの懇談の内容が全く記
録されていないもの」は、公表予定のない懇談会出席者の氏名が記録されてい
る以上、Ａ県公文書公開等条例により公開しないことができる文書に該当す
る。よって、公開しないことができる文書に該当しないとする点で、本肢は誤
っている。

以上より、ア×イ×ウ×となり、正解は8となる。

全体の正答率	23.3%	肢別の選択率	1	2	3	4	5	6	7	8
			4.1%	7.8%	16.2%	18.9%	7.4%	9.5%	12.2%	23.3%

MEMO

司予	— 第18問	［配点 2 点］	実施日	／	／	／
			正誤			

訴えの利益に関する次のアからウまでの各記述について、最高裁判所の判例に照らし、正しいものに〇、誤っているものに×を付した場合の組合せを、後記 1 から 8 までの中から選びなさい。

ア．AのB県公文書公開条例に基づく公文書の公開請求についてB県知事が非公開決定をしたことに対し、Aが当該非公開決定の取消訴訟を提起したところ、その係属中に、被告であるB県から当該公開請求に係る公文書が書証として提出された場合であっても、当該取消訴訟については、訴えの利益は失われない。

イ．C市がその設置している特定の保育所を廃止する旨の条例を制定したことに対し、当該保育所で現に保育を受けている児童及びその保護者であるDらが当該条例制定行為について取消訴訟を提起したところ、その係属中に、Dらに係る保育の実施期間が満了した場合であっても、当該取消訴訟については、訴えの利益は失われない。

ウ．テレビジョン放送局の開設の免許申請をしたEが、旧郵政大臣から免許拒否処分を受けるとともに競願者であるFに対して免許処分がされたことに対し、Fに対する免許処分の取消訴訟及びE自身に対する免許拒否処分の取消訴訟を提起したところ、その係属中に、Fに対する当初の免許期間が満了したとしても、その後直ちにFに対して再免許が与えられ事業が継続して維持されている場合には、Eが提起したFに対する免許処分の取消訴訟のみならず、E自身に対する免許拒否処分の取消訴訟についても、訴えの利益は失われない。

1．ア〇　イ〇　ウ〇　　　　2．ア〇　イ〇　ウ×　　　　3．ア〇　イ×　ウ〇
4．ア〇　イ×　ウ×　　　　5．ア×　イ〇　ウ〇　　　　6．ア×　イ〇　ウ×
7．ア×　イ×　ウ〇　　　　8．ア×　イ×　ウ×

司 —	訴えの利益	配 点	2点
予 第18問	正解 3	部分点	—

ア ○ 判例（最判平14.2.28）は、本肢と同様の事案において、「本件条例には、請求者が請求に係る公文書の内容を知り、又はその写しを取得している場合に当該公文書の公開を制限する趣旨の規定は存在しない」とした上で、「公開請求権者は、本件条例に基づき公文書の公開を請求して、所定の手続により請求に係る公文書を閲覧し、又は写しの交付を受けることを求める法律上の利益を有するというべきであるから、請求に係る**公文書の非公開決定の取消訴訟において当該公文書が書証として提出されたとしても、当該公文書の非公開決定の取消しを求める訴えの利益は消滅するものではない**」としている。よって、本肢は正しい。

イ × 判例（最判平21.11.26／百選Ⅱ［第7版］〔204〕）は、本肢と同様の事案において、当該条例制定行為の処分性を認める一方、判決の時点において、Dらに係る「**保育の実施期間がすべて満了していることが明らかであるから、本件改正条例の制定行為の取消しを求める訴えの利益は失われたものというべきである**」としている。よって、Dらに係る保育の実施期間が満了した場合であっても、当該取消訴訟については、訴えの利益は失われないとする点で、本肢は誤っている。

ウ ○ 東京12チャンネル事件判決（最判昭43.12.24／百選Ⅱ［第7版］〔173〕）は、本肢と同様の事案において、「期間満了後再免許が付与されず、免許が完全に失効した場合は格別として、**期間満了後ただちに再免許が与えられ、継続して事業が維持されている場合に、これを……免許失効の場合と同視して、訴えの利益を否定することは相当でない**。けだし、訴えの利益の有無という観点からすれば、競願者に対する免許処分の取消しを訴求する場合はもちろん、自己に対する拒否処分の取消しを訴求する場合においても、当初の免許期間の満了と再免許は、たんなる形式にすぎず、免許期間の更新とその実質において異なるところはないと認められるからである」としている。よって、本肢は正しい。

以上より、ア○イ×ウ○となり、正解は3となる。

全体の 正答率	56.4%	肢別の 選択率	1	2	3	4	5	6	7	8
			16.6%	2.0%	56.4%	4.1%	5.4%	0.7%	13.2%	1.0%

司予	— 第19問	［配点2点］	実施日	／	／	／
			正誤			

処分性に関する次のアからウまでの各記述について、最高裁判所の判例に照らし、正しいものに○、誤っているものに×を付した場合の組合せを、後記1から8までの中から選びなさい。

ア．税務署長が源泉徴収による所得税について国税通則法第36条第1項の規定に基づいてする納税の告知は、法令の規定に従い自動的に税額が確定した国税債権につき納期限を指定して履行を請求する行為であり、税額を確定する効力を有するものではないが、法令の規定によって確定した税額がいくらであるかについての税務署長の意見が初めて公にされるものであって、処分性が認められる。

（参照条文）国税通則法

（納税の告知）

第36条 税務署長は、国税に関する法律の規定により次に掲げる国税（その滞納処分費を除く。次条において同じ。）を徴収しようとするときは、納税の告知をしなければならない。

一 （略）

二 源泉徴収等による国税でその法定納期限までに納付されなかつたもの

三、四 （略）

2 前項の規定による納税の告知は、税務署長が、政令で定めるところにより、納付すべき税額、納期限及び納付場所を記載した納税告知書を送達して行う。ただし、担保として提供された金銭をもつて消費税等を納付させる場合その他政令で定める場合には、納税告知書の送達に代え、当該職員に口頭で当該告知をさせることができる。

イ．有効に成立した行政処分を処分後の事情の変更を理由として撤回する行為は、法令上当該撤回について直接明文の規定がない場合には、処分性が認められない。

ウ．公立学校の校長がその教職員に対して発した式典での国歌斉唱の際に国旗に向かって起立して斉唱することを命ずる旨の職務命令は、教職員個人の身分や勤務条件に係る権利義務に直接影響を及ぼすものではないから、処分性が認められない。

1．ア○ イ○ ウ○ 2．ア○ イ○ ウ× 3．ア○ イ× ウ○
4．ア○ イ× ウ× 5．ア× イ○ ウ○ 6．ア× イ○ ウ×
7．ア× イ× ウ○ 8．ア× イ× ウ×

司 —	処分性	配　点	2点
予第19問	正解　3	部分点	—

ア ○　判例（最判昭45.12.24／百選Ⅰ［第7版］〔61〕）は、源泉徴収による所得税の税額は「法令の定めるところに従って当然に、いわば自動的に確定する」のであって、国税通則法36条1項に基づいてする「納税の告知により確定されるものではない。すなわち、この**納税の告知は、……課税処分たる性質を有しない**」とする一方、「納税の告知は……国税徴収手続の第一段階をなすものとして要求され、滞納処分の不可欠の前提となるものであり、……その性質は、税額の確定した国税債権につき、納期限を指定して納税義務者等に履行を請求する行為、すなわち徴収処分」であって、「**確定した税額がいくばくであるかについての税務署長の意見が初めて公にされるもの**であるから、支払者がこれと意見を異にするときは、当該税額による所得税の徴収を防止するため、……**抗告訴訟をもなしうる**ものと解すべき」である旨判示し、**納税の告知の処分性を認めている**。よって、本肢は正しい。

イ ×　行政庁の「処分」（行訴3Ⅱ）とは、「公権力の主体たる国または公共団体が行う行為のうち、その行為によって、直接国民の権利義務を形成しまたはその範囲を確定することが法律上認められているもの」をいう（最判昭39.10.29／百選Ⅱ［第7版］〔148〕）。そして、**行政行為の撤回**とは、有効に成立した行政処分について、処分後の事情の変更により公益上その効力を存続させることができなくなった場合に、これを将来にわたって無効とする行政行為をいう。行政行為の撤回は、処分性が認められる行為の典型例であり、たとえば、授益的行政処分の撤回は「不利益処分」（行手2④）に当たる。以上のことは、当該撤回について、法令上直接明文の規定があってもなくても異ならない。よって、撤回する行為は、法令上当該撤回について直接明文の規定がない場合には、処分性が認められないとする点で、本肢は誤っている。

【参考文献】櫻井＝橋本・94〜96頁、263頁、塩野Ⅱ・106頁

ウ ○　判例（最判平24.2.9／百選Ⅱ［第7版］〔207〕）は、**公立学校の校長がその教職員に対して発した式典での国歌斉唱の際に国旗に向かって起立して斉唱することを命ずる旨の職務命令**は、「教育公務員としての職務の遂行の在り方に関する校長の上司としての職務上の指示を内容とするものであって、教職員個人の身分や勤務条件に係る権利義務に直接影響を及ぼすものではないから、**抗告訴訟の対象となる行政処分には当たらない**」としている。よって、本肢は正しい。

以上より、ア○イ×ウ○となり、正解は3となる。

全体の正答率	27.7%	肢別の選択率	1	2	3	4	5	6	7	8
			3.7%	3.4%	27.7%	27.0%	2.0%	1.0%	19.3%	15.2%

	実施日	／	／	／
司 — [配点3点] 予 第20問	正誤			

取消訴訟の審理に関する次のアからエまでの各記述について、行政事件訴訟法又は最高裁判所の判例に照らし、それぞれ正しい場合には1を、誤っている場合には2を選びなさい。

ア．取消訴訟において、原告が故意又は重大な過失によらないで被告とすべき者を誤ったときは、裁判所は、原告の申立てにより、決定をもって被告の変更を許すことができ、この決定に対しては、不服を申し立てることができない。

イ．固定資産評価審査委員会の審査決定は、個々の固定資産ごとにされるものであるから、同一の敷地にあって一つのリゾートホテルを構成している複数の建物の評価額に関する各審査決定の取消請求が、互いに行政事件訴訟法第13条第6号所定の関連請求に当たるということはできない。

ウ．指定確認検査機関による建築確認の取消しを求める訴えを提起した後、当該建築確認に係る建築物について完了検査が終了した場合に、上記訴えを、当該建築物について建築確認をする権限を有する建築主事が置かれた地方公共団体に対する損害賠償を求める訴えに変更することは、許されない。

エ．行政文書の開示請求に対する不開示決定の取消訴訟において、不開示とされた文書を目的とする検証を被告に受忍義務を負わせて行うことは、原告が検証への立会権を放棄した場合であっても、許されない。

司 —	取消訴訟の審理	配 点	3点
予 第20問	正解 1、2、2、1	部分点	3問正解で部分点2点

ア ○ 取消訴訟において、**原告が故意又は重大な過失によらないで被告とすべき者を誤ったときは**、裁判所は、**原告の申立てにより**、決定をもって、**被告を変更することを許すことができる**（行訴15Ⅰ）。これは、被告適格を有する正しい被告に対する訴えを提起し直さなければならなくなる原告の負担をなくすとともに、正しい被告に対する再訴が出訴期間の経過により却下される不利益が生じないようにし、もって原告を救済する趣旨である。そして、この**被告変更許可決定に対しては、不服を申し立てることができない**（行訴15Ⅴ）。よって、本肢は正しい。

なお、この被告変更の申立てを却下する決定に対しては、即時抗告をすることができる（行訴15Ⅵ）。

イ × 判例（最決平17.3.29／百選Ⅱ［第7版］〔186〕）は、「固定資産評価額に関する固定資産評価審査委員会の審査決定は、個々の固定資産ごとにされるものであり、1通の審査決定書において同一人の所有に係る複数の固定資産の登録価格について決定をしている場合でも、審査決定は、当該固定資産の数だけあるものというべきである」とした上で、同一の敷地にあって一つのリゾートホテルを構成している複数の建物の評価額に関する各審査決定の取消請求について、「**各請求の基礎となる社会的事実は一体としてとらえられるべきものであって密接に関連しており、争点も同一であるから、……互いに行政事件訴訟法13条6号所定の関連請求に当たる**」としている。よって、互いに行政事件訴訟法第13条第6号所定の関連請求に当たるということはできないとする点で、本肢は誤っている。

ウ × 判例（最決平17.6.24／百選Ⅰ［第7版］〔7〕）は、建築基準法は「建築物の計画が建築基準関係規定に適合するものであることについての確認に関する事務を地方公共団体の事務とする前提に立った上で、指定確認検査機関をして、上記の確認に関する事務を特定行政庁の監督下において行わせることとしたということができる。そうすると、**指定確認検査機関による確認に関する事務は、……地方公共団体の事務**であり、その**事務の帰属する行政主体**は、当該確認に係る建築物について確認をする権限を有する建築主事が置かれた**地方公共団体である**」とした上で、「指定確認検査機関の確認に係る建築物について確認をする権限を有する建築主事が置かれた地方公共団体は、……行政事件訴訟法21条1項所定の『当該処分又は裁決に係る事務の帰属する国又は公共団体』に当たる」とし、**指定確認検査機関による建築確認の取消しを求める訴えを提起した後、当該建築確認に係る建築物について完了検査が終了した場合には、当該確認の取消請求を、当該地方公共団体に対する「損害賠償請求に変更することが相当である」**としている。よって、損害賠償を求める訴えに変更することは、許されないとする点で、本肢は誤っている。

エ ◎ 　判例（最決平21.1.15／百選Ⅰ［第7版］〔39〕）は、**インカメラ審理**に関して、「行政文書の開示請求に対する不開示決定の取消しを求める訴訟……において、不開示とされた文書を対象とする検証を被告に受忍させることは、それにより当該文書の不開示決定を取り消して当該文書が開示されたのと実質的に同じ事態を生じさせ、訴訟の目的を達成させてしまうこととなるところ、このような結果は、情報公開法による情報公開制度の趣旨に照らして不合理」であり、**原告が**「**立会権の放棄等をしたとしても**」、被告に「**不開示文書の検証を受忍すべき義務を負わせてその検証を行うことは許されない**」としている。よって、本肢は正しい。

以上より、正解はアから順に1、2、2、1となる。

全体の正答率	27.0%

肢別の正答率	ア	イ	ウ	エ
	65.5%	89.5%	72.0%	58.4%

MEMO

司	―	［配点３点］	実施日	／	／	／
予	第21問		正誤			

　当事者訴訟に関する教員と学生による以下の対話中の次のアからエまでの【　】内の各記述について、法令又は最高裁判所の判例に照らし、それぞれ正しい場合には１を、誤っている場合には２を選びなさい。

教員：行政事件訴訟法第４条は、当事者訴訟として、「当事者間の法律関係を確認し又は形成する処分又は裁決に関する訴訟で法令の規定によりその法律関係の当事者の一方を被告とするもの」と「公法上の法律関係に関する確認の訴えその他の公法上の法律関係に関する訴訟」の二つの類型を規定しています。これから、前者を「形式的当事者訴訟」、後者を「実質的当事者訴訟」と呼ぶこととしますが、まず、形式的当事者訴訟としては具体的にどのような訴訟がありますか。

学生：（ア）【土地収用法に基づく収用裁決により土地が収用された場合に、起業者が、当該収用裁決において定められた損失補償額が過大であるとして、同法の規定に基づき当該土地の所有者を被告として提起する訴訟がこれに当たります。】

教員：処分又は裁決をした行政庁が、当該処分又は裁決に関する形式的当事者訴訟が提起されたことを把握するための仕組みは設けられていますか。

学生：（イ）【はい。形式的当事者訴訟が提起された場合には、被告は、当該処分又は裁決をした行政庁が所属する国又は公共団体に対し、遅滞なく、その訴訟の告知をしなければならないとされています。】

教員：次に、実質的当事者訴訟としては具体的にどのような訴訟がありますか。

学生：（ウ）【公務員である原告が、職務命令への不服従を理由とする懲戒処分の予防を目的として、当該職務命令に基づく公的義務が存在しないことの確認を求める訴訟がこれに当たります。】

教員：原告である国民が、国又は公共団体を被告として金銭の支払を求める訴訟について考えてみましょう。この訴訟が実質的当事者訴訟であるか民事訴訟であるかによって、判決の効力について何か違いがありますか。

学生：（エ）【いずれであっても第三者一般に対する効力を有しない点では共通しますが、当該訴訟が実質的当事者訴訟である場合には、判決の内容によっては関係行政庁に対する拘束力を有することとなる点で、民事訴訟である場合と異なります。】

司	—	当事者訴訟	配 点	3点
予	第21問	正解　1、2、2、1	部分点	3問正解で部分点2点

ア　◯　　形式的当事者訴訟とは、「当事者間の法律関係を確認し又は形成する処分又は裁決に関する訴訟で法令の規定によりその法律関係の当事者の一方を被告とするもの」（行訴4前段）をいう。これは、行政庁の処分又は裁決の効力を争う点で抗告訴訟としての実質をもつが、処分又は裁決の効力を争うよりも、直接利害関係のある当事者間で争わせた方が適切であるという場合に、立法政策上、法令の規定によって、形式的に対等な当事者間の訴訟という形式を採るものである。

そして、**土地収用法に基づく収用裁決により土地が収用された場合に、起業者が、当該収用裁決において定められた損失補償額が過大であるとして、同法の規定に基づき当該土地の所有者を被告として提起する訴訟は、形式的当事者訴訟に当たる**（土地収用133Ⅲ）。起業者にとって本来不服であるのは収用委員会が行った裁決処分であるが、収用裁決自体に不満があるのではなく、損失補償額が過大であることが不満なのであるから、法律上、裁決の取消しを求めるのではなく、相手方（被収用者）を被告として損失補償額について争う訴訟の方が抜本的解決になると考えられたため、形式的当事者訴訟の形式が採られている。よって、本肢は正しい。

【参考文献】基本行政法・279頁、櫻井＝橋本・347頁

イ　✕　　当事者間の法律関係を確認し又は形成する処分又は裁決に関する訴訟で、法令の規定によりその法律関係の当事者の一方を被告とするもの（**形式的当事者訴訟**）が提起されたときは、**裁判所は、当該処分又は裁決をした行政庁にその旨を通知する**ものとする（行訴39）。この規定は、処分又は裁決をした行政庁は形式的当事者訴訟の当事者ではないものの、判決効が及ぶ（行訴41Ⅰ・33Ⅰ）ほか、訴訟資料も豊富に有するため、当該行政庁に訴訟参加（行訴41Ⅰ・23Ⅰ）の機会を与えて訴訟資料を充実させるという趣旨に基づくものである。よって、被告は、当該処分又は裁決をした行政庁が所属する国又は公共団体に対し、遅滞なく、その訴訟の告知をしなければならないとする点で、本肢は誤っている。

ウ　✕　　**実質的当事者訴訟**とは、「**公法上の法律関係に関する確認の訴えその他の公法上の法律関係に関する訴訟**」（行訴4後段）をいう。具体的には、公務員の無効な免職処分を争う地位確認訴訟（公法上の確認訴訟）、公務員の給与等の公法上の金銭債権の支払請求訴訟、損失補償の請求訴訟等の給付訴訟などがこれに当たる。

この点について、本肢にいう「公務員である原告が、職務命令への不服従を理由とする懲戒処分の予防を目的として、当該職務命令に基づく公的義務が存在しないことの確認を求める訴訟」は、**無名抗告訴訟**（行政庁の公権力の行使に関する不服の訴訟（行訴3Ⅰ）で、法定抗告訴訟（行訴3Ⅱ～Ⅶ）以外のも

の）であり、実質的当事者訴訟には当たらない。本肢の訴訟としては、都立学校の教職員Xらが卒業式等における国歌斉唱の際に起立斉唱する義務やピアノ伴奏をする義務のないことの確認を求める訴え（最判平24.2.9／百選Ⅱ［第7版］〔207〕）や、自衛官であるXが防衛出動命令に服従する義務のないことの確認を求める訴え（最判令元.7.22／R元重判〔6〕）などがあるが、いずれも「懲戒処分の予防を目的」とする「無名抗告訴訟」とされている。よって、本肢は誤っている。

【参考文献】宇賀Ⅱ・398～399頁、櫻井＝橋本・347～348頁

エ ○　実質的当事者訴訟の確定判決は、第三者に対して効力を有しない（行訴法41条は、32条1項を準用していない）。そして、民事訴訟の確定判決の効力である既判力も、当事者間にのみ生じるのが原則であり（民訴115Ⅰ①）、第三者一般に対する効力を有するものではない。もっとも、**実質的当事者訴訟**の場合には、その判決の内容によっては、**処分又は裁決をした行政庁その他の関係行政庁に対する拘束力**（行訴41Ⅰ・33Ⅰ）を有することとなるので、この点で民事訴訟である場合と異なる。よって、本肢は正しい。

【参考文献】櫻井＝橋本・348頁

以上より、正解はアから順に1、2、2、1となる。

全体の正答率	10.1%

肢別の正答率	ア	イ	ウ	エ
	80.7%	43.2%	35.8%	65.5%

MEMO

司	—	［配点3点］	実施日	／	／	／
予	第22問		正誤			

　次のアからエまでの各事例において、Xが本案訴訟を提起した上で行政事件訴訟法上の仮の救済を求めるとした場合、各事例について最も適切と考えられる仮の救済の申立てを、それぞれ後記1から3までの中から選びなさい。

　ア．市が管理する公園で集会を行うことを計画しているXが、市の条例に基づき当該公園の使用許可申請をしたところ、不許可処分を受けた事例

　イ．生活保護を受給していたXが、預貯金を保有していたことを理由に、保護廃止処分を受けた事例

　ウ．マンションの建築に係る建築確認処分がされたところ、当該マンションの建築予定地の周辺住民であるXが、当該マンションの建築を阻止したいと考えている事例

　エ．司法書士であるXが、予定される不利益処分の内容を3か月の業務停止処分とする聴聞を受けた事例

1．執行停止の申立て
2．仮の義務付けの申立て
3．仮の差止めの申立て

司 —	仮の救済の申立て	配 点	3点
予 第22問	正解 2、1、1、3	部分点	3問正解で部分点2点

ア 仮の義務付けの申立てが最も適切である

本肢におけるXとしては、当該公園の使用許可申請が認容されるために仮の救済を求めるものと考えられる。このXの目的を達成するために最も適切な仮の救済は、当該公園の使用許可申請を認容すべき旨を命ずる**仮の義務付けの申立て**（行訴37の5Ⅰ）である。

他方、執行停止の申立て（行訴25Ⅱ）は、Xの目的を達成するために適切とはいえない。Xが受けた不許可処分の効力を停止したとしても、申請者をその処分のない状態と同様の状態におくだけであり、Xの使用許可申請が認容されることにはならないからである。また、仮の差止めの申立て（行訴37の5Ⅱ）も、Xの目的を達成するために適切とはいえない。Xは既に不許可処分を受けている以上、仮の差止めを申し立てることはできないからである。

よって、本肢において、最も適切と考えられる仮の救済の申立ては、仮の義務付けの申立てである。

【参考文献】櫻井＝橋本・341〜344頁

イ 執行停止の申立てが最も適切である

本肢におけるXとしては、生活保護の受給を継続するために仮の救済を求めるものと考えられる。このXの目的を達成するために最も適切な仮の救済は、保護廃止処分の効力の停止を求める**執行停止の申立て**（行訴25Ⅱ）である。

他方、仮の義務付けの申立て（行訴37の5Ⅰ）は、Xの目的を達成するために適切とはいえない。Xはいまだ再度の生活保護申請を行っていない以上、申請型義務付け訴訟（行訴37の3Ⅰ）を本案の訴えとして提起することができず、そのために仮の義務付けの申立て（行訴37の5Ⅰ）をすることもできないからである。また、仮の差止めの申立て（行訴37の5Ⅱ）も、Xの目的を達成するために適切とはいえない。Xは既に保護廃止処分を受けている以上、仮の差止めを申し立てることはできないからである。

よって、本肢において、最も適切と考えられる仮の救済の申立ては、執行停止の申立てである。

ウ 執行停止の申立てが最も適切である

本肢におけるXとしては、当該マンションの建築を阻止するために仮の救済を求めるものと考えられる。このXの目的を達成するために最も適切な仮の救済は、建築確認処分に基づく当該マンションの建築の停止を求める**執行停止の申立て**（行訴25Ⅱ）である。

他方、仮の義務付けの申立て（行訴37の5Ⅰ）は、Xの目的を達成するために適切とはいえない。Xは当該マンションの建築確認処分の取消訴訟（行訴3Ⅱ）を提起することができる以上、非申請型義務付け訴訟（行訴37の2Ⅰ）を提起することはできず、そのため仮の義務付けを申し立てることもできないからである。また、仮

の差止めの申立て（行訴37の5Ⅱ）も、Xの目的を達成するために適切とはいえない。既にマンションの建築確認処分がなされている以上、仮の差止めを申し立てることはできないからである。

　よって、本肢において、最も適切と考えられる仮の救済の申立ては、執行停止の申立てである。

エ　仮の差止めの申立てが最も適切である

　本肢におけるXとしては、3か月の業務停止処分という不利益処分が将来的になされる事態を阻止するために仮の救済を求めるものと考えられる。このXの目的を達成するために最も適切な仮の救済は、当該業務停止処分をしてはならない旨を命ずる**仮の差止めの申立て**（行訴37の5Ⅱ）である。

　他方、執行停止の申立て（行訴25Ⅱ）は、Xの目的を達成するために適切とはいえない。Xに対する不利益処分は未だ執行されていない以上、処分の執行停止を申し立てることはできないからである。また、仮の義務付けの申立て（行訴37の5Ⅰ）も、Xの目的を達成するために適切とはいえない。仮の義務付けの申立ては、一定の処分又は裁決がなされないことによる生ずる償うことのできない損害を避けるため緊急の必要がある場合にのみすることができるところ（行訴37の5Ⅰ）、本肢においては、義務付けの対象となる「一定の処分又は裁決」を想定することができないからである。

　よって、本肢において、最も適切と考えられる仮の救済の申立ては、仮の差止めの申立てである。

以上より、正解はアから順に2、1、1、3となる。

全体の正答率	26.7%	肢別の正答率	ア	イ	ウ	エ
			85.8%	69.3%	38.5%	58.8%

MEMO

司 ─
予 第23問　　　［配点2点］

実施日	／	／	／
正誤			

　国家賠償に関する次のアからウまでの各記述について、最高裁判所の判例に照らし、正しいものに〇、誤っているものに×を付した場合の組合せを、後記1から8までの中から選びなさい。

　ア．中学校における教師の教育活動は、当該学校が市立学校であるとしても、国家賠償法第1条第1項にいう「公権力の行使」に該当しない。

　イ．警察官が専ら自己の利を図る目的で職務執行を装って私人Aに職務質問をし、犯罪の証拠物名義で預かった所持品を不法に領得するため拳銃でAを射殺した事案につき、警察官の上記行為は客観的に職務執行の外形を備えているから、国家賠償法第1条第1項にいう公務員が「その職務を行うについて」違法に他人に損害を加えたときに該当する。

　ウ．国の営造物である空港に離着陸する航空機の騒音等により周辺住民に被害が発生している場合のように、営造物を構成する物的施設自体に物理的、外形的な欠陥ないし不備があるわけではなく、営造物が供用目的に沿って利用されることとの関連において危害を生じさせる危険性があるにすぎない場合には、国家賠償法第2条第1項の設置又は管理の瑕疵を認めることができない。

1．ア〇　イ〇　ウ〇　　　2．ア〇　イ〇　ウ×　　　3．ア〇　イ×　ウ〇
4．ア〇　イ×　ウ×　　　5．ア×　イ〇　ウ〇　　　6．ア×　イ〇　ウ×
7．ア×　イ×　ウ〇　　　8．ア×　イ×　ウ×

司 —	国家賠償	配　点	2点
予 第23問	正解　6	部分点	—

ア ×　国家賠償法1条1項にいう「**公権力の行使**」については、一般的に、国又は公共団体の作用のうち、私経済作用と国家賠償法2条の対象となる造物の設置管理作用を除く全ての作用をいうものと解されている（**広義説**）。判例（最判昭62.2.6／百選Ⅱ［第7版］〔215〕）も、「**国家賠償法1条1項にいう『公権力の行使』には、公立学校における教師の教育活動も含まれる**」として、広義説と同様の立場に立つものと解されている。よって、中学校における教師の教育活動は、国家賠償法第1条第1項にいう「公権力の行使」に該当しないとする点で、本肢は誤っている。

イ ○　判例（最判昭31.11.30／百選Ⅱ［第7版］〔229〕）は、本肢と同様の事案において、警察官の行為は国家賠償法1条1項の「**職務執行について違法に他人に損害を加えたときに該当する**」との原判決の解釈を「**正当である**」とし、その理由として、国家賠償法1条は「公務員が主観的に権限行使の意思をもってする場合にかぎらず**自己の利をはかる意図をもってする場合でも、客観的に職務執行の外形をそなえる行為**をしてこれによって、他人に損害を加えた場合には、国又は公共団体に損害賠償の責を負わしめて、ひろく国民の権益を擁護することをもって、その立法の趣旨とするものと解すべきである」としている。よって、本肢は正しい。

ウ ×　大阪国際空港訴訟判決（最大判昭56.12.16／百選Ⅱ［第7版］〔241〕）は、本肢と同様の事案において、「国家賠償法2条1項の**営造物の設置又は管理の瑕疵とは、営造物が有すべき安全性を欠いている状態**をいうのであるが、そこにいう安全性の欠如、すなわち、**他人に危害を及ぼす危険性のある状態**とは、ひとり当該営造物を構成する物的施設自体に存する物理的、外形的な欠陥ないし不備によって一般的に右のような危害を生ぜしめる危険性がある場合のみならず、その**営造物が供用目的に沿って利用されることとの関連において危害を生ぜしめる危険性がある場合をも含み**、また、その危害は、営造物の利用者に対してのみならず、利用者以外の第三者に対するそれをも含む」としている。よって、営造物が供用目的に沿って利用されることとの関連において危害を生じさせる危険性があるにすぎない場合には、国家賠償法第2条第1項の設置又は管理の瑕疵を認めることができないとする点で、本肢は誤っている。

以上より、ア×イ○ウ×となり、正解は6となる。

全体の正答率	74.7%

肢別の選択率	1	2	3	4	5	6	7	8
	2.7%	2.7%	1.7%	0.7%	9.8%	74.7%	1.0%	5.7%

司予	— 第24問	［配点3点］	実施日	／	／	／
			正誤			

　行政組織に関する次のアからエまでの各記述について、法令又は最高裁判所の判例に照らし、それぞれ正しい場合には1を、誤っている場合には2を選びなさい。

　ア．処分に関する審査請求について、審査庁が指揮監督権を有する上級行政庁である場合、当該審査請求に理由があるときは、当該審査庁は当該審査請求に対する裁決において審査請求の対象となった処分を変更すること又は変更すべき旨を命ずることができるものの、審査庁である上級行政庁が処分庁に当該処分をする権限を委任していた場合、当該審査庁は当該処分を変更すること又は変更すべき旨を命じることはできない。

　イ．地方自治法第2条第9項第1号に規定する第一号法定受託事務は、本来国が果たすべき役割に係る事務であって、国がその事務の適正な処理を特に確保する必要があるものではあるが、当該事務を処理する都道府県等は、当該事務を所掌する国の大臣から、国の下級行政機関として指揮監督を受けるものではない。

　ウ．国家行政組織法第3条の規定により省の外局として設置されている行政委員会は、その具体的な職権行使に当たっては、当該省の大臣の下級行政機関として、その指揮監督を全面的に受ける。

　エ．下級行政機関の事務処理に関し、上級行政機関の指揮監督権の一つとして承認等を行う権限が認められることがあるが、上級行政機関により不承認とされた場合、下級行政機関は、その不承認の取消しを求めて抗告訴訟を提起することができる。

司 —	行政組織	配 点	3点
予 第24問	正解 2、1、2、2	部分点	3問正解で 部分点2点

ア ✗ 処分についての審査請求が理由がある場合には、**審査庁**は、裁決で、当該処分を**変更することができる**（**変更裁決**、行審46Ⅰ本文）。この変更裁決は、審査庁が「**処分庁の上級行政庁**」又は「**処分庁**」のいずれでもない場合には、することができない（行審46Ⅰただし書）。審査庁が「処分庁の上級行政庁」ではない場合に変更裁決をすることができないこととされているのは、その審査庁に処分庁に対する一般的指揮監督権が認められないからである。

そして、審査庁である上級行政庁が処分庁に当該処分をする権限を委任していた場合、その**委任により当該処分をする権限が処分庁に移譲される結果、上級行政庁は当該処分をする権限を失う**。もっとも、**上級行政庁としての一般的指揮監督権は残る**ので、当該審査庁は処分庁に対する一般的指揮監督権に基づき、当該処分を変更すること又は変更すべき旨を命じることができる。よって、審査庁である上級行政庁が処分庁に当該処分をする権限を委任していた場合、当該審査庁は当該処分を変更すること又は変更すべき旨を命じることはできないとする点で、本肢は誤っている。

【参考文献】宇賀Ⅲ・41〜46頁

イ ○ 地方自治法2条9項1号に規定する**第一号法定受託事務**は、「法律又はこれに基づく政令により都道府県、市町村又は特別区が処理することとされる事務のうち、国が本来果たすべき役割に係るものであって、国においてその適正な処理を特に確保する必要があるものとして法律又はこれに基づく政令に特に定めるもの」をいう。そして、**法定受託事務**は、自治事務（地方自治2Ⅷ）と同じく**地方公共団体の事務であって、国の事務ではない**。したがって、当該事務を処理する都道府県等は、当該事務を所掌する国の大臣から、国の下級行政機関として指揮監督を受けるものではなく、国が地方公共団体の事務処理に関与するには、法律の根拠が必要となる（**関与の法定主義**、地方自治245の2）。よって、本肢は正しい。

【参考文献】基本行政法・78頁

ウ ✗ 国家行政組織法3条の規定により省の外局として設置されている**行政委員会**は、行政事務の性質により、ある程度**政治的中立性が要求される分野、専門的技術的な分野**について設置されている。具体的には、公正取引委員会・国家公安委員会・個人情報保護委員会（内閣府）、公害等調整委員会（総務省）、公安審査委員会（法務省）、中央労働委員会（厚生労働省）、運輸安全委員会（国土交通省）、原子力規制委員会（環境省）がある。そして、行政委員会は、主任の大臣の所管に属するとはいえ、**職権行使の独立性**が保障されているので、その具体的な職権行使に当たっては、当該省の大臣の下級行政機関として、その指揮監督を受けるものではない。よって、行政委員会は、その具体的な職権行使に当たっては、当該省の大臣の下級行政機関として、その指揮監督を全面

的に受けるとする点で、本肢は誤っている。

　　　【参考文献】宇賀Ⅲ・190頁以下

エ　☒　　行政組織内部の法律関係上、上級行政機関は下級行政機関に対し、指揮監督権を有する。そして、上級行政機関の指揮監督権の一つとして、下級行政機関の事務処理に関し、承認等を行う権限（**同意・承認権**）が認められることがある。この場合において、上級行政機関から不承認とされた場合、下級行政機関は、特に**機関訴訟**（国又は公共団体の機関相互間における権限の存否又はその行使に関する紛争についての訴訟、行訴6）**が法定されていない限り、その不承認の取消し等を求めて抗告訴訟を提起することはできない**。よって、下級行政機関は、その不承認の取消しを求めて抗告訴訟を提起することができるとする点で、本肢は誤っている。

　　　【参考文献】宇賀Ⅲ・57頁、櫻井＝橋本・40〜41頁

以上より、正解はアから順に2、1、2、2となる。

全体の正答率	45.3%

肢別の正答率	ア	イ	ウ	エ
	76.0%	71.3%	80.4%	88.5%

MEMO

刑事系

司予	第1問 ―	［配点3点］	実施日	／	／	／
			正誤			

次の1から5までの各記述を判例の立場に従って検討した場合、誤っているものを2個選びなさい。

1．甲は、麻薬であるヘロインの粉末を覚醒剤と誤信して営利目的で輸入した。ヘロインの営利目的輸入罪と覚醒剤の営利目的輸入罪の法定刑は同一であった。この場合、甲には、覚醒剤の営利目的輸入罪が成立する。

2．暴力団組員甲は、配下の組員乙に対し、抗争状態にある暴力団組員Aとの間でもめごとが起きた場合にはAを殺害してよいが、実際にAを殺害するかは乙の判断に任せる旨伝えて拳銃を渡し、乙も了承したところ、乙は、Aともめたことから、殺意をもってAを射殺した。甲が乙とAの間でもめごとが起きることがあり得ると認識していた場合、甲には、殺人罪の故意が認められる。

3．甲は、殺意をもってAに向けて拳銃を発射したところ、その弾丸がAを貫通し、その背後にいて甲がその存在を認識していなかったBにも命中し、その結果、Aが死亡し、Bが重傷を負った。この場合、甲には、Aに対する殺人罪が成立するが、Bに対する殺人未遂罪は成立しない。

4．甲は、乙にAへの暴行を教唆し、乙もその旨決意し、Aに暴行を加えて死亡させたが、甲は同教唆の時点でAが死亡する可能性を予見していなかった。この場合、甲には、傷害致死罪の教唆犯が成立する。

5．甲は、殺意をもってAの首を絞めたところ、Aが動かなくなったので、Aが死亡したものと誤信し、犯行の発覚を防ぐ目的で、Aを砂浜に運んで放置し、その結果、Aが砂を吸引して窒息死した。この場合、甲には、殺人罪が成立する。

司	第1問	故意・錯誤	配　点	3点
予	―	正解　1、3（順不同）	部分点	―

1　☒　判例（最決昭54.3.27）は、麻薬を覚醒剤と誤認したため、覚醒剤輸入罪を犯す意思で、麻薬輸入罪に当たる事実を実現した事案において、「両罪［注：覚醒剤輸入罪と麻薬輸入罪］は、その目的物が**覚せい剤か麻薬かの差異があるだけで、その余の犯罪構成要件要素は同一であり、その法定刑も全く同一である**ところ、……麻薬と覚せい剤との類似性にかんがみると、この場合、両罪の構成要件は実質的に全く重なり合っているものとみるのが相当であるから、**麻薬を覚せい剤と誤認した錯誤は、生じた結果である麻薬輸入の罪についての故意を阻却するものではないと解すべきである**」として、麻薬輸入罪が成立するとしている。

　　この判例の立場に従うと、本肢において、ヘロインの営利目的輸入罪と覚醒剤の営利目的輸入罪の法定刑は同一であるので、甲には、ヘロインの営利目的輸入罪が成立する。よって、覚醒剤の営利目的輸入罪が成立するとする点で、本肢は誤っている。

2　○　判例（最判昭59.3.6）は、殺人を一定の事態の発生にかからせている本肢類似の事案において、「謀議の内容においては被害者の殺害を一定の事態の発生にかからせており、**犯意自体が未必的なものであったとしても、実行行為の意思が確定的であったときは、殺人の故意の成立に欠けるところはない**」として、殺人罪の故意を認めている。

　　この判例の立場に従うと、本肢において、甲は、乙に対し、Aとの間でもめごとが起きた場合にはAを殺害してよいとし、乙とAとの間でもめごとが起きることがあり得ると認識していたため、甲には、殺人罪の故意が認められる。よって、本肢は正しい。

3　☒　本肢においては、甲が認識した客体と異なる客体にも侵害が生じているので、**方法の錯誤**が問題となる。判例（最判昭53.7.28／百選I〔第8版〕〔42〕）は、方法の錯誤が問題となった事案において、「犯罪の故意があるとするには、罪となるべき事実の認識を必要とするものであるが、犯人が**認識した罪となるべき事実と現実に発生した事実とが必ずしも具体的に一致することを要するものではなく、両者が法定の範囲内において一致することをもって足りる**」として**法定的符合説**の立場に立った上で、「人を殺す意思のもとに殺害行為に出た以上、**犯人の認識しなかった人に対してその結果が発生した場合にも、右の結果について殺人の故意がある**ものというべきである」として、**数故意犯説**の立場に立っている。

　　この判例の立場に従うと、本肢において、甲には、Aに対する殺人罪が成立するとともに、Bに対する殺人未遂罪も成立する。よって、Bに対する殺人未遂罪は成立しないとする点で、本肢は誤っている。

4　○　判例（大判大13.4.29）は、本肢と同様の事案において、人を教唆して、他

人に暴行を加えさせた以上は、その暴行により、傷害・死亡の結果を生じた場合、傷害致死罪の教唆犯となるとして、**結果的加重犯の教唆犯**を認めている。

　この判例の立場に従うと、本肢において、甲には、傷害致死罪の教唆犯が成立する。よって、本肢は正しい。

5　○　本肢は、甲が認識した客体に侵害が生じたが、因果経過が予見したものと異なる場合であるので、**因果関係の錯誤**が問題となる。判例（大判大12.4.30／百選Ⅰ［第8版］〔15〕参照）は、因果関係の錯誤が問題となった事案において、行為者が事前に予見した因果関係の内容と実際の因果の経過とが構成要件の範囲内で符合している限り、行為者に故意責任を問いうるとの立場に立っているものと解されており、本肢と同様の事案において、殺人罪の成立を認めている。

　この判例の立場に従うと、本肢において、甲には、殺人罪が成立する。よって、本肢は正しい。

以上より、誤っている肢は1と3であり、正解は1、3となる。

		1	2	3	4	5
肢別の選択率	解答1	76.9%	9.6%	0.0%	3.8%	9.6%
	解答2	1.9%	1.9%	94.2%	1.9%	0.0%

全体の正答率 71.2%

MEMO

司	第2問	［配点2点］		実施日	／	／	／
予	第6問			正誤			

次の1から5までの各記述を判例の立場に従って検討した場合、正しいものはどれか。

1. 甲は、乙が熟睡していることに乗じてわいせつな行為をしたが、これに気付いて覚醒した乙から抵抗され、わいせつな行為を行う意思を喪失した後、逃走するため、乙に暴行を加えて負傷させた。この場合、甲に準強制わいせつ致傷罪は成立せず、準強制わいせつ罪と傷害罪が成立するにとどまる。

2. 甲は、自己の性欲を刺激興奮させ又は満足させるという性的意図を有さず、専ら乙を侮辱して報復するため、乙を脅迫して裸にして写真撮影した。この場合、甲に強制わいせつ罪が成立することはない。

3. 甲は、自らが管理する動画配信サイトにわいせつな動画のデータファイルをアップロードし、同サイトを利用した不特定の顧客によるダウンロード操作に応じて、同ファイルを当該顧客のパーソナルコンピュータに自動的に送信させ、同コンピュータに記録、保存させた。この場合、甲にわいせつ電磁的記録等送信頒布罪が成立する。

4. 甲は、わいせつな内容を含む書籍を販売したが、その目的は作品の文芸的・思想的価値を社会に主張することであった。この場合、甲にわいせつ文書頒布罪が成立することはない。

5. 甲は、日本国外で販売する目的で、日本国内において、わいせつな内容を含む書籍を所持した。この場合、甲にわいせつ文書有償頒布目的所持罪が成立する。

司 第2問	わいせつ罪	配 点	2点
予 第6問	正解　3	部分点	―

1 ✕　判例（最決平20.1.22／百選Ⅱ［第8版］〔15〕）は、本肢と同様の事案において、甲の「このような暴行は、……**準強制わいせつ行為に随伴するもの**といえるから、これによって生じた……**乙の傷害について強制わいせつ致傷罪が成立する**というべきであ」るとしている。よって、甲に準強制わいせつ致傷罪は成立せず、準強制わいせつ罪と傷害罪が成立するにとどまるとする点で、本肢は誤っている。

2 ✕　判例（最大判平29.11.29／百選Ⅱ［第8版］〔14〕）は、「強制わいせつ罪が成立するためには、その行為が犯人の性欲を刺戟興奮させまたは満足させるという性的意図のもとに行なわれることを要し、婦女を脅迫し裸にして撮影する行為であっても、これが専らその婦女に報復し、または、これを侮辱し、虐待する目的に出たときは、……強制わいせつの罪は成立しない」としていたかつての判例（最判昭45.1.29）について、「**故意以外の行為者の性的意図を一律に強制わいせつ罪の成立要件とすることは相当でなく、昭和45年判例の解釈は変更されるべきである**」と判示している。したがって、本肢において、甲が自己の性欲を刺激興奮させ又は満足させるという性的意図を有さず、専ら乙を侮辱して報復するため、乙を脅迫して裸にして写真撮影した場合であっても、**甲には強制わいせつ罪が成立し得る**。よって、甲に強制わいせつ罪が成立することはないとする点で、本肢は誤っている。

　　なお、判例（最大判平29.11.29／百選Ⅱ［第8版］〔14〕）は、176条にいうわいせつな行為に当たるか否かの判断を行う際、「個別具体的な事情の一つとして、行為者の目的等の主観的事情を判断要素として考慮すべき場合があり得ることは否定し難い」としている点に注意が必要である。

3 ◯　判例（最決平26.11.25／百選Ⅱ［第8版］〔101〕）は、本肢と同様の事案において、わいせつ電磁的記録等送信頒布罪（175Ⅰ後段）にいう「『**頒布**』とは、**不特定又は多数の者の記録媒体上に電磁的記録その他の記録を存在するに至らしめること**をいう」とした上で、甲の行為はわいせつな電磁的記録の「頒布」に当たり、**甲にわいせつ電磁的記録等送信頒布罪が成立する**旨判示している。よって、本肢は正しい。

4 ✕　判例（最判昭48.4.12）は、文書のわいせつ性の有無は「その文書自体について客観的に判断すべきものであり、現実の購読層の状況あるいは著者や出版者としての著述、出版意図など当該文書外に存する事実関係」は、文書のわいせつ性の判断の基準外に置かれるべきものである旨判示している。

　　この判例に照らすと、甲がわいせつな内容を含む書籍を販売した場合、たとえ甲の目的がその作品の文芸的・思想的価値を社会に主張することであったとしても、この事情は文書のわいせつ性の判断に影響を及ぼさないから、甲にわいせつ文書頒布罪が成立し得る。よって、甲にわいせつ文書頒布罪が成立する

ことはないとする点で、本肢は誤っている。

5　☒　　判例（最判昭52.12.22）は、「**有償で頒布する目的**」（175Ⅱ）とは、わいせつな文書等を日本国内で販売する目的をいい、**日本国外での販売目的を含まない**としている。わいせつ物有償頒布目的所持罪（175Ⅱ）の保護法益は、**日本国内の性的風俗・秩序**であるからである。したがって、本肢において、甲にわいせつ文書有償頒布目的所持罪は成立しない。よって、甲にわいせつ文書有償頒布目的所持罪が成立するとする点で、本肢は誤っている。

以上より、正しい肢は 3 であり、正解は 3 となる。

全体の正答率	73.1%

肢別の選択率	1	2	3	4	5
	13.5%	11.5%	73.1%	0.0%	1.9%

司予	第3問	［配点4点］	実施日	／	／	／
	一		正誤			

詐欺罪の実行の着手に関する次の【事例】及び【判旨】についての後記アからオまでの各【記述】を検討し、正しい場合には1を、誤っている場合には2を選びなさい。

【事 例】

　甲及び乙は、既に100万円の詐欺被害に遭っていたVに対し、警察官に成り済まして電話し、犯人検挙及び被害回復のために必要と誤信させ、Vに預金を払い戻させた上、警察官に成り済ました甲がV宅に赴き、捜査に必要であるから現金を預かるとのうそを言ってVから現金をだまし取ることを計画した（以下「本件計画」という。）。その上で、乙は、本件計画に従ってVに電話し、捜査に必要であるから預金を全部払い戻してほしいとうそを言い、これを信じたVが預金を払い戻して帰宅すると、その約1時間後に再び乙がVに電話し、間もなく警察官がV宅に行くとうそを言った。しかし、甲は、V宅に到着する直前、警察官に逮捕された。

【判 旨】

　1回目と2回目の電話における各うそ（以下「本件うそ」という。）を述べた行為は、本件計画の一環として行われたものであり、本件うその内容は、本件計画上、Vが現金を交付するか否かを判断する前提となるよう予定された事項に係る重要なものであった。そして、このように段階を踏んでうそを重ねながら現金を交付させるための犯行計画の下において述べられた本件うそには、Vに現金の交付を求める行為に直接つながるうそが含まれており、既に100万円の詐欺被害に遭っていたVに対し、本件うそを真実であると誤信させることは、Vにおいて、間もなくV宅を訪問しようとしていた甲の求めに応じて即座に現金を交付してしまう危険性を著しく高めるものといえ、本件うそを一連のものとしてVに対して述べた段階において、Vに現金の交付を求める文言を述べていないとしても、詐欺罪の実行の着手があったと認められる。

【記 述】

ア．【判旨】は、犯罪の実行行為自体ではなく、実行行為に密接で、被害を生じさせる客観的な危険性が認められる行為を開始することによっても未遂罪が成立し得るとする立場と矛盾しない。

イ．【判旨】は、本件うそとその後に予定されたうそを述べる行為全体を詐欺罪の構成要件である「人を欺く行為」と解した上で、一連の実行行為の開始があることから未遂犯の成立を認める立場と矛盾する。

ウ．【判旨】は、実行の着手を判断する際に行為者の犯行計画を考慮する立場を前提としている。

エ．【判旨】は、1回目の電話では実行の着手を認めず、2回目の電話で実行

の着手が認められると明示している。

オ.【判旨】は、詐欺罪の実行の着手が認められるためには必ずしも財物交付
要求行為が必要ないとの立場を前提としている。

司 第3問	詐欺罪の実行の着手	配　点	4点
予 —	正解　1、2、1、2、1	部分点	4問正解で部分点2点

　設問の【事例】及び【判旨】は、最判平30.3.22／百選Ⅰ［第8版］〔63〕を基にするものである。

ア ○　本肢の立場は、上記判例の補足意見と同じ趣旨の立場である。

　　すなわち、上記判例の補足意見は、「財物の交付を求める行為が行われていないということは、詐欺の実行行為である『人を欺く行為』自体への着手がいまだ認められないとはいえても、詐欺未遂罪が成立しないということを必ずしも意味するものではない。未遂罪の成否において問題となるのは、実行行為に『密接』で『客観的な危険性』が認められる行為への着手が認められるかであ」るとしており、【判旨】はこの立場と矛盾しない。よって、本肢は正しい。

イ ✕　本件うそその後に予定されたうそ（捜査に必要であるから現金を預かるとのうそ）を述べる行為は、Vに現金の交付を求める行為であり、詐欺罪の構成要件である「人を欺く行為」にほかならないところ、【判旨】は、「本件うそには、Vに現金の交付を求める行為に直接つながるうそが含まれており、……本件うそを真実であると誤信させることは、Vにおいて、……甲の求めに応じて即座に現金を交付してしまう危険性を著しく高めるものといえ」るとしている。そうすると、この【判旨】は、本件うそとその後に予定されたうそを述べる行為全体を詐欺罪の構成要件である「人を欺く行為」と解する立場と矛盾するとはいえない。

　　また、【判旨】は、「本件うそを一連のものとしてVに対して述べた段階」で詐欺罪の実行の着手を認めているので、一連の実行行為の開始があることから未遂犯の成立を認める立場と矛盾するとはいえない。よって、「矛盾する」とする点で、本肢は誤っている。

ウ ○　【判旨】は、本件うそを述べた行為は、「本件計画の一環として行われたものであり、本件うその内容は、本件計画上、Vが現金を交付するか否かを判断する前提となるよう予定された事項に係る重要なものであった」とした上で、「現金を交付させるための犯行計画の下において述べられた本件うそには、Vに現金の交付を求める行為に直接つながるうそが含まれており」、Vにおいて、「甲の求めに応じて即座に現金を交付してしまう危険性を著しく高めるものといえ、本件うそを一連のものとしてVに対して述べた段階において、Vに現金の交付を求める文言を述べていないとしても、詐欺罪の実行の着手があったと認められる」としている。

　　このように、【判旨】は、実行の着手を判断する際に行為者の犯行計画を考慮する立場を前提としているといえる。よって、本肢は正しい。

エ ✕　【判旨】は、「本件うそを一連のものとしてVに対して述べた段階」において詐欺罪の実行の着手があったと認められるとしている。ここにいう「本件うそ」とは「1回目と2回目の電話における各うそ」であり、【判旨】は、「1回

目と2回目の電話における各うそ」を「一連のもの」としてVに対して述べた
段階で実行の着手が認められるとしか述べておらず、1回目の電話では実行の
着手を認めず、2回目の電話で実行の着手が認められるとは明示していない。
よって、【判旨】は、1回目の電話では実行の着手を認めず、2回目の電話で
実行の着手が認められると明示しているとする点で、本肢は誤っている。

オ ◎ 　　【判旨】は、「Vに現金の交付を求める文言を述べていないとしても」、「本
件うそを一連のものとしてVに対して述べた段階において、……詐欺罪の実行
の着手があったと認められる」としている。
　　このように、【判旨】は、詐欺罪の実行の着手が認められるためには必ずし
も財物交付要求行為は必要ではないとの本肢の立場を前提としているといえ
る。よって、本肢は正しい。

以上より、正解はアから順に1、2、1、2、1となる。

全体の 正答率	61.5%

肢別の 正答率	ア	イ	ウ	エ	オ
	90.4%	86.5%	88.5%	86.5%	76.9%

MEMO

司 第4問	［配点3点］	実施日	／	／	／
予 第1問		正誤			

信用及び業務に対する罪に関する次の1から5までの各記述を判例の立場に従って検討した場合、正しいものを2個選びなさい。

1．人の業務に使用する電子計算機に対して不正な指令を入力した場合、その指令の内容が人の業務を妨害するおそれのあるものであれば、当該電子計算機の動作に影響を及ぼしていなくても、電子計算機損壊等業務妨害罪の既遂犯が成立し得る。

2．威力業務妨害罪における「威力」は、客観的にみて被害者の自由意思を制圧するに足りる勢力であればよく、現実に被害者が自由意思を制圧されたことを要しない。

3．偽計業務妨害罪における「偽計」とは、人を欺罔し、あるいは人の錯誤又は不知を利用することをいい、電話料金の支払を免れるための機器を電話回線に取り付けて課金装置の作動を不能にする行為は、これに該当しない。

4．信用毀損罪は、経済的な側面における人の社会的な評価を保護するものであり、同罪における「信用」には、人の支払能力又は支払意思に対する社会的な信頼だけでなく、販売される商品の品質に対する社会的な信頼も含まれる。

5．威力業務妨害罪における「威力」は、被害者の面前で行使される必要があるので、被害者が執務のために日頃使っている机の引き出しに猫の死骸をひそかに入れた場合、後に被害者がこれを発見するに至ったとしても、威力業務妨害罪は成立しない。

司	第4問	信用・業務に対する罪	配　点	3点
予	第1問	正解　2、4（順不同）	部分点	—

1 ✕　電子計算機損壊等業務妨害罪（234の2Ⅰ）は、人の業務に使用する電子計算機若しくはその用に供する電磁的記録を損壊し、若しくは人の業務に使用する電子計算機に虚偽の情報若しくは不正な指令を与え、又はその他の方法により、**電子計算機に使用目的に沿うべき動作をさせず、又は使用目的に反する動作をさせて、人の業務を妨害した場合に成立する。**このように、**電子計算機損壊等業務妨害罪は、使用目的に沿うべき動作をさせず、又は使用目的に反する動作をさせるという動作阻害要件を満たさなければ、成立しない。**したがって、たとえ不正な指令の内容が人の業務を妨害するおそれのあるものであっても、当該電子計算機の動作に影響を及ぼしていなければ、本罪の既遂犯は成立しない。よって、電子計算機の動作に影響を及ぼしていなくても、電子計算機損壊等業務妨害罪の既遂犯が成立し得るとする点で、本肢は誤っている。

2 ◯　威力業務妨害罪（234）における「威力」とは、**客観的にみて被害者の自由意思を制圧するに足る犯人側の勢力**をいい、**現実に被害者が自由意思を制圧されたことを要するものではない**（最判昭28.1.30）。したがって、現実に被害者が自由意思を制圧されなくても、「威力」を用いたといえる。よって、本肢は正しい。

3 ✕　偽計業務妨害罪（233後段）における「偽計」とは、**人を欺罔・誘惑し、あるいは他人の錯誤又は不知を利用する違法な行為**をいう。判例（最決昭59.4.27／百選Ⅱ［第8版］〔25〕）は、通話時に電話料金の支払を免れるための装置（マジックホンと称する電気機器）を電話回線に取り付け使用して、課金装置の作動を不能にした行為について、**偽計業務妨害罪が成立する**旨判示している。よって、電話料金の支払を免れるための機器を電話回線に取り付けて課金装置の作動を不能にする行為は、これに該当しないとする点で、本肢は誤っている。

4 ◯　判例（最判平15.3.11）によれば、信用毀損罪（233前段）は、「**経済的な側面における人の社会的な評価を保護するもの**」であるから、「信用」には、**人の支払能力又は支払意思に対する社会的な信頼**だけでなく、**販売される商品の品質に対する社会的な信頼**も含まれる。よって、本肢は正しい。

5 ✕　威力業務妨害罪（234）における「威力」は、必ずしも**直接現に業務に従事している他人に対してなされることを要しない**（最判昭32.2.21）。そして、判例（最決平4.11.27）は、本肢と同様の事案において、被害者の行為を利用する形態でその意思を制圧するような勢力を用いたものといえるとして、**威力業務妨害罪の成立を認めている。**よって、威力業務妨害罪における「威力」は、被害者の面前で行使される必要があるので、被害者が執務のために日頃使っている机の引き出しに猫の死骸をひそかに入れた場合、威力業務妨害罪は成立しないとする点で、本肢は誤っている。

以上より、正しい肢は2と4であり、正解は2、4となる。

全体の正答率	78.8%

肢別の選択率		1	2	3	4	5
	解答1	11.5%	84.6%	3.8%	0.0%	0.0%
	解答2	9.6%	0.0%	1.9%	88.5%	0.0%

司	第5問	[配点2点]	実施日	／	／	／
予	―		正誤			

次のアからオまでの各記述を判例の立場に従って検討した場合、誤っている
ものの個数を後記1から5までの中から選びなさい。

　ア．甲は、乙（10歳）の性器を指で触るわいせつな行為を行った。この場
　　合、乙が同意していたのであれば、甲に強制わいせつ罪は成立しない。

　イ．甲は、強制わいせつの目的を隠し、家まで送ると偽って乙を自動車に乗
　　せて走り出し、途中でその目的に気付いた乙が降りたいと言ったにもかか
　　わらず、同車を走行させ続けた。この場合、乙は、乗車時点では乗車に同
　　意しているから、乙が降りたいと言った時点以降についてのみ、甲に監禁
　　罪が成立する。

　ウ．甲は、乙と保険金詐欺を共謀し、過失による自動車事故を装い、甲運転
　　の自動車を乙運転の自動車に故意に追突させて、乙に傷害を負わせた。こ
　　の場合、乙が傷害を負わされることに同意している以上、甲に傷害罪は成
　　立しない。

　エ．甲は、刑務所に服役したいと考えている乙と口裏を合わせ、乙の同意を
　　得て、司法警察員に対し、乙に現金を窃取された旨の虚偽の被害届を提出
　　した。この場合、乙の同意がある以上、甲に虚偽告訴罪は成立しない。

　オ．甲は、現金自動預払機を利用する客のキャッシュカードの暗証番号を盗
　　撮する機器を設置する目的で、行員が常駐しない銀行出張所内に立ち入っ
　　た。この場合、甲による立入りの外観が一般の利用客のそれと異なること
　　がなければ、甲に建造物侵入罪は成立しない。

1．1個　　2．2個　　3．3個　　4．4個　　5．5個

司	第5問	被害者の同意	配　点	2点
予	─	正解　5	部分点	─

ア ✕　13歳未満の者に対するわいせつな行為（176後段）は、たとえその**13歳未満の者が同意していたとしても、手段の如何を問わず、強制わいせつ罪が成立する**。13歳未満の者については、性的行為の意味を理解して同意する能力が欠けていると考えられるからである。

　したがって、本肢において、乙が同意していたとしても、甲に強制わいせつ罪が成立する。よって、甲に強制わいせつ罪は成立しないとする点で、本肢は誤っている。

イ ✕　判例（最決昭33.3.19）は、母親のところに連れて行くと偽って被害者を自動車に乗せて走り出し、途中で気付いた被害者が停止を要求したのに、これを無視して同車を走行させ続けたという本肢類似の事案について、「**監禁**」（220）の方法には「**偽計によって被害者の錯誤を利用する場合をも含む**」とした上で、被害者が気付く以前を含め、**被害者を自動車に乗車させた時点から監禁罪が成立する**旨判示している。

　したがって、本肢において、甲は偽計によって乙の錯誤を利用し、乙を自動車に乗車させているから、この時点で監禁罪が成立する。よって、乙が降りたいと言った時点以降についてのみ、甲に監禁罪が成立するとする点で、本肢は誤っている。

ウ ✕　判例（最決昭55.11.13／百選Ⅰ［第8版］〔22〕）は、「被害者が身体傷害を承諾したばあいに傷害罪が成立するか否かは、**単に承諾が存在するという事実だけでなく、右承諾を得た動機、目的、身体傷害の手段、方法、損傷の部位、程度など諸般の事情を照らし合せて決すべきもの**であるが、本件のように、過失による自動車衝突事故であるかのように装い保険金を騙取する目的をもって、被害者の承諾を得てその者に故意に自己の運転する自動車を衝突させて傷害を負わせたばあいには、右承諾は、**保険金を騙取するという違法な目的に利用するために得られた違法なものであって、これによって当該傷害行為の違法性を阻却するものではない**」としている。

　したがって、本肢において、乙が傷害を負わされることに同意していたとしても、甲に傷害罪（204）が成立する。よって、甲に傷害罪は成立しないとする点で、本肢は誤っている。

エ ✕　虚偽告訴罪（172）の保護法益は、**国家の審判作用の前段階たる捜査・調査権の適正な運用という国家的法益及び不当に捜査の対象とされないという個人的法益**である。このように、虚偽告訴罪の保護法益には、個人の処分権が及ばない国家的法益が含まれることから、**被害者が同意していた場合であっても、違法性は阻却されない**（大判大元.12.20）。

　したがって、本肢において、乙が同意していたとしても、甲に虚偽告訴罪が成立する。よって、甲に虚偽告訴罪は成立しないとする点で、本肢は誤ってい

る。

オ ✕　判例（最決平19.7.2／百選Ⅱ［第８版］〔18〕）は、「被告人らは、現金自動預払機利用客のカードの暗証番号等を盗撮する目的で、現金自動預払機が設置された銀行支店出張所に営業中に立ち入ったものであり、そのような立入りが同所の**管理権者である銀行支店長の意思に反するものであることは明らかで**あるから、その**立入りの外観が一般の現金自動預払機利用客のそれと特に異なるものでなくても、建造物侵入罪が成立する**」としている。

したがって、本肢において、甲による立入りの外観が一般の利用客のそれと異なることがなくても、甲に建造物侵入罪（130前段）が成立する。よって、甲に建造物侵入罪は成立しないとする点で、本肢は誤っている。

以上より、誤っている肢はア、イ、ウ、エ、オの５個であり、正解は５となる。

全体の 正答率	71.2%	肢別の 選択率	1	2	3	4	5
			1.9%	1.9%	1.9%	21.2%	71.2%

MEMO

司予	第6問 ［配点2点］	実施日	／	／	／
		正誤			

賄賂罪の保護法益について、学生A及びBが次の【会話】のとおり議論している。【会話】中の①から⑤までの（　）内に後記アからクまでの【語句群】から適切な語句を入れた場合、正しいものの組合せは、後記1から5までのうちどれか。

【会　話】

学生A．私は、賄賂罪の保護法益について、公務員の職務の公正とこれに対する社会一般の信頼であると考えます。そして、賄賂罪の基本類型は、（①）と考えます。（①）において、現実に公務が賄賂によって左右されていない場合も処罰の対象とされるのは、公務が賄賂によって左右されたのではないかという不信感を国民に抱かせるからです。

学生B．判例と（②）立場に立つのですね。しかし、「社会一般の信頼」という概念は不明確ではありませんか。私は、端的に、公務員の職務の公正こそが賄賂罪の保護法益であると考えます。私の立場からは、（③）が賄賂罪の基本類型と考えられます。

学生A．その場合、（①）は、どのように位置付けられるのですか。

学生B．（④）を根拠に処罰する危険犯と位置付けることになります。

学生A．Bさんの立場からは、（⑤）の職務行為に関して賄賂を収受等した場合にも賄賂罪が成立することを説明するのは困難ではありませんか。

学生B．職務遂行時における賄賂への期待に基づく職務への影響の可能性を理由に可罰性を肯定することは可能であると考えます。

【語句群】

ア．単純収賄罪　　　イ．加重収賄罪　　　ウ．同じ　　　エ．異なる

オ．不正な職務行為が行われる危険

カ．職務の公正に対する信頼が害される危険

キ．過去　　　ク．将来

1．①ア　②ウ　③イ　④オ　⑤キ
2．①ア　②エ　③イ　④カ　⑤キ
3．①ア　②ウ　③イ　④オ　⑤ク
4．①イ　②ウ　③ア　④カ　⑤ク
5．①イ　②エ　③ア　④カ　⑤ク

司	第6問	賄賂罪の保護法益	配 点	2点
予	―	正解 1	部分点	―

≪完成文≫

学生A．私は、賄賂罪の保護法益について、公務員の職務の公正とこれに対する社会一般の信頼であると考えます。そして、賄賂罪の基本類型は、（①ア．**単純収賄罪**）と考えます。（①ア．**単純収賄罪**）において、現実に公務が賄賂によって左右されていない場合も処罰の対象とされるのは、公務が賄賂によって左右されたのではないかという不信感を国民に抱かせるからです。

学生B．判例と（②ウ．**同じ**）立場に立つのですね。しかし、「社会一般の信頼」という概念は不明確ではありませんか。私は、端的に、公務員の職務の公正こそが賄賂罪の保護法益であると考えます。私の立場からは、（③イ．**加重収賄罪**）が賄賂罪の基本類型と考えられます。

学生A．その場合、（①ア．**単純収賄罪**）は、どのように位置付けられるのですか。

学生B．（④オ．**不正な職務行為が行われる危険**）を根拠に処罰する危険犯と位置付けることになります。

学生A．Bさんの立場からは、（⑤キ．**過去**）の職務行為に関して賄賂を収受等した場合にも賄賂罪が成立することを説明するのは困難ではありませんか。

学生B．職務遂行時における賄賂への期待に基づく職務への影響の可能性を理由に可罰性を肯定することは可能であると考えます。

① ア、② ウ

学生Aは、「賄賂罪の保護法益について、公務員の職務の公正とこれに対する社会一般の信頼である」と述べていることから、**信頼保護説**の立場である。そして、学生Aは、①「現実に公務が賄賂によって左右されていない場合も処罰の対象とされる」と述べている。この発言から、①には単純収賄罪（197 I 前段）が入ることが分かる。単純収賄罪において、「不正な行為」をしたこと又は「相当の行為」をしなかったことという加重収賄罪（197の3）の要件は求めておらず、現実に公務が賄賂によって左右されていない場合も処罰の対象となるからである。

そして、信頼保護説は、単純収賄罪が処罰されるのは、公務が賄賂によって左右されたのではないかという不信感を国民に抱かせて、「公務員の職務の公正に対する社会一般の信頼」を害するからだと考える。

よって、①には「ア．**単純収賄罪**」が入る。

次に、判例（ロッキード事件（丸紅ルート）・最大判平7.2.22／百選Ⅱ［第8版]〔107〕）は、「賄賂罪は、公務員の職務の公正とこれに対する社会一般の信頼を保護法益とするものである」としている。このように、学生Aは判例と同じ立場に立つものである。

よって、②には「ウ．**同じ**」が入る。

③ イ、④ オ、⑤ キ

学生Bは、「公務員の職務の公正こそが賄賂罪の保護法益である」と述べていることから、**純粋性説**の立場である。学生Bの立場からすると、賄賂罪の基本類型は、加重収賄罪と考えることになる。なぜなら、「不正な行為」をしたこと又は「相当の行為」をしなかったことという加重収賄罪（197の3）の要件を満たして、はじめて「公務員の職務の公正」が害されたといえるからである。

よって、③には「イ．**加重収賄罪**」が入る。

次に、学生Bの立場からすると、賄賂罪における贈収賄行為は、職務の公正さという保護法益の侵害に向けられた行為と解することから、単純収賄罪は、職務行為の公正に対する危険が存在するために処罰されるという危険犯として位置付けられることになる。

よって、④には「オ．**不正な職務行為が行われる危険**」が入る。なお、学生Bの立場に立つ場合、④に「カ．職務の公正に対する信頼が害される危険」が入ることはない。学生Bの立場は、「公務員の職務の公正に対する社会一般の信頼」が賄賂罪の保護法益に含まれると解することに反対する立場だからである。

そして、学生Bの立場に対しては、過去の職務行為に関して賄賂罪が成立することを説明するのは困難であるとの批判がなされている。なぜなら、賄賂の収受が職務行為後に行われても、既に行われた職務行為に対して因果性を及ぼすことは不可能だからである。

よって、⑤には「キ．**過去**」が入る。

【参考文献】基本刑法II・475〜476頁

以上より、①ア②ウ③イ④オ⑤キとなり、正解は1となる。

全体の正答率	50.0%

肢別の選択率	1	2	3	4	5
	50.0%	5.8%	40.4%	1.9%	0.0%

MEMO

次の1から5までの各記述を判例の立場に従って検討した場合、正しいものはどれか。

1．甲は、友人乙がV所有の自動車（以下「V車」という。）の車体をバットで叩いて損壊しているのを発見し、自分も加勢しようと考え、乙に気付かれないように物陰から石を投げ付け、V車の窓ガラスを割った。乙は、その直後に周囲を見回し、物陰にいた甲の姿を見て、甲がV車に石を投げ付けたと認識したが、それ以降は、甲及び乙のいずれも、V車の損壊行為を行わなかった。この場合、甲には、器物損壊罪の共同正犯が成立する。

2．甲と乙は、友人丙がVから暴行を受けているのを発見し、丙を助けるために意思を通じ、正当防衛としてVに暴行を加えた。これにより、攻撃の意思を失い攻撃をやめたVが現場から逃走したため、甲は、暴行をやめたが、乙は、Vを追いかけて更にVに暴行を加えて傷害を負わせた。その間、甲は、乙の行動に驚き、乙が暴行を加えるのを傍観していた。この場合、甲には、傷害罪の共同正犯が成立する。

3．甲と乙は、Vに対する強盗を共謀し、乙が先にV方に入り、甲のための侵入口を確保したが、現場付近に人が集まってきたことに気付いた甲は、乙に電話をかけ、「もう犯行をやめた方がよい。先に帰る。」と一方的に告げて、その場から立ち去った。その後、乙は、Vから現金を強取し、その際、Vに傷害を負わせた。この場合、甲には、住居侵入罪及び強盗致傷罪の共同正犯が成立する。

4．甲と乙は、Vに対する強盗を共謀し、甲がVに包丁を示して、「金を出せ。」と要求したが、甲は、Vに憐憫の情を抱き、Vに「金は要らない。」と言うとともに、乙にも「お前も強盗なんかやめておけ。」と言ってその場を立ち去った。その後もVは甲の脅迫によって反抗抑圧され続けており、乙は、その状態を利用してVから現金を強取した。この場合、甲には、中止犯が成立する。

5．甲と乙は、Vの殺害を共謀し、甲がVをナイフで切り付けて傷害を負わせたが、甲は、Vに憐憫の情を抱き、犯行をやめようと決意した。甲は、更にVを切り付けようとする乙を羽交い締めにし、Vがその隙に逃走したため、乙は、犯行を継続できず、Vは、死亡するに至らなかった。この場合、甲と乙には、いずれも中止犯が成立する。

司 第7問	共同正犯	配 点	2点
予 ―	正解 3	部分点	―

1 ✕　本肢において、甲は、自分も加勢しようと考え、石を投げ付けてV車の窓ガラスを割っているが、乙に気付かれないように石を投げ付けており、乙もこのことを知らなかったため、相互の意思の連絡に欠ける**片面的共同正犯**の肯否が問題となる。判例（大判大11.2.25）は、60条の一部実行全部責任の趣旨は、行為者相互間に意思の連絡があり、互いに他の一方の行為を利用し全員協力して犯罪事実を実現する点にあるところ、意思の連絡を欠けば共同正犯は成立しない旨判示し、**片面的共同正犯を否定している**。

　　したがって、本肢において、甲に器物損壊罪（261）の共同正犯は成立しない。よって、甲には、器物損壊罪の共同正犯が成立するとする点で、本肢は誤っている。

2 ✕　判例（最判平6.12.6／百選Ⅰ［第8版］〔98〕）は、本肢類似の事案において、「相手方の侵害に対し、複数人が共同して防衛行為としての暴行に及び、相手方からの侵害が終了した後に、なおも一部の者が暴行を続けた場合において、後の暴行を加えていない者について正当防衛の成否を検討するに当たっては、侵害現在時と侵害終了後とに分けて考察するのが相当であり、**侵害現在時における暴行が正当防衛と認められる場合には、侵害終了後の暴行については、侵害現在時における防衛行為としての暴行の共同意思から離脱したかどうかではなく、新たに共謀が成立したかどうかを検討すべきであって、共謀の成立が認められるときに初めて、侵害現在時及び侵害終了後の一連の行為を全体として考察し、防衛行為としての相当性を検討すべきである**」としている。

　　本肢において、甲は、正当防衛としてVに暴行を加えているところ、Vが現場から逃走したため、暴行をやめており、乙が更にVに暴行を加えたことについては、傍観していたにすぎない。したがって、Vによる侵害終了後に、甲と乙の間で新たに共謀が成立したとはいえないので、甲のVに対する暴行は、正当防衛（36Ⅰ）として違法性が阻却され、乙との傷害罪の共同正犯は成立しない。よって、甲には、傷害罪の共同正犯が成立するとする点で、本肢は誤っている。

3 ○　判例（最決平21.6.30／百選Ⅰ［第8版］〔97〕）は、本肢類似の事案において、「被告人は、共犯者数名と住居に侵入して強盗に及ぶことを共謀したところ、共犯者の一部が家人の在宅する住居に侵入した後、見張り役の共犯者が既に住居内に侵入していた共犯者に電話で『犯行をやめた方がよい、先に帰る』などと一方的に伝えただけで、**被告人において格別それ以後の犯行を防止する措置を講ずることなく待機していた場所から見張り役らと共に離脱したにすぎず**、残された共犯者らがそのまま強盗に及んだものと認められる。そうすると、被告人が離脱したのは**強盗行為に着手する前**であり、たとえ被告人も見張り役の上記電話内容を認識した上で離脱し、残された共犯者らが被告人の離脱をその後知るに至ったという事情があったとしても、**当初の共謀関係が解消したということはできず、その後の共犯者らの強盗も当初の共謀に基づいて行わ**

れたものと認めるのが相当である」としている。

したがって、甲には、住居侵入罪（130前段）及び強盗致傷罪（240前段）の共同正犯が成立する。よって、本肢は正しい。

4 ✕ 　**共犯関係の解消**は、関与者の一部が共犯関係から離れた後に他の関与者が結果を実現した場合において、離脱者はどのような罪責を負うことになるのか（既遂か未遂か、結果的加重犯が成立するか）という問題であり、構成要件該当性の問題と解されている。他方、共犯の**中止犯**（43ただし書）は、行為者が未遂犯の罪責を負うことを前提に、刑の必要的減免という効果を受けられるかどうかという問題であり、構成要件該当性・違法性阻却・責任阻却の判断を経て犯罪の成立が確定した後の刑の減免の問題と解されている。そして、**中止犯は、既遂犯が成立した時点で成立の余地がなくなる**。

本肢において、甲は、乙とともにVに対する強盗（236Ⅰ）を共謀し、Vに包丁を示して、「金を出せ。」と要求しているため、強盗罪の実行の着手が認められる。そして、**実行の着手後における共犯関係の解消**の要件は、一般的に、①他の関与者に対して共犯関係から離脱する意思を表明し（**離脱の意思の表明**）、②他の関与者が離脱を了承すること（**残余者による了承**）、加えて、③他の関与者による実行行為を阻止するための積極的な措置を講ずること（**積極的な結果防止措置**）が必要になると解されている。

そうすると、本肢において、甲は、乙に「お前も強盗なんかやめておけ。」と言ってその場から立ち去ったにすぎないから、乙との間の当初の共犯関係が解消したということはできず、その後の乙の強取も共謀に基づくものと認められる（最決平元.6.26／百選Ⅰ［第8版］〔96〕参照）。

したがって、甲には、強盗既遂罪の共同正犯が成立する以上、中止犯が成立する余地はない。よって、甲には、中止犯が成立するとする点で、本肢は誤っている。

【参考文献】基本刑法Ⅰ・399〜403頁

5 ✕ 　「自己の意思により犯罪を中止したときは、その刑を減軽し、又は免除する」（**中止犯**、43ただし書）。この**刑の必要的減免**という中止犯の効果は、「自己の意思により犯罪を中止した」者にのみ与えられる**一身専属的**なものである。

したがって、本肢において、甲と乙には殺人未遂罪（203、199）の共同正犯（60）が成立するところ、「自己の意思により犯罪を中止した」といえる甲には中止犯が成立する一方、「自己の意思により犯罪を中止した」とはいえない乙に中止犯は成立しない。よって、甲と乙には、いずれも中止犯が成立するとする点で、本肢は誤っている。

【参考文献】基本刑法Ⅰ・282頁

以上より、正しい肢は3であり、正解は3となる。

全体の正答率	90.4%	肢別の選択率	1	2	3	4	5
			1.9%	5.8%	90.4%	0.0%	0.0%

MEMO

司 第8問	［配点2点］	実施日	／	／	／
予 第5問		正誤			

責任能力に関する次のアからオまでの各記述を判例の立場に従って検討した場合、正しいものの組合せは、後記1から5までのうちどれか。

ア．心神喪失とは、精神の障害により事物の理非善悪を弁識する能力又はこの弁識に従って行動する能力のない状態を指すと解されているところ、ここにいう精神の障害とは、飲酒による酩酊等、一時的な精神状態の異常も含まれる。

イ．13歳の少年の行為は、罰しないことが原則であるが、故意の犯罪行為により被害者を死亡させた場合、事案の重大性等の事情を考慮し、相当と認めるときは刑罰を科すことができる。

ウ．自ら日常的・継続的に覚醒剤を使用した影響により、継続的な精神障害が生じ、心神耗弱状態で傷害の犯行に及んだ場合には、自己の先行行為によって心神耗弱状態を招いたものであるから、刑法第39条第2項を適用する余地はない。

エ．刑法第39条第2項は刑の任意的減軽を定めているから、犯行時に心神耗弱の状態にあったとしても、その刑を減軽しないことができる。

オ．精神障害を有する同一人について、Aという罪に当たる行為については責任能力があるが、Bという罪に当たる別の行為については責任能力がないという事態は観念し得る。

1．ア イ　　2．ア オ　　3．イ ウ　　4．ウ エ　　5．エ オ

司	第8問	責任能力	配 点	2点
予	第5問	正解 2	部分点	—

ア ○ **心神喪失**とは、精神の障害により事物の理非善悪を弁識する能力（弁識能力・是非弁別能力）を欠くか又はこの弁識に従って行動する能力（行動制御能力）を欠く状態をいう。そして、心神喪失とされるための生物学的要素（**精神の障害**）とは、病的な精神の障害をいい、統合失調症などの精神疾患による継続的なものに限られず、飲酒による酩酊や覚醒剤中毒など、**一時的な精神状態の異常も含まれる**と解されている。よって、本肢は正しい。

【参考文献】基本刑法Ⅰ・222～223頁

イ × 刑事未成年者に関する41条は、「**14歳に満たない者の行為は、罰しない**」と規定しており、14歳未満の年少者を刑事未成年者として一律に責任能力を否定し、不可罰としている。これは、14歳未満の者は心身の発育途上にあり、可塑性に富むことから、違法行為に対しては刑罰ではなく保護処分などの手段で対応するのが適切であるとの刑事政策的配慮に基づくものである。そして、刑事未成年者に関する41条に例外はないので、たとえ13歳の少年が故意の犯罪行為により被害者を死亡させたような場合であっても、41条の適用により不可罰となる。よって、事案の重大性等の事情を考慮し、相当と認めるときは刑罰を科すことができるとする点で、本肢は誤っている。

【参考文献】基本刑法Ⅰ・37頁

ウ × 結果を直接惹起する法益侵害行為（結果行為）の時点では完全な責任能力がなかったとしても、心神喪失・心神耗弱を招く原因となった行為（原因行為）の時点で完全な責任能力が認められる場合には、原因において自由な行為であったことを理由に、39条の適用を排除しようとする考え方がある（**原因において自由な行為の理論**）。

本肢において、心神耗弱状態で傷害（204）の犯行に及んだ場合、たとえ自己の先行行為によって心神耗弱状態を招いたものであるとしても、行為者が先行行為の時点で傷害の犯行に及ぶことを決意していたり、又は覚醒剤の使用により傷害の犯行に及ぶ性癖があることを知っていたのにあえて先行行為を行うといった事情がなければ、「原因において自由な行為」の理論は問題とならないと考えられる。なぜなら、上記のような事情がなければ、責任非難を向けるべき行為者の意思決定は存在しないといえるからである。したがって、行為者が自己の先行行為によって心神耗弱状態に陥り傷害の犯行に及んだ場合であっても、その時点で心神耗弱状態にあった以上、39条2項が適用される余地はある。よって、自己の先行行為によって心神耗弱状態を招いたものであるから、刑法第39条第2項を適用する余地はないとする点で、本肢は誤っている。

【参考文献】基本刑法Ⅰ・225頁

エ × **心神耗弱**に関する39条2項は、「**心神耗弱者の行為は、その刑を減軽する**」として**必要的減軽**を定めているので、犯行時に心神耗弱の状態にあったとき

は、「原因において自由な行為」の理論が適用される場合（最決昭43.2.27／百選Ⅰ［第8版］〔39〕参照）を除き、必ず、その刑を減軽しなければならない。よって、刑法第39条第2項は刑の任意的減軽を定めているから、その刑を減軽しないことができるとする点で、本肢は誤っている。

オ ◯ **責任能力**とは、行為者を非難するために行為者に必要とされる一定の能力（**有責行為能力**）をいう。このように、責任能力を有責行為能力と捉えた場合、責任能力は、行為者がした違法行為についての個別的な能力を意味する責任要素となるので、たとえ精神の障害を有する同一人の行為であっても、Aという罪に当たる行為については責任能力があり、Bという罪に当たる別の行為については責任能力がないという事態が観念できる。裁判例（東京地判平20.5.27）も、同一人の行為のうち、殺人罪（199）に当たる行為については完全責任能力を認める一方、死体損壊罪（190）に当たる行為については解離性同一障害による心神喪失状態にあったとして、無罪を言い渡している。よって、本肢は正しい。

【参考文献】基本刑法Ⅰ・222頁、高橋・総論・355頁

以上より、正しい肢はアとオであり、正解は2となる。

全体の正答率	86.5%

肢別の選択率	1	2	3	4	5
	1.9%	86.5%	1.9%	5.8%	1.9%

MEMO

司第9問
予 一　　　［配点3点］

| 実施日 | ／ | ／ | ／ |
| 正誤 | | | |

　毀棄及び隠匿の罪の「毀棄」、「損壊」及び「傷害」の意義に関する次の各【見解】に従って後記1から5までの各【記述】を検討した場合、正しいものを2個選びなさい。

【見　解】
　A．対象物の効用を害する一切の行為をいう。
　B．対象物の全部又は一部を物質的に破壊、毀損してその効用を害する行為をいう。

【記　述】
　1．いずれの見解によっても、器物損壊罪の客体は、公用文書等毀棄罪、私用文書等毀棄罪、建造物等損壊罪の客体以外の動産に限られ、不動産は含まれないと解することになる。
　2．Aの見解によれば、他人が観賞用に鳥籠内で飼っている小鳥を鳥籠から屋外に逃がした場合、器物損壊罪が成立することになる。
　3．Aの見解によれば、公衆トイレの外壁に美観を著しく損ねる落書きをし、そのままでの使用継続を困難にさせ、原状回復に相当の費用を生じさせた場合、建造物損壊罪が成立することになる。
　4．Bの見解によれば、裁判所から隠匿目的で競売記録を持ち出し自宅で保管した場合、公用文書毀棄罪が成立することになる。
　5．Bの見解によれば、信書隠匿罪は、器物損壊罪の構成要件にも当たる行為を特に軽く処罰する罪と解することになる。

司 予	第9問	「毀棄」「損壊」「傷害」の意義	配　点	3点
	—	正解　2、3（順不同）	部分点	—

　「毀棄」「損壊」「傷害」は同一の意味であり、客体により使い分けられているにすぎない。すなわち、客体が文書である場合は「毀棄」、物である場合は「損壊」、動物である場合は「傷害」と使い分けられている。本問では、まとめて「毀棄」と呼称する。

1　✕　　器物損壊罪（261）の客体は、「前3条に規定するもの」（公用文書等毀棄罪（258）、私用文書等毀棄罪（259）、建造物等損壊罪（260））を除く「他人の物」である。この「他人の物」には、**建造物以外の不動産（土地など）も含まれる。**このことは、「毀棄」の意義に関するいずれの見解によっても変わらない。よって、不動産は含まれないと解することになるとする点で、本肢は誤っている。
　　　【参考文献】基本刑法Ⅱ・358頁

2　◯　　「毀棄」の意義について、Aの見解は、「対象物の効用を害する一切の行為」をいうとする立場（**効用侵害説**、判例・通説）である。Aの見解によれば、たとえば、養魚池の鯉を流出させた行為についても、器物損壊罪が成立する（大判明44.2.27）。そして、他人が観賞用に鳥籠内で飼っている小鳥を鳥籠から屋外に逃がした場合、その小鳥を観賞することができなくなるため、「対象物の効用を害する」行為に当たり、**器物損壊罪が成立する。**よって、本肢は正しい。
　　　【参考文献】基本刑法Ⅱ・354頁

3　◯　　Aの見解によれば、「毀棄」とは、「対象物の効用を害する一切の行為」であり、Bの見解のように、必ずしも物質的な損壊に限定するものではない。Aの見解によれば、たとえば、食器に放尿する行為についても、器物損壊罪が成立する（大判明42.4.16）。そして、公衆トイレの外壁に美観を著しく損ねる落書きをし、そのままでの使用継続を困難にさせ、原状回復に相当の費用を生じさせた場合、「対象物の効用」を減損させたといえるため、「対象物の効用を害する」行為に当たり、**建造物損壊罪が成立する**（最決平18.1.17／百選Ⅱ［第8版］〔80〕）。よって、本肢は正しい。

4　✕　　「毀棄」の意義について、Bの見解は、「対象物の全部又は一部を物質的に破壊、毀損してその効用を害する行為」をいうとする立場（**物理的損壊説**）である。Bの見解によれば、裁判所から隠匿目的で競売記録を持ち出し自宅で保管した場合、「対象物の全部又は一部を物質的に破壊、毀損」したとはいえないため、公用文書毀棄罪は成立しない。よって、公用文書毀棄罪が成立することになるとする点で、本肢は誤っている。
　　　なお、Aの見解によれば、本肢の行為について、公用文書毀棄罪が成立する（大判昭9.12.22）。

5　✕　　他人の信書を隠匿した場合、信書隠匿罪（263）が成立する。Bの見解である物理的損壊説においては、「隠匿」は他人の信書の全部又は一部を物質的に破壊、毀損するものではないから、器物損壊罪の構成要件には当たらない。したがって、Bの見解によれば、信書隠匿罪は、信書についてのみ「隠匿」を処

罰する特別の規定と解することになる。よって、Bの見解によれば、信書隠匿罪は、器物損壊罪の構成要件にも当たる行為を特に軽く処罰する罪と解することになるとする点で、本肢は誤っている。

　なお、Aの見解である効用侵害説によれば、「隠匿」は「対象物の効用を害する一切の行為」として器物損壊罪の構成要件にも当たる行為であるので、信書隠匿罪は、信書の「隠匿」を特に軽く処罰する罪であると解することになる。

　　【参考文献】基本刑法Ⅱ・358頁

以上より、正しい肢は2と3であり、正解は2、3となる。

全体の正答率	76.9%

肢別の選択率		1	2	3	4	5
	解答1	3.8%	88.5%	0.0%	0.0%	5.8%
	解答2	5.8%	1.9%	86.5%	1.9%	1.9%

MEMO

司	第10問	［配点２点］
予	第９問	

実施日	／	／	／
正誤			

　略取誘拐罪に関する次の１から５までの各記述を判例の立場に従って検討した場合、正しいものはどれか。

　１．身の代金目的略取誘拐罪にいう「安否を憂慮する者」は、被拐取者の安否を親身になって憂慮するのが社会通念上当然とみられる特別な関係が被拐取者との間にある者に限らず、同情から被拐取者の安否を気遣う第三者も含む。

　２．未成年者誘拐罪の手段である欺罔は、被誘拐者に対して用いられる必要があり、監護者に対して用いられる場合を含まない。

　３．刑法第２２８条の２（解放による刑の減軽）が適用されるためには、被拐取者を、「安全な場所」に解放する必要があるところ、「安全」とは、被拐取者が救出されるまでの間におよそ危険が生じないことを意味するから、漠然とした抽象的な危険や不安感ないし危惧感を伴うのであれば、「安全な場所」とはいえない。

　４．自ら移動する意思も能力も有していない生後間もない嬰児であっても、未成年者略取誘拐罪の客体に当たる。

　５．未成年者略取罪の保護法益には親権者の監護権も含まれるので、親権者が、他の共同親権者の監護下にある未成年の子を略取する行為については、未成年者略取罪が成立することはない。

司 第10問	略取誘拐罪	配　点	2点
予 第9問	正解　4	部分点	―

1　✕　判例（最決昭62.3.24／百選Ⅱ［第8版］〔13〕）は、相互銀行の社長を誘拐し、会社幹部に身代金を要求したという事案において、「安否を憂慮する者」には、**単なる同情から被拐取者の安否を気遣うにすぎないとみられる第三者は含まれない**が、被拐取者の近親でなくとも、**被拐取者の安否を親身になって憂慮するのが社会通念上当然とみられる特別な関係にある者はこれに含まれる**としている。よって、同情から被拐取者の安否を気遣う第三者も含むとする点で、本肢は誤っている。

2　✕　判例（大判大13.6.19）は、監護者たる父親に対して娘の良い働き口があるといって欺罔して、その承諾を得た上で未成年者である娘を連れ出したという事案において、未成年者拐取罪（224）の成立を認めている。このように、判例は、**未成年者拐取罪の手段である欺罔は、被拐取者以外の者に対して用いられる場合も含むと解している**。よって、未成年者誘拐罪の手段である欺罔は、被誘拐者に対して用いられる必要があり、監護者に対して用いられる場合を含まないとする点で、本肢は誤っている。

3　✕　**解放による刑の減軽**に関する228条の2は、**身の代金目的拐取罪**（225の2Ⅰ）又はこれに関連する罪（225の2Ⅱ、227ⅡⅣ）を犯した者が、公訴が提起される前に、略取され又は誘拐された者を「**安全な場所**」に解放したときは、その刑を減軽する旨規定している。

そして、判例（最決昭54.6.26）は、「安全な場所」とは、被拐取者が安全に救出されると認められる場所を意味するとした上で、「**安全**」の意義について、「被拐取者が近親者及び警察当局などによって救出されるまでの間に、**具体的かつ実質的な危険にさらされるおそれのないことを意味し、漠然とした抽象的な危険や単なる不安感ないし危惧感を伴うということだけで、ただちに、安全性に欠けるものがあるとすることはできない**」としている。よって、漠然とした抽象的な危険や不安感ないし危惧感を伴うのであれば、「安全な場所」とはいえないとする点で、本肢は誤っている。

4　○　未成年者略取・誘拐（拐取）罪（224）の客体は「未成年者」であり、これを略取・誘拐した者は、未成年者拐取罪が成立する。そして、この「未成年者」は、18歳未満の者（民4参照）をいうところ、自ら移動する意思も能力も有していない生後間もない**嬰児も「未成年者」に含まれる**（東京高判昭37.7.20参照）。よって、本肢は正しい。

【参考文献】基本刑法Ⅱ・59頁

5　✕　未成年者拐取罪の保護法益については、**被拐取者の自由**のみならず、被拐取者が監護下にあるときは、**親権者の監護権も保護法益に含まれる**（大判明43.9.30）。そして、判例（最決平17.12.6／百選Ⅱ［第8版］〔12〕）は、別居中で離婚係争中の親権者である妻が養育している2歳の子を、同じく親権者で

ある夫が有形力を用いて連れ去った行為について、未成年者を「有形力を用いて連れ去り、保護されている環境から引き離して自分の事実的支配下に置いたのであるから、その行為が**未成年者略取罪の構成要件に該当することは明らか**であり、被告人が親権者の1人であることは、その行為の違法性が例外的に阻却されるかどうかの判断において考慮されるべき事情である」としている。

　したがって、親権者が、他の共同親権者の監護下にある未成年の子を略取する行為については、未成年者略取罪が成立しうる。よって、未成年者略取罪が成立することはないとする点で、本肢は誤っている。

以上より、正しい肢は4であり、正解は4となる。

全体の正答率	86.5%

肢別の選択率	1	2	3	4	5
	3.8%	1.9%	5.8%	86.5%	0.0%

MEMO

司	第11問	[配点2点]		実施日	／	／	／
予	―			正誤			

　共犯に関する次の1から5までの各記述を判例の立場に従って検討した場合、正しいものはどれか。

1．刑法第60条における「実行」とは、基本的構成要件の実現に向けた行為に限定され、予備行為はこれに含まれないから、予備罪の共同正犯は成立しない。

2．実行共同正犯の成立に必要な各関与者間の意思連絡は、明示的なものだけではなく黙示的なものも含むが、共謀共同正犯においては、明示的な意思連絡が必要であり、黙示的な意思連絡では足りない。

3．ある犯罪が成立するについて当然予想され、その成立のために欠くことができない関与行為について、これを正犯として処罰する規定がない場合であっても、関与を受けた側の可罰的な行為の教唆又は幇助として処罰されることは当然である。

4．既に特定の犯罪の実行を確定的に決意している者に対してその実行を勧め、これによってその者の決意が強固になった場合、幇助犯は成立し得るが、教唆犯は成立しない。

5．犯行に必要な用具を第三者を介して正犯に提供した場合、正犯の犯行を間接的に幇助したことになるが、間接教唆と異なり、間接幇助を処罰する明文の規定が存在しないため、幇助犯は成立しない。

司 第11問	共犯	配　点	2点
予 ―	正解　4	部分点	―

1 ✕ 　判例は、**予備罪についても共同正犯の成立を認めている**（最決昭37.11.8／百選Ⅰ［第8版］〔80〕）。その理由として、学説は、予備は可罰性を有する行為として構成要件化されたものである以上、予備行為を共同して行った場合もまた可罰的であるとした上で、共同正犯に関する60条における「実行」は、予備罪という犯罪の構成要件に該当する行為の実行も含むものと解している。よって、予備罪の共同正犯は成立しないとする点で、本肢は誤っている。

　　　【参考文献】基本刑法Ⅰ・337頁

2 ✕ 　**実行共同正犯**の成立に必要な各関与者間の意思連絡は、一般的に、明示的なものだけではなく**黙示的なものも含む**と解されている（最判昭23.11.30）。

　　　次に、スワット事件決定（最決平15.5.1／百選Ⅰ［第8版］〔76〕）は、共謀共同正犯の成否が問題となった事案において、「被告人とスワットらとの間にけん銃等の所持につき黙示的に意思の連絡があったといえる」として、被告人にはけん銃等の所持について、スワットらとの間に共謀共同正犯が成立する旨判示している。このように、**共謀共同正犯**においても、その成立に必要な各関与者間の意思連絡は、明示的なものだけではなく**黙示的なものも含む**。よって、共謀共同正犯においては、明示的な意思連絡が必要であり、黙示的な意思連絡では足りないとする点で、本肢は誤っている。

3 ✕ 　わいせつ物頒布罪のように、対向者の一方（販売者）のみが処罰され、他方（購入者）については処罰規定が置かれていないような場合において、その他方に共犯規定を適用して処罰することができるかという問題について、判例（最判昭43.12.24／百選Ⅰ［第8版］〔99〕）は、「**ある犯罪が成立するについて当然予想され、むしろそのために欠くことができない関与行為**について、これを処罰する規定がない以上、これを、関与を受けた側の可罰的な行為の教唆もしくは幇助として処罰することは、**原則として、法の意図しない**ところと解すべきである」としている（**立法者意思説**）。よって、関与を受けた側の可罰的な行為の教唆又は幇助として処罰されることは当然であるとする点で、本肢は誤っている。

　　　【参考文献】基本刑法Ⅰ・303頁

4 ○ 　**教唆**とは、**他人を唆して特定の犯罪を実行する決意を生じさせることをい**う。この点について、教唆は、いまだ犯罪の実行を決意していない者を唆して新たに犯罪の実行を決意させなければならず、**既に特定の犯罪の実行を確定的に決意している者に対して教唆をしても、教唆犯は成立しない**（大判大6.5.25）。もっとも、既に特定の犯罪の実行を確定的に決意している者に対してその実行を勧めた結果、その者の決意が強固になった場合には、精神的な幇助行為を行ったといえるので、**幇助犯は成立し得る**。よって、本肢は正しい。

　　　【参考文献】基本刑法Ⅰ・346頁、350頁

5 ✕ **間接幇助**については、教唆犯を教唆する間接教唆（61Ⅱ）と異なり、これを処罰する明文の規定が存在しない。しかし、判例（最決昭44.7.17／百選Ⅰ［第8版］〔86〕）は、間接的な幇助であっても、正犯が犯行に及ぶことを知りながらその実行を容易にするものであるから、「Xは正犯……の犯行を間接に幇助したものとして、従犯の成立を認めた原判決の判断は相当である」として、**間接幇助について幇助犯の成立を認めている**。よって、幇助犯は成立しないとする点で、本肢は誤っている。

以上より、正しい肢は 4 であり、正解は 4 となる。

全体の 正答率	67.3%

肢別の 選択率	1	2	3	4	5
	3.8%	3.8%	23.1%	67.3%	0.0%

MEMO

司 第12問	［配点２点］	実施日	／	／	／
予 第3問		正誤			

学生A、B及びCは、次の【会話】のとおり議論している。【会話】中の①から⑤までの（　）内から適切な語句を選んだ場合、正しいものの組合せは、後記1から5までのうちどれか。

【会　話】

学生A．状態犯とは、法益侵害の発生と同時に犯罪が終了するが、その後も法益侵害状態が残存する犯罪です。傷害罪がその典型です。これに対し、継続犯とは、法益侵害が継続している間は犯罪の継続が認められる犯罪であり、監禁罪や、①（a．保護責任者不保護罪・b．窃盗罪）がこれに当たると考えられます。

学生B．住居侵入罪を状態犯と解すべきか、継続犯と解すべきかは争いがあります。②（c．状態犯・d．継続犯）と解する立場は、反対説によると、侵入後の現場滞留についても住居侵入罪が成立し、不退去罪が規定されている意味が失われてしまうと同説を批判します。

学生C．私は、継続犯は、③（e．構成要件該当行為・f．構成要件的結果）が継続する犯罪であると考えます。私の見解からは、被害者の監禁中に監禁罪の法定刑を引き上げる新法が施行された場合、それ以降の監禁については、④（g．新法・h．旧法）が適用されることになります。

学生A．私は、Cさんの継続犯に関する理解には賛成できません。例えば、行為者が被害者を監禁した後に眠り込んだ場合であっても犯罪は継続しますが、行為者が眠り込んだ後には意思に基づく身体の動静がない以上、Cさんの見解のように理解するのは困難だと考えるからです。

学生B．ところで、状態犯についても、犯罪の終了時期と既遂時期の関係について考える必要があります。私は、傷害罪については、両者は、⑤（i．常に一致する・j．一致するとは限らない）と考えます。被害者が一旦負傷した後、その傷害が悪化し続けることがあるからです。

1．①a　②c　③f
2．①a　②d　⑤i
3．①b　③e　④h
4．②c　④g　⑤i
5．③e　④g　⑤j

司 第12問	状態犯・継続犯	配 点	2点
予 第3問	正解 5	部分点	－

≪完成文≫

学生A．状態犯とは、法益侵害の発生と同時に犯罪が終了するが、その後も法益侵害状態が残存する犯罪です。傷害罪がその典型です。これに対し、継続犯とは、法益侵害が継続している間は犯罪の継続が認められる犯罪であり、監禁罪や、①（a．**保護責任者不保護罪**）がこれに当たると考えられます。

学生B．住居侵入罪を状態犯と解すべきか、継続犯と解すべきかは争いがあります。②（c．**状態犯**）と解する立場は、反対説によると、侵入後の現場滞留についても住居侵入罪が成立し、不退去罪が規定されている意味が失われてしまうと同説を批判します。

学生C．私は、継続犯は、③（e．**構成要件該当行為**）が継続する犯罪であると考えます。私の見解からは、被害者の監禁中に監禁罪の法定刑を引き上げる新法が施行された場合、それ以降の監禁については、④（g．**新法**）が適用されることになります。

学生A．私は、Cさんの継続犯に関する理解には賛成できません。例えば、行為者が被害者を監禁した後に眠り込んだ場合であっても犯罪は継続しますが、行為者が眠り込んだ後には意思に基づく身体の動静がない以上、Cさんの見解のように理解するのは困難だと考えるからです。

学生B．ところで、状態犯についても、犯罪の終了時期と既遂時期の関係について考える必要があります。私は、傷害罪については、両者は、⑤（j．**一致するとは限らない**）と考えます。被害者が一旦負傷した後、その傷害が悪化し続けることがあるからです。

① a

保護責任者不保護罪（218後段）は、保護責任者が要保護者の「生存に必要な保護をしなかった」こと（不保護）、すなわち要保護者との間に場所的隔離を生じさせないまま、要保護者の生命・身体の安全のための保護責任を尽くさないことにより成立する。このように、**保護責任者不保護罪**は、不保護によって要保護者の生命・身体の安全に対する危険という法益侵害が発生し、不保護が継続する限り法益侵害も継続し、犯罪が終了せず継続するため、**継続犯**である。

他方、**窃盗罪**（235）は、「他人の財物の占有移転」という法益侵害の発生と同時に犯罪が終了し、その後も財物の占有が被害者から失われた状態という法益侵害状態は残存するものの、「他人の財物の占有移転」という法益侵害が継続しているわけではないため、**状態犯**である。

よって、①には「a．**保護責任者不保護罪**」が入る。
【参考文献】基本刑法Ⅰ・50～51頁

② c

学生Bは、②と解する立場は、「反対説［注：継続犯説］によると、侵入後の現場滞留についても住居侵入罪が成立し、不退去罪が規定されている意味が失われてしまうと同説［注：継続犯説］を批判します」と述べている。この発言に適合するのは、住居侵入罪の性質を状態犯と解する考え方である。

この点について判例（最決昭31.8.22）は、**住居侵入罪を継続犯と解する考え方**に立つ。これによれば、住居侵入罪が成立する場合、同罪は侵入者が退去するまで継続する犯罪であるから、**退去しなくても別に不退去罪は成立しない**。

　他方、**住居侵入罪を状態犯と解する考え方**は、上記の考え方（学生Bにいう「反対説」）に対して、**それでは不退去罪が規定されている意味が失われてしまう**旨批判している。

　よって、②には「c．**状態犯**」が入る。
　【参考文献】基本刑法Ⅱ・93頁

③ e 、④ g

　学生Aは、「Cさんの継続犯に関する理解には賛成できません。例えば、行為者が被害者を監禁した後に眠り込んだ場合であっても犯罪は継続しますが、行為者が眠り込んだ後には意思に基づく身体の動静がない以上、Cさんの見解のように理解するのは困難だと考えるからです」と述べている。この発言の「Cさんの見解」として適切なのは、**継続犯は構成要件該当行為が継続する犯罪である**と考える見解である。なぜなら、監禁罪は継続犯であるから、行為者が被害者を監禁した後に眠り込んだ場合であっても、監禁罪は継続するはずであるのに、継続犯は構成要件該当行為が継続する犯罪であると考える見解に立つと、行為者が眠り込んだ時点で行為者の構成要件該当行為（監禁）の継続が止まり、監禁罪も継続しないこととなる以上、監禁罪を継続犯と理解するのは困難だからである。

　他方、継続犯は構成要件的結果が継続する犯罪であると考える見解に立つ場合、たとえ行為者が被害者を監禁した後に眠り込んだ場合であっても、被害者の場所的移動の自由を侵害し続けている以上、監禁罪は継続するので、監禁罪を継続犯と理解するのに困難はない。

　よって、③には「e．**構成要件該当行為**」が入る。
　そして、継続犯は構成要件該当行為が継続する犯罪であると考える見解に立つと、被害者の監禁中に監禁罪の法定刑を引き上げる新法が施行された場合、それ以降の監禁については、**新法**が適用される。なぜなら、「犯罪後」の法律によって刑の変更があったときは、その軽いものによる（**刑の変更**、6参照）ところ、構成要件該当行為が新法と旧法にまたがる場合、新法は「犯罪後」の法律ではないから、6条の適用がなく、常に新法が適用されるからである。

　よって、④には「g．**新法**」が入る。
　【参考文献】山口・総論・49頁、高橋・総論・115頁

⑤ j

　学生Bは、「被害者が一旦負傷した後、その傷害が悪化し続けることがある」と述べている。この発言に適合するのは、傷害罪（204）について、**犯罪の終了時期と既遂時期の関係は、一致するとは限らない**という考え方である。

　この点について、犯罪の終了時期と既遂時期の関係は常に一致すると考えた場合、人の身体を「傷害」することによって傷害罪の既遂犯が成立し、かつ終了することになる。しかし、このように考えると、被害者が一旦負傷した後、その傷害が悪化し続けた結果、被害者が死亡した場合であっても、傷害致死罪（205）の成立を認めることができず、不都合である。

　他方、犯罪の終了時期と既遂時期の関係は一致するとは限らないと考えた場合、被害者が一旦負傷した後、その傷害が悪化し続けた結果、被害者が死亡した場合であっても、その段階で傷害致死罪（205）の成立を認めることができるので、不都合はない。

　よって、⑤には「j．**一致するとは限らない**」が入る。
　【参考文献】山口・総論・50頁

以上より、①a②c③e④g⑤jとなり、正解は5となる。

全体の正答率	61.5%	肢別の選択率	1	2	3	4	5
			15.4%	13.5%	3.8%	3.8%	61.5%

MEMO

司 第13問	［配点２点］	実施日	／	／	／
予 第11問		正誤			

次のアからオまでの各記述を判例の立場に従って検討した場合、誤っている
ものの組合せは、後記１から５までのうちどれか。

ア．甲は、Ａから金銭を借り入れるに際し、借入金を返済する意思も能力も
ないのに、知人Ｂに対し、「借入金は必ず自分で返済する。Ｂには迷惑をか
けないので、保証人になってほしい。」とうそを言い、その旨Ｂを誤信させ、
Ａに差し入れる予定の甲を借主とする金銭消費貸借契約書を閲読させ、そ
の保証人欄に署名押印させた。この場合、甲には、有印私文書偽造罪が成
立する。

イ．甲は、窃取したＡ名義のクレジットカードの番号等を冒用し、インター
ネット上の決済手段として使用できる電子マネーを不正入手しようと考
え、Ａの氏名、同番号等の情報をインターネットを介してクレジットカー
ド決済代行業者のコンピュータに送信し、Ａが上記電子マネー１０万円分
を購入した旨の電磁的記録を作出し、これによってインターネット上で同
電子マネーを利用することを可能とした。この場合、甲には、支払用カー
ド電磁的記録不正作出罪が成立する。

ウ．県立高校を中途退学した甲は、母親Ａに見せて安心させる目的で、偽造
された同高校校長Ｂ名義の甲の卒業証書を真正なものとしてＡに提示し
た。この場合、甲には、偽造有印公文書行使罪が成立する。

エ．指名手配され逃走中の甲は、本名を隠してＡ会社に正社員として就職し
ようと考え、同社に提出する目的で、履歴書用紙の氏名欄にＢという架空
の氏名を記載し、その横にＢの姓を刻した印鑑を押印した上、真実と異な
る生年月日、住所及び経歴を記載して履歴書を作成したが、その顔写真欄
には甲自身の顔写真を貼付していた。この場合、甲には、有印私文書偽造
罪が成立する。

オ．甲は、Ａから金銭を借り入れるに際し、数日前にＢが死亡したことを知
りながら、Ａに差し入れる予定の金銭消費貸借契約書の借受人欄に、Ｂの
氏名を冒用して署名押印し、一般人をしてＢが生存中に作成したと誤信さ
せるおそれが十分に認められる文書を作成した。この場合、甲には、有印
私文書偽造罪が成立する。

1．ア　イ　　2．ア　オ　　3．イ　ウ　　4．ウ　エ　　5．エ　オ

司 第13問	文書偽造罪	配　点	2点
予 第11問	正解　1	部分点	－

ア ×　文書の内容を相手方に認識させた上で、署名・押印させて当該文書を自己に交付させた場合、詐欺罪（246）が成立する（大判昭2.3.26参照）ことはあっても、相手方が当該文書の内容を認識している以上、**有印私文書偽造罪（159Ⅰ）は成立しない**。よって、甲には、有印私文書偽造罪が成立するとする点で、本肢は誤っている。

イ ×　**支払用カード電磁的記録不正作出罪**（163の2Ⅰ）は、「人の財産上の事務処理を誤らせる目的で、その事務処理の用に供する電磁的記録であって、クレジットカードその他の代金又は料金の支払用のカードを構成するものを不正に作った」場合に成立する。「支払用のカードを構成するもの」を「不正に作った」場合、すなわち、権限なく、又は権限を濫用して、**機械処理が可能な形状を有するカード板と一体になった状態の電磁的記録を作出**しなければ、本罪は成立しない。したがって、Aが電子マネー10万円分を購入した旨の電磁的記録を作出しても、この電磁的記録はA名義のクレジットカードと一体となっているわけではないため、本罪は成立しない。よって、甲には、支払用カード電磁的記録不正作出罪が成立するとする点で、本肢は誤っている。

なお、判例（最決平18.2.14／百選Ⅱ［第8版］〔59〕）は、本肢と同様の事案において、**電子計算機使用詐欺罪**（246の2前段）の成立を認めている。

ウ ○　県立高校の卒業証書は高校を卒業したことを証明する公文書であるところ、母親Aに見せて安心させる目的であっても、偽造された卒業証書を真正なものとして他人に提示することは、不真正な文書を真正な文書として使用するものといえるから、「行使」に当たる。判例（最決昭42.3.30）も、本肢類似の事案において、甲に**偽造有印公文書行使罪（158Ⅰ）の成立を認めている**。よって、本肢は正しい。

エ ○　判例（最決平11.12.20／百選Ⅱ［第7版］〔95〕）は、本肢と同様の事案において、「**私文書偽造の本質は、文書の名義人と作成者との間の人格の同一性を偽る点にある**と解されるところ……甲は、Bの偽名を用いて就職しようと考え、虚偽の氏名、生年月日、住所、経歴等を記載し、甲の顔写真をはり付けた押印のあるB名義の履歴書……等を作成して提出行使したものであって、これらの文書の性質、機能等に照らすと、……これらの文書に表示された名義人は、甲とは別人格の者であることが明らかであるから、名義人と作成者との人格の同一性にそごを生じさせたものというべきである。したがって、**甲の各行為について有印私文書偽造、同行使罪が成立する**」としている。よって、本肢は正しい。

オ ○　有印私文書偽造罪（159Ⅰ）は、「行使の目的で、他人の印章若しくは署名を使用して権利、義務若しくは事実証明に関する文書若しくは図画を偽造」した場合に成立する。「**偽造**」とは、**名義人でない者が名義を冒用して文書を作成**

すること（**名義人と作成者の人格の同一性を偽ること**）をいう。名義人に実在性は必要なく、**一般人が当該名義人が実在すると誤信するおそれのある場合**は、**死亡者**や架空人等の名義を冒用することも、「偽造」に当たりうる（最判昭26.5.11参照）。

　本肢において、甲は、Aに差し入れる予定（「行使の目的」）で、「権利、義務」に関する「文書」である金銭消費貸借契約書の借受人欄に、既に死亡しているBの氏名を冒用して署名押印しているところ、一般人をしてBが生存中に作成したと誤信させるおそれが十分に認められる文書を作成しているため、「偽造」したといえる。したがって、甲には、有印私文書偽造罪が成立する。よって、本肢は正しい。

以上より、誤っている肢はアとイであり、正解は1となる。

全体の正答率	78.8%

肢別の選択率	1	2	3	4	5
	78.8%	11.5%	1.9%	3.8%	1.9%

MEMO

司 第14問	［配点2点］	実施日	／	／	／
予 第10問		正誤			

　過失に関する次の各【見解】についての後記アからオまでの各【記述】のうち、誤っているものの組合せは、後記1から5までのうちどれか。

【見　解】

　A説：過失の本質は、結果の発生を予見することができたのに、精神を緊張させずにこれを予見しなかったことにある。

　B説：過失の本質は、社会生活上必要な注意を怠り、結果を回避するための適切な措置を採らなかったことにあり、その前提として、構成要件的結果及び因果経過の基本部分に対する具体的な予見可能性が必要になる。

　C説：過失の本質は、B説と同様であるが、結果に対する具体的な予見可能性を必要とせず、一般人に対して何らかの結果回避措置を命じるのが合理的であるといえる程度の危惧感があれば足りる。

【記　述】

　ア．A説からは、いわゆる信頼の原則を過失犯に適用する余地はない。

　イ．A説は、故意犯と過失犯は客観面が共通であり、両者は主観面において区別されるとの見解と親和的である。

　ウ．B説に対しては、結果回避のための適切な措置と行政取締法規が定める義務とを区別するのは困難であり、行政取締法規の義務違反が刑法上の過失になってしまうとの批判が可能である。

　エ．B説に対しては、自動車運転はそれ自体危険な行為であり、いかなる運転行為からも死傷結果が生じ得る以上、容易に予見可能性が認められ、過失犯の成立範囲が広くなりすぎるとの批判が可能である。

　オ．C説に対しては、構成要件該当事実に関する具体的な予見可能性がないにもかかわらず、漠然とした危惧感だけで過失責任を追及することは責任主義に反するとの批判が可能である。

1．ア　ウ　　2．ア　エ　　3．イ　ウ　　4．イ　オ　　5．エ　オ

司	第14問	過失	配 点	2点
予	第10問	正解 2	部分点	―

ア ✕ **信頼の原則**とは、被害者又は第三者が適切な行動を取ることを信頼するのが相当な場合には、たとえその被害者又は第三者の不適切な行動によって結果が発生したとしても、過失責任を問われることはないという原則である。

A説（旧過失論）のように、**過失の本質を予見義務違反と捉える立場**からすると、信頼の原則は、一般的に、被害者などが適切な行動を取ることを信頼するのが相当な場合には、被害者などが不適切な行動を取ることを予見することはできないので、行為者に予見義務違反はないというように作用する。このように、A説からでも、信頼の原則を過失犯に適用する余地はある。よって、A説からは、いわゆる信頼の原則を過失犯に適用する余地はないとする点で、本肢は誤っている。

【参考文献】基本刑法Ⅰ・142〜143頁

イ 〇 A説（旧過失論）は、行為者が精神を緊張させずに結果の発生を予見しなかったことに対する責任非難が過失の本質であるとするので、**過失を故意と並ぶ責任要素と捉える**。そうすると、A説は、結果が発生した以上、行為の構成要件該当性・違法性において故意犯と異なるところはなく、ただ、故意が結果の認識・予見であるのに対し、過失は結果の認識・予見可能性である点で違いがあるにすぎないと考えることになる。したがって、A説は、故意犯と過失犯は客観面が共通であり、両者は主観面において区別されるとの見解と親和的であるといえる。よって、本肢は正しい。

なお、B説・C説のように、過失の本質を結果回避義務違反と捉える立場からすると、過失は心理状態の当否の問題ではなく行為の当否の問題となり、注意義務も客観的な結果回避義務に重点をおいて捉える。そうすると、B説・C説は、客観的な行為そのものに着目することから、**過失はまず構成要件該当性の段階において検討されるべきであり、責任要素にとどまらず、構成要件要素又は違法要素でもある**と考えることになる。したがって、過失犯は既に客観面で故意犯と異なるものなので、B説・C説は、故意犯と過失犯は客観面が共通であり、両者は主観面において区別されるとの見解と親和的であるとはいえない。

【参考文献】基本刑法Ⅰ・133頁、西田・総論・272頁

ウ 〇 B説（**新過失論**）は、**過失の本質を結果回避義務違反と捉える立場**である。B説に対しては、「結果を回避するための適切な措置」といっても、それを具体的に決定することは困難であるから、結局は行政取締法規が定める義務に帰着せざるを得ず、行政取締法規の義務違反のみで刑法上の過失犯の成立を認めることは責任主義に反するとの批判がなされている。よって、本肢は正しい。

【参考文献】西田・総論・275頁

エ ✕ 「自動車運転はそれ自体危険な行為であり、いかなる運転行為からも死傷結

果が生じ得る以上、容易に予見可能性が認められ、過失犯の成立範囲が広くなりすぎる」との批判は、過失の本質を予見義務違反と捉える立場であるＡ説（旧過失論）に対してなされるものである。Ｂ説（新過失論）は、過失の本質を結果回避義務違反と捉えており、たとえ予見可能性があっても、「結果を回避するための適切な措置」を採っていれば過失犯は成立せず、過失犯の成立範囲が広くなりすぎることはない。よって、Ｂ説に対しては、容易に予見可能性が認められ、過失犯の成立範囲が広くなりすぎるとの批判が可能であるとする点で、本肢は誤っている。

【参考文献】基本刑法Ⅰ・133頁、西田・総論・273頁

オ ○　Ｃ説（**新・新過失論、危惧感説**）は、過失の本質を結果回避義務違反と捉えつつ、結果発生に対する具体的な予見可能性がなくても、抽象的な予見可能性である「危惧感」があれば、この「危惧感」を払拭するに足りる回避行為が要求されるとする立場である。Ｃ説に対しては、行為後に明らかとなった結果回避措置を、行為時の具体的な予見可能性を検討することなく、漠然とした「危惧感」があれば足りるとして行為者に要求するとすれば、それは結果責任を負うことと同じであり、責任主義に反するとの批判がなされている。よって、本肢は正しい。

【参考文献】基本刑法Ⅰ・137頁、西田・総論・274頁

以上より、誤っている肢はアとエであり、正解は２となる。

全体の正答率	69.2%

肢別の選択率	1	2	3	4	5
	13.5%	69.2%	9.6%	5.8%	0.0%

MEMO

司 第15問
予 ― [配点 4 点]

実施日	／	／	／
正誤			

　放火罪に関する次の各【見解】についての後記アからオまでの各【記述】を検討し、正しい場合には 1 を、誤っている場合には 2 を選びなさい。

【見　解】

　A．放火罪にいう「焼損」とは、火が媒介物を離れて目的物に燃え移り、目的物が独立して燃焼を継続し得るに至った状態を意味する。

　B．放火罪にいう「焼損」とは、目的物の重要部分が燃焼し、本来の効用を喪失した状態を意味する。

【記　述】

　ア．Aの見解に対しては、Bの見解から、放火罪が公共危険罪であることを軽視しているとの批判が可能である。

　イ．Aの見解に対しては、Bの見解よりも中止犯が成立する範囲が狭くなるため、刑事政策的に望ましくないとの批判が可能である。

　ウ．Bの見解に対しては、刑法第１０９条第 2 項、第１１０条第 2 項が自己所有物に対する放火を処罰していることから、放火罪の既遂時期をその財産犯的側面から決するのは妥当でないとの批判が可能である。

　エ．Bの見解に対しては、客体が建造物の場合、全焼又は半焼に至らない限り放火罪が既遂に達しない可能性があり、その場合には既遂時期が遅きに失するとの批判が可能である。

　オ．A及びBのいずれの見解に対しても、不燃性の建造物に放火した場合、内装の融解により有毒ガスが発生し、人の生命・身体に危険を生じさせたとしても、建造物自体が燃焼しない限り放火罪の既遂犯が成立しないため、処罰範囲が狭すぎるとの批判が可能である。

司	第15問	放火罪	配 点	4点
予	—	正解　2、1、1、1、1	部分点	4問正解で部分点2点

ア ✕　「焼損」の意義について、Aの見解は、「火が媒介物を離れて目的物に燃え移り、目的物が独立して燃焼を継続し得るに至った状態を意味する」とする立場（**独立燃焼説**、判例）である。この立場は、放火罪は公共危険罪であることから、木造建築物が少なくない日本においては、目的物が独立して燃焼すれば、いつ燃え上がり、周辺の建造物等に延焼するかわからない以上、目的物が独立して燃焼を継続するに至った時点で、少なくとも抽象的な公共の危険が発生していると解する。

　他方、「焼損」の意義について、Bの見解は、「目的物の重要部分が燃焼し、本来の効用を喪失した状態を意味する」とする立場（**効用喪失説**）である。目的物の財産的価値を重視すべきであるというのが、Bの見解の根拠として挙げられる。

　したがって、「放火罪が公共危険罪であることを軽視しているとの批判」は、Bの見解に対して、Aの見解からなされるものである。よって、Aの見解に対しては、Bの見解から、放火罪が公共危険罪であることを軽視しているとの批判が可能であるとする点で、本肢は誤っている。

【参考文献】基本刑法Ⅱ・373～374頁

イ ○　Aの見解（独立燃焼説）によれば、「火が媒介物を離れて目的物に燃え移り、目的物が独立して燃焼を継続し得るに至った」時点で「焼損」が認められる。そのため、家屋に放火し、その床板約30センチメートル四方及び押入床板・上段各約90センチメートル四方を燃焼させたにとどまるような場合であっても、火が媒介物を離れ目的物が独立して燃焼を継続するに至った以上、「焼損」が認められ、放火罪の既遂犯が成立する（最判昭25.5.25／百選Ⅱ［第8版］〔81〕参照）。

　他方、Bの見解（効用喪失説）によれば、「目的物の重要部分が燃焼し、本来の効用を喪失した」時点で「焼損」が認められる。そのため、家屋に放火し、その床板約30センチメートル四方及び押入床板・上段各約90センチメートル四方を燃焼させたにとどまるような場合には、いまだ目的物の重要部分が燃焼し、本来の効用を喪失したとはいえないので、「焼損」は認められず、放火罪の未遂犯が成立するにとどまる。

　中止犯（43ただし書）は、既遂犯が成立した時点で成立の余地がなくなる以上、Bの見解と比べて既遂時期が早いAの見解は、中止犯が成立する範囲がより狭くなるといえる。したがって、Aの見解に対しては、Bの見解から、中止犯が成立する範囲が狭くなるため、刑事政策的に望ましくないとの批判が可能である。よって、本肢は正しい。

【参考文献】基本刑法Ⅱ・373頁

ウ ○　Bの見解（効用喪失説）によれば、「目的物の重要部分が燃焼し、本来の効

用を喪失した」時点で「焼損」が認められる。もっとも、Bの見解のように目的物の財産的価値を重視すると、放火の客体が自己所有物である場合（109Ⅱ、110Ⅱ）には処罰されないはずであるが、それでも放火罪として処罰されるのは、放火罪の中心的な性質が公共危険犯にあるといえるからである。したがって、Bの見解に対しては、放火罪の既遂時期をその財産犯的側面から決するのは妥当でないとの批判がなされている。よって、本肢は正しい。

　　　　【参考文献】前田・各論・336頁

エ　◯　Bの見解（効用喪失説）によれば、「目的物の重要部分が燃焼し、本来の効用を喪失した」時点で「焼損」が認められる。Bの見解に対しては、放火の客体が建造物の場合、その建造物が全焼ないし少なくとも半焼しなければ建造物の本来の効用が喪失したとはいえず、「焼損」したと認めることもできないので、放火罪の既遂時期が遅きに失するとの批判がなされている。よって、本肢は正しい。

　　　　【参考文献】基本刑法Ⅱ・374頁

オ　◎　A及びBのいずれの見解も、目的物の燃焼を「焼損」の前提としている。そのため、不燃性の建造物に放火した場合、建造物が燃焼に至ることなく、内装の融解により有毒ガスが発生し、人の生命・身体に危険を生じさせたとしても、建造物自体が燃焼しない限り「焼損」を肯定することはできない以上、A及びBのいずれの見解に立っても放火罪の既遂犯は成立しない。したがって、A及びBのいずれの見解に対しても、処罰範囲が狭すぎるとの批判が可能である。よって、本肢は正しい。

　　　　【参考文献】基本刑法Ⅱ・374〜375頁

以上より、正解はアから順に 2、1、1、1、1 となる。

全体の 正答率	40.4%

肢別の 正答率	ア	イ	ウ	エ	オ
	88.5%	65.4%	84.6%	84.6%	65.4%

MEMO

司 第16問	［配点 2 点］	実施日	／	／	／
予 第 2 問		正誤			

違法性に関する次のアからオまでの各記述を判例の立場に従って検討した場合、正しいものの個数を後記 1 から 5 までの中から選びなさい。

ア．私人が現行犯人を逮捕しようとする場合、犯人から抵抗を受けたときは、その際の状況からみて社会通念上逮捕のために必要かつ相当と認められる限度内の実力を行使したことで犯人に傷害を負わせたとしても、法令による行為に当たるから、傷害罪が成立することはない。

イ．勤労者の争議行為に際し、人の看守する建造物に看守者の意思に反して侵入した場合、法令による行為に当たるから、建造物侵入罪が成立することはない。

ウ．虚偽告訴の罪で起訴された者が、人違いで告訴したと気付きながら、公判廷において、公然と虚偽の事実を摘示して被告訴人の名誉を毀損した場合、被告人としての防御権の行使に当たるから、名誉毀損罪が成立することはない。

エ．商人が、自己と通謀して客を装い他の客の購買心をそそる者（いわゆる「さくら」）を使って、商品の効用が極めて大きく世評も売れ行きも良いように見せかけて客を欺罔し、これを信じた客に効用の乏しい商品を売り付けた場合、正当な業務による行為に当たるから、詐欺罪が成立することはない。

オ．宗教上の加持祈祷の行として他人の生命、身体に危害を及ぼす有形力を行使し、その結果、その他人を死亡させた場合、正当な業務による行為に当たるから、傷害致死罪が成立することはない。

1．1 個　　2．2 個　　3．3 個　　4．4 個　　5．5 個

司 第16問	違法性	配 点	2点
予 第2問	正解 1	部分点	—

ア ○ **法令による行為は、罰しない**（**法令行為**、35）。そして、現行犯人は、何人でも、逮捕状なくしてこれを逮捕することができる（刑訴213）。したがって、私人による現行犯人の逮捕行為は、法令の規定上、その私人にとって権利とされている行為（権利行為）といえ、「法令による行為」として適法となる。

そして、判例（最判昭30.10.14／百選Ⅱ［第8版］〔61〕）は、「他人に対して権利を有する者が、その権利を実行することは、その**権利の範囲内であり且つその方法が社会通念上一般に忍容すべきものと認められる程度**を超えない限り、何等違法の問題を生じないけれども、右の範囲程度を逸脱するときは違法とな」るとしている。この判例に照らすと、私人が現行犯人を逮捕しようとする際に犯人に傷害を負わせたとしても、それが犯人から抵抗を受けたときであり、その際の状況からみて社会通念上逮捕のために必要かつ相当と認められる限度内の実力を行使したことによるものであれば、当該私人の逮捕行為は「法令による行為」に当たり、傷害罪が成立することはない。よって、本肢は正しい。

【参考文献】基本刑法Ⅰ・156〜157頁

イ ✕ 勤労者の争議行為は、労働基本権（憲28）として憲法上保障されており、争議行為それ自体が正当なものと認められる限り、威力業務妨害罪（234）、脅迫罪（222）、強要罪（223）などの構成要件に該当しても、正当行為（35）として違法性が阻却される。

もっとも、**争議行為に付随して行われた構成要件該当行為は、争議行為そのものではないので、これらの違法性阻却事由の有無は区別して判断しなければ**ならない。判例（最大判昭48.4.25／百選Ⅰ［第8版］〔16〕）は、「勤労者の組織的集団行動としての争議行為に際して行なわれた犯罪構成要件該当行為について刑法上の違法性阻却事由の有無を判断するにあたっては、その行為が争議行為に際して行なわれたものであるという事実をも含めて、当該行為の具体的状況その他諸般の事情を考慮に入れ、それが法秩序全体の見地から許容されるべきものであるか否かを判定しなければならない」としている。

この判例に照らすと、勤労者の争議行為に際し、人の看守する建造物に看守者の意思に反して侵入した場合、建造物侵入罪（130前段）が成立することはある（同判例も建造物侵入罪の成立を認めている）。よって、法令による行為に当たるから、建造物侵入罪が成立することはないとする点で、本肢は誤っている。

【参考文献】条解・110〜111頁

ウ ✕ 判例（最判昭27.3.7）は、本肢と同様の事案において、このような被告人の行為は、もとより、被告人としての**防禦権の範囲を逸脱したもの、被告人の防禦権の濫用**と認めるべきであり、名誉毀損罪（230Ⅰ）が成立する旨判示して

いる。よって、被告人としての防御権の行使に当たるから、名誉毀損罪が成立
することはないとする点で、本肢は誤っている。

エ ✕ 判例（大判昭6.11.26）は、本肢と同様の事案において、このような商人の
行為は「人を欺」く行為（246Ⅰ）に当たり、詐欺罪が成立する旨判示してい
る。よって、正当な業務による行為に当たるから、詐欺罪が成立することはな
いとする点で、本肢は誤っている。

オ ✕ 判例（最大判昭38.5.15）は、甲の行為がAの精神異常平癒を祈願するため
の加持祈祷としてなされたものであっても、甲の行為の動機、手段、方法及び
それによってAの生命を奪うに至った暴行の程度等は、医療上一般に承認され
た精神異常者に対する治療行為とは到底認められず、一種の宗教行為としてな
されたものであったとしても、他人の生命、身体等に危害を及ぼす違法な有形
力の行使にあたるものであり、これによりAを死に致したものである以上、甲
の行為が著しく反社会的なものであることは否定し得ないところであって、憲
法20条1項の信教の自由の保障の限界を逸脱したものというほかはなく、**正当
な業務行為にも当たらず**、傷害致死罪（205）が成立する旨判示している。

よって、正当な業務による行為に当たるから、傷害致死罪が成立することは
ないとする点で、本肢は誤っている。

以上より、正しい肢はアの1個であり、正解は1となる。

全体の 正答率	78.8%

肢別の 選択率	1	2	3	4	5
	78.8%	11.5%	5.8%	1.9%	0.0%

MEMO

司	第17問	［配点3点］	実施日	／	／	／
予	第8問		正誤			

罪数に関する次の1から5までの各記述を判例の立場に従って検討した場合、誤っているものを2個選びなさい。

1．甲は、Aから財物を詐取した上で当該財物の返還を免れるためにAを殺害することを計画し、計画どおりにAから財物を詐取し、その後、殺意をもってAの胸部をナイフで刺して殺害し、これにより、財物の返還を免れるという財産上不法の利益を得た。甲には、詐欺罪と強盗殺人罪が成立し、これらは包括一罪となる。

2．暴力団幹部甲は、配下の組員数名とともに、Aの身体に共同して危害を加える目的で、日本刀数本を準備してA方前に集合し、その直後、外に出てきたAの顔面を手拳で数回殴打する暴行を加えた。甲には、凶器準備集合罪と暴行罪が成立し、これらは併合罪となる。

3．甲は、業務として猟銃を用いた狩猟に従事していた際、Aを熊と誤認して発砲し、Aに傷害を負わせ、その直後にAを誤射したことに気付いたが、Aを殺害して逃走しようと決意し、殺意をもってAの胸部に向けて発砲し、Aを即死させた。甲には、業務上過失傷害罪と殺人罪が成立し、これらは包括一罪となる。

4．甲は、A銀行が発行したB名義のキャッシュカード1枚をBから窃取した上、これを利用してA銀行の現金自動預払機から預金を不正に払い戻した。甲には、2個の窃盗罪が成立し、これらは併合罪となる。

5．甲は、対立する不良グループのメンバーA及びBを襲撃することを計画し、路上で発見したAをバットで1回殴打した直後、そばにいたBを同バットで1回殴打し、両名に傷害を負わせた。甲には、2個の傷害罪が成立し、これらは包括一罪となる。

司 第17問	罪数	配点	3点
予 第8問	正解　3、5（順不同）	部分点	—

1 ○ 　判例（最決昭61.11.18／百選Ⅱ［第8版］〔40〕）は、本肢類似の事案において、甲の行為は、Aを殺害して同人に対する財物の返還を免れるという財産上不法の利益を得るためになされたことが明らかであるから、この行為はいわゆる2項強盗（236Ⅱ）による強盗殺人罪（240後段）に当たるというべきであり、先行する財物の取得行為がそれ自体としては詐欺罪（246Ⅰ）に当たるにせよ、**その罪と2項強盗殺人罪のいわゆる包括一罪**として重い後者の刑で処断すべきである旨判示している。よって、本肢は正しい。

2 ○ 　判例（最決昭45.12.3／百選Ⅱ［第8版］〔7〕）は、凶器準備集合罪（208の2Ⅰ）について、「個人の生命、身体または財産ばかりでなく、**公共的な社会生活の平穏をも保護法益とするもの**と解すべきである」としている。そして、凶器準備集合罪の目的とされた加害行為によって傷害罪（204）が成立する場合、凶器準備集合罪とは保護法益が異なるため、これらは**併合罪**（45前段）となる（最決昭48.2.8）。

　したがって、これらの判例の立場に従えば、本肢において、甲には凶器準備集合罪と暴行罪が成立し、両者は併合罪となる。よって、本肢は正しい。

3 ✕ 　判例（最決昭53.3.22／百選Ⅰ［第8版］〔14〕）は、本肢類似の事案において、甲に業務上過失傷害罪（211前段）と殺人罪（199）が成立し、これらは**併合罪**の関係にあるものと解すべきである旨判示している。よって、これらは包括一罪となるとする点で、本肢は誤っている。

4 ○ 　同一の法益・客体に向けられた複数の行為が、手段・目的又は原因・結果のような密接な関係に立ち、目的・結果である軽い犯罪事実が手段・原因である重い犯罪に吸収されて一罪になる場合を、**共罰的事後行為**という。もっとも、新たな法益侵害を伴う場合には、共罰的事後行為とはいえず、別罪が成立する。

　窃取した他人名義のキャッシュカードを利用して、銀行の現金自動預払機から預金を不正に払い戻す行為は、現金自動預払機の管理者に対する新たな占有侵害を伴い、キャッシュカードを盗んだ行為によって評価し尽くされない。したがって、本肢において、甲には、キャッシュカード1枚の窃盗罪とカード利用による現金の窃盗罪が成立し（東京高判昭55.3.3参照）、これらは**併合罪**となる。よって、本肢は正しい。

　【参考文献】基本刑法Ⅰ・423頁

5 ✕ 　**包括一罪**とは、複数の法益侵害結果を惹起したが、1つの構成要件によって包括的に評価されるために一罪となる場合をいう。数個の法益侵害結果が発生しているものの、例外的に、**法益侵害ないし行為の一体性の観点**より、1つの構成要件によって評価されて一罪とされるものである。

　本肢において、甲は、A及びBという別個の法益の客体に対し、それぞれバットで1回殴打するという別個の行為により、両名に傷害を負わせており、甲

には2個の傷害罪が成立するところ、法益侵害ないし行為のいずれも一体のものということはできず、これらを1個の傷害罪によって包括的に評価することは困難であるから、これらは併合罪となる。よって、これらは包括一罪となるとする点で、本肢は誤っている。

【参考文献】基本刑法Ⅰ・418頁

以上より、誤っている肢は3と5であり、正解は3、5となる。

全体の 正答率	30.8%

肢別の 選択率		1	2	3	4	5
	解答1	36.5%	13.5%	46.2%	0.0%	1.9%
	解答2	7.7%	9.6%	0.0%	9.6%	71.2%

司	第18問		実施日	／	／	／
予	—	［配点2点］	正誤			

死者の占有に関して、教授及び学生が次の【会話】のとおり議論している。
【会話】中の①から⑥までの（　）内に後記【語句群】から適切な語句を入れた場合、正しいものの組合せは、後記1から5までのうちのどれか。なお、①から⑥までの（　）内にはそれぞれ異なる語句が入る。

【会　話】

教授．死者が生前身に付けていた財物を領得した場合の罪責については、見解の対立があるね。まず、甲がAを殺害した直後、その殺害行為とは無関係の乙が、Aが身に付けていた財布を領得した場合の乙の罪責は、判例の立場に従うとどうなるかな。

学生．（①）ことになります。

教授．そうだね。では次に、丙が当初から財物を領得する意思でBを殺害し、Bの死亡直後に財布を領得した場合の罪責は、判例の立場に従うとどうなるかな。

学生．その場合には（②）ことになります。

教授．そうだね。この場合には、殺害行為と領得行為を一体として評価することができるね。それでは、丁がCを殺害し、その直後に財物を領得する意図を生じてCが身に付けていた財布を領得した場合、丁はいかなる罪責を負うだろうか。まず、判例の立場に従うとどうなるだろう。

学生．その場合には（③）と考えられますので、（④）ことになります。

教授．そうだね。しかし、判例の考え方に対しては、（⑤）と批判する立場があるけれども、そのような立場からすると、丁の罪責はどのように考えられるだろうか。

学生．（⑥）ことになります。

【語句群】
a．窃盗罪が成立する
b．殺人罪及び遺失物等横領罪が成立する
c．遺失物等横領罪が成立する
d．強盗殺人罪が成立する
e．強盗殺人罪及び遺失物等横領罪が成立する
f．殺人罪及び窃盗罪が成立する
g．死者も占有の主体として保護されるべき
h．生前の占有を遡って侵害することはできない
i．被害者が生前に有していた占有が侵害される
j．法益の保護が十分でない

1. ①a ②e ③g ④f ⑤j ⑥d
2. ①a ②f ③i ④d ⑤j ⑥b
3. ①c ②d ③i ④b ⑤j ⑥e
4. ①c ②d ③i ④f ⑤h ⑥b
5. ①c ②e ③g ④b ⑤h ⑥d

司	第18問	死者の占有	配点	2点
予	—	正解　4	部分点	—

≪完成文≫

教授. 死者が生前に身に付けていた財物を領得した場合の罪責については、見解の対立があるね。まず、甲がAを殺害した直後、その殺害行為とは無関係の乙が、Aが身に付けていた財布を領得した場合の乙の罪責は、判例の立場に従うとどうなるかな。

学生.（①c.**遺失物等横領罪が成立する**）ことになります。

教授. そうだね。では次に、丙が当初から財物を領得する意思でBを殺害し、Bの死亡直後に財布を領得した場合の罪責は、判例の立場に従うとどうなるかな。

学生. その場合には（②d.**強盗殺人罪が成立する**）ことになります。

教授. そうだね。この場合には、殺害行為と領得行為を一体として評価することができるね。それでは、丁がCを殺害し、その直後に財物を領得する意図を生じてCが身に付けていた財布を領得した場合、丁はいかなる罪責を負うだろうか。まず、判例の立場に従うとどうなるだろう。

学生. その場合には（③i.**被害者が生前に有していた占有が侵害される**）と考えられますので、（④f.**殺人罪及び窃盗罪が成立する**）ことになります。

教授. そうだね。しかし、判例の考え方に対しては、（⑤h.**生前の占有を遡って侵害することはできない**）と批判する立場があるけれども、そのような立場からすると、丁の罪責はどのように考えられるだろうか。

学生.（⑥b.**殺人罪及び遺失物等横領罪が成立する**）ことになります。

① **c**

甲がAを殺害した直後、その殺害行為とは無関係の乙が、Aが身に付けていた財布を領得した場合の乙の罪責について、判例（大判大13.3.28）は、殺害行為とは無関係の者が死者の生前占有していた財物を領得した場合、遺失物等横領罪（254）が成立するとしている。被害者の死亡によって、財物の占有は客観的にも主観的にも失われるからである。したがって、乙には、遺失物等横領罪が成立する。

よって、①には「c.**遺失物等横領罪が成立する**」が入る。

② **d**

丙が当初から財物を領得する意思でBを殺害し、Bの死亡直後に財布を領得した場合の罪責について、判例（大判大2.10.21）は、このような丙の行為は、当然に強盗殺人罪の観念に含まれている旨判示している。財物奪取の手段として行われた殺害行為自体は、まだ生きていて、財物に対して占有が認められるBの占有を侵害する行為だからである。したがって、丙には、強盗殺人罪（240後段）が成立する。

よって、②には「d.**強盗殺人罪が成立する**」が入る。

【参考文献】基本刑法Ⅱ・142頁

③ i 、④ f

　丁がCを殺害し、その直後に財物を領得する意図を生じてCが身に付けていた財布を領得した場合の罪責について、判例（最判昭41.4.8／百選Ⅱ［第8版］〔29〕）は、「このような場合には、被害者が生前有していた財物の所持はその死亡直後においてもなお継続して保護するのが法の目的にかなうものというべきである。そうすると、被害者からその財物の占有を離脱させた自己の行為を利用して右財物を奪取した一連の被告人の行為は、これを全体的に考察して、他人の財物に対する所持を侵害したものというべきであるから、右奪取行為は、占有離脱物横領ではなく、窃盗罪を構成する」としている。このように、判例は、殺害行為に含まれる占有侵害行為と死亡後の占有取得行為を一体のものとして、それを全体的に考察し、被害者を殺害した犯人との関係で時間的・場所的に近接した範囲内にある限り、被害者が生前に有していた占有がなお法的保護に値し、これが侵害されるので窃盗罪が成立するとしたものと解されている。

　よって、③には「i．**被害者が生前に有していた占有が侵害される**」が入る。

　そして、上記判例の立場に従うと、丁には、Cに対する殺人罪（199）及び窃盗罪（235）が成立する。

　よって、④には「f．**殺人罪及び窃盗罪が成立する**」が入る。

　【参考文献】基本刑法Ⅱ・142～143頁

⑤ h 、⑥ b

　教授は、「判例の考え方に対しては、（⑤）と批判する立場がある」と述べている。上記のとおり、判例（最判昭41.4.8／百選Ⅱ［第8版］〔29〕）は、「被害者からその財物の占有を離脱させた自己の行為を利用して右財物を奪取した一連の被告人の行為は、これを**全体的に考察して、他人の財物に対する所持を侵害したものというべきである**」として、**被害者が生前に有していた占有が侵害される**ことを理由に、窃盗罪の成立を認める。この判例の考え方に対する批判として適切なのは、「h．**生前の占有を遡って侵害することはできない**」との批判である。

　よって、⑤には「h．**生前の占有を遡って侵害することはできない**」が入る。なお、【語句群】の中には、「g．死者も占有の主体として保護されるべき」「j．法益の保護が十分でない」との語句も残されているが、死者には占有の意思が認められない以上、基本的に「g．死者も占有の主体として保護されるべき」との語句自体が適切とはいえない。また、判例は一定の場合に被害者の生前の占有侵害を理由に窃盗罪を認めるので、「j．法益の保護が十分でない」との語句は批判として適切とはいえない。

　次に、「h．**生前の占有を遡って侵害することはできない**」との立場からすると、丁はCの生前の占有を遡って侵害することができない以上、誰の占有も認められない財物を領得したとして、遺失物等横領罪が成立するにとどまる。したがって、丁には、殺人罪及び遺失物等横領罪が成立する。

　よって、⑥には「b．**殺人罪及び遺失物等横領罪が成立する**」が入る。

以上より、①c②d③i④f⑤h⑥bとなり、正解は4となる。

全体の 正答率	82.7%	肢別の 選択率	1	2	3	4	5
			3.8%	5.8%	3.8%	82.7%	1.9%

MEMO

司	第19問	[配点２点]	実施日	／	／	／
予	一		正誤			

　名誉に対する罪に関する次の【見解】についての後記１から５までの各【記述】のうち、誤っているものはどれか。

【見　解】

　名誉毀損罪（刑法第２３０条）の保護法益は人の外部的名誉（社会的評価、社会的名誉）であり、侮辱罪（刑法第２３１条）の保護法益は人の主観的名誉（名誉感情）である。また、侮辱罪は、事実を摘示した場合にも成立し得る。

【記　述】

　１．この【見解】からは、意識を喪失した終末期の患者に対する侮辱罪が成立しないことになる。

　２．この【見解】に対しては、侮辱罪の規定が公然性を要求していることを十分に説明できないとの批判が可能である。

　３．この【見解】からは、刑法第２３１条の「事実を摘示しなくても」という文言は、事実の摘示の有無にかかわらず侮辱罪が成立し得るという趣旨で解釈される。

　４．この【見解】からは、法人に対する侮辱罪の成立を認めることが可能である。

　５．この【見解】からは、名誉毀損罪が成立する場合にも、同時に侮辱罪が成立する可能性がある。

司	第19問	名誉に対する罪	配　点	2点
予	—	正解　4	部分点	—

1　○　この【見解】は、侮辱罪（231）の保護法益は人の主観的名誉（名誉感情）であると考えるので、名誉感情を持たない法人や幼児、重度の精神障害者に対する侮辱罪は成立しないことになり、同様に、意識を喪失した終末期の患者に対する侮辱罪も成立しない。よって、本肢は正しい。
　　　【参考文献】基本刑法Ⅱ・107〜108頁

2　○　この【見解】に対しては、人の主観的名誉（名誉感情）のみを問題にするのであれば、面前で「侮辱」されるだけで名誉感情が害される以上、公然性という要件がなくても侮辱罪は成立するはずであるから、侮辱罪の規定が公然性を要求していることを十分に説明できないとの批判がなされている。よって、本肢は正しい。
　　　【参考文献】基本刑法Ⅱ・108頁

3　○　この【見解】と異なり、名誉毀損罪（230）・侮辱罪（231）の保護法益はともに人の外部的名誉（社会的評価、社会的名誉）であると考える見解に立つと、両罪の違いは事実の摘示の有無ということになり、侮辱罪について規定する231条の「事実を摘示しなくても」という文言は、「事実を摘示しないで」という意味で解釈される。

　　　他方、この【見解】からは、両罪の保護法益はそれぞれ異なり、事実の摘示の有無で両罪を区別する必要はないので、侮辱罪について規定する231条の「事実を摘示しなくても」という文言は、事実の摘示の有無にかかわらず侮辱罪が成立し得るという趣旨で解釈される。よって、本肢は正しい。
　　　【参考文献】基本刑法Ⅱ・107頁

4　×　肢 1 の解説のとおり、この【見解】は、侮辱罪（231）の保護法益は人の主観的名誉（名誉感情）であると考えるので、名誉感情を持たない法人に対する侮辱罪は成立しない。よって、法人に対する侮辱罪の成立を認めることが可能であるとする点で、本肢は誤っている。
　　　【参考文献】基本刑法Ⅱ・107〜108頁

5　○　肢 3 の解説のとおり、この【見解】と異なり、名誉毀損罪（230）・侮辱罪（231）の保護法益はともに人の外部的名誉（社会的評価、社会的名誉）であると考える見解に立つと、両罪の違いは事実の摘示の有無ということになる。このように、両罪の行為態様が異なると考えると、名誉毀損罪と侮辱罪が同時に成立する可能性はない。

　　　他方、この【見解】からは、両罪の保護法益はそれぞれ異なるので、事実の摘示の有無で両罪を区別する必要はなく、事実を摘示しても侮辱罪が成立し得る。したがって、事実を摘示して人の外部的名誉（社会的評価、社会的名誉）を害すると同時に、その人の主観的名誉（名誉感情）を害することも可能であるので、名誉毀損罪が成立する場合にも、同時に侮辱罪が成立する可能性があ

る。よって、本肢は正しい。

　　　　【参考文献】基本刑法Ⅱ・107頁

以上より、誤っている肢は4であり、正解は4となる。

全体の正答率	88.5%

肢別の選択率	1	2	3	4	5
	3.8%	5.8%	0.0%	88.5%	0.0%

司 第20問	［配点４点］	実施日	／	／	／
予 第13問		正誤			

次の【事例】に関する後記アからオまでの各【記述】を判例の立場に従って検討し、正しい場合には１を、誤っている場合には２を選びなさい。

【事　例】

　　甲（女性、１６歳）は、高校の同級生Ａ（女性、１６歳）が非行グループと交際し、飲酒喫煙を繰り返していることを知り、それらのＡの具体的行動を、特に口止めもせずに同級生２名に告げたところ、同人らを介して、Ａの同行動がクラスの全生徒３０名の知るところとなった。甲のせいで自己の行状に関するうわさが広まったことを知ったＡは、甲を呼び出して暴行を加えた。そのことを知った甲の兄乙は、Ａに報復しようと考え、ある日の深夜、Ａ宅付近に自己の車を停め、Ａを待ち伏せていたところ、Ａの姉Ｂ（２０歳）がＡ宅に入ろうとするのを見て、ＢをＡと誤信し、Ｂを無理やり同車のトランクに押し込んで数キロメートル走行した上、郊外の廃工場に連行した。乙は、上記廃工場において、Ｂの顔面を数発殴打するとともに、はさみを使ってＢの頭髪を１０センチメートル程度切断した。乙は、Ｂが泣き出したのを見て満足し、その場から立ち去ることにしたが、その際、Ｂのバッグの中から財布を抜き取り、これを持ち去った。乙は、上記財布内にＢ名義の運転免許証やキャッシュカードが入っていたため、ＢをＡと間違えたことに気付いたが、同カードを不正に使用し、Ｂの預金で乙の友人Ｃへの借金を返済しようと考えた。乙は、コンビニエンスストアの現金自動預払機に同カードを挿入し、暗証番号としてＢの誕生日を入力したところ、取引ができる状態になったので、その場で、同現金自動預払機を操作し、Ｂ名義口座から直接Ｃ名義口座へ５０万円を送金した。その後、甲の交際相手丙は、乙が警察に逮捕されるのではないかと不安に思った甲からの依頼に応じ、乙の上記一連の犯行について、乙の身代わり犯人として警察に出頭した。

【記　述】

　ア．甲が、Ａの上記行動を同級生２名に告げた行為は、特定かつ少数の者にＡの名誉を毀損する事実を摘示したにすぎないことから、名誉毀損罪が成立することはない。

　イ．乙が、Ｂを無理やり自己の車のトランクに押し込み、上記廃工場に連行した行為は、Ｂを１６歳の未成年者と誤信していたのであるから、生命身体加害目的略取罪ではなく未成年者略取罪が成立する。

　ウ．乙が、はさみを使ってＢの頭髪を切断した行為は、人の生理的機能を損なうものではないから、傷害罪は成立せず暴行罪が成立するにとどまる。

　エ．乙が、Ｂ名義口座から直接Ｃ名義口座へ５０万円を送金した行為は、実質的には預金の占有を移転させる行為であるから、窃盗罪が成立する。

　オ．丙が乙の身代わり犯人として警察に出頭した行為は、犯人の特定を誤ら

せることを通じて間接的に犯人の身柄確保を妨げるものにすぎないから、犯人隠避罪は成立せず、証拠偽造罪が成立する。

司 第20問	総合問題	配　点	4点
予 第13問	正解　2、2、1、2、2	部分点	4問正解で部分点2点

ア ✕　名誉毀損罪（230Ⅰ）の「公然」とは、摘示された事実を不特定又は多数人が認識しうる状態をいう（最判昭36.10.13）。もっとも、事実摘示の相手が**特定かつ少数人の場合であっても、その者を通じて、不特定又は多数人に伝播する可能性がある場合には、「公然」性が認められる（伝播性の理論**、最判昭34.5.7／百選Ⅱ［第8版］〔19〕）。ただし、特殊な人間関係等に起因して伝播の可能性がなかった場合には、「公然」性は認められない（最決昭34.2.19参照）。

　【事例】において、甲は、Aの具体的行動について、特定かつ少数人である同級生2名に告げているが、特に口止めもしていないこと、特殊な人間関係等に起因して伝播の可能性がなかったともいえないことから、伝播性の理論により、「公然」性が認められる。したがって、甲には、名誉毀損罪が成立する。よって、名誉毀損罪が成立することはないとする点で、本肢は誤っている。

イ ✕　生命身体加害目的略取罪（225）の客体は「人」であり、未成年者・成人のいずれであっても成立する。**客体が未成年者である場合において、行為者が225条所定の目的を有するときは、未成年者拐取罪（224）の加重類型である本罪のみが成立する（法条競合）。**他方、客体が成人である場合は、行為者が225条所定の目的を有しなければ、本罪は成立しない。

　【事例】において、乙は、Bを未成年者と誤信しているが、生命身体加害目的略取罪の客体は「人」であり、Bを「人」と認識した上で、生命身体加害目的を有してBを略取している以上、乙には生命身体加害目的略取罪が成立する。そして、未成年者略取罪の客体は「未成年者」であり、Bは成人である以上、たとえ乙がBを未成年者と誤信していたとしても、未成年者略取罪は成立しない。よって、生命身体加害目的略取罪ではなく未成年者略取罪が成立するとする点で、本肢は誤っている。

　【参考文献】基本刑法Ⅱ・62～63頁

ウ ○　判例（大判明45.6.20）によれば、「傷害」（204）とは、**人の生理的機能の障害**であり、**剃刀による頭髪の切断**は、傷害ではなく「暴行」（208）に当たる。

　したがって、【事例】において、乙が、はさみを使ってBの頭髪を切断した行為には、暴行罪が成立するにとどまる。よって、本肢は正しい。

エ ✕　【事例】において、乙は、不正に入手したB名義のキャッシュカードを使用して、現金自動預払機を利用してB名義口座から直接C名義口座へ50万円を送金している。このような乙の行為については、**財物の占有移転が生じていない以上、窃盗罪（235）は成立しないし、人に対する欺罔行為がなく、人の判断の介在もない以上、詐欺罪（246）も成立しない。**そこで、このような処罰の間隙を埋めるために設けられたのが、**電子計算機使用詐欺罪（246の2）**である。

　【事例】において、乙は、「人の事務処理に使用する電子計算機」に「虚偽

の情報」（電子計算機を使用する当該事務処理システムにおいて予定されている事務処理の目的に照らし、その内容が真実に反する情報）を与え、「財産権の得喪若しくは変更に係る不実の電磁的記録」（財産権に関する事実を記録した電磁的記録（7の2）であり、その作出により直接的に財産権の得喪・変更の効果に直結するもの。銀行の預金残高記録など）を作り、Cへの貸金債務を免れるという「財産上不法の利益」を得ているから、電子計算機使用詐欺罪が成立する。よって、窃盗罪が成立するとする点で、本肢は誤っている。

【参考文献】基本刑法Ⅱ・264〜266頁

オ ✕　犯人隠避罪（103）における「隠避」とは、**蔵匿以外の方法で、捜査機関による発見・逮捕を免れさせる一切の行為**をいう（大判昭5.9.18）。そして、**身代わり犯人として自首する行為も、捜査機関による発見・逮捕を免れさせる典型的な行為として、「隠避」に当たる**（最決昭35.7.18参照）。

したがって、【事例】において、丙が乙の身代わり犯人として警察に出頭した行為には、犯人隠避罪が成立する。よって、犯人隠避は成立せず、証拠偽造罪が成立するとする点で、本肢は誤っている。

以上より、正解はアから順に2、2、1、2、2となる。

全体の 正答率	34.6%

肢別の 正答率	ア	イ	ウ	エ	オ
	96.2%	69.2%	82.7%	46.2%	96.2%

MEMO

司 ─
予 第4問　　[配点2点]

実施日	／	／	／
正誤			

　背任罪に関する次のアからオまでの各記述を判例の立場に従って検討した場合、誤っているものの組合せは、後記1から5までのうちどれか。

　ア．甲は、信用保証協会の支所長であり、金融機関が中小企業者等に対して行う融資に関して、信用保証をなす業務を行っていたところ、乙の利益を図る目的で、乙に返済能力がないことを知りながら、乙が金融機関から融資を受けるに際し、確実かつ十分な担保の徴求をしないまま、同協会にその保証債務を負担させた。この場合、乙の金融機関に対する債務がいまだ不履行の状態に至らず、上記協会に、代位弁済による現実の損失がいまだ生じていなくても、甲に背任罪が成立する。

　イ．甲は、乙から頼まれ、乙が丙に対する貸金債権の質物として提供を受けていた丙所有の絵画を甲の自宅倉庫で保管していたが、乙に嫌がらせをする目的で、同絵画を乙に無断で丙に返還した。この場合、甲に背任罪が成立する。

　ウ．甲は、乙が自身の有していた丙に対する債権を丁に譲渡した後、丁が対抗要件を具備する前に、同債権が丁に譲渡済みであることを確実に知りながら、同債権を転売して利益を得る目的で、乙に強く働き掛けて、乙から同債権を譲り受け、その対抗要件も具備した。この場合、甲と乙はいわゆる必要的共犯の関係に立つため、甲に背任罪の共同正犯が成立することはない。

　エ．甲は、返済期日までに返済できないときは同期日に改めて甲の所有する土地に抵当権を設定する旨を述べて、乙を安心させて乙から金を借りたが、同期日が到来する前に、丙に対する借金を返済する目的で、乙に無断で同土地を丙に売却した。この場合、甲に背任罪が成立する。

　オ．甲は、債権者乙との間で甲所有家屋を目的とする根抵当権設定契約を締結し、乙にその登記に必要な登記済証、白紙委任状及び印鑑証明を交付していたが、乙がその登記をしない間に、自らの利益を図る目的で、丙から金を借りて同家屋に根抵当権を設定し、丙が第1順位の根抵当権設定登記を了し、乙はそのために債権の回収が困難になった。この場合、甲に背任罪が成立する。

1．アイ　　2．アオ　　3．イウ　　4．ウエ　　5．エオ

| 司 | — | 背任罪 | 配 点 | 2点 |
| 予 | 第4問 | 正解 4 | 部分点 | — |

ア ○ 判例（最決昭58.5.24／百選Ⅱ［第8版］〔72〕）は、本肢と同様の事案において、247条にいう「**本人に財産上の損害を加えたとき**」とは、**経済的見地において本人の財産状態を評価し、行為者の行為によって、本人の財産の価値が減少したとき又は増加すべき価値が増加しなかったとき**をいうとした上で、「協会の財産に、代位弁済による現実の損失がいまだ生じていないとしても、経済的見地においては、同協会の財産的価値は減少したものと評価される」から、247条にいう「本人に財産上の損害を加えたとき」に当たり、背任罪が成立する旨判示している。よって、本肢は正しい。

イ ○ 本肢において、甲は、乙から頼まれ、本来、質権者である乙が保管すべき丙所有の絵画を自宅倉庫で保管しているため、「他人のためにその事務を処理する者」（247）に当たる。そして、乙に嫌がらせをするという「本人に損害を加える目的」で、同絵画を乙に無断で丙に返還するという「任務に背く行為」により、乙に質権の侵害という「財産上の損害」を加えている。したがって、甲に背任罪が成立する。判例（大判明44.10.13）も、本肢と同様の事案において、**事実行為にすぎない質物の返還も「任務に背く行為」に当たる**として、背任罪の成立を認めている。よって、本肢は正しい。

なお、本肢において、甲に委託物横領罪（252Ⅰ）は成立しない。甲は、絵画の**所有権を侵害しておらず、質権を侵害したにすぎない**からである。

【参考文献】基本刑法Ⅱ・320頁、山口・各論・335頁

ウ × **必要的共犯**とは、刑法各則の規定又はその他の刑罰法規上、2人以上の者による共同の犯行を予定して定められた犯罪をいう。そして、2人以上の行為者の互いに対向した行為の存在が要件とされる必要的共犯を、**対向犯**という。たとえば、重婚罪（184）、収賄罪（197以下）・贈賄罪（198）、わいせつ物頒布罪（175）などが対向犯の例として挙げられる。

そして、わいせつ物頒布罪のように、対向者の一方（販売者）のみが処罰され、他方（購入者）については処罰規定が置かれていないような場合において、その他方に共犯規定を適用して処罰することができるかという問題について、判例（最判昭43.12.24／百選Ⅰ［第8版］〔99〕）は、「**ある犯罪が成立するについて当然予想され、むしろそのために欠くことができない関与行為**について、これを処罰する規定がない以上、これを、関与を受けた側の可罰的な行為の教唆もしくは幇助として処罰することは、**原則として、法の意図しないところ**と解すべきである」としている（**立法者意思説**）。もっとも、この立場も、積極的・執拗な働きかけをするなど、他方による関与が類型的に予想される範囲を超えるものであるときは、必要的共犯の関係を逸脱するため、共犯として処罰されるものと解されている。

以上の点について、まず、背任罪が対向犯の例として挙げられることは一般

的にない。仮に、本肢における甲・乙間の関係に着目し、これを事実上の対向
犯と捉えたとしても、甲による強い働きかけは「当然予想」される範囲を逸脱
する上、甲には同債権を転売して利益を得る目的があるので、甲には背任罪の
共同正犯が成立しうる。

　　よって、甲と乙はいわゆる必要的共犯の関係に立つため、甲に背任罪の共同
正犯が成立することはないとする点で、本肢は誤っている。

　　【参考文献】基本刑法Ⅰ・302頁、基本刑法Ⅱ・331〜332頁

エ ✕　背任罪の主体は、**「他人のためにその事務を処理する者」**（247）でなければ
ならない。契約の当事者が自ら契約上負担する義務を履行することは、自己の
事務であって「他人」の事務ではないため、単なる債務不履行については背任
罪を構成しない。

　　本肢において、甲は、返済期日までに返済できないときは同期日に改めて甲
の所有する土地に抵当権を設定する旨を述べて、乙から金を借りているが、同
期日が到来する前に、乙に無断で同土地を丙に売却したとしても、自己の事務
である抵当権の設定を行うことができなくなったにすぎず、背任罪は成立しな
い。よって、この場合、甲に背任罪が成立するとする点で、本肢は誤っている。

　　【参考文献】基本刑法Ⅱ・321〜323頁

オ ◯　判例（最判昭31.12.7／百選Ⅱ［第8版］〔70〕）は、本肢と同様の事案にお
いて、**「抵当権設定者はその登記に関し、これを完了するまでは、抵当権者に
協力する任務を有する**ことはいうまでもないところであり、右**任務は主として
他人である抵当権者のために負う」**旨判示し、その登記前に第三者に対して抵
当権を設定してその登記を完了する行為は、**背任罪である**としている。よって、
本肢は正しい。

以上より、誤っている肢はウとエであり、正解は 4 となる。

全体の 正答率	54.2%

肢別の 選択率	1	2	3	4	5
	2.4%	5.1%	31.5%	54.2%	6.1%

		実施日	／	／	／
司予	第7問　［配点2点］	正誤			

　学生A、B及びCは、次の【事例】における甲の罪責について、後記【会話】のとおり議論している。【会話】中の①から⑦までの（　）内から適切な語句を選んだ場合、正しいものの組合せは、後記1から5までのうちどれか。

【事例】

　甲は、先輩乙からの依頼を断り切れず、乙がV方に侵入して強盗を行うに当たり、乙をV方まで自動車で送り届けるとともに、乙がV方に侵入してVから100万円を強取するまでの間、V方付近の路上で周囲を見張り、強盗を終えた乙を自動車に乗せて逃走した。乙は、甲の支援があったことから安心して強盗を完遂し、甲に対し、上記100万円のうち10万円を報酬として支払った。

【会話】

学生A．私は、共同正犯と幇助犯の区別の基準として、①（a．行為者の主観的事情・b．行為の客観面）が重視されるべきだと考える。そうすると、【事例】では、そもそも、甲が侵入強盗の送迎や見張りをしたのは、先輩である乙からの依頼を断り切れなかったためであるから、甲は、②（c．共同正犯・d．幇助犯）ということになるね。

学生B．そうは簡単に言えないと思う。自己の犯罪を遂行する意思かどうかについて、私は、③（e．故意の同一性・f．行為者が果たした役割の重要性）も踏まえて判断すべきだと考える。そうであれば、犯行の実現に送迎や見張りが必要とされた事情によっては、Aさんとは違って、甲を、④（g．共同正犯・h．幇助犯）と解することもあるのではないかな。

学生C．私は、共犯の処罰根拠から考えるべきだと思う。つまり、共犯の処罰根拠は、⑤（i．正犯者を誘惑し、犯意を抱かせたこと・j．法益侵害やその危険を間接的に惹起したこと）にあることからすれば、共犯においては、結果への因果的寄与が要求される。だから、共同正犯か幇助犯かは、自己の犯罪を遂行する意思かどうかではなくて、この因果的寄与の存在を前提として、関与内容が客観的に重要なものといえるかで区別されるべきだよ。

学生A．しかし、因果的寄与といっても、共同正犯といえるためには、⑥（k．意思連絡・l．実行行為の分担）が要求されるべきであるから、Cさんの立場からも、⑦（m．物理的因果性・n．心理的因果性）が不可欠の要件になり、また、その程度が正犯性の判断に影響を及ぼすはずだよ。

学生C．そうすると、【事例】では、Bさんの挙げた事情だけではなく、甲と乙との関係性や乙が甲に支援を依頼した理由も重視することになるね。

1．①a　②d　⑤j　⑥l
2．①b　③e　④g　⑦n
3．①a　④h　⑥l　⑦m
4．②c　③f　⑤i　⑥k
5．②d　③f　⑤j　⑦n

司 —	共同正犯と幇助犯の区別の基準	配 点	2点
予 第7問	正解　5	部分点	—

≪完成文≫

学生A．私は、共同正犯と幇助犯の区別の基準として、①（**a．行為者の主観的事情**）が重視されるべきだと考える。そうすると、【事例】では、そもそも、甲が侵入強盗の送迎や見張りをしたのは、先輩である乙からの依頼を断り切れなかったためであるから、甲は、②（**d．幇助犯**）ということになるね。

学生B．そうは簡単に言えないと思う。自己の犯罪を遂行する意思かどうかについて、私は、③（**f．行為者が果たした役割の重要性**）も踏まえて判断すべきだと考える。そうであれば、犯行の実現に送迎や見張りが必要とされた事情によっては、Aさんとは違って、甲を、④（**g．共同正犯**）と解することもあるのではないかな。

学生C．私は、共犯の処罰根拠から考えるべきだと思う。つまり、共犯の処罰根拠は、⑤（**j．法益侵害やその危険を間接的に惹起したこと**）にあることからすれば、共犯においては、結果への因果的寄与が要求される。だから、共同正犯か幇助犯かは、自己の犯罪を遂行する意思かどうかではなくて、この因果的寄与の存在を前提として、関与内容が客観的に重要なものといえるかで区別されるべきだよ。

学生A．しかし、因果的寄与といっても、共同正犯といえるためには、⑥（**k．意思連絡**）が要求されるべきであるから、Cさんの立場からも、⑦（**n．心理的因果性**）が不可欠の要件になり、また、その程度が正犯性の判断に影響を及ぼすはずだよ。

学生C．そうすると、【事例】では、Bさんの挙げた事情だけではなく、甲と乙との関係性や乙が甲に支援を依頼した理由も重視することになるね。

① a、② d

　　学生Aは、「【事例】では、そもそも、甲が侵入強盗の送迎や見張りをしたのは、先輩である乙からの依頼を断り切れなかったためである」と述べている。この発言は、甲の「行為の客観面」ではなく、甲が送迎や見張りをした動機・理由という「行為者の主観的事情」に着目するものであるから、学生Aは、共同正犯と幇助犯の区別の基準として、「行為者の主観的事情」を重視する見解に立つものといえる。

　　よって、①には「a．行為者の主観的事情」が入る。

　　そして、共同正犯と幇助犯の区別の基準として、「行為者の主観的事情」を重視する見解に立つ場合、甲は「先輩である乙からの依頼を断り切れなかった」という消極的な意思しか有しておらず、自己の犯罪を遂行する意思（正犯意思）を有しているとはいえない。したがって、甲には、「共同正犯」ではなく「幇助犯」が成立するにとどまる。

　　よって、②には「d．幇助犯」が入る。

③ f 、④ g

学生Bは、「Aさんとは違って、甲を、④と解することもある」と述べている。このように、学生Bは、学生Aの②（「d．**幇助犯**」）と異なる結論を採っていることが分かる。

よって、④には「g．**共同正犯**」が入る。

また、学生Bは、「犯行の実現に送迎や見張りが必要とされた事情によっては」と述べている。自己の犯罪を遂行する意思（正犯意思）の有無について、行為者が果たした役割の重要性に着目し、これを重視する立場に立つ場合、【事例】では、侵入強盗の実行犯である乙は、甲による送迎や見張りがあったことから安心して強盗を完遂している以上、甲を共同正犯と解することもあるといえる。

よって、③には「f．**行為者が果たした役割の重要性**」が入る。

⑤ j

学生Cは、「共犯においては、結果への因果的寄与が要求される。だから、共同正犯か幇助犯かは、自己の犯罪を遂行する意思かどうかではなくて、この因果的寄与の存在を前提として、関与内容が客観的に重要なものといえるかで区別されるべきだよ」と述べている。この発言から、学生Cは、共犯の処罰根拠について、**法益侵害やその危険を間接的に惹起したことにあるとの見解（因果的共犯論）**に立つものと解される。

なぜなら、共犯の処罰根拠が「正犯者を誘惑し、犯意を抱かせたこと」にあるとの見解（責任共犯論）に立つ場合、学生Cの発言のようには考えない一方、因果的共犯論に立つ場合、共同正犯か幇助犯かは、自己の犯罪を遂行する意思かどうかではなく、この因果的寄与の存在を前提として、関与内容が客観的に重要なものといえるかで区別されるからである。

よって、⑤には「j．**法益侵害やその危険を間接的に惹起したこと**」が入る。

⑥ k 、⑦ n

学生Aは、「共同正犯といえるためには、⑥が要求されるべきである」と述べている。この点について、共同正犯の成立要件として、「実行行為の分担」は必ずしも必要ではない一方、「意思連絡」は必ず必要となる。なぜなら、判例（練馬事件・最大判昭33.5.28／百選Ⅰ［第8版］〔75〕）・通説ともに共謀共同正犯（客観的な実行行為の分担がなくても、共謀に参画した者を共同正犯として処罰する場合）の成立を認めているところ、この共謀共同正犯の成立要件として、「実行行為の分担」は不要である一方、共謀（「意思連絡」）は必要であるとしているからである。

よって、⑥には「k．**意思連絡**」が入る。

そして、学生Aは、「Cさんの立場からも、⑦が不可欠の要件になり、また、その程度が正犯性の判断に影響を及ぼすはずだ」と述べている。この点について、学生Cの立場である因果的共犯論からも、共同正犯の成立要件として「意思連絡」が必要であることに照らすと、物理的因果性のみならず「心理的因果性」も不可欠の要件となり、その程度が正犯性の判断に影響を及ぼすことになる。

よって、⑦には「n．**心理的因果性**」が入る。

以上より、①a②d③f④g⑤j⑥k⑦nとなり、正解は5となる。

全体の正答率	84.4%	肢別の選択率	1	2	3	4	5
			10.8%	0.7%	1.0%	2.4%	84.4%

MEMO

司予	一第12問	［配点2点］	実施日	／	／	／
			正誤			

遺棄の罪に関する次の【見解】についての後記アからオまでの各【記述】の
うち、誤っているものの組合せは、後記1から5までのうちどれか。

【見　解】

　遺棄とは、場所的離隔を生じさせることにより、要扶助者を保護のない状
態に置くことをいうところ、遺棄罪（刑法第217条）の「遺棄」は、要扶
助者を移動させる行為（移置）のみに限られるが、保護責任者遺棄等罪（同
法第218条）の「遺棄」は、移置のほか、置き去りのように、要扶助者の
移動を伴わず、行為者自身が移動することで要扶助者との場所的離隔を生じ
させる行為を含む。同罪の「不保護」は、場所的離隔を伴わずに、要扶助者
の生存に必要な保護を行わないことをいう。また、同罪の「保護する責任」
と不真正不作為犯における作為義務は一致する。

【記　述】

　ア．この【見解】によれば、保護責任を有しない者が置き去り行為をした場
　　合、刑法第217条で処罰することが可能である。

　イ．この【見解】に対しては、不真正不作為犯において、作為との同価値性
　　を基礎付ける要件にすぎないはずの作為義務が、加重処罰の要件である保
　　護責任と同視されており、妥当でないとの批判が可能である。

　ウ．この【見解】によれば、保護責任を有する者が要扶助者から離れ、要扶
　　助者を保護のない状況に置いた場合、刑法第218条で処罰することが可
　　能である。

　エ．この【見解】に対しては、隣り合った条文で用いられている同一の文言
　　の解釈が異なることとなり、妥当でないとの批判が可能である。

　オ．この【見解】によれば、保護責任を有する者の行為によって要扶助者の
　　生命に対する危険が具体化した場合に限り、刑法第218条で処罰するこ
　　とが可能である。

1．ア　エ　　2．ア　オ　　3．イ　ウ　　4．イ　オ　　5．ウ　エ

司 —	遺棄罪	配 点	2点
予 第12問	正解　2	部分点	—

ア ✕　【見解】によれば、遺棄罪（217）の「遺棄」は、要扶助者を移動させる行為（移置）のみに限られる。他方、置き去り行為とは、要扶助者の移動を伴わず、行為者自身が移動することで要扶助者との場所的離隔を生じさせる行為であり、保護責任者遺棄等罪（218）の「遺棄」には含まれるが、遺棄罪（217）の「遺棄」には含まれない（最判昭34.7.24参照）。

したがって、保護責任を有しない者が置き去り行為をした場合、上記のとおり、遺棄罪（217）の「遺棄」は要扶助者を移動させる行為（移置）のみに限られ、置き去り行為はこれに含まれない以上、217条で処罰することはできない。よって、刑法第217条で処罰することが可能であるとする点で、本肢は誤っている。

イ ◯　【見解】によれば、保護責任者遺棄等罪（218）の「保護する責任」と不真正不作為犯における作為義務は一致する。この【見解】に対しては、本肢のように、不真正不作為犯において、作為との同価値性を基礎付ける要件にすぎないはずの作為義務が、加重処罰の要件である保護責任と同視されており、妥当でないとの批判が可能である。よって、本肢は正しい。

ウ ◯　【見解】によれば、保護責任者遺棄等罪（218）の「遺棄」は、移置のほか、置き去り行為（要扶助者の移動を伴わず、行為者自身が移動することで要扶助者との場所的離隔を生じさせる行為）を含む。

したがって、保護責任を有する者が要扶助者から離れ、要扶助者を保護のない状況に置いた場合、このような置き去り行為は保護責任者遺棄等罪（218）の「遺棄」に含まれ、218条で処罰することが可能である。よって、本肢は正しい。

エ ◯　【見解】は、遺棄罪（217）の「遺棄」と保護責任者遺棄等罪（218）の「遺棄」の意義について、それぞれ異なる解釈をとるものである。この【見解】に対しては、本肢のように、隣り合った条文で用いられている同一の文言の解釈が異なることとなり、妥当でないとの批判が可能である。よって、本肢は正しい。

【参考文献】基本刑法Ⅱ・22〜23頁

オ ✕　【見解】は、遺棄罪（217）の「遺棄」と保護責任者遺棄等罪（218）の「遺棄」及び「不保護」の意義を述べるものにとどまっており、遺棄罪や保護責任者遺棄等罪が成立するために必要な危険の程度（具体的な危険が生じなければ遺棄罪は成立しないと解するか、あるいは抽象的な危険が生じれば遺棄罪の成立を認めてよいと解するか、など）については、何も述べていない。また、「遺棄」の意義に関して【見解】の立場に立った場合には、本肢の見解（保護責任を有する者の行為によって要扶助者の生命に対する危険が具体化した場合に限り、保護責任者遺棄等罪（218）で処罰することが可能になるとする見解）に立たなければならないという論理必然性もない。よって、【見解】によれば、保護責任を有する者の行為によって要扶助者の生命に対する危険が具体化した場合に限り、刑法第218条で処罰することが可能であるとする点で、本肢は誤っている。

以上より、誤っている肢はアとオであり、正解は2となる。

全体の 正答率	83.4%		肢別の 選択率	1	2	3	4	5
				3.7%	83.4%	2.0%	9.5%	0.7%

司 予	第14問	［配点2点］	実施日	／	／	／
			正誤			

次のアからオまでの各記述のうち、司法警察員と検察官のいずれもがなし得るものとして、誤っているものの組合せは、後記1から5までのうちどれか。

ア．緊急逮捕後の逮捕状の請求
イ．被疑者の勾留の請求
ウ．第1回公判期日前の証人尋問の請求
エ．鑑定処分許可の請求
オ．捜索差押許可状の請求

1．ア　イ　　2．ア　オ　　3．イ　ウ　　4．ウ　エ　　5．エ　オ

司	—	司法警察員と検察官のいずれもがなし得る手続	配　点	2点
予	第14問	正解　3	部分点	—

ア 司法警察員と検察官のいずれもがなし得る

　被疑者を緊急逮捕した場合、直ちに裁判官の逮捕状を求める手続をしなければならない（210Ⅰ）。この場合には、迅速な令状請求が要請されるので、通常逮捕の場合のような令状請求権者の制限（199Ⅱ参照）はなく、**検察官**はもとより、検察事務官や司法警察職員（**司法警察員・司法巡査**）であっても、逮捕状の請求をすることができる。よって、緊急逮捕後の逮捕状の請求は、司法警察員と検察官のいずれもがなし得る。
　【参考文献】酒巻・59頁

イ 検察官のみがなし得る

　被疑者の勾留の請求は、**検察官のみがなし得る**。これは、逮捕後の手続に関する規定（204、205、211、216）から明らかである。また、勾留は被疑者の身体を比較的長期間にわたって拘束する被疑者にとって不利益の大きい処分であるため、より慎重に勾留請求の要否を判断すべきであること、勾留後に被疑者を起訴する権限を有するのは検察官のみであり、起訴すべきか否かの判断に向けての捜査を行うに当たり、逮捕に引き続き被疑者の身体拘束を継続する必要があるかどうかについて判断できるのは検察官であることなどがその理由として挙げられている。
　【参考文献】ＬＱ・78〜79頁

ウ 検察官のみがなし得る

　第1回口頭弁論期日前の証人尋問の請求は、**検察官のみがなし得る**。すなわち、①犯罪の捜査に欠くことのできない知識を有すると明らかに認められる者が、参考人の取調べ（223Ⅰ）に対して、出頭又は供述を拒んだ場合（226）、②参考人の取調べ（223Ⅰ）に際して任意の供述をした者が、公判期日においては前にした供述と異なる供述をするおそれがあり、かつ、その者の供述が犯罪の証明に欠くことができないと認められる場合（227Ⅰ）には、第1回の公判期日前に限り、**検察官**は、裁判官にその者の証人尋問を請求することができる（226）。

エ 司法警察員と検察官のいずれもがなし得る

　鑑定の嘱託（223Ⅰ）を受けた者は、裁判官の許可を受けて、鑑定に必要な処分（168Ⅰ）をすることができる（**鑑定処分**、225Ⅰ）。そして、**鑑定処分許可**の請求は、**検察官**、検察事務官又は**司法警察員**からこれをしなければならない（225Ⅱ）。よって、鑑定処分許可の請求は、司法警察員と検察官のいずれもがなし得る。

オ 司法警察員と検察官のいずれもがなし得る

　検察官、検察事務官又は司法警察職員は、犯罪の捜査をするについて必要があるときは、裁判官の発する令状により、差押え、記録命令付差押え、捜索、又は検証をすることができる（218Ⅰ前段）。そして、**捜索差押許可状**などの218条1項の令状は、**検察官**、検察事務官又は**司法警察員**の請求により、これを発する（218Ⅳ）。よって、捜索差押許可状の請求は、司法警察員と検察官のいずれもがなし得る。

　以上より、司法警察員と検察官のいずれもがなし得るものとして誤っている肢はイとウであり、正解は3となる。

全体の正答率	85.4%	肢別の選択率	1	2	3	4	5
			0.7%	5.4%	85.4%	6.8%	1.4%

司予	― 第15問	［配点 2 点］	実施日	／	／	／
			正誤			

　勾留に関する次のアからオまでの各記述のうち、正しいものの組合せは、後記1から5までのうちどれか。ただし、判例がある場合には、それに照らして考えるものとする。

　　ア．裁判官は、検察官から勾留の請求を受けた被疑者について勾留の裁判をするに当たり、被疑者が逃亡した場合を除き、被疑者に対し被疑事件を告げこれに関する陳述を聴く手続を行わなければならない。

　　イ．裁判官は、検察官から勾留期間の延長の請求を受けた被疑者について勾留期間の延長の裁判をするに当たり、被疑者が逃亡した場合を除き、被疑者に対し被疑事件を告げこれに関する陳述を聴く手続を行わなければならない。

　　ウ．裁判官は、勾留されている被疑者がその被疑事実と同一の事実で公訴を提起された場合において、その勾留を継続する必要があると認めるときは、被告人が逃亡した場合を除き、被告人に対し被告事件を告げこれに関する陳述を聴く手続を行わなければならない。

　　エ．裁判所は、勾留されていない被告人について勾留の裁判をするに当たり、既に被告事件の審理の際に被告人から被告事件に関する陳述を聴いている場合には、改めて被告人に対し被告事件を告げこれに関する陳述を聴く手続を行う必要はない。

　　オ．裁判所は、勾留期間の更新の裁判をするに当たり、被告人が逃亡した場合を除き、被告人に対し被告事件を告げこれに関する陳述を聴く手続を行わなければならない。

1．ア　ウ　　2．ア　エ　　3．イ　エ　　4．イ　オ　　5．ウ　オ

司	—	勾留	配 点	2点
予	第15問	正解 2	部分点	—

ア ○ 検察官から被疑者の勾留の請求を受けた裁判官は、その処分に関し裁判所又は裁判長と同一の権限を有する（207Ⅰ本文）。この「裁判所又は裁判長と同一の権限を有する」とは、被告人勾留に関する規定（60以下）を「準用する」というのと同義である。そして、被疑者の勾留は、被疑者に対し被疑事件を告げこれに関する陳述を聴いた後でなければ、これをすることができない（**勾留質問**、61本文）。ただし、**被疑者が逃亡した場合**は、この限りでない（61但書）。よって、本肢は正しい。

イ × 裁判官は、やむを得ない事由があると認めるときは、検察官の請求により、勾留期間を延長することができる（**勾留延長**、208Ⅱ前段）。そして、**裁判官が勾留延長の裁判をするに当たり、改めて勾留質問を行わなければならないとする規定は存在しない**。よって、裁判官は、検察官から勾留期間の延長の請求を受けた被疑者について勾留期間の延長の裁判をするに当たり、被疑者に対し被疑事件を告げこれに関する陳述を聴く手続を行わなければならないとする点で、本肢は誤っている。

ウ × **勾留されている被疑者がその被疑事実と同一の事実で公訴を提起された場合**には、その公訴提起と同時にそれまでの**被疑者勾留が被告人勾留に切り替わり、特別の手続なしに被告人勾留が開始される**（208Ⅰ、60Ⅱ）。したがって、この場合において、裁判官は、被告人に対する勾留質問（61）を行う必要はない。よって、裁判官は、勾留されている被疑者がその被疑事実と同一の事実で公訴を提起された場合において、被告人に対し被告事件を告げこれに関する陳述を聴く手続を行わなければならないとする点で、本肢は誤っている。

【参考文献】酒巻・358頁

エ ○ 被告人の勾留は、被告人に対し被告事件を告げこれに関する陳述を聴いた後でなければ、これをすることができない（**勾留質問**、61本文）。もっとも、判例（最判昭41.10.19）は、「**勾留をする裁判所が、すでに被告事件の審理の際、被告事件に関する陳述を聞いている場合には、改めて刑訴法61条の……勾留質問をしなければならないものではない**」としている。よって、本肢は正しい。

オ × 勾留の期間は、公訴の提起があった日から2か月とされているが、特に継続の必要がある場合においては、裁判所は、具体的にその理由を附した決定で、1か月ごとに勾留の期間を更新することができる（**勾留更新**、60Ⅱ本文）。そして、**裁判所が勾留更新の裁判をするに当たり、改めて勾留質問を行わなければならないとする規定は存在しない**。よって、裁判所は、勾留期間の更新の裁判をするに当たり、被告人に対し被告事件を告げこれに関する陳述を聴く手続を行わなければならないとする点で、本肢は誤っている。

以上より、正しい肢はアとエであり、正解は2となる。

全体の正答率	66.1%	肢別の選択率	1	2	3	4	5
			19.0%	66.1%	3.7%	4.4%	6.1%

実施日	／	／	／
正誤			

体液等の採取に関する次のアからオまでの各記述のうち、誤っているものの組合せは、後記１から５までのうちどれか。ただし、判例がある場合には、それに照らして考えるものとする。

ア．強制採尿のための捜索差押許可状には、強制採尿は医師をして医学的に相当と認められる方法により行わせなければならない旨の条件を記載することが望ましいが、かかる記載は不可欠ではない。

イ．身体を拘束されていない被疑者を採尿場所へ任意に同行することが事実上不可能であると認められる場合には、強制採尿のための捜索差押許可状の効力として、採尿に適する最寄りの場所まで被疑者を連行することができる。

ウ．尿を任意に提出しない被疑者の体内からカテーテルを用いて強制的に尿を採取することは、被疑事件の重大性、嫌疑の存在、当該証拠の重要性とその取得の必要性、適当な代替手段の不存在等の事情に照らし、捜査上真にやむを得ないと認められる場合には、最終的手段として、適切な法律上の手続を経て行うことが許される。

エ．警察官が強盗殺人事件の捜査において、捜索差押許可状の発付を受けることなく、被疑者が不要物として公道上のゴミ集積所に排出したゴミ袋を領置することは、違法ではない。

オ．被疑者の唾液を採取する場合は、被疑者がこれを任意に提出することを承諾したとしても、唾液に含まれる口腔内細胞は遺伝情報を含むから、身体検査令状の発付を受けることなく、これを採取することはできない。

1．ア　イ　　2．ア　オ　　3．イ　ウ　　4．ウ　エ　　5．エ　オ

司	—	体液等の採取	配　点	2点
予	第16問	正解　2	部分点	—

ア ✕ 判例（最決昭55.10.23／百選［第10版］〔27〕）は、「**体内に存在する尿を犯罪の証拠物として強制的に採取する行為は捜索・差押の性質を有するものとみるべきであるから、捜査機関がこれを実施するには捜索差押令状を必要とする**と解すべきである。ただし、右行為は人権の侵害にわたるおそれがある点では、一般の捜索・差押と異なり、検証の方法としての身体検査と共通の性質を有しているので、身体検査令状に関する刑訴法218条５項［注：現６項］が右捜索差押令状に準用されるべきであって、**令状の記載要件として、強制採尿は医師をして医学的に相当と認められる方法により行わせなければならない旨の条件の記載が不可欠である**」としている。よって、強制採尿は医師をして医学的に相当と認められる方法により行わせなければならない旨の条件を記載することが望ましいが、かかる記載は不可欠ではないとする点で、本肢は誤っている。

イ ◯ 判例（最決平6.9.16／百選［第10版］〔28〕）は、「**身柄を拘束されていない被疑者を採尿場所へ任意に同行することが事実上不可能であると認められる場合には、強制採尿令状の効力として、採尿に適する最寄りの場所まで被疑者を連行することができ、その際、必要最小限度の有形力を行使することができる**ものと解するのが相当である。けだし、そのように解しないと、強制採尿令状の目的を達することができないだけでなく、このような場合に右令状を発付する裁判官は、連行の当否を含めて審査し、右令状を発付したものとみられるからである」としている。そして、肢アの解説のとおり、強制採尿に必要な令状の種類は、捜索差押許可状とされている（最決昭55.10.23／百選［第10版］〔27〕参照）。よって、本肢は正しい。

ウ ◯ 判例（最決昭55.10.23／百選［第10版］〔27〕）は、尿を任意に提出しない被疑者に対し、その尿道にカテーテルを挿入して尿を採取する方法による「強制採尿が捜査手続上の強制処分として絶対に許されないとすべき理由はなく、**被疑事件の重大性、嫌疑の存在、当該証拠の重要性とその取得の必要性、適当な代替手段の不存在等の事情に照らし、犯罪の捜査上真にやむをえないと認められる場合には、最終的手段として、適切な法律上の手続を経てこれを行うことも許されてしかるべきであ**」るとしている。よって、本肢は正しい。

エ ◯ 領置（221）は、遺留物又は任意提出物の占有を取得し保持する処分であるが、占有の取得について強制を伴わないことから、憲法35条の「押収」には含まれず、令状は不要とされる。そして、判例（最決平20.4.15／百選［第10版］〔8〕）は、「**不要物として公道上のごみ集積所に……排出されたごみについては、通常、そのまま収集されて他人にその内容が見られることはないという期待があるとしても、捜査の必要がある場合には、刑訴法221条により、これを遺留物として領置することができる**」としている。よって、本肢は正

しい。

【参考文献】ＬＱ・146～147頁、新コンメ・234頁

オ ☒ 　唾液に含まれる口腔内細胞は個人識別情報であるＤＮＡ型を含むため、被疑者の唾液を強制的に採取する場合は、ＤＮＡを含む唾液を警察官らによってむやみに採取されない利益（個人識別情報であるＤＮＡ型をむやみに捜査機関によって認識されない利益）を侵害するものとして、強制処分に当たると解されている（東京高判平28.8.23参照）。

　もっとも、本肢においては、被疑者が唾液を任意に提出することを承諾しているので、上記の利益を侵害するものとはいえない。したがって、身体検査令状の発付を受けることなく、被疑者が任意に提出した唾液を採取しても、任意処分として適法であると解される。よって、被疑者の唾液を採取する場合は、被疑者がこれを任意に提出することを承諾したとしても、身体検査令状の発付を受けることなく、これを採取することはできないとする点で、本肢は誤っている。

以上より、誤っている肢はアとオであり、正解は2となる。

全体の正答率	92.5%

肢別の選択率	1	2	3	4	5
	1.7%	92.5%	0.7%	0.7%	4.1%

MEMO

司	一	［配点２点］	実施日	／	／	／
予	第17問		正誤			

　鑑定に関する次のアからオまでの各記述のうち、正しいものの組合せは、後記１から５までのうちどれか。

　ア．鑑定人には、鑑定をする前に、宣誓をさせなければならない。

　イ．鑑定人は、鑑定について必要がある場合には、裁判所の許可を受けずに死体を解剖することができる。

　ウ．裁判所は、被告人の心神に関する鑑定をさせるについて必要があるときは、期間を定め、被告人を病院に留置することができるが、その期間を延長することはできない。

　エ．裁判所は、鑑定人に鑑定を命ずるに当たって行う尋問において、鑑定人が正当な理由がなく召喚に応じないときは、その鑑定人を勾引することができる。

　オ．裁判所は、鑑定人に対し、鑑定の経過及び結果を口頭で報告させることができる。

１．ア　イ　　２．ア　オ　　３．イ　ウ　　４．ウ　エ　　５．エ　オ

司	—	鑑定	配　点	2点
予	第17問	正解　2	部分点	—

ア ○ 　鑑定人には、**宣誓をさせなければならない**（166）。この宣誓は、鑑定の真実性及び正確性を担保するためのものであるから、**鑑定をする前に**、これをさせなければならない（規128 I ）。よって、本肢は正しい。
　【参考文献】新コンメ・352頁

イ × 　鑑定人は、鑑定について必要がある場合には、**裁判所の許可を受けて**、人の住居若しくは人の看守する邸宅、建造物若しくは船舶内に入り、身体を検査し、**死体を解剖し**、墳墓を発掘し、又は物を破壊することができる（**鑑定に必要な処分**、168 I ）。よって、鑑定人は、裁判所の許可を受けずに死体を解剖することができるとする点で、本肢は誤っている。

ウ × 　被告人の心神又は身体に関する鑑定をさせるについて必要があるときは、裁判所は、期間を定め、病院その他の相当な場所に被告人を留置することができる（**鑑定留置**、167 I ）。そして、裁判所は、必要があるときは、**留置の期間を延長し又は短縮することができる**（167Ⅳ）。よって、その期間を延長することはできないとする点で、本肢は誤っている。

エ × 　鑑定については、証人尋問に関する規定（143〜164）が準用される（171）。もっとも、鑑定人は、証人とは異なり代替性が認められるため、直接強制してまで出頭を確保する必要はないことから、勾引に関する規定は準用されない（171）。したがって、裁判所は、鑑定人に鑑定を命ずるに当たって行う尋問において、**鑑定人が正当な理由がなく召喚に応じないときであっても、その鑑定人を勾引することができない**（152参照）。よって、裁判所は、鑑定人が正当な理由がなく召喚に応じないときは、その鑑定人を勾引することができるとする点で、本肢は誤っている。
　【参考文献】新コンメ・366頁

オ ○ 　鑑定の経過及び結果は、鑑定人に鑑定書により又は口頭でこれを報告させなければならない（規129 I ）。よって、本肢は正しい。

以上より、正しい肢はアとオであり、正解は2となる。

全体の正答率	78.6%	肢別の選択率	1	2	3	4	5
			5.4%	78.6%	0.7%	1.7%	13.2%

| 司
予 | ―
第18問 | ［配点 2 点］ | 実施日 | ／ | ／ | ／ |
| | | | 正誤 | | | |

次のアからオまでの各記述のうち、正しいものの組合せは、後記 1 から 5 までのうちどれか。ただし、判例がある場合には、それに照らして考えるものとする。

ア．身体の拘束を受けている被疑者に、取調べのために出頭し滞留する義務があると解することは、直ちに被疑者からその意思に反して供述することを拒否する自由を奪うことを意味するものではない。

イ．被告人が自らの氏名を一貫して明らかにせず、刑事施設の居室番号の自署、拇印等により自己を表示し、弁護人が署名押印した弁護人選任届を提出した場合にも、被告人には自らの氏名を開示する義務はないので、その選任届が不適法として却下されることはない。

ウ．捜査機関は、犯罪の被害者を参考人として取り調べるに当たり、あらかじめ自己の意思に反して供述をする必要がない旨を告げなければならない。

エ．被告事件を審理する裁判所の裁判長は、冒頭手続において起訴状の朗読が終わった後、被告人に対し、終始沈黙し又個々の質問に対し陳述を拒むことができる旨のほか、陳述することもできる旨及び陳述をすれば自己に不利益な証拠ともなり又利益な証拠ともなるべき旨を告げなければならない。

オ．証人は、自己が刑事訴追を受けるおそれのある証言を拒むに当たり、その事由を示す必要はない。

1．ア　ウ　　2．ア　エ　　3．イ　エ　　4．イ　オ　　5．ウ　オ

司 ―	黙秘権・証言拒絶権	配 点	2点
予 第18問	正解　2	部分点	―

ア ○　判例（最大判平11.3.24／百選［第10版］〔33〕）は、「**身体の拘束を受けている被疑者に取調べのために出頭し、滞留する義務があると解することが、直ちに被疑者からその意思に反して供述することを拒否する自由を奪うことを意味するものでないことは明らかである**」としている。よって、本肢は正しい。

イ ×　判例（最大判昭32.2.20／百選［第8版］〔A19〕）は、「何人も、自己に不利益な供述を強要されない」と規定する憲法38条1項の法意について、「何人も自己が刑事上の責任を問われる虞ある事項について供述を強要されないことを保障したものと解すべきである」とした上で、**氏名は原則として不利益な事項に該当するものではない旨判示し、被告人の氏名には黙秘権が及ばない**としている。そして、同判例は、「被告人等が憲法38条1項に基づきその氏名を黙秘し、監房番号の自署、拇印等により自己を表示し弁護人が署名押印した弁護人選任届」を不適法として却下することができる旨判示している。よって、被告人には自らの氏名を開示する義務はないので、その選任届が不適法として却下されることはないとする点で、本肢は誤っている。

ウ ×　捜査機関は、犯罪の捜査をするについて必要があるときは、「被疑者以外の者」（犯罪の被害者や犯行目撃者など）に出頭を求め、これを取り調べることができる（**参考人の取調べ**、223Ⅰ）。そして、参考人の取調べの方法は、被疑者取調べの場合に準ずる（223Ⅱ）が、**黙秘権の告知**（198Ⅱ）をする必要はない（223条2項は198条2項を準用していない）。これは、当人の犯罪に関する取調べではないため、特に黙秘権を告知する必要はないとの理由に基づく。よって、捜査機関は、犯罪の被害者を参考人として取り調べるに当たり、あらかじめ自己の意思に反して供述をする必要がない旨を告げなければならないとする点で、本肢は誤っている。

【参考文献】酒巻・88頁

エ ○　被告事件の冒頭手続においては、まず、検察官による起訴状の朗読が行われる（291Ⅰ）。そして、裁判長は、起訴状の朗読が終わった後、被告人に対し、**終始沈黙し、又は個々の質問に対し陳述を拒むことができる旨**（291Ⅳ）の外、**陳述をすることもできる旨及び陳述をすれば自己に不利益な証拠ともなり又利益な証拠ともなるべき旨を告げなければならない**（291Ⅳ、規197Ⅰ）。よって、本肢は正しい。

オ ×　何人も、自己が刑事訴追を受け、又は有罪判決を受ける虞のある証言を拒むことができる（**証言拒絶権**、146）。そして、**証言を拒む者は、その証言を拒む事由を示さなければならない**（規122Ⅰ）。よって、その事由を示す必要はないとする点で、本肢は誤っている。

以上より、正しい肢はアとエであり、正解は2となる。

全体の 正答率	82.7%	肢別の 選択率	1	2	3	4	5
			7.1%	82.7%	2.0%	4.1%	3.7%

司予	― 第19問	［配点2点］	実施日	／	／	／
			正誤			

　弁護人の権限に関する次のアからオまでの各記述のうち、正しいものの組合せは、後記1から5までのうちどれか。

　ア．弁護人は、身体の拘束を受けている被疑者と立会人なくして接見することができるが、接見禁止決定がされている場合は、被疑者と接見できない。

　イ．弁護人は、勾留されている被疑者の勾留の期間を延長する裁判に対して、準抗告をすることができる。

　ウ．公判前整理手続に付された事件において、弁護人は、検察官が取調べを請求した証拠の開示を受けた後、検察官に対し、検察官が保管する証拠の一覧表の交付を請求する権利を有する。

　エ．検察官が取調べを請求した証拠について、これを証拠とすることに同意するのは、弁護人のみが有する権利である。

　オ．第一審で有罪の判決を受けた被告人の弁護人は、改めて弁護人に選任されなければ控訴をすることができない。

1．ア　ウ　　2．ア　オ　　3．イ　ウ　　4．イ　エ　　5．エ　オ

司	—	弁護人の権限	配 点	2点
予	第19問	正解　3	部分点	—

ア ✕　身体の拘束を受けている被疑者は、弁護人又は弁護人となろうとする者と立会人なくして接見することができる（**接見交通権**、39Ⅰ）。裁判所は、逃亡し又は罪証を隠滅すると疑うに足りる相当な理由があるときは、検察官の請求により又は職権で、勾留されている被疑者と「**第39条第1項に規定する者以外の者**」との接見を禁止することができる（**接見禁止決定**、207Ⅰ・81本文）。このように、接見禁止決定は、勾留されている被疑者と弁護人又は弁護人となろうとする者との接見を禁止するものではない。よって、弁護人は、接見禁止決定がされている場合は、被疑者と接見できないとする点で、本肢は誤っている。

イ 〇　裁判官が勾留に関する裁判をした場合において、不服がある者は、その裁判の取消又は変更を請求することができる（**準抗告**、429Ⅰ②）。そして、被疑者の勾留の期間を延長する裁判（208Ⅱ）は、勾留に関する裁判に当たる。また、「**不服がある者**」（429Ⅰ柱書）には、**被疑者・被告人のほか、弁護人も含まれる**（355参照）。よって、本肢は正しい。

【参考文献】条解・1117頁

ウ 〇　検察官は、事件が公判前整理手続（316の2以下）に付されたときは、その証明予定事実を証明するために用いる証拠の取調べを請求しなければならない（316の13Ⅱ）ところ、被告人又は**弁護人**は、その検察官請求証拠の開示（316の14Ⅰ）を受けた後、検察官に対し、**検察官が保管する証拠の一覧表の交付を請求することができる**（316の14Ⅱ）。よって、本肢は正しい。

エ ✕　証拠とすることの同意に関する326条1項は、同意の主体として「検察官」と「被告人」のみを明文で規定する一方、**弁護人も被告人の意思に反しない限り、包括的代理権に基づいて証拠とすることに同意することができる**と解されている。このように、**検察官が取調べを請求した証拠について、これを証拠とすることに同意するのは、被告人と弁護人である**（なお、証拠とすることの同意は証拠能力に関する法的判断であるので、被告人ではなく弁護人に同意の有無を直接確認するのが通例である）。よって、検察官が取調べを請求した証拠について、これを証拠とすることに同意するのは、弁護人のみが有する権利であるとする点で、本肢は誤っている。

【参考文献】酒巻・575頁

オ ✕　公訴の提起後における弁護人の選任は、審級ごとにこれをしなければならない（**審級代理**、32Ⅱ）のが原則である。もっとも、**原審における代理人又は弁護人は、被告人のため上訴をすることができる**（355）。したがって、第一審における被告人の弁護人は、改めて弁護人に選任されなくても、控訴をすることができる。よって、第一審で有罪の判決を受けた被告人の弁護人は、改めて弁護人に選任されなければ控訴をすることができないとする点で、本肢は誤っている。

以上より、正しい肢はイとウであり、正解は3となる。

全体の正答率	88.8%		肢別の選択率	1	2	3	4	5
				4.4%	2.7%	88.8%	2.0%	1.7%

司 予	一 第20問	［配点2点］		実施日	／	／	／
				正誤			

次の【事例】における公訴時効について述べた後記アからオまでの【記述】
のうち、正しいものの組合せは、後記1から5までのうちどれか。ただし、判
例がある場合には、それに照らして考えるものとする。

【事例】

甲及び乙は、令和3年1月5日、V方に侵入してVに暴行を加える旨の共謀
を遂げ、同日夜、V方に侵入し、同月6日未明、帰宅したVに対して暴行を加
え、傷害を負わせた。

【記述】

ア．住居侵入罪の公訴時効は令和3年1月5日から進行する。

イ．検察官が甲及び乙を傷害の事実により起訴した場合、住居侵入罪の公訴
　時効は停止しない。

ウ．検察官が乙との共謀による住居侵入、傷害の事実により甲を起訴した場
　合、乙についても、公訴時効が停止する。

エ．検察官が甲及び乙を起訴したが、両名のいずれに対しても所定の期間内
　に起訴状の謄本が送達されず、公訴が棄却された場合、公訴提起の効力が
　遡って失われることから、公訴時効は停止しなかったことになる。

オ．甲及び乙が犯行後に海外に渡航していた場合、一時的な渡航であっても、そ
　の間、公訴時効は停止する。

1．アイ　　2．アエ　　3．イウ　　4．ウオ　　5．エオ

司	—		公訴時効	配 点	2点
予	第20問		正解 4	部分点	—

ア ✕　公訴時効は、「犯罪行為が終った時」（253Ⅰ）から進行する（なお、時効期間の初日は、時間を論じないで1日としてこれを計算する（55Ⅰただし書））。また、共犯の場合には、「最終の行為が終った時」（253Ⅱ）から、すべての共犯に対して公訴時効の期間を起算する。

　本問の【事例】において、甲及び乙には住居侵入罪（刑130前段）と傷害罪（刑204）が成立し、これらは牽連犯（刑54Ⅰ後段）となる（大判明44.11.16参照）。判例（最判昭47.5.30）は、「**牽連犯において、目的行為がその手段行為についての時効期間の満了前に実行されたときは、両者の公訴時効は不可分的に最も重い刑を標準に最終行為の時より起算すべき**」であるとしている（**時効的連鎖説**）。

　本問の【事例】において、甲及び乙のVに対する暴行（目的行為）は、V宅への侵入（手段行為）についての公訴時効の満了前に実行されているので、両者の公訴時効は、最も重い刑である傷害罪を基準に、傷害（最終結果）発生時である令和3年1月6日から進行する。よって、令和3年1月5日から進行するとする点で、本肢は誤っている。

　【参考文献】ＬＱ・268〜269頁

イ ✕　公訴時効は、当該事件についてした公訴の提起によってその進行を停止する（254Ⅰ）。そして、公訴の提起による公訴時効の停止の効力は、「**公訴事実を同一にする範囲**」にまで及ぶ（最決昭56.7.14）。この点について、肢アの解説のとおり、住居侵入罪と傷害罪は牽連犯（刑54Ⅰ後段）となるので、科刑上一罪として実体法上一罪の関係が認められる。したがって、検察官が傷害の事実により起訴した場合、「公訴事実を同一にする範囲」に含まれる住居侵入罪についても、その公訴時効が停止する。よって、住居侵入罪の公訴時効は停止しないとする点で、本肢は誤っている。

ウ ◯　公訴時効は、当該事件についてした公訴の提起によってその進行を停止する（254Ⅰ）。そして、**共犯者の1人に対してした公訴の提起による公訴時効の停止は、他の共犯に対してその効力を有する**（254Ⅱ前段）。したがって、検察官が乙との共謀による住居侵入、傷害の事実により甲を起訴した場合、乙についても、公訴時効が停止する。よって、本肢は正しい。

エ ✕　裁判所は、公訴の提起があったときは、遅滞なく起訴状の謄本を被告人に送達しなければならない（271Ⅰ）。そして、**公訴の提起があった日から2か月以内に起訴状の謄本が送達されない場合には、公訴の提起は、遡ってその効力を失い**（271Ⅱ）、裁判所は、決定で公訴を棄却しなければならない（339Ⅰ①）。

　それでは、公訴の提起が遡ってその効力を失う結果、公訴時効は停止しなかったことになるのかが問題となる。判例（最決昭55.5.12／百選［第10版］〔A13〕）は、「**起訴状の謄本が同法271条2項所定の期間内に被告人に送達されな**

かったため、同法339条1項1号の規定に従い決定で公訴が棄却される場合」にも254条1項による**公訴時効の停止が認められる**旨判示している。よって、公訴時効は停止しなかったことになるとする点で、本肢は誤っている。

オ ◯ 犯人が国外にいる場合には、時効は、その国外にいる期間その進行を停止する（255Ⅰ）。そして、判例（最決平21.10.20／H21重判〔2〕）は、「**犯人が国外にいる間は、それが一時的な海外渡航による場合であっても、刑訴法255条1項により公訴時効はその進行を停止する**」としている。よって、本肢は正しい。

以上より、正しい肢はウとオであり、正解は4となる。

全体の正答率	67.8%

肢別の選択率	1	2	3	4	5
	4.7%	4.4%	6.4%	67.8%	15.9%

MEMO

司 予	—		実施日	／	／	／
	第21問	［配点2点］	正誤			

公判前整理手続に関する次のアからオまでの各記述のうち、誤っているものの組合せは、後記1から5までのうちどれか。

ア．検察官、被告人又は弁護人が事件を公判前整理手続に付することを求めたが、裁判所がその請求を却下する決定をした場合には、その検察官、被告人又は弁護人は、その却下決定に対して即時抗告をすることができる。

イ．被告人は、公判前整理手続期日に出頭する義務はなく、裁判所が被告人に対し、公判前整理手続期日に出頭することを求めることもできない。

ウ．裁判所は、裁判員裁判の対象事件については、第1回の公判期日前に、これを公判前整理手続に付さなければならない。

エ．公判前整理手続において、被告人又は弁護人は、証明予定事実その他の公判期日においてすることを予定している事実上及び法律上の主張があるときは、裁判所及び検察官に対し、これを明らかにしなければならない。

オ．公判前整理手続に付された事件については、検察官及び被告人又は弁護人は、やむを得ない事由によって公判前整理手続において請求することができなかったものを除き、当該公判前整理手続が終わった後には、証拠調べを請求することができない。

1．ア　イ　　2．ア　オ　　3．イ　エ　　4．ウ　エ　　5．ウ　オ

司	—	公判前整理手続	配 点	2点
予	第21問	正解 1	部分点	—

ア ✕ 即時抗告は、裁判所の決定に対し、法律に特別の定めがある場合に限りすることができる（419本文）。そして、裁判所が事件を公判前整理手続に付することの請求（316の２Ⅰ）を却下する決定をした場合において、**即時抗告を認める旨の規定は存在しない**。よって、検察官、被告人又は弁護人は、その却下決定に対して即時抗告をすることができるとする点で、本肢は誤っている。

イ ✕ 公判前整理手続期日に検察官又は弁護人が出頭しないときは、その期日の手続を行うことができない（316の７）。他方、被告人は、公判前整理手続期日に出頭することができる（316の９Ⅰ）ものの、出頭する義務はない。もっとも、**裁判所は、必要と認めるときは、被告人に対し、公判前整理手続期日に出頭することを求めることができる**（316の９Ⅱ）。よって、裁判所が被告人に対し、公判前整理手続期日に出頭することを求めることもできないとする点で、本肢は誤っている。

ウ ○ **裁判所は、裁判員裁判の対象事件については、第１回の公判期日前に、これを公判前整理手続に付さなければならない**（裁判員49）。よって、本肢は正しい。

エ ○ **被告人又は弁護人**は、証明予定事実を記載した書面（316の13Ⅰ）の送付を受け、かつ、検察官請求証拠及び類型証拠の開示（316の14Ⅰ、316の15ⅠⅡ）を受けた場合において、その**証明予定事実その他の公判期日においてすることを予定している事実上及び法律上の主張があるときは、裁判所及び検察官に対し、これを明らかにしなければならない**（316の17Ⅰ）。よって、本肢は正しい。

オ ○ 公判前整理手続に付された事件については、**検察官及び被告人又は弁護人**は、298条１項の規定（証拠調べの請求）にかかわらず、やむを得ない事由によって公判前整理手続において請求することができなかったものを除き、当該**公判前整理手続が終わった後には、証拠調べを請求することができない**（316の32Ⅰ）。これは、公判前整理手続における証拠整理の実効性を担保するための制限である。よって、本肢は正しい。

以上より、誤っている肢はアとイであり、正解は１となる。

全体の正答率	74.6%

肢別の選択率	1	2	3	4	5
	74.6%	6.1%	15.6%	0.7%	2.4%

司	―	［配点2点］	実施日	／	／	／
予	第22問		正誤			

　証人等の保護に関する次のアからオまでの各記述のうち、誤っているものの組合せは、後記1から5までのうちどれか。

　ア．裁判所は、弁護人が出頭している法廷で証人を尋問する場合において、証人が被告人の面前においては圧迫を受け充分な供述をすることができないと認めるときは、証人と被告人の間の遮へい措置又はビデオリンク方式が採られている場合を除き、検察官及び弁護人の意見を聴き、その証人の供述中被告人を退廷させることができる。

　イ．裁判所は、証人を尋問する場合において、証人の年齢、心身の状態その他の事情を考慮し、証人が著しく不安又は緊張を覚えるおそれがあると認めるときは、検察官及び被告人又は弁護人の意見を聴き、その不安又は緊張を緩和するのに適当であり、かつ、裁判官若しくは訴訟関係人の尋問若しくは証人の供述を妨げ、又はその供述の内容に不当な影響を与えるおそれがないと認める者を、その証人の供述中、証人に付き添わせることができる。

　ウ．裁判所は、被害者等が意見陳述をする場合において、被害者等の年齢、心身の状態その他の事情を考慮し、被害者等が著しく不安又は緊張を覚えるおそれがあると認めるときは、検察官及び被告人又は弁護人の意見を聴き、その不安又は緊張を緩和するのに適当であり、かつ、裁判官若しくは訴訟関係人の尋問若しくは被害者等の供述を妨げ、又はその供述の内容に不当な影響を与えるおそれがないと認める者を、被害者等の意見陳述中、被害者等に付き添わせることができる。

　エ．被害者特定事項を公開の法廷で明らかにしない旨の決定があったときは、検察官は、被害者特定事項を明らかにしない方法で起訴状の朗読を行い、起訴状を被告人に示さなければならない。

　オ．裁判所は、被害者特定事項を公開の法廷で明らかにしない旨の決定をすることはできるが、証人、鑑定人、通訳人又は翻訳人に係る特定事項を公開の法廷で明らかにしない旨の決定をすることはできない。

1．ア　エ　　2．ア　オ　　3．イ　ウ　　4．イ　エ　　5．ウ　オ

司	—	証人等の保護	配　点	2点
予	第22問	正解　2	部分点	—

ア ✕　裁判所は、証人を尋問する場合において、証人が被告人の面前においては圧迫を受け充分な供述をすることができないと認めるときは、弁護人が出頭している場合に限り、検察官及び弁護人の意見を聴き、その証人の供述中被告人を退廷させることができる（**被告人の退廷措置**、304の2前段）。そして、**証人尋問の際に、証人と被告人の間の遮へい措置（157の5Ⅰ）及びビデオリンク方式（157の6ⅠⅡ）が採られている場合**であっても、証人が十分な供述をすることができないことはあり得るため、裁判所は、同様に被告人の退廷措置をとることができる。よって、証人と被告人の間の遮へい措置又はビデオリンク方式が採られている場合を除き、その証人の供述中被告人を退廷させることができるとする点で、本肢は誤っている。

イ 〇　裁判所は、証人を尋問する場合において、証人の年齢、心身の状態その他の事情を考慮し、証人が著しく不安又は緊張を覚えるおそれがあると認めるときは、検察官及び被告人又は弁護人の意見を聴き、その不安又は緊張を緩和するのに適当であり、かつ、裁判官若しくは訴訟関係人の尋問若しくは証人の供述を妨げ、又はその供述の内容に不当な影響を与えるおそれがないと認める者を、その証人の供述中、証人に付き添わせることができる（**証人への付添い**、157の4Ⅰ）。よって、本肢は正しい。

ウ 〇　裁判所は、被害者等又は当該被害者の法定代理人から、被害に関する心情その他の被告事件に関する意見の陳述の申出があるときは、公判期日において、その意見を陳述させるものとする（**被害者等の意見陳述**、292の2Ⅰ）。そして、**証人への付添いに関する157条の4の規定は、被害者等の意見陳述について準用される**（292の2Ⅵ）。よって、本肢は正しい。

エ 〇　**被害者特定事項**（氏名及び住所その他の当該事件の被害者を特定させることとなる事項）を公開の法廷で明らかにしない旨の決定があった場合（**秘匿決定**、290の2ⅠⅢ）、検察官は、**被害者特定事項を明らかにしない方法で起訴状の朗読を行い、被告人に起訴状を示さなければならない**（291ⅠⅡ）。よって、本肢は正しい。

オ ✕　裁判所は、被害者特定事項を公開の法廷で明らかにしない旨の決定をすることができる（290の2ⅠⅢ）。また、裁判所は、290条の3第1項各号に掲げる場合において、証人、鑑定人、通訳人、翻訳人又は供述録取書等の供述者から申出があるときは、検察官及び被告人又は弁護人の意見を聴き、相当と認めるときは、証人等特定事項（氏名及び住所その他の当該証人等を特定させることとなる事項）を公開の法廷で明らかにしない旨の決定をすることができる（**秘匿決定**、290の3Ⅰ）。よって、証人、鑑定人、通訳人又は翻訳人に係る特定事項を公開の法廷で明らかにしない旨の決定をすることはできないとする点で、本肢は誤っている。

以上より、誤っている肢はアとオであり、正解は2となる。

全体の 正答率	44.4%	肢別の 選択率	1	2	3	4	5
			17.6%	44.4%	3.7%	10.5%	23.4%

司 予	― 第23問	［配点３点］	実施日	／	／	／
			正誤			

次のⅠ及びⅡの【見解】は、人の健康に係る公害犯罪の処罰に関する法律第５条の推定規定の意味に関するものである。【見解】に関する後記アからオまでの【記述】のうち、正しいものの組合せは、後記１から５までのうちどれか。

【見解】

Ⅰ．本条は、被告人が、公衆の生命又は身体の危険が、被告人の排出した物質によって生じたものでないことを立証できない場合には、裁判所が、その危険は、被告人の排出した物質によって生じたものと認定しなければならないことを定めたものである。

Ⅱ．本条は、被告人が、公衆の生命又は身体の危険が、被告人の排出した物質によって生じたものでないことを立証できない場合には、裁判所が、その危険は、被告人の排出した物質によって生じたものと認定することができることを定めたものである。

【記述】

ア．Ⅰの見解は、本条は、物質の排出と公衆の生命又は身体の危険の発生との因果関係につき、被告人に挙証責任を転換する規定であるとするものである。

イ．Ⅰの見解は、被告人は、自らが排出した物質によって公衆の生命又は身体の危険が生じたものではないことを、合理的な疑いを超える程度に立証しなければならないとするものである。

ウ．Ⅱの見解によれば、被告人が、自らが排出した物質によって公衆の生命又は身体の危険が生じたものではないことを立証できなかった場合に、その危険が被告人の排出した物質によって生じたものと認定するかどうかは、裁判所の裁量に委ねられることになる。

エ．Ⅱの見解に対しては、それによると、本条は「疑わしきは被告人の利益に」の原則に反することになるとする批判がある。

オ．Ⅱの見解は、本条は、被告人が、自らが排出した物質によって公衆の生命又は身体の危険が生じていないという立証ができないことを、一つの情況証拠とすることを認める規定であるとするものである。

１．アウ　２．アオ　３．イウ　４．イエ　５．エオ

（参照条文）人の健康に係る公害犯罪の処罰に関する法律

第５条　工場又は事業場における事業活動に伴い、当該排出のみによつても公衆の生命又は身体に危険が生じうる程度に人の健康を害する物質を排出した者がある場合において、その排出によりそのような危険が生じうる地域内に同種の物質による公衆の生命又は身体の危険が生じているときは、その危険は、その者の排出した物質によつて生じたものと推定する。

司	—	公害罪法５条の推定規定の意味	配 点	3点
予	第23問	正解　2	部分点	—

ア ○　ある事実（前提事実）の存在を条件に、まだ証明されていない他の事実（推定事実）を「推定する」旨の規定がある場合、このような規定による推定を、**法律上の推定**という。そして、法律上の推定のうち、被告人による推定事実についての反証を認めるものを、**反証を許す法律上の推定**といい、「人の健康に係る公害犯罪の処罰に関する法律」（以下「公害罪法」という。）第５条は、反証を許す法律上の推定の一例である。

　　Ⅰの見解は、いわゆる**義務的推定説**と呼ばれる見解である。検察官は、推定事実の存在について実質的挙証責任を負うところ、Ⅰの見解は、検察官が前提事実を証明した場合には、推定事実の存在についての実質的挙証責任が被告人に転換されるものと解する。したがって、Ⅰの見解は、公害罪法５条は、検察官が前提事実（公害物質を排出した者がおり、排出による危険が生じうる地域内で公衆の生命又は身体の危険が発生していること）を証明した場合には、推定事実（物質の排出と公衆の生命又は身体の危険の発生との因果関係）の実質的挙証責任を被告人に転換する規定であると解することになる。よって、本肢は正しい。

　　【参考文献】酒巻・492頁、ＬＱ・467〜469頁、上口・359〜360頁

イ ✕　Ⅰの見解（義務的推定説）は、公害罪法５条は、被告人が推定事実の不存在を立証できない場合には、裁判所は推定事実を認定しなければならない旨定めたものとするにとどまり、被告人に必要とされる立証の程度について言及するものではない。よって、Ⅰの見解は、被告人は、自らが排出した物質によって公衆の生命又は身体の危険が生じたものではないことを、合理的な疑いを超える程度に立証しなければならないとするものであるとする点で、本肢は誤っている。

ウ ✕　Ⅱの見解は、いわゆる**許容的推定説**と呼ばれる見解である。Ⅱの見解（許容的推定説）は、**被告人が推定事実について必要な反証を行わないとき、裁判所は、検察官が証明した前提事実の存在に加え、被告人が推定事実について反証できなかったという事実を間接証拠（情況証拠）として併せて考慮し、推定事実の存在について合理的な疑いを容れない程度の心証を得たときには、推定事実を認定することができる**と解するものである。

　　Ⅱの見解によれば、検察官が証明した前提事実の存在に加え、被告人が推定事実について反証できなかったという事実をも併せて考慮してもなお、推定事実の存否が不明であるという場合には、裁判所は推定事実を認定することができないことになる。したがって、このような場合にもかかわらず、裁判所が裁量によって推定事実が存在するものと認定することはできない。よって、裁判所の裁量に委ねられることになるとする点で、本肢は誤っている。

　　【参考文献】酒巻・493頁、ＬＱ・469〜470頁

エ ✕ 　Ⅱの見解（許容的推定説）は、検察官が前提事実を証明した場合であっても、推定事実の実質的挙証責任を被告人に転換するものではないため、「**疑わしきは被告人の利益に**」**の原則**（利益原則）**との抵触はない。**この批判は、検察官が前提事実を証明した場合には、推定事実の存在についての実質的挙証責任が被告人に転換されるものと解するⅠの見解（義務的推定説）に対してなされるものである。よって、Ⅱの見解に対しては、本条は「疑わしきは被告人の利益に」の原則に反することになるとする批判があるとする点で、本肢は誤っている。

　　　　【参考文献】酒巻・493頁、ＬＱ・469～470頁

オ ◯ 　肢ウの解説のとおり、Ⅱの見解（許容的推定説）は、**被告人が推定事実について必要な反証を行わないとき、裁判所は、検察官が証明した前提事実の存在に加え、被告人が推定事実について反証できなかったという事実を間接証拠（情況証拠）として併せて考慮し、推定事実の存在について合理的な疑いを容れない程度の心証を得たときには、推定事実を認定することができる**と解するものである。したがって、Ⅱの見解によれば、公害罪法5条は、被告人が自らが排出した物質によって公衆の生命又は身体の危険が生じていないという立証ができないことを、一つの情況証拠とすることを認める規定であると解することになる。よって、本肢は正しい。

　　　　【参考文献】酒巻・493頁

以上より、正しい肢はアとオであり、正解は2となる。

全体の 正答率	15.6%		肢別の 選択率	1	2	3	4	5
				47.5%	15.6%	25.1%	6.8%	4.7%

MEMO

司予	— 第24問	［配点３点］	実施日	／	／	／
			正誤			

　違法収集証拠排除法則に関する次のアからオまでの各記述のうち、正しいものには１を、誤っているものには２を選びなさい。ただし、判例がある場合には、それに照らして考えるものとする。

　ア．違法に収集された証拠物の証拠能力については、刑事訴訟法に何らの規定も置かれていないので、この問題は、刑事訴訟法の解釈ではなく、憲法の解釈に委ねられている。

　イ．違法収集証拠排除法則の目的は、法の適正な手続を保障し司法の廉潔さを保持することであって、将来における違法捜査を抑制することではない。

　ウ．違法に収集された証拠物の証拠能力が否定されるかの判断に当たって、捜査の違法の程度は考慮されるが、当該証拠の重要性は考慮されない。

　エ．違法に収集された証拠物の証拠能力が否定されるかの判断に当たって、捜査機関が当該証拠の押収までに行ったことは考慮されるが、押収後に行ったことが考慮されることはない。

　オ．違法な逮捕に引き続く身体拘束中に覚醒剤使用の証拠となる尿を被疑者が任意提出した場合、逮捕が覚醒剤使用ではなく窃盗を理由とするものであれば、尿の証拠能力は否定されない。

司 —	違法収集証拠排除法則	配 点	3点
予 第24問	正解 2，2，2，2，2	部分点	4問正解で 部分点2点

ア ✕ 　判例（最判昭53.9.7／百選［第10版］〔90〕）は、「違法に収集された証拠物の証拠能力については、憲法及び刑訴法になんらの規定もおかれていないので、この問題は、**刑訴法の解釈に委ねられている**」としている。よって、刑事訴訟法の解釈ではなく、憲法の解釈に委ねられているとする点で、本肢は誤っている。

イ ✕ 　判例（最判昭53.9.7／百選［第10版］〔90〕）は、違法収集証拠排除の判断基準について、「証拠物の押収等の手続に、憲法35条及びこれを受けた刑訴法218条1項等の所期する**令状主義の精神を没却するような重大な違法があり、これを証拠として許容することが、将来における違法な捜査の抑制の見地からして相当でないと認められる場合**においては、その証拠能力は否定される」としている。したがって、違法収集証拠排除法則の目的には、法の適正な手続を保障し司法の廉潔さを保持することのみならず、将来における違法捜査を抑制することも含まれる。よって、将来における違法捜査を抑制することではないとする点で、本肢は誤っている。

ウ ✕ 　肢イの解説のとおり、判例（最判昭53.9.7／百選［第10版］〔90〕）は、違法収集証拠排除の判断基準について、①令状主義の精神を没却するような重大な違法があること（違法の重大性）、②将来の違法捜査の抑制の見地から相当でないこと（排除相当性）を掲げている。そして、これらを検討する際には、手続違反の程度、違反がなされた状況、違反の有意性、頻発の度合い、証拠採取との因果関係の程度、証拠の重要性、事件の重大性等の諸要素を総合して判断するものと解されている。判例（最判平15.2.14／百選［第10版］〔92〕）も、派生的証拠の証拠能力について、「その収集手続に重大な違法があるとまではいえず、その他、これらの**証拠の重要性等諸般の事情を総合すると、その証拠能力を否定することはできない**」としており、捜査の違法の程度のみならず、当該証拠の重要性も考慮して、違法収集証拠の証拠能力を判断している。よって、当該証拠の重要性は考慮されないとする点で、本肢は誤っている。

【**参考文献**】LＱ・423〜424頁、上口・429〜430頁

エ ✕ 　判例（最判平15.2.14／百選［第10版］〔92〕）は、尿の鑑定書の証拠能力について、「**本件逮捕には、逮捕時に逮捕状の呈示がなく、逮捕状の緊急執行もされていない……という手続的な違法があるが、それにとどまらず、警察官は、その手続的な違法を糊塗するため、……逮捕状へ虚偽事項を記入し、内容虚偽の捜査報告書を作成し、更には、公判廷において事実と反する証言をしている**」という逮捕後に生じた事情をも考慮した上で、「本件の経緯全体を通して表れた……警察官の態度を総合的に考慮すれば、本件逮捕手続の違法の程度は、令状主義の精神を潜脱し、没却するような重大なものであると評価されてもやむを得ない」のであり、「このような違法な逮捕に密接に関連する証拠を許容す

ることは、将来における違法捜査抑制の見地からも相当でない」として、「重大な違法があると評価される本件逮捕と密接な関連を有する証拠」の証拠能力を否定している。

この判例は、逮捕手続自体の客観的違法性が認められる場合において、当該逮捕手続の遂行当時における警察官らの主観的違法性の高さを推認させる資料として、上記のような逮捕後に生じた事情をも考慮しているものと解される。この判例に照らすと、違法収集証拠の証拠能力が否定されるかの判断に当たって、捜査機関が当該証拠の押収後に行った事情が考慮されることはないとはいえない。よって、押収後に行ったことが考慮されることはないとする点で、本肢は誤っている。

【参考文献】ＬＱ・429〜430頁

オ ✕ 判例（最判平15.2.14／百選［第10版]〔92〕）は、本肢と同様の事案において、「このような**違法な逮捕に密接に関連する証拠を許容することは、将来における違法捜査抑制の見地からも相当でない**」とした上で、違法な逮捕に引き続く身体拘束中に覚醒剤使用の証拠となる尿を被疑者が任意提出した場合、その尿は「**重大な違法があると評価される本件逮捕と密接な関連を有する証拠**」であるとして、その**証拠能力を否定している**。よって、逮捕が覚醒剤使用ではなく窃盗を理由とするものであれば、尿の証拠能力は否定されないとする点で、本肢は誤っている。

以上より、正解はアから順に2、2、2、2、2となる。

全体の 正答率	35.6%

肢別の 正答率	ア	イ	ウ	エ	オ
	84.4%	93.9%	82.0%	87.1%	61.7%

MEMO

司予	― 第25問	［配点3点］	実施日	／	／	／
			正誤			

　次のⅠないしⅢの【見解】は、刑事訴訟法第319条第1項で任意にされた
ものでない疑いのある自白を証拠とすることができないと定められている根
拠に関するものである。【見解】に関する後記アからオまでの【記述】のうち、
正しいものには1を、誤っているものには2を選びなさい。

【見解】
　Ⅰ．任意にされたものでない疑いのある自白は、その内容が虚偽であるおそ
　　れがあり、誤判防止のため排除されるべきとする見解
　Ⅱ．任意にされたものでない疑いのある自白は、黙秘権を保障するため排除
　　されるべきとする見解
　Ⅲ．任意にされたものでない疑いのある自白は、違法な手続により得られた
　　結果として排除されるべきとする見解

【記述】
　ア．Ⅰの見解に対しては、自白の内容が真実と認められれば、証拠として許
　　容されることになるのではないかとの批判がある。
　イ．Ⅱの見解に対しては、供述者の主観的な心理状態に関する事実認定が困
　　難であるという批判がある。
　ウ．Ⅲの見解に対しては、違法な手続により得られた自白の全てが任意にさ
　　れたものでない疑いがあるとはいえないから、そのような自白が全て刑事訴
　　訟法第319条第1項により排除されるとするのであれば、規定の文言上
　　無理があるという批判がある。
　エ．ⅠとⅡの見解によれば、強制等による自白や不当に長く抑留又は拘禁さ
　　れた後の自白を不任意自白の例示とみることができる。
　オ．Ⅲの見解によると、被告人側から取調官側に視点を移して、自白獲得手
　　段自体の違法性に着目することになり、刑事訴訟法第319条第1項が「強
　　制、拷問又は脅迫」、「不当に長く抑留又は拘禁」などと、自白獲得の手段
　　を列挙していることにも合致すると主張することができる。

司 —	自白法則の根拠	配　点	3点
予第25問	正解　1、1、1、1、1	部分点	4問正解で部分点2点

ア ○　Ⅰの見解は、いわゆる**虚偽排除説**と呼ばれる見解である。Ⅰの見解に対しては、自白の内容が真実と認められれば、たとえ**任意にされたものでない疑いのある自白**であっても、誤判防止の観点からすれば排除する必要はないことになるから、**証拠として許容されることになるのではないか**との批判がなされている。よって、本肢は正しい。

　　　【参考文献】ＬＱ・436頁

イ ○　Ⅱの見解は、いわゆる**人権擁護説**と呼ばれる見解である。Ⅱの見解は、任意にされたものでない疑いのある自白は、黙秘権を侵害して得られたものであるから、このような自白の証拠能力は否定すべきであるとする。Ⅱの見解に対しては、**任意性という供述者の主観的な心理状態に関する事実の存否を判断することは困難である**という批判がなされている。よって、本肢は正しい。

　　　【参考文献】ＬＱ・436頁

ウ ○　Ⅲの見解は、いわゆる**違法排除説**と呼ばれる見解である。Ⅲの見解は、違法な手続により得られた自白は、任意にされたものでない疑いのある自白であるので、自白獲得手段自体の適正性を担保するため、このような自白の証拠能力は否定すべきであるとする。Ⅲの立場に対しては、**違法な手続により得られた自白の全てが任意にされたものでない疑いがあるとはいえないから、そのような**自白が全て319条1項により排除されるとするのであれば、**「任意」性の要件を求める319条1項の文言上無理がある**という批判がなされている。よって、本肢は正しい。

　　　【参考文献】ＬＱ・437頁

エ ○　肢アイの解説のとおり、Ⅰの見解（虚偽排除説）とⅡの見解（人権擁護説）のいずれの立場も、自白の任意性の有無が自白の証拠能力の有無を判断する基準となる見解（いわゆる**任意性説**）である。そして、任意性説によれば、**「強制、拷問又は脅迫による自白」や「不当に長く抑留又は拘禁された後の自白」**（319Ⅰ）も、**不任意自白の例示**とみることができる。よって、本肢は正しい。

　　　【参考文献】ＬＱ・436頁

オ ○　Ⅲの見解（違法排除説）は、Ⅰの見解（虚偽排除説）やⅡの見解（人権擁護説）とは異なり、自白の証拠能力を判断するに当たって、自白する被告人側の心理状態（自白の任意性）ではなく、被告人を聴取する取調官側の態度・方法（自白獲得手段自体の違法性）に着目するものであるが、これは、「強制、拷問又は脅迫による自白」や「不当に長く抑留又は拘禁された後の自白」（319Ⅰ）など、**自白獲得の手段を列挙する319条1項の解釈として最も素直である**といえる。よって、本肢は正しい。

　　　【参考文献】ＬＱ・436〜437頁

以上より、正解はアから順に1、1、1、1、1となる。

全体の正答率	28.8%	肢別の正答率	ア	イ	ウ	エ	オ
			94.6%	66.1%	87.5%	58.3%	91.5%

司予	一第26問	［配点3点］	実施日	／	／	／
			正誤			

　自白の補強証拠に関する次のアからオまでの各記述のうち、誤っているものは幾つあるか。後記1から6までのうちから選びなさい。ただし、判例がある場合には、それに照らして考えるものとする。

　ア．補強証拠は、自白に係る犯罪組成事実の全部にわたって、もれなく、これを裏付けするようなものでなければならないわけではなく、自白に係る事実の真実性を保障し得るものであれば足りる。

　イ．無免許運転の罪においては、運転行為のみならず、運転免許を受けていなかったという事実についても、被告人の自白のほかに、補強証拠が必要である。

　ウ．自白以外の補強証拠によって、既に犯罪の客観的事実が認められ得る場合においては、犯意や知情といった犯罪の主観面について、自白が唯一の証拠であっても差し支えない。

　エ．自白以外の補強証拠によって、犯罪が架空のものではなく、現実に行われたものであることが証明される場合においても、被告人の自白した犯罪が被告人によって行われたという、犯罪と被告人との結び付きについては、補強証拠が必要である。

　オ．補強証拠の証明力については、自白と補強証拠とが相まって犯罪構成要件たる事実を総体的に認定することができればそれで足り、補強証拠だけでその事実を立証できる程度の証明力までは必要ない。

1．0個　　2．1個　　3．2個　　4．3個　　5．4個　　6．5個

司 —	自白の補強証拠	配 点	3点
予 第26問	正解 2	部分点	—

ア ○ 判例（最判昭23.10.30）は、「自白を補強すべき証拠は、必ずしも自白にかかる犯罪組成事実の全部に亘って、もれなく、これを裏付けするものでなければならぬことはなく、**自白にかかる事実の真実性を保障し得るものであれば足る**」としている。よって、本肢は正しい。

イ ○ 判例（最判昭42.12.21／百選［第10版］〔77〕）は、「無免許運転の罪においては、**運転行為のみならず、運転免許を受けていなかったという事実についても、被告人の自白のほかに、補強証拠の存在することを要する**」としている。よって、本肢は正しい。

ウ ○ 判例（最判昭24.4.7）は、「自白以外の補強証拠によって、すでに犯罪の客観的事実が認められ得る場合においては、……犯意とか知情とかいう**犯罪の主観的部面については、自白が唯一の証拠であっても差支えない**」としている。よって、本肢は正しい。

エ × 判例（最判昭24.7.19）は、「いわゆる自白の補強証拠というものは、被告人の自白した犯罪が架空のものではなく、現実に行われたものであることを証するものであれば足りるのであって、その犯罪が被告人によって行われたという**犯罪と被告人との結びつきまでをも証するものであることを要するものではない**」としている。よって、被告人の自白した犯罪が被告人によって行われたという、犯罪と被告人との結び付きについては、補強証拠が必要であるとする点で、本肢は誤っている。

オ ○ 補強法則の証明力については、**相対説**（自白と補強証拠とが相まって全体として犯罪事実を証明できる程度であれば足りると解する立場）と絶対説（自白と切り離して補強証拠だけでその事実を立証できる程度の証明力が必要であると解する立場）が主張されているところ、判例（最判昭24.4.7）は、「各具体的な事件においては、被告人の自白と補強証拠と相待って、犯罪構成要件たる事実を総体的に認定することができれば、それで十分事足る」として、相対説の立場に立っている。よって、本肢は正しい。

【参考文献】 ＬＱ・453～454頁

以上より、誤っている肢はエの1個であり、正解は2となる。

全体の正答率	50.5%	肢別の選択率	1	2	3	4	5	6
			16.6%	50.5%	21.4%	4.7%	3.1%	1.4%

付　録

司法試験
民法の正解及び配点

問	解答	配点	備考	○×チェック	問	解答	配点	備考	○×チェック
1	2	2			20	4	2		
2	3	2			21	4	2		
3	4	2			22	5	2		
4	1	2			23	4	2		
5	2	2			24	3	2		
6	4	2			25	4	2		
7	1	2			26	5	2		
8	5	2			27	3	2		
9	3	2			28	3	2		
10	5	2			29	3	2		
11	4	2			30	3	2		
12	3	2			31	4	2		
13	2	2			32	3	2		
14	2	2			33	5	2		
15	3	3			34	5	2		
16	4	2			35	3	2		
17	4	2			36	5	2		
18	3	2			37	4	2		
19	2	2			満点			75	

司法試験
憲法の正解及び配点

問	解答	配点	備考	○×チェック	問	解答	配点	備考	○×チェック
1	6	2				1		2問正解で	
2	6	2			11	2	3	部分点1点	
3	1	3	2問正解で 部分点1点			2			
	2				12	7	2		
	1				13	7	2		
4	2	3	2問正解で 部分点1点		14	1	3	2問正解で 部分点1点	
	2					2			
	1					2			
5	8	2			15	2	3	2問正解で 部分点1点	
6	4	2				1			
7	1	3	2問正解で 部分点1点			1			
	2				16	5	2		
	2				17	1	3	2問正解で 部分点1点	
8	6	2				1			
9	2	3	2問正解で 部分点1点			2			
	1				18	3	2		
	2				19	7	2		
10	1	3	2問正解で 部分点1点		20	1	3	2問正解で 部分点1点	
	2					2			
	2					1			
					満点			50	

司法試験
刑法の正解及び配点

問	解答	配点	備 考	○×チェック	問	解答	配点	備 考	○×チェック
1	1	3	順 不 同			2			
	3		（部分点なし）			1		4問正解で	
2	3	2			15	1	4	部分点2点	
3	1	4	4問正解で 部分点2点			1			
	2					1			
	1				16	1	2		
	2				17	3	3	順 不 同	
	1					5		（部分点なし）	
4	2	3	順 不 同		18	4	2		
	4		（部分点なし）		19	4	2		
5	5	2			20	2	4	4問正解で 部分点2点	
6	1	2				2			
7	3	2				1			
8	2	2				2			
9	2	3	順 不 同			2			
	3		（部分点なし）		満 点		50		
10	4	2							
11	4	2							
12	5	2							
13	1	2							
14	2	2							

予備試験
民法・商法・民事訴訟法の正解及び配点

問	解答	配点	備　考	○×チェック	問	解答	配点	備　考	○×チェック
1	2	2			31	3	2		
2	1	2			32	2	2	順　不　同	
3	5	2				5		（部分点1点）	
4	5	2			33	4	2		
5	5	2			34	3	2	順　不　同	
6	4	2				4		（部分点1点）	
7	2	2			35	1	2		
8	4	2			36	5	2		
9	4	2			37	4	2		
10	4	2			38	2	2		
11	4	2			39	1	2	順　不　同	
12	5	2				3		（部分点1点）	
13	3	2			40	2	2	順　不　同	
14	3	2				4		（部分点1点）	
15	5	2			41	2	2		
16	4	2			42	2	2	順　不　同	
17	2	2				4.		（部分点1点）	
18	3	2			43	3	2		
19	5	2			44	1	2		
20	4	2			45	5	2		
21	1	2							
22	1	2							
23	2	2							
24	4	2							
25	4	2							
26	2	2							
27	3	2							
28	2	2							
29	2	2							
30	1	2							

予備試験
憲法・行政法の正解及び配点

問	解答	配点	備 考	○×チェック	問	解答	配点	備 考	○×チェック
1	4	2			13	8	2		
2	1	3	2問正解で部分点1点		14	4	2		
	1				15	1	3	3問正解で部分点2点	
	2					2			
3	2	3	2問正解で部分点1点			1			
	2					2			
	1				16	1	3	3問正解で部分点2点	
4	8	2				2			
5	6	2				1			
6	2	3	2問正解で部分点1点		17	8	2		
	1				18	3	2		
	2				19	3	2		
7	1	3	2問正解で部分点1点		20	1	3	3問正解で部分点2点	
	2					2			
	2					1			
8	7	2			21	1	3	3問正解で部分点2点	
9	1	3	2問正解で部分点1点			2			
	2					2			
	2					1			
10	4	2			22	2	3	3問正解で部分点2点	
11	1	3	2問正解で部分点1点			1			
	1					3			
	2				23	6	2		
12	7	2			24	2	3	3問正解で部分点2点	
						1			
						2			
						2			

予備試験
刑法・刑事訴訟法の正解及び配点

問	解答	配点	備考	○×チェック
1	2, 4	3	順不同（部分点なし）	
2	1	2		
3	5	2		
4	4	2		
5	2	2		
6	3	2		
7	5	2		
8	3, 5	3	順不同（部分点なし）	
9	4	2		
10	2	2		
11	1	2		
12	2	2		
13	2, 2, 1, 2, 2	4	4問正解で部分点2点	

問	解答	配点	備考	○×チェック
14	3	2		
15	2	2		
16	2	2		
17	2	2		
18	2	2		
19	3	2		
20	4	2		
21	1	2		
22	2	2		
23	2	3		
24	2, 2, 2, 2, 2	3	4問正解で部分点2点	
25	1, 1, 1, 1, 1	3	4問正解で部分点2点	
26	2	3		

司法試験&予備試験
単年度版 短答過去問題集（法律基本科目）令和4年

2022年8月15日　第1版　第1刷発行
　　　編著者●株式会社　東京リーガルマインド
　　　　　　LEC総合研究所　司法試験部

　　　発行所●株式会社　東京リーガルマインド
　　　　　　〒164-0001　東京都中野区中野4-11-10
　　　　　　　　　　　アーバンネット中野ビル
　　　　　　LECコールセンター　　0570-064-464
　　　　　　　受付時間　平日9：30〜20：00/土・祝10：00〜19：00/日10：00〜18：00
　　　　　　　※このナビダイヤルは通話料お客様ご負担となります。
　　　　　　書店様専用受注センター　TEL 048-999-7581 / FAX 048-999-7591
　　　　　　　受付時間　平日9：00〜17：00/土・日・祝休み
　　　　　　www.lec-jp.com/

　　　印刷・製本●株式会社シナノパブリッシングプレス

INPUT

司法試験&予備試験対策シリーズ
2023年版 司法試験&予備試験
完全整理択一六法

徹底した判例と条文の整理・理解に！
逐条型テキストの究極形『完択』シリーズ。

	定価
憲法	本体2,600円+税
民法	本体3,300円+税
刑法	本体2,600円+税
商法	本体3,300円+税
民事訴訟法	本体2,600円+税
刑事訴訟法	本体2,600円+税
行政法	本体2,600円+税

司法試験&予備試験対策シリーズ
C-Book【改訂新版】

短答式・論文式試験に必要な知識を整理！
初学者にもわかりやすい法律独習用テキストの決定版。

	定価
民法Ⅰ〈総則〉	本体3,200円+税
民法Ⅱ〈物権〉	本体3,500円+税
民法Ⅲ〈債権総論〉	本体3,200円+税
民法Ⅳ〈債権各論〉	本体3,800円+税
民法Ⅴ〈親族・相続〉	本体3,500円+税

全11巻 ラインナップ

1. 憲法Ⅰ〈総論・人権〉
2. 憲法Ⅱ〈統治〉
3. 民法Ⅰ〈総則〉
4. 民法Ⅱ〈物権〉
5. 民法Ⅲ〈債権総論〉
6. 民法Ⅳ〈債権各論〉
7. 民法Ⅴ〈親族・相続〉
8. 刑法Ⅰ〈総論〉
9. 刑法Ⅱ〈各論〉
10. 商法Ⅰ
11. 商法Ⅱ

今後の発刊予定はこちらで
ご覧になれます。(随時更新)
https://www.lec-jp.com/
shihou/book/

※画像はイメージです。※上記の内容は事前の告知なしに変更する場合があります。

OUTPUT

司法試験＆予備試験 **単年度版**
短答過去問題集（法律基本科目）

短答式試験（法律基本科目のみ）
の問題と解説集。

	定価
令和元年	本体2,600円+税
令和2年	本体2,600円+税
令和3年	本体2,600円+税
令和4年	本体3,000円+税

司法試験＆予備試験
体系別短答過去問題集【第2版】

司法試験・予備試験で実施され
た短答式試験を体系別に収録。
わかりやすくコンパクトな解説
で学習効率を向上させる。

	定価
憲法	本体3,200円+税
民法	本体5,000円+税
刑法	本体3,500円+税

司法試験＆予備試験 **論文過去問**
再現答案から出題趣旨を読み解く。
※単年度版

出題趣旨を制することで論文式
試験を制する！
各年度再現答案を収録。

	定価
令和元年	本体3,500円+税
令和2年	本体3,500円+税
令和3年	本体3,500円+税

司法試験＆予備試験 **論文5年過去問**
再現答案から出題趣旨を読み解く。
※平成27年～令和元年

5年分の論文式
試験再現答案
を収録。

	定価		定価
憲法	本体2,900円+税	刑事訴訟法	本体2,900円+税
民法	本体3,500円+税	行政法	本体2,900円+税
刑法	本体2,900円+税	法律実務基礎科目・一般教養科目(予備試験)	本体2,900円+税
商法	本体2,900円+税		
民事訴訟法	本体2,900円+税		

【速修】矢島の速修インプット講座

 Input

講義時間数

144時間

憲法	20時間	民訴法	16時間
民法	32時間	刑訴法	16時間
刑法	28時間	行政法	16時間
会社法	16時間		

通信教材発送／Web・音声DL配信開始日

2022/7/4（月）以降、順次

Web・音声DL配信終了日

2023/9/30（土）

使用教材

矢島の体系整理テキスト2023
※レジュメのPDFデータはWebup致しませんのでご注意ください。

タイムテーブル

講義 4時間	途中10分休憩あり

担当講師

矢島 純一
LEC専任講師

おためしWeb受講制度

おためしWEB受講制度をお申込みいただくと、講義の一部を無料でご受講いただけます。

詳細はこちら→

矢島講座ラインナップ

【速修】矢島の 速修インプット講座	【論完】矢島の 論文完成講座
【短答】矢島の 短答対策シリーズ	【最新】矢島の最新 過去問&ヤマ当て講座
【スピチェ】矢島の スピードチェック講座	選択科目総整理講座 【矢島の労働法】

講座概要

　本講座（略称：矢島の【速修】）は、既に学習経験がある受験生や、ほとんど学習経験がなくても短期間で試験対策をしたいという受験生が、**合格するために修得が必須となる事項を効率よくインプット学習するための講座**です。**合格に必要な重要論点や判例の分かりやすい解説**により科目全体の**本質的な理解を深める講義**と、覚えるべき規範が過不足なく記載され**自然と法的三段論法を身に付けながら知識を修得できるテキスト**が両輪となって、**本試験に対応できる実力**を養成できます。忙しい毎日の通勤通学などの隙間時間で講義を聴いたり、復習の際にテキストだけ繰り返し読んだり、自分のペースで無理なく合格に必要な全ての重要知識を身に付けられるようになっています。また、本講座は**直近の試験の質に沿った学習ができる**よう、**テキストや講義の内容を毎年改訂**しているので、本講座を受講することで**直近の試験考査委員が受験生に求めている知識の質と広さを理解することができ**、試験対策上、誤った方向に行くことなく、**常に正しい方向に進んで確実に合格する力**を修得することができます。

講座の特長

1 重要事項の本質を短期間で理解するメリハリある講義

　最大の特長は、**分かりやすい講義**です。全身全霊を受験指導に傾け、寝ても覚めても法律のことを考えている矢島講師の講義は、思わず惹き込まれるほど面白く分かりやすいので、忙しい方でも途中で挫折することなく受講できると好評を博しています。講義中は、日頃から過去問研究をしっかりとしている矢島講師が、**試験で出題されやすい事項を、試験で出題される質を踏まえて解説する**ため、講義を聴いているだけで**確実に合格に近づく**ことができます。

2 司法試験の合格レベルに導く質の高いテキスト

　使用する**テキスト**は、全て矢島講師が責任をもって作成しており、合格に必要な重要知識が体系ごとに整理されています。受験生に定評のある基本書、判例百選、重要判例集、論証集の内容が**コンパクト**にまとめられており、試験で出題されそうな事項を「矢島の体系整理テキスト」だけで学べます。矢島講師が**過去問をしっかりと分析した上で、合格に必要な知識をインプット**できるようにテキストを作成しているので、試験に不必要な情報は一切なく、合格に直結する知識を短時間で効率よく吸収できるテキストとなっています。すべての知識に**重要度のランク付け**をしているため一目で覚えるべき知識が分かり、受験生が講義を復習しやすい工夫もされています。また、テキストの改訂を毎年行い、**法改正や最新判例に完全に対応**しています。

3 短答対策だけでなく論文対策にも直結するインプットを実現

　論文試験では、**問題文中の事実に評価を加えた上で法的な規範にあてはめて一定の結論を導くという法的三段論法をする能力**の有無が問われます。論文試験に通用する学力を修得するには、知識のインプットの段階でも、法的三段論法をするために必要な知識を修得しているということを**意識することが重要**です。矢島の【速修】のテキストは、論文試験で書く重要な論点については、規範と当てはめを区別して記載しており、**講義では規範のポイントや当てはめの際の事実の評価の仕方のコツを分かりやすく**説明しています。講師になってからも論文の答案を書き続けている矢島講師にしかできない質の高いインプット講義を聴いて、**合格に必要な法的三段論法をする能力を身に付けて合格を確実なもの**としてください！

通学スケジュール ☐ 無料で講義を体験できます。

科目	回数	日程
憲法	1	22.5.28 (土)
	2	31 (火)
	3	6.4 (土)
	4	7 (火)
	5	11 (土)
民法	1	6.14 (火)
	2	18 (土)
	3	21 (火)
	4	25 (土)
	5	28 (火)
	6	7.2 (土)
	7	5 (火)
	8	12 (土)
刑法	1	7.16 (土)
	2	19 (火)
	3	23 (土)
	4	26 (火)
	5	30 (土)
	6	8.2 (火)
	7	6 (土)
会社法	1	8.9 (火)
	2	16 (火)
	3	20 (土)
	4	23 (火)
民訴法	1	8.27 (土)
	2	30 (火)
	3	9.3 (土)
	4	6 (火)
刑訴法	1	9.10 (土)
	2	13 (火)
	3	17 (土)
	4	20 (火)
行政法	1	9.24 (土)
	2	27 (火)
	3	10.1 (土)
	4	4 (火)

18:00~22:00

通信スケジュール

科目	回数	教材・DVD発送/Web・音声DL配信開始日
憲法	1	22.7.4 (月)
	2	
	3	
	4	
	5	
民法	1	8.1 (月)
	2	
	3	
	4	
	5	
	6	
	7	
	8	
刑法	1	8.29 (月)
	2	
	3	
	4	
	5	
	6	
	7	
会社法	1	9.12 (月)
	2	
	3	
	4	
民訴法	1	9.26 (月)
	2	
	3	
	4	
刑訴法	1	10.11 (火)
	2	
	3	
	4	
行政法	1	10.24 (月)
	2	
	3	
	4	

受講料

受講形態	科目	回数	講義形態	一般価格	大学生協・書籍部価格	代理店書店価格	講座コード
				税込(10%)			
通学 通信	一括	36	Web※1	112,200円	106,590円	109,956円	通学:LA22587 通信:LB22597
			DVD	145,750円	138,462円	142,835円	
	憲法	5	Web※1	19,250円	18,287円	18,865円	
			DVD	25,300円	24,035円	24,794円	
	民法	8	Web※1	30,800円	29,260円	30,184円	
			DVD	40,150円	38,142円	39,347円	
	刑法	7	Web※1	26,950円	25,602円	26,411円	
			DVD	35,200円	33,440円	34,496円	
	会社法/民訴法/ 刑訴法/行政法※2	各4	Web※1	15,400円	14,630円	15,092円	
			DVD	19,800円	18,810円	19,404円	

※1音声DL+スマホ視聴付き　※2いずれか1科目あたりの受講料となります

■一般価格とは、LEC各本校・LEC提携校・LEC通信事業本部・LECオンライン本校にてお申込みされる場合の受付価格です。　■大学生協・書籍部価格とは、LECと代理店契約を結んでいる大学内の生協、購買会、書店にてお申込みされる場合の受付価格です。　■代理店書店価格とは、LECと代理店契約を結んでいる一般書店（大学内の書店は除く）にてお申込みされる場合の受付価格です。　■上記大学生協・書籍部価格、代理店書店価格を利用される場合は、必ず本冊子を代理店書店までご持参ください。

LEC Webサイト ▷▷▷ **www.lec-jp.com/**

🖱 情報盛りだくさん！

 資格を選ぶときも、
講座を選ぶときも、
最新情報でサポートします！

≫ 最新情報
各試験の試験日程や法改正情報、対策講座、模擬試験の最新情報を日々更新しています。

≫ 資料請求
講座案内など無料でお届けいたします。

≫ 受講・受験相談
メールでのご質問を随時受付けております。

≫ よくある質問
LECのシステムから、資格試験についてまで、よくある質問をまとめました。疑問を今すぐ解決したいなら、まずチェック！

≫ 書籍・問題集（LEC書籍部）
LECが出版している書籍・問題集・レジュメをこちらで紹介しています。

🖱 充実の動画コンテンツ！

 ガイダンスや講演会動画、
講義の無料試聴まで
Webで今すぐCheck！

≫ 動画視聴OK
パンフレットやWebサイトを見てもわかりづらいところを動画で説明。いつでもすぐに問題解決！

≫ Web無料試聴
講座の第1回目を動画で無料試聴！気になる講義内容をすぐに確認できます。

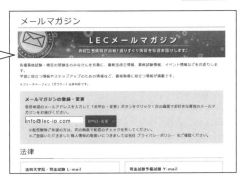

LEC全国学校案内

*講座のお問合せ、受講相談は最寄りのLEC各校へ

LEC本校

■ 北海道・東北

札 幌本校　☎011(210)5002
〒060-0004 北海道札幌市中央区北4条西5-1 アスティ45ビル

仙 台本校　☎022(380)7001
〒980-0022 宮城県仙台市青葉区五橋1-1-10 第二河北ビル

■ 関東

渋谷駅前本校　☎03(3464)5001
〒150-0043 東京都渋谷区道玄坂2-6-17 渋東シネタワー

池 袋本校　☎03(3984)5001
〒171-0022 東京都豊島区南池袋1-25-11 第15野萩ビル

水道橋本校　☎03(3265)5001
〒101-0061 東京都千代田区神田三崎町2-2-15 Daiwa三崎町ビル

新宿エルタワー本校　☎03(5325)6001
〒163-1518 東京都新宿区西新宿1-6-1 新宿エルタワー

早稲田本校　☎03(5155)5501
〒162-0045 東京都新宿区馬場下町62 三朝庵ビル

中 野本校　☎03(5913)6005
〒164-0001 東京都中野区中野4-11-10 アーバンネット中野ビル

立 川本校　☎042(524)5001
〒190-0012 東京都立川市曙町1-14-13 立川MKビル

町 田本校　☎042(709)0581
〒194-0013 東京都町田市原町田4-5-8 町田イーストビル

横 浜本校　☎045(311)5001
〒220-0004 神奈川県横浜市西区北幸2-4-3 北幸GM21ビル

千 葉本校　☎043(222)5009
〒260-0015 千葉県千葉市中央区富士見2-3-1 塚本大千葉ビル

大 宮本校　☎048(740)5501
〒330-0802 埼玉県さいたま市大宮区宮町1-24 大宮GSビル

■ 東海

名古屋駅前本校　☎052(586)5001
〒450-0002 愛知県名古屋市中村区名駅4-6-23 第三堀内ビル

静 岡本校　☎054(255)5001
〒420-0857 静岡県静岡市葵区御幸町3-21 ペガサート

■ 北陸

富 山本校　☎076(443)5810
〒930-0002 富山県富山市新富町2-4-25 カーニープレイス富山

■ 関西

梅田駅前本校　☎06(6374)5001
〒530-0013 大阪府大阪市北区茶屋町1-27 ABC-MART梅田ビル

難波駅前本校　☎06(6646)6911
〒542-0076 大阪府大阪市中央区難波4-7-14 難波フロントビル

京都駅前本校　☎075(353)9531
〒600-8216 京都府京都市下京区東洞院通七条下ル2丁目
東塩小路町680-2 木村食品ビル

京 都本校　☎075(353)2531
〒600-8413 京都府京都市下京区烏丸通仏光寺下ル
大政所町680-1 第八長谷ビル

神 戸本校　☎078(325)0511
〒650-0021 兵庫県神戸市中央区三宮町1-1-2 三宮セントラルビル

■ 中国・四国

岡 山本校　☎086(227)5001
〒700-0901 岡山県岡山市北区本町10-22 本町ビル

広 島本校　☎082(511)7001
〒730-0011 広島県広島市中区基町11-13 合人社広島紙屋町アネクス

山 口本校　☎083(921)8911
〒753-0814 山口県山口市吉敷下東 3-4-7 リアライズⅢ

高 松本校　☎087(851)3411
〒760-0023 香川県高松市寿町2-4-20 高松センタービル

松 山本校　☎089(961)1333
〒790-0003 愛媛県松山市三番町7-13-13 ミツネビルディング

■ 九州・沖縄

福 岡本校　☎092(715)5001
〒810-0001 福岡県福岡市中央区天神4-4-11 天神ショッパーズ
福岡

那 覇本校　☎098(867)5001
〒902-0067 沖縄県那覇市安里2-9-10 丸姫産業第2ビル

■ EYE関西

EYE 大阪本校　☎06(7222)3655
〒530-0013 大阪府大阪市北区茶屋町1-27 ABC-MART梅田ビル

EYE 京都本校　☎075(353)2531
〒600-8413 京都府京都市下京区烏丸通仏光寺下ル
大政所町680-1 第八長谷ビル

【LEC公式サイト】www.lec-jp.com/

QRコードから
かんたんアクセス！

LEC提携校

＊提携校はLECとは別の経営母体が運営をしております。
＊提携校は実施講座およびサービスにおいてLECと異なる部分がございます。

■ 北海道・東北 ■

北見駅前校【提携校】 ☎0157(22)6666
〒090-0041 北海道北見市北1条西1-8-1 一燈ビル 志学会内

八戸中央校【提携校】 ☎0178(47)5011
〒031-0035 青森県八戸市寺横町13 第1朋友ビル 新教育センター内

弘前校【提携校】 ☎0172(55)8831
〒036-8093 青森県弘前市城東中央1-5-2
まなびの森 弘前城東予備校内

秋田校【提携校】 ☎018(863)9341
〒010-0964 秋田県秋田市八橋鯲沼町1-60
株式会社アキタシステムマネジメント内

■ 関東 ■

水戸見川校【提携校】 ☎029(297)6611
〒310-0912 茨城県水戸市見川2-3092-3

所沢校【提携校】 ☎050(6865)6996
〒359-0037 埼玉県所沢市くすのき台3-18-4 所沢K・Sビル
合同会社LPエデュケーション内

東京駅八重洲口校【提携校】 ☎03(3527)9304
〒103-0027 東京都中央区日本橋3-7-7 日本橋アーバンビル
グランデスク内

日本橋校【提携校】 ☎03(6661)1188
〒103-0025 東京都中央区日本橋茅場町2-5-6 日本橋大江戸ビル
株式会社大江戸コンサルタント内

新宿三丁目駅前校【提携校】 ☎03(3527)9304
〒160-0022 東京都新宿区新宿2-6-4 KNビル グランデスク内

■ 東海 ■

沼津校【提携校】 ☎055(928)4621
〒410-0048 静岡県沼津市新宿町3-15 萩原ビル
M-netパソコンスクール沼津校内

■ 北陸 ■

新潟校【提携校】 ☎025(240)7781
〒950-0901 新潟県新潟市中央区弁天3-2-20 弁天501ビル
株式会社大江戸コンサルタント内

金沢校【提携校】 ☎076(237)3925
〒920-8217 石川県金沢市近岡町845-1 株式会社アイ・アイ・ピー金沢内

福井南校【提携校】 ☎0776(35)8230
〒918-8114 福井県福井市羽水2-701 株式会社ヒューマン・デザイン内

■ 関西 ■

和歌山駅前校【提携校】 ☎073(402)2888
〒640-8342 和歌山県和歌山市友田町2-145
KEG教育センタービル 株式会社KEGキャリア・アカデミー内

■ 中国・四国 ■

松江殿町校【提携校】 ☎0852(31)1661
〒690-0887 島根県松江市殿町517 アルファステイツ殿町
山路イングリッシュスクール内

岩国駅前校【提携校】 ☎0827(23)7424
〒740-0018 山口県岩国市麻里布町1-3-3 岡村ビル 英光学院内

新居浜駅前校【提携校】 ☎0897(32)5356
〒792-0812 愛媛県新居浜市坂井町2-3-8 パルティフジ新居浜駅前店内

■ 九州・沖縄 ■

佐世保駅前校【提携校】 ☎0956(22)8623
〒857-0862 長崎県佐世保市白南風町5-15 智翔館内

日野校【提携校】 ☎0956(48)2239
〒858-0925 長崎県佐世保市椎木町336-1 智翔館日野校内

長崎駅前校【提携校】 ☎095(895)5917
〒850-0057 長崎県長崎市大黒町10-10 KoKoRoビル
minatoコワーキングスペース内

沖縄プラザハウス校【提携校】 ☎098(989)5909
〒904-0023 沖縄県沖縄市久保田3-1-11
プラザハウス フェアモール 有限会社スキップヒューマンワーク内

※上記は2022年7月1日現在のものです。

書籍の訂正情報の確認方法と
お問合せ方法のご案内

このたびは、弊社発行書籍をご購入いただき、誠にありがとうございます。
万が一誤りと思われる箇所がございましたら、以下の方法にてご確認ください。

1 訂正情報の確認方法

発行後に判明した訂正情報を順次掲載しております。
下記サイトよりご確認ください。

www.lec-jp.com/system/correct/

2 お問合せ方法

上記サイトに掲載がない場合は、下記サイトの入力フォームより
お問合せください。

lec.jp/system/soudan/web.html

フォームのご入力にあたりましては、「Web教材・サービスのご利用について」の
最下部の「ご質問内容」に下記事項をご記載ください。

> ・対象書籍名（○○年版、第○版の記載がある書籍は併せてご記載ください）
>
> ・ご指摘箇所（具体的にページ数の記載をお願いします）

お問合せ期限は、次の改訂版の発行日までとさせていただきます。
また、改訂版を発行しない書籍は、販売終了日までとさせていただきます。

※インターネットをご利用になれない場合は、下記①～⑤を記載の上、ご郵送にてお問合せください。
①書籍名、②発行年月日、③お名前、④お客様のご連絡先（郵便番号、ご住所、電話番号、FAX番号）、⑤ご指摘箇所
　送付先：〒164-0001 東京都中野区中野4-11-10 アーバンネット中野ビル
　　　　　　東京リーガルマインド出版部 訂正情報係

・正誤のお問合せ以外の書籍の内容に関する質問は受け付けておりません。
　また、書籍の内容に関する解説、受験指導等は一切行っておりませんので、あらかじ
　めご了承ください。
・お電話でのお問合せは受け付けておりません。

講座・資料のお問合せ・お申込み

LECコールセンター 📱0570-064-464

受付時間：平日9:30～20:00/土・祝10:00～19:00/日10:00～18:00

※このナビダイヤルの通話料はお客様のご負担となります。
※このナビダイヤルは講座のお申込みや資料のご請求に関するお問合せ専用ですので、書籍の正誤に関する
　ご質問をいただいた場合、上記「②正誤のお問合せ方法」のフォームをご案内させていただきます。